Große Schlachten und Belagerungen der Weltgeschichte
Alexander Querengässer

Große Schlachten und Belagerungen der Weltgeschichte

Alexander Querengässer

2024

Carola Hartmann Miles-Verlag Berlin

Bibliografische Information der Deutschen Nationalbibliothek
Die Deutsche Nationalbibliothek verzeichnet diese Publikation in der Deutschen Nationalbibliografie; detaillierte bibliografische Daten sind im Internet über www.dnb.de abrufbar.

www.miles-verlag.jimdo.com
email: miles-verlag@t-online.de

Cover:

Baldwin, Richard, "The United States Marine Corps (28th Regiment, 5th Division) attack on Mount Suribachi, Iwo Jima, February 21, 1945" (1946). (Prints, Drawings and Watercolors from the Anne S.K. Brown Military Collection. Brown Digital Repository. Brown University Library).
Back-Cover:

The Imperial Japanese Navy (IJN) Special Naval Landing Forces troops in gas masks prepare for an advance in the rubble of Shanghai, China (Wikimedia commons)

Herstellung: Books on Demand, Norderstedt

Printed in Germany

ISBN 978-3-96776-070-5

Inhaltsverzeichnis

Einführung

Kompilationen bedeutender oder der vermeintlich bedeutendsten Schlachten der Weltgeschichte gibt es bereits viele. Welchen Mehrwert möchte das vorliegende Buch also sowohl für die akademische Militärgeschichte, als auch den militärgeschichtlich interessierten Leser leisten? Zunächst einmal möchte es auf Superlative verzichten. Die hier zusammengetragenen Schlachten stellen wichtige Ereignisse der Geschichte dar, dies aber zumeist in einem regionalen Zusammenhang, was jedoch auch für die in den meisten anderen Büchern behandelten Schlachten gilt. Was für eine Bedeutung hatte die Schlacht von Waterloo für die Geschichte Chinas? Stellt man sich diese Frage – ohne der Antwort en detail nachgehen zu müssen – so wird die Notwendigkeit eines globalen anstelle eines eurozentrischen Blicks, der nach wie vor in den meisten Schlachtenkompilationen dominiert, deutlich. So war es ein wichtiges Anliegen des vorliegenden Buches, nicht-europäischen bzw. nicht-westlichen Schlachten einen wesentlich stärkeren Raum einzuräumen und so die Rolle des Krieges vor allem in Afrika und Asien, später aber auch den lateinamerikanischen Staaten stärker zu beleuchten. So wurde teilweise bewusst auf einige europäische Schlachten verzichtet und außereuropäische Waffengänge aufgenommen, um die räumlich begrenzte Wirkung solcher Ereignisse zu verdeutlichen. Anstatt der Schlacht bei Tours/Poitier 732, durch die die islamische Expansion nach Europa gestoppt wurde, wurde die Schlacht bei Talas 751 aufgenommen, in welcher ein islamisches ein chinesisches Heer besiegte und so die Ausdehnung Chinas nach Zentralasien für über eintausend Jahre beendete. Allerdings gilt es in beiden Fällen festzustellen, dass singuläre Ereignisse, wie eine Schlacht, die bereits in der zeitgenössischen Wahrnehmung eine dominierende Rolle einnahmen, meist als Erklärung für größere Prozesse nicht ausreichen. So wurde sowohl die islamische Expansion nach Europa, als auch die der Tang-Dynastie nach Zentralasien eher durch innere Krisen gestoppt, als durch einen einzelnen militärischen Rückschlag.

Es ist daher ein wichtiges Anliegen des vorliegenden Bandes, die hier betrachteten Schlachten nicht nur aus sich selbst heraus in ihrem Verlauf zu betrachten, sondern sie möglichst präzise in ihrem historischen Kontext einzubetten und anschließend auch ihre Bedeutung zu diskutieren. Diese kann unmittelbarer strategischer, aber auch langfristiger kultureller Natur sein. Die Schlachten von Cannae und Leuktra, beziehungsweise Idealvorstellungen der dort angewandten Taktiken, hatten beispielsweise in der Frühen Neuzeit und Moderne großen Einfluss auf deutsche Feldherren von Friedrich II. bis Hitler.

Während solche langfristigen kulturellen Rezeptionen mitunter losgelöst vom tatsächlichen Ereignis recht gut greifbar sind, ist die Frage nach der unmittelbaren Bedeutung einer Schlacht oftmals viel schwerer zu fassen. In Anbetracht überwältigender Erfolge, wie Austerlitz (1805) und Königgrätz (1866), die ein unmittelbares Ende ihrer Kriege zur Folge hatten, wurde europäischen Schlachten des 17. und 18. Jahrhunderts von Teilen der Forschung ein eher „unentschiedener" Charakter zugeschrieben. Die Kritik am mangelnden Entscheidungscharakter frühneuzeitlicher Schlachten bezieht sich vor allem auf die Ergebnisse von Schlachten, was semantisch dadurch erhärtet wird, dass Zeitgenossen wie Friedrich der Große gern davon sprachen, „eine Entscheidung" zu suchen, wenn sie von Schlachten sprachen. Eine solche Einschätzung negiert jedoch oftmals die Frage, auf welcher Ebene eine Schlacht Entscheidungscharakter haben kann und haben sollte. Schlachten können taktisch, operativ oder strategisch entscheidend sein und es ist durchaus möglich, dass sie es auf nur einer Ebene waren. Die Schlacht bei Kunersdorf (1759) endete mit der nahezu vollständigen Vernichtung der preußischen Armee. Es war ein entscheidender taktischer Sieg, der jedoch operativ nicht ausgenutzt wurde, da die österreichisch-russische Armee sich trennte, anstatt auf Berlin zu marschieren. An Stelle dieser sehr bekannten Schlacht des Siebenjährigen Krieges wurde jedoch der erste wichtige Waffengang zwischen der preußischen und österreichischen Armee bei Lobositz in dieses Buch aufgenommen, der zwar taktisch als unentschieden interpretiert werden kann, operativ aber wichtige Konsequenzen für beide Seiten zeichnete.

Schließlich konnten Schlachten auch erhebliche strategische Auswirkungen haben und frühneuzeitliche Kriege durchaus bedeutende territoriale und dynastische Umverteilungsprozesse nach sich ziehen. Will man den Entscheidungscharakter von Schlachten daran festmachen, dass sie „kriegsentscheidend" im Sinne von „kriegsbeendend" waren, so bleibt festzuhalten, dass diese Form von Schlacht auch für das 19. und 20. Jahrhundert untypisch ist. Es gab keine einzelne „kriegsbeendende" Schlacht im Amerikanischen Bürgerkrieg (1861–1865), im Deutsch-Französischen Krieg (1870/71), im Ersten (1914–1918) oder Zweiten Weltkrieg (1939–1945). Dagegen hatte der preußische Sieg über die sächsische Armee bei Kesselsdorf (1745) den Abschluss des Friedens von Dresden zur Folge, mit dem nicht nur Sachsen, sondern auch Österreich den Zweiten Schlesischen Krieg beendeten. Wenige Monate zuvor war es den Österreichern gelungen, durch ihren Sieg bei Pfaffenhofen Kurfürst Maximilian von Bayern, den Sohn Kaiser Karls VII., zum Abschluss eines Friedens zu bewegen, mit dem dieser die Pragmatische Sanktion anerkannte und somit auch jeden Anspruch auf eine Nachfolge als Kaiser aufgab. 1746 schlug eine britische Armee bei

Culloden den letzten Jakobitenaufstand nieder und beendete somit dauerhaft eine dynastische Bedrohung für das Haus Hannover.

Eine weitere häufig gebrauchte Phrase ist die des historischen „Wendepunkts", aber auch ein solcher ist oftmals schwer zu definieren. Eine Schlacht konnte das Momentum eines Krieges verschieben, ohne ihn zu beenden oder die Niederlage des Unterlegenen endgültig festzuschreiben. Gettysburg (1863) im amerikanischen Bürgerkrieg war ein solcher Wendepunkt, da die Schlacht das Rückgrat der konföderierten Nordvirginia-Armee brach und es ihr unmöglich machte, strategische Invasionen auf das Territorium der Nordstaaten vorzutragen. Der Angriff Jubals Earlys auf Washington 1864 war eigentlich als Diversionsmanöver gedacht, um die immer weiter in Bedrängnis geratende Nordvirginia-Armee zu entlasten. Im Zweiten Weltkrieg nehmen El Alamein in Nordafrika, Stalingrad an der Ostfront oder Midway im Pazifik den Charakter eines Wendepunktes ein, aber keine dieser Schlachten bedeutete das Ende des Krieges, noch machte sie den Ausgang unausweichlich, denn die Fortsetzung war allein davon abhängig, dass die Sieger den Willen hierfür und die dazu notwendigen Opfer aufbrachten und sich nicht auf Kompromisse einließen.

Die im Folgenden analysierten Schlachten besaßen alle in der einen oder anderen Hinsicht einen entscheidenden Charakter. Dies darf jedoch nicht den Blick dafür verstellen, dass Kriege mehr sind, als eine Aneinanderreihung taktischer Ereignisse. Oft genug in der Geschichte erwies es sich für siegreiche Feldherren als schwierig, politisches Kapital aus taktischen Erfolgen zu ziehen. Der amerikanische Oberst Harry Summers erinnert sich in seinem Buch „*On Strategy. A Critical Analysis of the Vietnam War*", wie er als Mitglied einer Delegation in Hanoi 1975 den nordvietnamesischen Colonel Tu traf und sich mit ihm über den zurückliegenden Vietnamkrieg unterhielt. „*Wissen Sie, sie haben uns im Feld nie geschlagen*", sagte Summers. Tu überlegte einen Moment und sagte schließlich: „*Das mag stimmen. Aber es ist auch nicht relevant.*"

Ein letztes Problem, welches uns entgegentritt, ist die zeitliche und räumliche Definition einer Schlacht. Den größten Teil der Kriegsgeschichte stellt dies kein Problem dar, da Heere auf einem kleinen Raum, dem Schlachtfeld oder der Walstatt, die meist nur eine Ausdehnung von wenigen Kilometern hatte, aufeinandertrafen und oft nur wenige Stunden, höchstens eine Handvoll Tage im Kampf standen. Ausnahmen bildeten Belagerungen, die sich zwar räumlich gut fassen lassen, zeitlich aber einen viel längeren Zeitraum einnehmen konnten. Während die mythischen zehn Jahre der Belagerung Trojas in historischen Quellen nur schwer fassbar sind, so dauerte die letztlich erfolgreiche spanische Belagerung der Stadt Ostende im Achtzigjährigen

Krieg vom 5. Juli 1601 bis zum 20. September 1604 mehr als drei Jahre. Im Ersten Weltkrieg blieb diese Stasis des Raumes erhalten, aber auch hier konnten einzelne „Schlachten" eine ganze Feldzugssaison einnehmen, etwa die Kämpfe an der Somme und um Verdun 1916. Spätestens im Zweiten Weltkrieg wird schließlich auch die räumliche Komponente aufgeweicht und ganze aus einzelnen Schlachten und Gefechten bestehende Feldzüge semantisch zu einer großen Schlacht zusammengefasst. So nannte der französische General Maxime Weygand den Westfeldzug „Schlacht um Frankreich", während die anschließenden Luftkämpfe über den britischen Inseln als „Battle of Britain" oder „Luftschlacht um England" in die Geschichte eingegangen sind. Mit dem Übergang vom wehrpflichtigen Massenheer hin zur kleineren aber professionellen Berufsarmee scheinen sich Schlachten dagegen wieder auf einem engeren Raum fassen zu lassen, wie an den ausgewählten Beispielen Dien Bien Puh (1954), Poongli-Brücke (1971), Mogadischu (1992) und Aleppo (2012-2016) deutlich wird, wobei gerade das letztere Beispiel verdeutlicht, dass der Zeitfaktor immer noch und angesichts einer wachsenden Bedeutung asymmetrischer Kriegsführung zunehmend homerische Dimensionen annehmen kann.

Die Zusammenschau der hier vorgestellten Schlachten soll somit auch solche langfristigen Tendenzen in der Kriegsführung beleuchten. Die Repräsentativität einer Schlacht für die Kriegsführung einer Epoche und Region bildete somit einen weiteren wichtigen Faktor für ihre Aufnahme in das Buch, was aber letztlich auch zum Ausschluss prominenter Beispiele führte. So wurde die Schlacht bei Waterloo (1815), die sich wohl in nahezu jeder anderen Kompilation finden lässt, als erstes aus dieser Liste gestrichen. Weder wurden hier taktische Innovationen hervorgebracht, noch die taktischen Mittel ihrer Zeit innovativ angewendet. Waterloo war ein frontaler Schlagabtausch. Auch die langfristige Bedeutung der Schlacht kann in Zweifel gezogen werden, denn letztlich besiegelte Waterloo das schnelle Ende von Napoleons Hundert-Tage-Herrschaft, die aber auch im Falle eines französischen Sieges mit hoher Wahrscheinlichkeit noch im selben Jahr eingetreten wäre, da die europäischen Großmächte fest entschlossen waren, den Korsen erneut vom Thron zu jagen, russische und österreichische Truppen bereits an der französischen Grenze standen, die napoleonische Herrschaft in Frankreich nicht gefestigt war und der Kaiser sich mit großen Aufständen in der Vendée konfrontiert sah. Ein französischer Sieg bei Waterloo hätte somit wohl nur zu einer Wiederholung des Feldzuges von 1814 geführt, bei gleichem Ausgang. Solche kontrafaktischen Analysen können durchaus ein erhellendes Licht auf die Bedeutung einer Schlacht werfen, wenn sie maßvoll betrieben werden und keine Luftschlösser konstruieren. So wäre es unsinnig zu behaupten, der Zweite Weltkrieg wäre anders verlaufen, wenn die Deutschen die Schlacht bei Stalingrad gewonnen hätten. Aus deutscher Sicht hätte sich ein solcher Sieg aus der bloßen Inbesitznahme der Stadt definiert. In der Praxis wäre die 6. Armee in diesem Falle zu erschöpft gewesen, um ihre Operationen fortzuführen und hätte ihre Offensive stoppen müssen, wobei sie sich denselben Einkesselungsmanövern ausgesetzt gesehen hätte. Eine kontrafaktische Betrachtung kann fast nur zu demselben Ergebnis kommen und verdeutlich somit die enorme Schwäche der deutschen operativen Zielsetzung.

Während diese Schlachten für den vorliegenden Band nicht berücksichtigt wurden, finden sich dennoch einige prominente Beispiele wieder, wie sie auch in anderen Kompilationen häufig anzutreffen sind. Sie wurden ausgewählt, da es entweder neue taktische (Breitenfeld) oder operative (Verdun) Erkenntnisse gibt, die bisher außerhalb der Forschung kaum rezipiert worden sind oder um den Sinn kontrafaktischer Analysen zu verdeutlichen (Midway).

Tollensetal, ca. 1.250 v. Chr.

Die neuere kulturgeschichtliche Ausprägung der deutschen Militärgeschichte neigt dazu, eine Schlacht als einen Vorgang zu definieren, der erst in der Rückschau durch schriftliche Darstellungen erfunden wird. Derartige Interpretationen unterstreichen die Probleme eines kulturgeschichtlichen Zugriffs, dem oftmals eine pragmatische Perspektive auf militärgeschichtliche Ereignisse abgeht. Schlachten sind historische Ereignisse und werden nicht erst durch schriftliche Darstellungen und Deutungen dazu gemacht. Dies zeigt sich eindrücklich am ersten hier dargestellten Ereignis, der Schlacht im Tollensetal, über die wir überhaupt keine schriftlichen, sondern lediglich archäologische Quellen besitzen. Dass es in der Nähe des heutigen Altentreptow um ca. 1250 v.Chr. zu einer bewaffneten Massenauseinandersetzung zwischen zwei mehrere tausend Menschen zählenden Konfliktparteien kam, die sich als Schlacht definieren lässt, steht somit außer Frage. Die Schlachtfeldarchäologie als vergleichsweise junge Teildisziplin dieser Wissenschaft hat viele Belege hierfür zu Tage gefördert. Gleichzeitig zeigt die Tollensetaler Schlacht die Grenzen dieser Wissenschaft und die Bedeutung schriftlicher Quellen auf. Denn ohne Schriftquellen ist es nahezu unmöglich, Konfliktparteien, Zeitpunkt, Verlauf, Hintergründe, eingesetzte Taktik und strategische Folgen zu rekonstruieren. Dies unterstreicht die Bedeutung dieses Quellenkorpus für die Rekonstruktion einer Schlacht, macht diese aber noch längst nicht zum alleinigen Produkt ihrer Quelle.

Seit den 1980er Jahren wurden im Tollensetal immer wieder menschliche Skelette bei Erdarbeiten freigelegt. 1996 folgte der Fund mehrerer menschlicher Überreste an einem Prallhang. Dabei wurden auch eine Keule und eine in einem Oberarmknochen steckende Feuersteinpfeilspitze gefunden. In der Folge wurden die Ausgrabungen sukzessive ausgedehnt und weitere Skelette und Waffen zu Tage gefördert. Noch genügten die Funde nicht, um den Talabschnitt als möglichen Schauplatz von Gewalthandlungen zu kennzeichnen. Ab 2009 wurden die Grabungen systematisch ausgeweitet. Dabei wurde über eine etwa 3,5 Kilometer lange Strecke entlang des Flusstals eine hohe Dichte menschlicher Überreste und Waffen zutage gefördert. Die Mehrheit der Funde lag in einer Tiefe von weniger als einem Meter und konnte anhand von Holzüberresten auf das 13. Jahrhundert vor Christus datiert werden.

Bis 2017 wurden schließlich 12.000 menschliche Knochen gefunden, die etwa 140 Individuen zugeordnet werden konnten, bei denen es sich fast ausschließlich um Männer handelte. Auch vereinzelte Pferdereste wurden gefunden. Hierzu kommen neben Schmuckgegenständen hölzerne Waffen in Form von Keulen, Lanzenspitzen, ein Beil, Messer, Feuersteinpfeilspitzen und solche aus Bronze. Damit liegt ein eindrücklicher Beweis dafür vor, dass moderne Waffentechnik (Bronze) ältere (Feuerstein) nicht sofort verdrängte, sondern das beide lange Zeit parallel Verwendung fanden, auch weil modernere Technologie meist teuer war. Während Feuersteinwaffen überall hergestellt werden konnten, war die Bronzeproduktion von der Förderung von Kupfer und Zinn abhängig und bedurfte entsprechend qualifizierter Handwerker. Die Skelettreste lassen Rückschlüsse über den Waffeneinsatz zu. So können viele Verletzungen auf Pfeilspitzen, aber auch stumpfe Gegenstände (Keulen) zurückgeführt werden, während Stichwunden durch Messer oder Schwerter schwerer nachzuweisen sind.

Der Stil vieler Bronzegegenstände, sowie ^{14}C Daten von Knochenresten erhärteten den Befund, dass es zwischen 1300 und 1250 v.Chr. im Tollensetal zu einer bewaffneten Auseinandersetzung kam. Anhand antiker Quellen, die für die Schlachten der Römischen Republik Verlustraten von 10-30 Prozent angeben, und der Annahme, dass nur etwa 10 bis 30 Prozent der Schlachtopfer gefunden wurden, haben die Archäologen hochgerechnet, dass etwa 400 bis 1.200 Menschen im Tal gefallen sein könnten, während die an der Auseinandersetzung beteiligten Konfliktparteien etwa 2.000 bis 6.000 Menschen gezählt haben können.

Auch die Herkunft der Beteiligten ließ sich über die Bronzegegenstände einigermaßen sicher her- und der Hintergrund der Konfliktparteien somit ableiten. Das Beil, etliche Nadeln, sowie ein großer Teil der Pfeilspitzen werden dem böhmischen Raum, Süddeutschland und Südwestpolen zugeordnet. Da Bronzepfeilspitzen aus diesem Zeitraum im norddeutschen Raum nicht unbekannt, aber äußerst selten sind – 28 Funden in ganz Mecklenburg stehen allein 49 aus dem Tollensetal gegenüber, die dem böhmischen Raum zugeordnet werden – wird davon ausgegangen, dass dieses südliche Heer relativ gut mit Bronzewaffen ausgestattet war, während eine nördliche Gruppe vermehrt Feuersteinwaffen nutzte. Pferdereste sowie kostbare Schmuckgegenstände, wie goldene Spiralringe deuten darauf hin, dass die beteiligten Konfliktparteien bereits stark hierarchisch aufgebaut waren. Anders ließ sich eine größere, primär auf einen Kriegszug ausgerichtete Gruppe wohl auch nicht organisieren und führen. So kann davon ausgegangen werden, dass zumindest eine Konfliktpartei über Kriegs- oder Stammesführer verfügte, die nicht zuletzt durch Pferde eine herausgehobene Stellung einnahmen.

Aus all diesen Informationen und Funden wurde schließlich auch ein grober Schlachtverlauf rekonstruiert. Demnach zog die unterlegene Partei auf dem Westufer des Tollensetal zwischen dem mäandernden Fluss und dem nur 50

Meter entfernten Talhang nach Süden. Möglicherweise war ein vorheriger Versuch, den Fluss weiter nördlich zu überqueren, gescheitert. Auf Höhe des heutigen Dorfes Weltzin – wo die Fundkonzentration am höchsten ist – kam es vermutlich zur Schlacht. Die nachweisebaren Pfeilwunden deuten darauf hin, dass diese mit Distanzwaffen eröffnet wurde. Es ist möglich, dass die unterlegene Partei vom Talhang aus beschossen wurde, was auch auf einen Hinterhalt deuten könnte, oder sie entschied sich, sich zur Schlacht zu stellen. In einer zweiten Phase kam es zu Nahkämpfen, wobei vor allem Keulen, Lanzen, aber auch Stichwaffen zum Einsatz kamen. Obwohl Erosion und ein sich ändernder Flussverlauf zu einer Änderung der Position vieler Fundstücke geführt haben muss, wird davon ausgegangen, dass die Masse der Leichen nicht bestattet wurde, sondern vor Ort verwesten. Dies wiederum könnte darauf hindeuten, dass die südliche Gruppe von einem lokalen Verband geschlagen wurde, der kein Interesse an einer rituellen Bestattung seiner Feinde hatte.

Über die Motive für den Kriegszug, der letztlich in dieser Schlacht mündete, lässt sich nur spekulieren. Da inzwischen auch Reste einer hölzernen Brücke in der Nähe des Schlachtfeldes gefunden wurden, wurde die Theorie einer Auseinandersetzung um Handelswege ins Spiel gebracht. Letztlich sind die meisten bisher zirkulierenden Hypothesen aber spekulativer Natur und reflektieren vor allem gegenwärtige Theorien für Kriegsursachen. Ob archäologische Funde dieses Bild weiter abrunden können, oder ob Ursachen und Verlauf der Schlacht im Tollensetal aufgrund fehlender schriftlicher Quellen für immer unaufgeklärt bleiben müssen, kann nur die Zukunft zeigen.

Kadesch, 1274 v. Chr.

„Doch stellte ich fest, dass Amun kam, als ich nach ihm rief! Er lieh mir seine Hand. Ich frohlockte. Er rief von hinter mir als ob neben mir: 'Ich bin mit dir! Ich bin deiner Vater Amun […] *Ich bin der Gebieter deines Sieges, der den Mut liebt.*"

Ramses II.

Anders als die Schlacht im Tollensetal, über die wir nur aufgrund archäologischer Befunde wissen, lässt sich die Schlacht von Kadesch bisher lediglich aus Schriftquellen rekonstruieren. Trotz umfangreicher Untersuchungen wurden keine archäologischen Hinterlassenschaften des Ereignisses gefunden, ebenso wie für die noch ältere Schlacht bei Megiddo (1457 v.Chr.). Dies kann jedoch auch eine plausible Erklärung haben. Im Gegensatz zur Schlacht im Tollensetal, die in einem Tal abseits von Siedlungen stattfand und wo sich der Sieger bewusst dazu entschieden hat, die Leichen der Unterlegenen nicht zu begraben, fanden die Schlachten bei Megiddo und Kadesch in unmittelbarer Nähe größerer Städte statt. Unabhängig von der Zugehörigkeit der Toten und der religiösen Überzeugungen der Stadtbewohner, mussten diese ein großes Interesse daran haben, die Leichen möglichst schnell zu beseitigen, da sonst die Gefahr bestand, dass die Stadt von Seuchen befallen wurde. Rüstungsteile, Waffen und Schmuckgegenstände wurden vermutlich weiter verkauft, da sie einen großen Wert darstellten. Somit blieben wahrscheinlich bereits unmittelbar nach der Schlacht wenig Hinweise auf diese zurück.

Während für viele antike Schlachten lediglich Quellen einer Konfliktpartei vorliegen, sind für Kadesch sowohl ägyptische, als auch hethitische Berichte überliefert. Das hethitische Reich war im frühen 2. vorchristlichen Jahrtausend entstanden und nahm im 13. vorchristlichen Jahrhundert einen Großteil Kleinasiens ein. Zu dieser Zeit drangen die Hethiter nach Süden an die Levanteküste und nach Syrien vor, wo ihre Interessen mit denen des Königreiches Ägypten kollidierten. Die Pharaonen vom Nil hatten wiederholt ihre Oberherrschaft über Palästina zu festigen versucht. Nachdem unter der Herrschaft von Hatschepsut viele Städte und Fürsten von den Ägyptern abgefallen waren, führten Rückeroberungsversuche zur Schlacht bei Megiddo. Die Ägypter festigten ihre Herrschaft im südlichen Palästina, im nördlichen Teil bildete sich mit dem Fürstentum Amurru ein Staat, der vermutlich in die Abhängigkeit der Hethiter geriet. Bis 1285 v.Chr. gelang es Pharao Sethos I., Amurru zusammen mit der mächtigen Stadt Kadesch erneut zu unterwerfen. Die Ägypter konnten sich jedoch nicht lang behaupten und bereits am Ende von Sethos Regierungszeit hatten die Hethiter die Kontrolle zurückerlangt. Sethos Sohn Ramses II. unternahm schließlich 1276 v.Chr. einen neuen Versuch, die syrischen Provinzen zurückzugewinnen. Betrachtet man den Aufwand, mit dem der Pharao seinen Feldzug später im Tempel von Abu Simbel darstellen ließ, so scheint es wahrscheinlich, dass die Steigerung des königlichen Prestiges durch die Erlangung militärischer Erfolge ein wesentliches Motiv für den Feldzug darstellten.

Der Krieg

Bereits auf seinem ersten Feldzug 1276 v.Chr. gelang es Ramses, das Fürstentum Amurru weitgehend zurückzuerobern. Der hethitische Großkönig Muwattalli war jedoch nicht bereit, diesen Rückschlag hinzunehmen. Unter seiner Herrschaft verlagerte sich auch der Herrschaftsschwerpunkt des Reiches stärker an die Mittelmeerküste, denn Muwattalli ließ die Hauptstadt vom mitten in Kleinasien gelegenen Ḫattuša nach dem südanatolischen Tarḫuntašša verlegen.

Die Hethiter versammelten ein gewaltiges Heer von 37.000 Mann, das mehrheitlich aus Fußtruppen bestand. Ramses verfügte über etwa 20.000 Mann, das vermutlich größte Heer der altägyptischen Geschichte, zwei Mal so groß wie jenes, das Thutmosis III bei Megiddo befehligt hatte. Das Ziel seines Feldzuges bestand in der Einnahme der Stadt Kadesch am Orontes, einem bedeutenden Handelsknotenpunkt am Fuß des Libanongebirges. Die Stadt hatte sich mit ihren Truppen den Hethitern angeschlossen. Im April 1274 v. Chr. zog die ägyptische Armee von Sile aus nach Norden. Das Heer war in vier Großverbände eingeteilt, die nach den ägyptischen Gottheiten Amun, Re, Ptah und Seth benannt waren. Ramses folgte dem alten Marschweg von Thutmosis. In der Ebene von Scharon – etwa in Höhe des heutigen Tel Aviv – teilte der Pharao sein Heer, vielleicht, um den Marsch zu beschleunigen. Ein Teil rückte entlang der Küste bis zur Mündung des Eleutherus nördlich des heutigen Beirut vor. Eventuell sollte damit auch die Versorgung der Truppen über See sichergestellt werden. Ramses zog hingegen mit der Amun-Division auf direktem Weg zum Treffpunkt, wartete aber das Eintreffen des übrigen Heeres nicht ab, sondern überquerte den Orontes. Auf dem weiteren Vormarsch fielen den Ägyptern zwei Nomaden in die Hände, die berichteten, der König der Hethiter sei in großer Furcht vor der Annäherung des Feindes und weit entfernt. Ohne nähere Bestätigungen einzuholen, entschied sich Ramses, sofort auf Kadesch zu marschieren. Der Amun-Verband bildete die Spitze, gefolgt von Re, während die anderen

Verbände einen reichlichen Tagesmarsch zurückhingen. Diese auseinandergezogene Marschformation lud die Hethiter geradezu zum Angriff ein.

Die beteiligten Armeen

Die Quellenangaben über die Stärke der beteiligten Armeen gelten als relativ verlässlich. Demnach verfügten die Hethiter über etwa 37.000 Mann, die Ägypter über 20.000. Das Rückgrat beider Heere bildeten die Streitwagenverbände, deren genaue Zahl jedoch schwerer zu ermitteln ist. Die Hethiter verfügten über etwa 2.500 bis 3.500 Streitwagen. Während frühe Wagen zwei Achsen mit vier Rädern besaßen, hatten die Hethiter ein schnelleres zweiachsiges Modell entwickelt, welches über eine drei Mann starke Besatzung verfügte. Die ägyptischen Streitwagen waren jedoch nochmals um einiges leichter, schneller und wendiger. Dies lag zum einen an einer leichteren Konstruktion und zum anderen daran, dass die Achse nicht unter der Mitte, sondern am Ende des Wagens platziert wurde. Die ägyptischen Wagen wurden von zwei Pferden gezogen und erreichten eine Geschwindigkeit von knapp 40 km/h. Zudem bestand die Besatzung nur aus zwei Mann, einem Lenker und einem Krieger. Setzten die Hethiter vor allem auf Wurfspeere und Lanzen, so bildeten Pfeil und Bogen die Hauptbewaffnung der ägyptischen Krieger. Schätzungen gehen davon aus, dass jeder ägyptische Großverband über 500 Streitwagen verfügte, was eine Gesamtstärke von 2.000 Wagen bedeutete.

Das Fußvolk beider Seiten war mit einer Mischung aus Nah- und Distanzwaffen bewaffnet, wobei die Ägypter noch ausschließlich auf Bronzewaffen vertrauten, während die Hethiter bereits gehärtete Eisenwaffen kannten (nur zur Erinnerung: zur selben Zeit verwendete eine der Parteien im Tollensetal vermutlich mehrheitlich Steinzeugwaffen). Die Reliefs von Abu Simbel zeigen ägyptische Fußtruppen überwiegend leicht bekleidet, aber mit großen U-förmigen Schilden bewaffnet. Interessanterweise zeigen sie auch Darstellungen berittener ägyptischer Krieger, die aber wohl eher für Kundschafterzwecke eingesetzt wurden.

Die Schlacht

Ramses hatte mit dem Amun Verband ein Lager nordwestlich von Kadesch nahe am See Homs aufgeschlagen, welches durch den Orontes vom Lager der Hethiter getrennt war. Muwattalli schickte einen 1.000 Streitwagen zählenden Verband südlich der Stadt über den Fluss und fiel dem nachrückenden Re-Verband in die Flanke. Die Ägypter wurden vollkommen überrascht und flohen panisch nach Süden. Ramses war somit mit nur einem Viertel seiner Armee eingeschlossen.

Aus unerklärlichen Gründen verzichteten die Hethiter jedoch auf eine Verfolgung. Stattdessen zogen die Streitwagen nach Norden und griffen Ramses' Lager an. Die Fußtruppen des Amun Verbandes hatten einen Schildwall geformt, der jedoch von den hethitischen Streitwagen durchstoßen wurde. Im Lager verloren diese ihren Angriffsschwung, weswegen es den Ägyptern gelang, eine Anzahl feindlicher Streitwagenbesatzungen im Nahkampf niederzuringen.

Ramses hatte derweil einen Teil der Re-Soldaten gesammelt und führte diese zusammen mit Teilen des Amun-Verbandes zu einem Gegenangriff auf das eigene Lager. Die Hethiter wurden vollkommen überrascht und zum Orontes abgedrängt, wobei es den leichteren ägyptischen Streitwagen gelang, noch etliche hethitische Wagen niederzukämpfen. Muwattalli beorderte daher weitere 1.000 Streitwagen über den Fluss, um einen zweiten Angriff vorzutragen.

Inzwischen erreichten weitere ägyptische Verstärkungen das Schlachtfeld, Teile des Ptah-Verbandes und des an der Küste entlangziehenden Korps. Die Hethiter wurden somit an beiden Flanken gepackt. Die Kämpfe zogen sich bis zum Abend hin, doch schließlich konnten die Hethiter über den Fluss zurückgedrängt werden, wobei sie einen großen Teil ihrer Streitwagen zurücklassen mussten.

Bedeutung

Aufgrund logistischer Probleme entschied sich Ramses gegen eine Fortsetzung des Feldzugs. Er führte seine Truppen zunächst nach Damaskus und reiste dann nach Ägypten, wo er die Schlacht bei Kadesch als großen Sieg feiern ließ. Als solcher tritt uns das Ereignis aus den ägyptischen Quellen entgegen, doch ist es offensichtlich, dass Ramses bei Kadesch nur knapp einer Katastrophe entronnen war, letztlich nur ein taktisches Patt errungen und seine operativen und strategischen Ziele keinesfalls erreicht hatte. Dies verdeutlicht wiederum, dass eine Schlacht eben nicht das alleinige Produkt schriftlicher Quellen sein kann, da diese die Bedeutung und teilweise auch den Verlauf – Ramses Darstellung hat eine stark religiöse Komponente, wobei ihm die Götter persönlich zu Hilfe kommen – anders wiedergeben, als sie sich uns in der Zusammenschau mit anderen Quellen darstellt.

Strategisch erwies sich Kadesch sogar als ägyptische Niederlage, da die Hethiter sich erneut Amurrus bemächtigten und viele syrische Städte ihre Tributzahlungen an Ramses einstellten. Allerdings konnte Ramses in neuen

Feldzügen seine Herrschaft wieder festigen und drang sogar auf das Gebiet des Hethiterreiches vor, welches durch innere Unruhen geschwächt wurde. Am 31. Oktober 1259 v.Chr. unterzeichnete Ḫattušili III. einen Vertrag – den ersten bekannten Friedensvertrag der Geschichte – , der nicht nur die Kampfhandlungen zwischen beiden Reichen beendete, sondern auch ein Bündnis festschrieb, welches bis zum Tode Ramses Bestand hatte. Beide Parteien sahen sich wohl zu diesem Vertrag gezwungen, da die Hethiter unter Druck durch das mittelassyrische Reich gerieten und Ramses sich mit Aufständen im Niltal und Angriffen aus Libyen konfrontiert sah.

Die beteiligten Heere

Ägypten (Ramses II.)

Stärke: 20.000 Mann, 2.000 Streitwagen

Verluste: unbekannt, aber wohl hoch.

Hethiterreich (Muwattalli II.)

Stärke: 37.000 Mann, 2.500 bis 3.500 Streitwagen

Verluste: unbekannt, ca. 2.000 Streitwagen

Leuktra, 5. August 371 v. Chr.

„Die schwere Infanterie der Lacedaemoner, so heißt es, rückte in Blöcken zu drei Reihen nebeneinander vor, was der gesamten Linie eine Gesamttiefe von nicht mehr als zwölf Reihen gab. Die Thebaner formierten eine enge Ordnung mit einer Tiefe von nicht weniger als fünfzig Schilden und hofften dadurch, dass der Sieg über die Truppen die Zerschlagung der übrigen Armee zur Folge haben würde.“

Xenophon, Hellenika 6, 4-12.

Im Zuge des Peloponnesischen Krieges hatte sich Sparta als führende Militärmacht in Griechenland etabliert und seinen Gegner Athen sowohl zu Land als auch zur See niedergerungen. Im Korinthischen Krieg (395-387 v.Chr.) setzte sich Sparta erneut gegen ein Bündnis der Stadtstaaten Theben, Korinth, Athen und Agos durch. In diesem Konflikt schälte sich Theben als der nächste große Rivale Spartas in Griechenland heraus. Theben beanspruchte die Vorherrschaft in Böotien, dem hügeligen Landstreifen nördlich von Attika. 382 v.Chr. besetzten die Spartaner die Zitadelle Thebens mit einer Garnison, die jedoch nach drei Jahren vertrieben wurde, was zum Beginn des Böotischen Krieges führte. Während die Stadt von einem antispartanischen Patriotismus erfasst wurde, sahen viele andere böotische Städte in dem Kriegerkönigreich einen willkommenen Bündnispartner, um die thebanische Vorherrschaft abzuschütteln. Sie baten Sparta um Unterstützung, woraufhin Theben aufgefordert wurde, seine Truppen aus diesen Städten abzuziehen. Die Spartaner entsandten Truppen unter ihrem König Kleombrotos nach Böotien, allerdings konnten sie in langen Feldzügen in dem bergigen Terrain keine entscheidenden Vorteile erringen. Athen schloss sich dem Bündnis mit Theben wieder an, schlug 376 v.Chr. die spartanische Flotte bei Naxos und nutzte seine so neu etablierte Seeherrschaft für Angriffe auf die östliche und nördliche Peleponnes. 371 v.Chr. bemühten sich Athen und Sparta um einen Frieden. Der thebanische Vertreter Epaminondas behaarte jedoch darauf, diesen Frieden im Namen Böotiens abzuschließen, was Sparta ablehnte.

Der Feldzug

Zu Beginn des Feldzuges befand sich eine spartanische Armee in Phokis, welches sich ebenfalls gegen die thebanischen Herrschaftsansprüche zur Wehr setzt. Bereits im Vorjahr hatte Theben daher einen Angriff auf die Phoker unternommen, die sich zudem Angriffen des Tyrannen von Pherai ausgesetzt sahen und deshalb die Spartaner um Hilfe gebeten hatten. Diese entsandten ein Heer unter König Kleombrotos I., der die Thebaner aus Phokis vertreiben konnte. Nach dem Beginn des neuen thebanisch-spartanischen Krieges marschierte Kleombrotos zur Küste, überfiel ein kleines thebanisches Heer bei Ambryssos und drang dann nach Böotien vor, wo er die Hafenstadt Thisbe besetzte und zwölf thebanische Schiffe in seinen Besitz brachte. Von hier aus marschierten die Spartaner direkt auf Theben.

Unter dem Oberbefehl des Böotarchen Epaminondas sammelten die Thebaner ihre Truppen auf der Ebene von Leuktra und blockierten damit den Anmarschweg der Spartaner. Dem Historiker Xenophon zufolge waren drei von sechs thebanischen Heerführern gegen eine Annahme der Schlacht. Erst das Eintreffen eines siebten, der Epaminondas unterstützte, führte zu einer entscheidenden Mehrheit. Am 5. August 371 v.Chr. traf Kleombrotos mit seinem Heer auf dem Schlachtfeld ein.

Die beteiligten Heere

Das spartanische Heer galt zu dieser Zeit als das beste in ganz Griechenland und hatte diesen Ruf im Zuge der Perserkriege und des Peloponnesischen Krieges wiederholt bestätigt. Das Rückgrat bildeten die aus freien Bürgern rekrutierten Hopliten, die mit einem Speer, Rundschild, einem bronzenen oder leinenen Brustpanzer, Helm und Beinschienen ausgerüstet waren. Diese Spartiaten machten jedoch auch in Sparta nur einen kleinen Teil des Heeres aus. Kleombrotos verfügte über etwa 700, der Rest seines Fußvolks bestand aus Bürgern niederen Ranges, Söldnern und Verbündeten. In der Schlacht bildeten die Hopliten eine Phalanx, in der sie sich mit ihren Schilden gegenseitig deckten. Der Zusammenhalt der Formation war daher von größter Wichtigkeit. Ein Sturmangriff, wie ihn die Athener bei Marathon gegen ein persisches Heer vorgetragen hatten, war für die Spartaner eher unüblich, da dadurch die Phalanx aufgebrochen worden wäre. Reiterei spielte für die griechische Kriegsführung nur eine untergeordnete Rolle und während schwer bewaffnete Reiter in den meisten Gesellschaften aufgrund der hohen Kosten für Ausrüstung und Pferd von der sozialen Elite gestellt wurden und entsprechendes Ansehen genossen, setzten die Spartaner nur jene Männer für die berittenen Truppen ein, die nicht in der Lage waren, als Hoplit Dienst zu tun, was die Stellung der Fußkrieger unterstreicht. Bei Leuktra verfügte Kleombrotos über etwa 10.000 Fußsoldaten und 1.000 Reiter. Nicht alle Fußsoldaten waren Hopliten. Ein Teil bestand aus leichtbewaffneten Peltasten, die mit mehreren Wurfspeeren bewaffnet waren und als Plänkler die feindliche Phalanx in Unordnung bringen sollten, um den

Durchbruch der Hopliten zu erleichtern. Die Mehrzahl der Peltasten wurden durch die verbündeten Phoker gestellt.

Das thebanische Heer zählte lediglich 7.000 Fußsoldaten und ebenfalls 1.000 Berittene. Anders als die Spartaner waren die meisten Thebaner keine Berufskrieger, sondern militärdienstpflichtige freie Bürger. Eine Ausnahme bildete die Heilige Schaar, die angeblich aus 150 männlichen Liebespaaren bestand, was den Zusammenhalt der Truppe verbessern sollte. Homosexualität wurde gerade im antiken Griechenland viel offener ausgelebt, als in späteren Gesellschaften. Da das spartanische Heer den Thebanern qualitativ und quantitativ überlegen war, wählte Epaminondas eine besondere Schlachtaufstellung. Traditionell wurden die erfahrensten Krieger in griechischen Heeren auf dem rechten, die unerfahrensten auf dem linken Flügel postiert. Damit sollte die gefürchtete Rechtsdrift der Phalanx verhindert werden, die dadurch entstand, dass eine gegnerische Armee die rechte Seite einer Formation zu umfassen suchten, wo die Hopliten nur ungenügend geschützt waren, da sie den Schild mit der Linken führten. Erfahrene Soldaten widerstanden diesem Angriffsdruck besser als junge Rekruten. Die so gewählte Schlachtaufstellung führte allerdings oftmals dazu, dass sich die Schlachtlinien im Laufe des Kampfes gegen den Uhrzeigersinn drehten. Epaminondas kehrte diese Aufstellung um und platzierte die Heilige Schar als Elite seiner Armee auf dem linken Flügel, also gegenüber dem stärksten Teil des spartanischen Heeres. Um diesem Flügel mehr Angriffswucht zu verleihen, wurden zusätzliche Krieger hinter der Heiligen Schar platziert, sodass die thebanische Phalanx an dieser Stelle fünfzig Glieder tief gestanden haben soll. Die Spartaner standen nur zwölf Glieder tief. Das Zentrum und der rechte thebanische Flügel wurden nach hinten gestaffelt und sollten zunächst einen Zusammenstoß mit den Spartanern vermeiden. Die Thebaner hatten ihre Reiterei auf die Flügel der Phalanx verteilt, Kleombrotos platzierte seine Reiter hingegen vor der Phalanx.

Die Schlacht

Der griechische Historiker Xenophon berichtet davon, dass die Spartaner von einer geradezu überheblichen Zuversicht erfüllt gewesen waren, als sie auf die Thebaner zumarschierten. Kleombrotos und etliche seiner Generale sollen unmittelbar vor der Schlacht noch ausgiebig getrunken haben, bevor sie sich in den Kampf stürzten. Allerdings lässt es sich im Laufe der Geschichte immer wieder belegen, dass Alkoholkonsum den Kampfeswillen von Soldaten steigern sollte. In Indien wurden sogar Elefanten vor der Schlacht alkoholisiert. Inwiefern Kleombrotos Verhalten demzufolge übersteigertes Selbstvertrauen oder nur übliche Praxis ausdrückte, lässt sich nur schwer ermitteln.

Die Schlacht wurde durch den Vormarsch der spartanischen Peltasten eröffnet, die einige thebanische Nachzügler auf die Phalanx zurückdrängten. Anschließend griff die thebanische Reiterei die der Spartaner an, die schließlich aus dem Feld gedrängt wurden. Hierfür musste die Phalanx Gassen bilden, wodurch die Formation des Fußvolks aufgebrochen wurde. Die Spartaner hatten bis dahin versucht, ihre zahlenmäßige Überlegenheit zum Tragen zu bringen und die Thebaner zu überflügeln. Doch wie geplant, hielt sich der rechte thebanische Flügel zunächst zurück, während der linke mit voller Wucht auf den spartanischen rechten traf. Trotz ihrer Kampfqualitäten konnten die Spartaner der lokalen thebanischen Überlegenheit nicht widerstehen und wurden unter schwersten Verlusten zurückgedrängt. Eintausend Hopliten, darunter König Kleombrotos, fielen in dieser Phase der Schlacht. Lange Zeit wurde vermutet, dass die Heilige Schar den Spartanern direkt in die Flanke fiel, was jedoch heute von der Forschung als eine Fehlinterpretation der Schlachtdarstellung Plutarchs zurückgewiesen wird. Xenophon, der einzige Zeitzeuge des Konflikts, erwähnt einen solchen Angriff nicht.

Die Thebaner waren nun in der Lage, die restliche spartanische Phalanx von der Flanke her aufzurollen. Doch noch bevor es dazu kam, flohen die Spartaner panisch vom Schlachtfeld.

Bedeutung

Epaminondas verzichtete auf eine Verfolgung der Spartaner. Dennoch erwies sich Leuktra als überwältigender Erfolg. Der Nimbus spartanischer Unbesiegbarkeit war gebrochen. Noch im selben Jahr unternahm Epaminondas einen Feldzug auf die Peleponnes. Sparta musste sich geschlagen geben und wurde von Theben als führende Militärmacht in Griechenland abgelöst. Die Auseinandersetzungen mit Sparta, aber auch Athen dauerten jedoch weiter an und schwächten die griechischen Stadtstaaten dauerhaft, was letztlich den Weg für den Aufstieg Makedoniens unter Philipp II ebnete, der 338 v.Chr. eine thebanisch-athenische Armee in der Schlacht von Chaironeia entscheidend schlug, bei der Philipp selbst eine Variante der Schiefen Schlachtordnung anwandte.

Während die Schlacht von Cannae (216 v.Chr.) zum Muster für eine Umfassungsschlacht wurde, begründete Leuktra den Mythos der „Schiefen Schlachtordnung“. Alexander der Große, Hannibal und Cäsar orientierten sich an Epaminondas. Sein bedeutendster Nachahmer war aber wohl Friedrich II., der dieses Konzept in seinen Schlachten in fast manischer Manier umzusetzen versuchte. Die Schlacht bei Leuthen (1757) gilt als modernes Musterbeispiel der „Schiefen Schlachtordnung“, entspricht aber eher einem Flankenmarsch. Die Antikenrezeption im Europa der Frühen Neuzeit führte dazu, dass der rechte Flügel als die ehrenvolle Stellung galt, weswegen hier bevorzugt Veteranen- und Gardeformationen eingesetzt wurden. Eine Variante der „Schiefen Schlachtordnung“ in der Frühen Neuzeit bestand im Angriff „en echelon“, wobei verschiedene Abschnitte der Schlachtlinie den Gegner zeitlich gestaffelt angriffen, um so eine Konzentration der Verteidiger an einem bedrohten Punkt zu verhindern.

Beteiligte Heere

Theben (Epaminondas)

7.000 Fußtruppen, 1.000 Reiter

Verluste: ca. 400 Mann

Sparta (Kleombrotos I.)

10.000 Fußtruppen, 1.000 Reiter

Verluste: ca. 1.000

Changping, Juli 260 v. Chr.

> *„Dieser Junge behandelt einen Kampf wie ein Schachspiel, seine Männer wie bloße Bauern, die nach Belieben geopfert werden können. Alle seine Taktiken basieren auf den Büchern, die er gelesen hat, also hat er keine Ahnung, was echte Kriegsführung ist!"*
>
> Angebliche Einschätzung Zhao Kuos durch seinen Vater nach dem Buch Shiji (Aufzeichnungen des Chronisten).

In der Zeit der sogenannten Frühlings- und Herbstannalen (722-481 v. Chr.) existierten in China etwa 170 Herrschaftsgebiete, die aus Lehen der alten Zhou-Dynastie hervorgegangen waren. Im Laufe des fünften vorchristlichen Jahrhunderts fand eine gewisse Konsolidierung dieser kleinen Herrschaften statt, bis schließlich die sieben streitenden Reiche übrigblieben. Das vielleicht mächtigste dieser Reiche war der Qin-Staat im Westen des alten China. Dieser befand sich nicht nur in Auseinandersetzungen mit den übrigen Reichen, sondern auch barbarischen Stämmen aus Zentralasien. Dabei waren die Qin vermutlich selbst barbarischer Abstammung und wurden im Laufe der Zeit sinisiert, wie dies später auch bei den Tang (617-907), Yuan (1279-1386) und Qing (1644-1912) der Fall sein sollte.

Unter Einfluss des Staatsmannes und Generals Shang Yang führte der Qin-Staat in der Mitte des vierten Jahrhunderts vor Christus eine Reihe wichtiger Reformen durch, die auch die Armee betrafen. Bestand diese bisher aus den Lehnsaufgeboten des Adels, der auch die Führungspositionen im Feld beanspruchte, wurde das Offizierskorps nun für Talente aus allen Gesellschaftsschichten geöffnet. Eine produktive Landwirtschaft und effiziente Verwaltung sowie die Einführung einer Wehrpflicht für alle Männer ab 16 Jahren führten angeblich zu einem Anstieg der Heeresstärken auf bis zu 600.000 Mann, was den Qin-Staat zum Stärksten der streitenden Reiche machte.

Mit Hilfe dieser Truppen begannen die Qin die benachbarten Reiche sukzessive zu unterwerfen und ihren Machtbereich auszudehnen. Ab dem Jahr 338 v.Chr. bezeichnete sich der Gong (allgemein übersetzt mit Herzog) Huiwen erstmals als Wang (König), ein Titel, der eigentlich der weitgehend machtlosen Zhou-Dynastie vorbehalten war.

Der Feldzug

Im Jahr 265 v. Chr. begannen die Qin mit dem Einfall in das Reich der Han, das sich an ihrer Ostgrenze zwischen den Flüssen Wie und Huai erstreckte. Sie eroberten die Hauptstadt Qinyang und schnitten die Präfektur Shandang vom Rest des Landes ab. Der Präfekt entschloss sich daher, sich der Hoheit des Zhao-Staates zu unterstellen. Für diesen stellte der Gewinn der Präfektur einen willkommenen Schutz der eigenen Hauptstadt Handan dar. König Xiachocheng akzeptierte daher die Unterwerfung der Provinz und entsandte seinen erfahrenen General Lian Po mit Truppen zu deren Schutz.

Im Jahr 262 v. Chr. marschierte die Qin Armee in Shandang ein und vertrieb den Präfekten Feng Ting. Lian Po entschied sich dazu, keine offene Feldschlacht mit den überlegenen Qin-Truppen zu riskieren, sondern legte stattdessen eine Reihe befestigter Forts entlang der Pässe des Changping an. Im April 262 v. Chr. stieß die Vorhut der Zhao-Armee westlich des Gaoping Passes auf die Vorausabteilungen der Qin und wurde schwer geschlagen. Die Qin töteten den General der Zhao und stürmten Lian Pos erste Verteidigungslinie. Der Zhao-General entschied sich daher zum weiteren Ausbau der Befestigungen entlang des Dan-Flusses. Doch auch diese Linie wurde im Sommer von den Qin durchbrochen, denen aber die Kraft fehlte, um ihren Erfolg auszunutzen, weswegen sie durch einen Gegenangriff der Zhao-Truppen zurückgeschlagen wurden. Beide Parteien begannen daraufhin ihre Truppen massiv zu verstärken.

Die beteiligten Armeen

Die Schlacht bei Changping gilt als eine der größten und blutigsten der Geschichte, auch wenn chinesische Quellen hinsichtlich der darin enthaltenen Zahlenangaben mit großer Vorsicht zu genießen sind. Demnach verfügte die Armee der Zhao insgesamt über 450.000 Soldaten, die der Qin sogar über 550.000 Mann. Beide Staaten mobilisierten den Quellen zu Folge ihr gesamtes Wehrpotential und auch wenn an den absoluten Zahlen gezweifelt werden kann, so waren die von den Qin und Zhao mobilisierten Truppen wohl wesentlich stärker als europäische und westasiatische Pendants der Zeit. Die Schlacht bei Changping war somit vielleicht die größte in der Antike.

Im Qin-Staat war jeder Mann ab 16 Jahren dienstpflichtig, wobei nur ein Mitglied jeder Familie eingezogen wurde. Diese Rekruten wurden ein Jahr nahe ihrer Heimat und dann ein weiteres Jahr nahe der Hauptstadt ausgebildet.

Die Masse der Truppen bestand aus Fußvolk, das im dritten Jahrhundert zunehmend mit Waffen und Rüstungen aus Eisen versehen wurde. Als Distanzwaffen kamen Bögen, aber auch Armbrüste zum Einsatz. Das Zhao-Reich verfügte zudem über eine zahlenmäßig starke Reiterei, vor allem berittene Bogenschützen. Aber auch die Qin hatten durch ihre Kontakte zu zentralasiatischen Völkern eine starke Reiterei etabliert. Streitwagen spielten dagegen im 3. vorchristlichen Jahrhundert nur noch eine untergeordnete Rolle in der chinesischen Kriegsführung und dienten vorrangig als Statussymbol für hochrangige Offiziere.

Die Schlacht

Lian Pos Strategie basierte auf einer langsamen Ermattung der Qin-Truppen, deren Versorgungslinien in die Präfektur überdehnt waren, während die Zhao-Truppen in relativer Nähe zu ihrer Heimat operierten. Die Qin schickten daraufhin Agenten ins Lager der Zhao, die das Gerücht verbreiteten, der General sei zu feige oder zu alt und senil, um eine offene Schlacht anzunehmen. Da auch König Xiaocheng mit der Strategie unzufrieden war, weil sie letztlich die Mobilisierung und Bezahlung einer hohen Zahl eigener Truppen erforderte, ließ er Lian Po durch General Zhao Kuo ablösen. Dieser war der Sohn des Generals Zhao She, der die Qin bereits einmal im Jahr 271 v. Chr. schwer geschlagen hatte.

Zhao Kuo entschloss sich, selbst zur Offensive überzugehen und die inzwischen gut ausgebauten Forts der Qin auf der anderen Seite des Dan anzugreifen. Obwohl der Kern seiner Truppen aus Berittenen bestand, gelang es Zhao Kuo im ersten Ansturm, in die Verteidigungsstellungen der Qin einzubrechen.

In dieser Situation beschloss auch Zhaoxiang, der König der Qin, seinen Befehlshaber Wang He durch den erfahrenen und bisher unbesiegten Bai Qi zu ersetzen. Dieser entschied sich, den Rückzug geordnet fortzusetzen und so den Gegner zum Nachsetzen zu animieren. Anschließend sollte dieser umzingelt und langsam ausgehungert werden. Der unerfahrene Zhao Kuo ging direkt in diese Falle. Sein Hauptstoß hatte sich gegen den linken Flügel der Qin gerichtet, der dem Angriff der Zhao-Truppen ausgewichen war. Bald sah sich Zhao Kuo jedoch mit einer neuen Reihe gut befestigter Forts konfrontiert, die seinen Vorstoß aufhielten. Nun entsandte Bai Qi seinerseits seine leichte Reiterei in den Rückraum des Gegners, wo sie die nur noch schwach gesicherten Stellungen der Zhao am Dan einnahmen und so die Truppen Zhao Kuos von ihren rückwärtigen Verbindungen abschnitten. Auch die von den Zhao zurückgelassenen Vorräte fielen ihnen hier in die Hände. Ein weiterer rascher Stoß sollte nun die Fußtruppen der Zhao von den enteilten Reitertruppen trennen, während die übrigen Verbände den Gegner in beiden Flanken packten.

Zhao Kuo wurde von diesen schnellen und gut koordinierten Angriffen vollkommen überrascht. Ihm blieb nichts anderes übrig, als sich einzugraben. Bald gingen den Truppen die Vorräte und vor allem das Wasser aus. Versuche, eigene Brunnen zu graben, blieben erfolglos. Zhao Kuo befahl mehrere Gegenangriffe, doch die Reiterei der Qin zerstreute sich jedes Mal rechtzeitig und überschüttete ihre Gegner dabei mit Pfeilen.

Da er nicht auf Entsatz rechnen konnte, befahl Zhao Kuo seiner erschöpften und von Hunger und Durst geplagten Armee nach 40 Tagen einen Ausbruch, der jedoch ebenfalls von den Qin abgewiesen wurde. Große Teile der Armee wurden in der nun folgenden Schlacht niedergemacht, der junge General durch einen Pfeil tödlich getroffen. Die Reste der Armee, angeblich immer noch 400.000 Mann, ergaben sich und wurden auf Befehl Bai Qis lebendig begraben. Die Zahl der Gefangenen erscheint allerdings prozentual gesehen zu hoch, denn wie stark auch immer die Zhao-Armee gewesen sein mag, in Anbetracht der schweren Kämpfe und der Hungerkrise waren ihre Verluste sicherlich höher als die kolportierten 12 Prozent, was für Kampfhandlungen dieser Zeit eine eher unterdurchschnittliche Quote darstellte. Auch erscheint eine vierzigtägige Belagerung äußerst lang für eine Armee, die kaum Nachschub mit sich führte und vor allem über kein Wasser verfügte. Berichten zufolge streckten die Zhao ihre Vorräte, indem sie ihre Pferde schlachteten und auch zum Kannibalismus übergingen.

Bedeutung

Bai Qi ließ lediglich 240 Gefangene am Leben, um die Nachricht vom Schicksal der Zhao-Armee zu verbreiten. Die Ermordung der Gefangenen wird oftmals damit begründet, dass dem Qin-General selbst die Vorräte fehlten, um diese zu ernähren. Auch seine eigene Armee hatte hohe Verluste erlitten, angeblich bis zu einer viertel Million Soldaten. Bai Qi empfahl daher, die Armee ausruhen zu lassen, ehe der Feldzug fortgesetzt wurde.

Im Folgejahr stieß eine Qin Armee auf Handan vor. Wieder berichten die Quellen von einer enormen Stärke der Qin-Truppen von bis zu 650.000 Mann, was unglaubwürdig erscheint, wenn die 550.000 Mann starke Armee bei Changping das Wehrpotential des Königreiches voll ausgeschöpft und nahezu 40 Prozent Verluste erlitten haben soll. Den Fall der Hauptstadt konnte das Reich Zhao dank Unterstützung der Königreiche Wie und Chu noch verhindern. Doch von den Verlusten der Schlacht bei Changping sollte sich das Reich nicht mehr erholen. Qin und Zhao hatten eine Art totalen Krieg geführt, indem sie das Maximum der mobilisierbaren Truppen in die

Schlacht warfen. Insofern besaß die Schlacht bei Changping weitreichende strategische Konsequenzen, auch wenn sie nicht zum unmittelbaren Fall des Zhao-Reiches führte.

Die Expansion der Qin wurde ebenfalls vorrübergehend gestoppt und sollte erst dreißig Jahre später wieder Fahrt aufnehmen. 233 v. Chr. wurde das Zhao Reich in der Schlacht von Fei erneut schwer geschlagen und anschließend sukzessive durch die Qin erobert. Nach der Unterwerfung des Reiches Qi 221 v. Chr. nannte sich König Ying Zheng schließlich Qin Shi Huang – Erster Kaiser von Qin – und begann eine mehr als zweittausendjährige Linie chinesischer Kaiser.

Beteiligte Streitkräfte

Qin (Bai Qi)

Stärke: angeblich 550.000 Mann

Verluste: angeblich bis zu 250.000 Mann

Zhao (Zhao Kuo)

Stärke: angeblich 450.000 Mann

Verluste: fast die gesamte Armee, ca. 450.000 Mann

Kap Ecnomus, 256 v. Chr.

> *„Das folgende Gefecht war sehr heiß, da die überlegene Geschwindigkeit der Karthager es ihnen ermöglichte, sich um die Flanke des Feindes zu bewegen, sich leicht zu nähern und sich schnell zurückzuziehen, während die Römer sich auf ihre schiere Stärke verließen, wenn sie sich dem Feind näherten. Da jedes Schiff, sobald es sich näherte, mit den Raben* [corvus] *kämpfte und auch unter den Augen der beiden Konsuln kämpfte, die persönlich an dem Kampf teilnahmen, hatten sie nicht weniger große Hoffnungen auf Erfolg.*“
>
> Polybius

In der ersten Hälfte des dritten vorchristlichen Jahrhunderts hatte Rom seine Herrschaft auf der italienischen Halbinsel weitgehend gefestigt und trat in eine Konkurrenz zu Karthago, der beherrschenden Seemacht des westlichen Mittelmeers, die große Teile der nordwestafrikanischen Küste und einen Teil Südspaniens kontrollierte. Im ausgehenden vierten Jahrhundert (306 v.Chr.) hatten beide noch die Straße von Messina als Grenze ihrer jeweiligen Einflusssphären festgelegt. Mit der Ausdehnung Roms nach Süditalien im frühen dritten Jahrhundert machte sich die Republik auch die Interessen der dortigen Seestädte zu eigen, die eher im Gegensatz zu Karthago standen. Im Jahr 264 v.Chr. unterstützte Rom die Mamertiner, ehemalige italienischstämmige Söldner, die die Herrschaft in Messina übernommen, dann aber eine schwere Niederlage im Kampf gegen den Herrscher von Syrakus hatten hinnehmen müssen. Doch auch Karthago entsandte eine kleine Streitmacht nach Messina. Die Gründe hierfür sind nicht ganz klar. Polybius berichtet, dass die Mamertiner sowohl Rom als auch Karthago um Hilfe gebeten hätten, was heute angezweifelt wird. Stattdessen scheint es denkbar, dass lediglich Rom offiziell um Unterstützung gebeten wurde, während Karthago intervenierte, da Messina nach dem Vertrag aus dem Jahr 306 v.Chr. – dessen Existenz Polybius in Abrede stellt – zu seinem Einflussgebiet zählte. Tatsächlich setzten sich die Karthager durch und etablierten eine kleine Garnison in der Stadt, die jedoch nach dem Abzug der Hauptarmee rasch von den Mamertinern überwältigt wurde. Hierauf nahm der Herrscher von Syrakus die Belagerung wieder auf und die Mamertiner wandten sich ein weiteres Mal an Rom. Nach langen Diskussionen entschied sich der Senat zur Entsendung eines Heeres. Auch Karthago schickte ein weiteres Mal Truppen, doch dieses Mal war Rom schneller. Die Etablierung der Römer auf der Insel war jedoch dem Herrscher von Syrakus ein Dorn im Auge, der sich nun mit Karthago gegen die Republik verbündete, worauf der Konflikt endgültig eskalierte. In den folgenden drei Jahren wurde Sizilien systematisch von römischen Truppen besetzt und das karthagische Heer in mehreren Schlachten geschlagen. 261 v. Chr. fiel die Stadt Akragas, womit die Eroberung weitgehend zum Abschluss kam. Der Senat beschloss daraufhin, die Flotte auszubauen, um eine Rückeroberung der Insel zu verhindern.

Tatsächlich landeten 260 v. Chr. frische karthagische Kräfte unter dem Feldherren Hamilkar auf der Insel, die die römischen Truppen schlagen und beträchtliche Geländegewinne erzielen konnten. Dennoch hielten sich die Römer und dehnten den Krieg in der Folge sogar auf die von eher schwachen karthagischen Kräften gesicherten Inseln Korsika und Sardinien aus. In Anbetracht der nach wie vor überlegenen karthagischen Flotte waren diese amphibischen Unternehmungen durchaus gewagt. Allerdings wuchs auch die Stärke der römischen Flotte in Folge eines Flottenbauprogramms immer weiter an, während die Seeleute durch die vielen Operationen bald an Erfahrung gewannen. Bereits 260 v. Chr. siegte eine römische Flotte im Kampf mit einer überlegenen Flotte aus Karthago bei Mylae, 258 v. Chr. folgte ein weiterer Erfolg gegen unterlegene Kräfte bei Sulci und 257 v.Chr. errang eine römische Flotte bei Tyndaris einen dritten Sieg über die Karthager.

Der Feldzug

Das kräftezehrende Ringen um Sizilien und die ersten Seesiege über die Karthager überzeugten den römischen Senat von der Notwendigkeit und Möglichkeit, den Krieg gegen karthagisches Kerngebiet in Nordafrika vorzutragen. Im Frühjahr 256 v. Chr. verließ eine starke römische Flotte unter dem Befehl der Konsuln Marcus Atilius Regulus und Lucius Manlius Vulso Longus den Hafen von Ostia. Die Flotte deckte einen Konvoi, der 26.000 Legionäre nach Nordafrika überführen und in der Nähe von Karthago anlanden sollte.

Die Vorbereitungen für dieses Unternehmen waren den Karthagern jedoch nicht verborgen geblieben. Auch sie sammelten ihre Flotte unter den Feldherren Hamilkar und Hanno dem Großen an der Westküste Siziliens und hofften, die feindliche Armada abzufangen. In Marsala, dem karthagischen Hauptstützpunkt auf der Insel, nahm die Flotte frischen Proviant und Soldaten auf.

Die beteiligten Flotten

Nach Polybius entschloss sich der römische Senat im Jahr 261/260 v.Chr., eine neue Flotte aus dem Boden zu stampfen. Die seeunerfahrenen Römer hätten auf dem Bug ihrer Schiffe Enterbrücken (corvi) angebracht, um so ihre überlegenen Qualitäten als Landsoldaten auf den Kampf zur See zu übertragen. Diese Darstellung verdeutlicht recht gut, wie eine Militärmacht ihre Streitkräfte an die Taktiken des Gegners anpasst, allerdings nicht durch Adaption fremden Kriegsgeräts, sondern die Anpassung der eigenen Militärkultur an die neuen, durch den Gegner geschaffenen Voraussetzungen.

Allerdings wird Polybius Meistererzählung inzwischen vielfach angezweifelt, da sie zu stark die Kontraste zwischen Rom als vermeintlicher Land- und Karthago als Seemacht betont. Auch vor dem Senatsbeschluss muss Rom über eigene Kriegsschiffe verfügt haben. Bereits ein 348 v.Chr. zwischen Rom und Karthago geschlossener Vertrag beinhaltet ein dezidiertes Fahrverbot für römische Kriegsschiffe vor der nordafrikanischen Küste. Obwohl die militärische Expansion der Republik sich zunächst auf die Ausdehnung in Italien beschränkte, betrieben sowohl Rom als auch seine Verbündeten Seehandel, der durch eigene Kriegsschiffe gesichert werden musste. Und auch die Überführung römischer Truppen nach Sizilien im Jahr 264 v. Chr. erfolgte wohl kaum nur mit ungesicherten Transportschiffen, da dies ein viel zu großes Risiko für die eingeschifften Legionen bedeutet hätte. Der Senat beschloss daher wohl eher eine umfangreiche Flottenerweiterung, als einen vollständigen Neubau. Diese umfasste den Bau von 100 Quinqueremen (Schiffe mit fünf Ruderbänken) und 20 Triremen (mit drei Ruderbänken). Die Schiffe sollen mit der berühmten Enterbrücke ausgestattet worden sein, die wohl zuvor bereits von den Syrakusern verwendet wurde. Diese verfügten über einen Sporn, der sich in das Deck gegnerischer Schiffe bohren konnte. Allerdings bedeutete der Übergang von der damals gebräuchlichen Ramm- zur Entertaktik keine reine Übertragung von Landkriegstaktiken zur Seekriegsführungen. Römische Legionäre waren schwer gerüstete Soldaten, die in dichten und breiten Formationen kämpften, deren Stärke darin bestand, dass die Soldaten sich gegenseitig decken konnten. Eben das war aber durch die Enterbrücke nicht möglich, da diese nur von einzelnen Soldaten überquert werden konnte. Auch ist nicht sicher, wie die römischen Soldaten zur See bewaffnet waren. Eine schwere Ausrüstung konnte hier hinderlich sein, weswegen Entertruppen oft leicht bewaffnet waren. Schließlich erforderte ein erfolgreicher Einsatz der Enterbrücke durchaus seemännisches Geschick. Römische Besatzungen, insbesondere die Schiffsoffiziere, wurden vermutlich überwiegend durch seeerfahrene Griechen gestellt. Dennoch erwies sich der Einsatz des corvus schon in den Schlachten von Mylae und Sulci als entscheidender Vorteil, vermutlich, weil römische Schiffe über einen höheren Anteil an Soldaten verfügten, um diese Taktik anwenden zu können.

Auch in der karthagischen Flotte bildete die Quinquereme das Rückgrat. Diese Schiffe waren etwa 45 Meter lang, fünf Meter breit, hatten ein Freibord von durchaus beachtlichen drei Metern und eine Verdrängung von 100 Tonnen. Moderne Rekonstruktionen erreichten Geschwindigkeiten von 8,5 Knoten. Durch ihre Größe und besseren Seeeigenschaften hatten sich Quinqueremen im Laufe der Zeit gegen die Trireme, die das Rückgrat griechischer Flotten (etwa bei der Seeschlacht von Salamis) gebildet hatten, durchgesetzt. Die Schiffe konnten kleine Katapulte tragen, die aber wohl vor allem zur Bekämpfung der gegnerischen Besatzung oder womöglich zum Verschießen von Brandgeschossen dienten. Die Hauptwaffe der Schiffe stellten die schweren bronzenen Rammsporne im Bug dar.

Antike Quellen geben die Stärke der karthagischen Kriegsflotte mit 350 Schiffen, die der römischen Flotte mit 330 Schiffen, die Besatzungen mit 150.000, respektive 140.000 Mann an, womit die Schlacht am Kap Ecnomus die größte Seeschlacht der Geschichte gewesen wäre. Moderne Schätzungen gehen allerdings von kleineren Flottengrößen von je 200 bis 250 Einheiten aus, was noch immer eine beachtliche Streitkraft darstellen würde.

Die Schlacht

Die römische Flotte fuhr in Sichtweite der Küste durch die Straße von Messina und umrundete Sizilien. Anschließend segelte sie nach Westen und versuchte die Straße von Sizilien zu überqueren. Bei Licata nahm die Flotte ein letztes Mal Proviant auf und ging in See, ehe sie von den Karthagern östlich von Heraclea Minoa zur Schlacht gestellt wurde. Wo genau beide Flotten aufeinanderstießen, geht aus den historischen Quellen nicht hervor. Das Kap Ecnomus gilt aber als wahrscheinlichster Ort.

Die römische Flotte war in vier Geschwader formiert. Die ersten beiden unter dem Kommando der Konsuln fuhren nebeneinander in abgestaffelter Formation, sodass sie zusammen eine Pfeilform bildeten. Vulso kommandierte das rechte, Regulus das linke Geschwader. Ihre Flaggschiffe fuhren nebeneinander an der Spitze des Pfeils. Dahinter folgten in zwei Dwarslinien das dritte und vierte Geschwader, zwischen denen sich wiederum die Transporter befanden.

Die karthagische Flotte war in drei Geschwader geteilt, mit Hamilkar im Zentrum und Hanno auf dem rechten Flügel. Der linke Flügel war leicht vorgezogen. Als die beiden Flotten aufeinanderstießen, täuschte Hamilkar mit dem Zentrum einen Rückzug vor. Die Geschwader der beiden Konsuln nahmen die Verfolgung auf, wodurch eine Lücke zum dritten und vierten Geschwader entstand. Die beiden karthagischen Flügel fuhren daraufhin an den römischen Spitzengeschwadern vorbei und versuchten die beiden nachrückenden Geschwader und die Transportschiffe anzugreifen. Das Primärziel der Karthager bestand nicht in der Vernichtung der römischen Flotte, sondern der Transporter, um die drohende Invasion abzuwenden. Da sie über die Flügel angriffen, konnten sie auch die Begleitschiffe von der Seite angreifen und so den Enterbrücken entgehen. Der vorgezogene linke Flügel der Karthager griff das dritte römische Geschwader an, welches die Transporter im Schlepp hatte, jetzt aber die Leinen kappte, um seine Bewegungsfreiheit zurückzugewinnen. Der rechte Flügel unter Hanno bestand aus den schnellsten Schiffen und attackierte die römische Nachhut, deren Bewegungsfreiheit wiederum durch die zurückfallenden Transporter eingeschränkt wurde.

Das dritte römische Geschwader brach zur Küste durch und bildete hier eine neue Linie, sodass die Karthager zu einem Frontalangriff gezwungen waren, der sie jedoch den Enterversuchen der Römer aussetzte. Die römische Nachhut geriet unter großen Druck durch Hannos Geschwader und zwischenzeitlich sah es danach aus, als würde der karthagische Plan aufgehen.

Die Schlacht wurde jedoch durch den Kampf der römischen Spitzengeschwader und Hamilkars Zentrum entschieden. Die Karthager stellten sich schließlich zum Kampf und es kam zu einem wilden Melée, zum Kampf Schiff gegen Schiff. Beide Seiten verloren Einheiten durch Rammstöße, doch die Römer konnten letztlich eine Reihe erfolgreicher Enterangriffe vortragen, die das gegnerische Zentrum dezimierten und Hamilkars Geschwader in die Flucht trieben. Nach kurzer Verfolgung riefen die beiden Konsuln ihre Schiffe zurück, um den anderen bedrängten Geschwadern zu Hilfe zu eilen. Vulsos Geschwader griff den karthagischen linken Flügel an, Regulus ging gegen Hannos Geschwader vor. Dieses wurde so zwischen zwei römischen Geschwadern eingeschlossen, weswegen auch Hanno den Rückzug befahl. Regulus verstärkte daraufhin Vulso, sodass beide in der Lage waren, das letzte karthagische Geschwader vom Rückzug abzuschneiden. Die verbliebenen Schiffe ergaben sich schließlich.

Bedeutung

Die karthagische Flotte erlitt eine schwere Niederlage. 30 Schiffe waren gesunken, 64 gekapert, 30.000 bis 40.000 Seeleute gefallen oder gefangen. Die Römer verloren 20 Schiffe und 10.000 Seeleute. Nachdem die Flotte in Sizilien überholt worden war, konnte der Feldzug fortgesetzt werden. Nach der Landung der Römer an Kap Bon sah sich Karthago gezwungen, seine verbliebenen Truppen aus Sizilien abzuziehen, womit ein Ziel des römischen Feldzuges erfüllt war. Als der Druck auf die Hauptstadt zunahm, baten die Karthager ein erstes Mal um Frieden, waren jedoch nicht bereit, die harten römischen Bedingungen zu akzeptieren. Unter enormem Kräfteaufwand gelang es ihnen, die Invasionsarmee zu schlagen, woraufhin Rom seine Truppen aus Nordafrika abzog. Dabei errang die römische Flotte am Kap Hermaeum zwar einen weiteren Sieg, wurde aber anschließend durch einen Sturm aufgerieben, dem ein Großteil der Kriegs- und Transportschiffe einschließlich der Invasionsarmee zum Opfer fielen. Der Krieg sollte noch 14 Jahre dauern.

Dennoch verdeutlich die Schlacht bei Kap Ecnomus die Bedeutung vormoderner Seekriegsführung. Seeherrschaft diente oftmals zur Sicherung der Überführungswege für Landungstruppen. Die karthagische Taktik zielte auf die Zerstörung der Transportschiffe ab und hätte womöglich Erfolg gehabt, wenn Hamilkar die beiden römischen Spitzengeschwader weiter fortgelockt oder in ein längeres Gefecht verwickelt hätte. So öffnete der Sieg den Römern den Weg nach Nordafrika und hätte letztlich sogar zu einem strategischen Sieg in Form eines Friedens führen können, wären die gestellten Bedingungen akzeptabler gewesen. Militärische Erfolge in politisches Kapital umzumünzen ist jedoch Aufgabe von Diplomaten und nicht des Militärs und in diesem Fall zeigen sich erneut die Grenzen dessen, was durch eine Schlacht erreicht werden kann und auch die nichtmilitärischen Faktoren, die diese Grenze definieren.

Die beteiligten Flotten

Rom (Marcus Atilius Regulus / Lucius Manlius Vulso)

Stärke: 330 Schiffe, 140.000 Mann Besatzung

Verluste: 20 Schiffe gesunken, ca. 10.000 Mann Besatzung

Karthago (Hamilkar/Hanno)

Stärke: 350 Schiffe, 150.000 Mann Besatzung

Verluste: 30 Schiffe gesunken, 64 gekapert, 30-40.000 Mann Besatzung gefangen oder gefallen

Cannae, 2. August 216 v. Chr.

> *„Kein General ist ohne Fehler. Du, Hannibal, verstehst Schlachten zu gewinnen, aber nicht, deinen Sieg zu nutzen."*
>
> Angeblicher Ausspruch des karthagischen Generals Maharbal gegenüber Hannibal

Über die Punischen Kriege wissen wir fast ausschließlich aus römischen Schriftquellen, weswegen es für Historiker schwierig ist, eine schlüssige karthagische Perspektive nachzuvollziehen. Die Römer charakterisierten den Zweiten Punischen Krieg als eine regelrechte Privatfehde des karthagischen Feldherren Hannibal gegen die Republik.

Ob ein Hass auf Rom ein treibendes Motiv für Hannibal gewesen ist oder dies zur Charakterisierung eines Feindbildes durch die römischen Quellen gehört, sei dahingestellt. Fest steht, dass Karthago nach dem verlorenen Ersten Punischen Krieg seinen Einfluss in Spanien auszudehnen versuchte, wobei seine Interessen erneut mit denen Roms kollidierten. Ein Streit über den Besitz der Stadt Sagunt, die 219 v. Chr. von karthagischen Truppen unter Hannibal eingenommen wurde, eskalierte zu einem neuen Krieg. Hannibal ergriff die Initiative und führte im Folgejahr in einem kühnen Manöver eine karthagische Armee über die Alpen. Die auf dem Marsch mitgeführten Elefanten gingen dabei bis auf einen zu Grunde. In Italien angelangt, errang Hannibal eine Reihe spektakulärer Erfolge bei Trebia (218 v.Chr.) und am Trasimenischen See (217 v.Chr.). Seine Hoffnung auf einen Abfall der römischen Verbündeten, wie den erst kurz zuvor unterworfenen Samaitern, erfüllte sich allerdings nicht. Der Senat ernannte Fabius Maximus zum neuen Befehlshaber und Diktator. Die sprichwörtlich gewordene „fabianische Strategie" bestand nun darin, dem karthagischen Heer zu folgen und seine Nachschublinien anzugreifen, ohne jedoch eine weitere Schlacht zu riskieren. Obwohl erfolgreich, rief diese zeitaufwändige Vorgehensweise Kritik hervor, weswegen Fabius abgesetzt wurde. 216 v.Chr. hatte Rom insgesamt 16 Legionen mobilisiert, die unter dem täglich wechselnden Befehl der Konsuln Lucius Aemilius Paullus und Gaius Terentius Varro die Karthager zur Entscheidungsschlacht zwingen sollten.

Hannibal war inzwischen nach Süditalien marschiert und drohte Rom von seinen dortigen Getreidelieferungen abzuschneiden. Bei Cannae trafen beide Heere im August 216 v.Chr. aufeinander. Römischen Quellen zufolge waren sich die beiden Konsuln über das weitere Vorgehen uneins. Paullus soll gezögert haben, die Karthager anzugreifen, während Varro am Tag der

Schlacht das Kommando führte und das Heer schließlich über den Fluss Aufidius führte, der beide Parteien trennte. Die Quellen scheinen allerdings dem plebejischen Varro die Schuld für die Niederlage anzutragen und den gefallenen Patrizier Paullus zu entlasten. Der vermeintliche Konflikt zwischen beiden Feldherren wird daher von der Forschung teilweise angezweifelt.

Die beteiligten Armeen

Beide Heere unterschieden sich in ihrer Zusammensetzung beträchtlich voneinander. Die karthagische Armee bestand aus einem heterogenen Gemisch aus Söldnern und Aufgeboten der einzelnen karthagischen Provinzen. Hierzu zählten leichte numidische Reiter, libysches Fußvolk, das mit Speeren, großen Schilden und Schwertern bewaffnet war und keltische Krieger aus Spanien, die sowohl als Reiter, vor allem aber als Fußvolk dienten.

Die römische Armee war dagegen in gleichförmig bewaffnete Legionen organisiert. Ursprünglich nach griechischem Vorbild ausgerüstet und bewaffnet, hatte Rom im 4. Jahrhundert die Manipularordnung eingeführt, wobei zwei Zenturien als taktische Einheit in einem Manipel zusammengefasst wurden, die in zwei bis drei Treffen schachbrettförmig aufmarschierten. Die Masse der Legionen bestand aus Fußvolk, das sich in leichtbewaffnete Plänkler (Velites) mit Wurfsperren und schwere Truppen teilte. Die schwere Infanterie bestand wiederum aus hastati im ersten Treffen, sowie nachfolgend den principes und den triarii als am besten ausgerüstete Truppen. Der römische Adel stellte die Reiterei, die aber nur einen kleinen Teil der Legion ausmachte.

Obwohl die 16 Legionen mit schätzungsweise 80.000 Fußsoldaten und 6.000 Reitern den Karthagern mit etwa 50.000 Kriegern deutlich überlegen waren, verfügte Hannibal mit 10.000 Reitern ein klares Übergewicht an Reiterei. Beide Armeen platzierten ihr Fußvolk im Zentrum und die Reiterei an den Flanken. Die Römer staffelten ihr Fußvolk sehr tief, um ihm mehr frontale Durchschlagskraft zu verleihen, aber auch, weil das zwischen der Stadt Cannae und dem Fluss Aufidius eingezwängte Schlachtfeld ihnen nicht mehr Raum zur Entfaltung bot. Wo genau sich dieses Schlachtfeld befand, lässt sich heute nicht mehr sicher bestimmen, mehrere Orte in der italienischen Provinz Foggia kommen dafür in Frage. Daher gibt es bis heute keine archäologischen Funde. Auch die Datierung ist nicht gesichert, da der römische Kalender dieser Zeit dem astronomischen vorausging. Demnach wurde die Schlacht am 2. August ausgetragen, was jedoch eher dem astronomischen Juni entsprechen würde.

Hannibal antizipierte den römischen Schlachtplan richtig. Er platzierte sein keltisches Fußvolk in einer langen, leicht nach außen gewölbten Linie im Zentrum. Die elitären libyschen Fußtruppen wurden zurückversetzt hinter beiden Flanken platziert. Die Flügel seiner Aufstellung bildete die Reiterei. Die leicht bewaffneten Numider unter Maharbal oder Hanno standen auf dem rechten Flügel, die schwere Reiterei unter Hasdrubal auf dem linken. Hannibals Plan bestand darin, den Angriff des römischen Fußvolks aufzufangen und so lange zu verzögern, bis die karthagische Reiterei ihre Gegner aus dem Feld geschlagen hatte. Dann sollte diese zusammen mit den Libyern die Römer in Flanke und Rücken packen.

Die Schlacht

Wie erwartet eröffneten die Römer den Angriff mit ihren Fußtruppen und drängten die Keltiberer im karthagischen Zentrum sukzessive zurück. Hannibal ließ derweil seine Reiterei gegen die römischen Flügel vorgehen. Während die leicht bewaffneten Numider in schwere Kämpfe mit ihren römischen Gegnern verwickelt wurden, gelang den gut bewaffneten und zahlenmäßig überlegenen Truppen Hasdrubals ein schneller Erfolg über ihre Gegner. Hasdrubal führte seine Truppen hinter dem römischen Zentrum entlang auf die andere Flanke und half somit auch den Numidern, dic Reiterei auf dem linken römischen Flügel zu verjagen.

Derweil hatte das römische Fußvolk die Keltiberer immer weiter zurückgetrieben. Konsul Paullus, der die Flucht der Reiterei nicht hatte verhindern können, begab sich selbst in die Mitte, um die gegnerischen Linien zu durchbrechen. Auch Hannibal führte die Schlacht persönlich vom Zentrum der karthagischen Aufstellung, um die hart bedrängten Keltiberer anzufeuern. Falls die Römer seine Linie durchstoßen sollten, wäre sein Plan gescheitert, denn die meisten antiken Schlachten wurden mit dem Durchbruch einer Schlachtaufstellung entschieden, die oft in einer Flucht der unterlegenen Partei endete. Die Römer warfen ihre Reserven in den Kampf und die Linie der Karthager bog sich nun nicht mehr nach vorn, sondern nach hinten und stand kurz vor dem Zusammenbruch.

In dieser kritischen Situation griff die karthagische Reiterei die Römer im Rücken an, während die Libyer die offenen Flanken attackierten. Das römische Fußvolk war vollständig eingeschlossen und was nun folgte, war dem römischen Historiker Livius zufolge mehr ein Abschlachten, als eine Schlacht. Die Masse des römischen Fußvolks bestand aus unerfahrenen Rekruten, die in dieser Situation in Panik gerieten. Obwohl den Karthagern immer noch zahlenmäßig überlegen, gelang den Römern kein energischer

Gegenschlag mehr. Paullus und schätzungsweise 50.000 bis 60.000 Soldaten wurden getötet, etwa 10.000 gerieten in Gefangenschaft.

Bedeutung

Trotz seines Sieges wagte Hannibal keinen Angriff auf Rom, da es den Karthagern an Belagerungsmaterial fehlte und die Stadt durch eine starke Mauer geschützt wurde. Denkbar ist auch, dass der Feldherr vor der Länge einer notwendigen Belagerung zurückschreckte, die seine Truppen stationär gebunden hätte. Möglicherweise war die karthagische Armee auf eine mobile Kriegsführung angewiesen, um Beute zu machen, die zur Entlohnung der einzelnen Kontingente benötigt wurde.

Rom erholte sich dagegen erstaunlich rasch von der Niederlage. Zwar liefen viele süditalienische Verbündete zu Hannibal über, darunter Italiens zweitgrößte Stadt Capua, gerade die mittelitalienischen Bündnispartner hielten Rom jedoch die Treue, was ebenfalls zu Hannibals Entscheidung beigetragen haben mag, Rom nicht anzugreifen. Die Armee wurde neu aufgebaut, wofür nun auch Sklaven und Kriminelle rekrutiert wurden. Die Überlebenden der Schlacht wurden verschiedenen Quellen zufolge in der Legiones Cannenses zusammengefasst, deren Existenz allerdings heute ebenfalls angezweifelt wird. Bis 212 v.Chr. verfügte Rom über 22 Legionen mit 100.000 Mann und ebenso viele Auxilartruppen. Das Kriegsgeschehen verlagerte sich zunächst nach Süditalien und schließlich nach Sizilien. 202 v. Chr. drang eine römische Armee unter dem Feldherren Scipio Africanus – einem Überlebenden von Cannae – auf Karthago vor, weswegen Hannibal aus Italien abberufen wurde. Bei Zama kam es zur Entscheidungsschlacht, in der der karthagische Feldherr eine schwere Niederlage hinnehmen musste. Der kurz darauf geschlossene Frieden zwang die Karthager zur Zahlung einer hohen Kontribution und einer nahezu vollständigen Abrüstung. Im dritten Punischen Krieg (149-146 v.Chr.) wurde die Stadt schließlich von den Römern eingenommen und vollständig zerstört.

Trotz der Niederlage Karthagos wurde Cannae im Laufe der Militärgeschichte zum Paradebeispiel für eine Vernichtungsschlacht. Napoleon drohte seinen Gegnern wiederholt, ihnen ein Cannae bereiten zu wollen. Insbesondere deutsche Militärs und Historiker des 19. und frühen 20. Jahrhunderts erhoben Cannae zum Muster einer Umfassungsschlacht und analysierten spätere Schlachten, etwa den schwedischen Sieg über eine sächsische Armee bei Fraustadt 1706 oder auch den deutschen Sieg bei Sedan als „Cannaeschlachten". Die deutsche Militärstrategie vom Schlieffenplan bis hin zu den einzelnen Feldzugsplänen des Zweiten Weltkrieges zielte wiederholt auf eine Umfassungsschlacht ab, die die gegnerische Armee gleich zu

Beginn des Krieges vernichten sollte. Nach dem Zweiten Golfkrieg 1991 nannte US-General Norman Schwarzkopf Cannae als Vorbild für die alliierte Operation Desert Storm. Eine wichtige Lehre hatten jedoch insbesondere die deutschen Militärs der wilhelminischen und NS-Ära übersehen: Bei Cannae hatte Hannibal zwar einen überwältigenden taktischen Erfolg errungen, den Krieg am Ende aber dennoch verloren. Deutschland würde diese Erfahrung in zwei Weltkriegen wiederholen.

Die beteiligten Armeen

Karthago (Hannibal)

Stärke: ca. 40.000 Fußsoldaten und 10.000 Reiter

Verluste: ca. 8.000 Mann

Rom (Lucius Aemilius Paullus und Gaius Terentius Varro)

Stärke: 16 Legionen, ca. 80.000 Fußsoldaten und 6.000 Reiter

Verluste: ca. 50.000 bis 60.000 Mann, 10.000 Gefangene

Carrhae, Juni 53 v. Chr.

> *„Selbst als er solche Worte der Ermutigung sprach, sah Crassus, dass nicht viele seiner Männer mit Eifer zuhörten, aber als er sie auch aufforderte, den Schlachtruf auszustoßen, entdeckte er, wie mutlos seine Armee war, so schwach, müde und ungleich war ihr Ruf, während das, was von den Barbaren kam, laut und kühn war. Dann, als der Feind sich an die Arbeit machte, ritt seine leichte Kavallerie an den Flanken der Römer herum und beschoss sie mit Pfeilen, während die panzerbekleideten Reiter vorn sie mit ihren langen Speeren weiter auf engstem Raum zusammentrieben. Außer denen, die, um dem Tod durch die Pfeile zu entgehen, es wagten, sich verzweifelt auf ihre Feinde zu stürzen. Diese richteten wenig Schaden an, fanden aber einen schnellen Tod durch große und tödliche Wunden, da der Speer, den die Parther in die Pferde stießen, von schwerem Stahl war und oft genug die Kraft hatte, um zwei Männer gleichzeitig zu durchbohren.“*
>
> Plutarch, „Crassus“

Mit dem Ausgreifen der Römischen Republik auf Kleinasien kam es im 1. Jahrhundert vor Christus zu ersten Zusammenstößen mit den Parthern. Die Parther waren iranischen Ursprungs und hatten in den anderthalb Jahrhunderten zuvor ihre Herrschaft über das alte Persien verfestigt, wobei sie die alexandrinischen Seleukiden nach Westen drängten. 69 v. Chr. schlossen Römer und Parther einen Vertrag, der den Euphrat als Grenze beider Interessens- und Einflusssphären definierte. Allerdings wurde diese in der Folge mehrfach von den Römern verletzt, unter anderem durch Gnaeus Pompeius während seiner Syrienfeldzüge 64/63. v. Chr.

Im Jahr 60 v. Chr. erfolgte die Gründung des Ersten Triumphirats zwischen Pompeius, Marcus Licinius Crassus und dem noch jungen Gaius Julius Cäsar. Pompeius und Crassus hatten sich ihr Ansehen nicht zuletzt dank der Niederschlagung des Spartakusaufstandes erworben, denen Pompeius weitere Triumphe in Kleinasien folgen ließ. Cäsar, der eigentliche Juniorpartner in diesem Dreigestirn, steigerte sein Ansehen durch seine spektakulären Erfolge über die Gallier ab 58 v. Chr. In einer Gesellschaft, in der sich politischer Einfluss nicht zuletzt über militärische Erfolge definierte, fühlte sich Crassus herausgefordert nachzuziehen, da er seit dem Spartakusaufstand keine größeren Truppenverbände mehr kommandiert hatte. Sein Augenmerk fiel auf das Partherreich, wo 57 v. Chr. ein Thronfolgekrieg ausgebrochen war, nachdem die Brüder Orodes und Mithridates ihren Vater Phraates III. ermordet hatten.

Ab 55 v. Chr. begann Crassus mit dem Aufbau eines starken Heeres in Syrien. Schnell musste er feststellen, dass seine Kriegsvorbereitungen auf Widerstand in Rom stießen, denn die Parther hielten sich sehr wohl an die Vertragsbestimmungen aus dem Jahr 69 v. Chr. und lieferten keinerlei Anlass für einen Krieg, der daher in Rom nicht sonderlich populär war. Dies setzte Crassus in doppelten Zugzwang, denn die Kriegsvorbereitungen hatten bereits horrende Summen gekostet. Eine Absage des Feldzuges hätte seinem politischen Prestige enorm geschadet. Ihm blieb daher nichts anderes übrig, als den geplanten Feldzug zu einem siegreichen Ende zu bringen. Die Voraussetzungen dafür verschlechterten sich ab 54. v. Chr., nachdem Orodes auch seinen Bruder ermordet und sich als König durchgesetzt hatte.

Der Krieg

Crassus verließ Italien Ende 55 v. Chr. mit seinen Truppen und landete zunächst in Kleinasien, wo er zu Beginn des Jahres 54 v. Chr. eintraf. Er selbst verlegte sein Quartier nach Antiochia am Orontes und fungierte als Statthalter. Mit sieben Legionen überschritt er noch im selben Jahr den Euphrat und rückte ein erstes Mal auf Carrhae vor. Da Orodes zu diesem Zeitpunkt noch seine Herrschaft konsolidierte, waren die Parther nicht in der Lage, den Römern ausreichend starken Widerstand entgegenzusetzen. Crassus eroberte eine Reihe von Städten östlich des Euphrat, die sich den Römern ohne Widerstand ergaben. Er installierte Garnisonen und zog sich dann über den Fluss zurück, um sein Hauptheer in Winterquartiere zu verlegen. Über die Gründe für den kurzen Feldzug ist in der Forschung viel spekuliert worden. Es erschien bereits Plutarch und Cassius Dio unverständlich, warum Crassus nicht auf die parthische Hauptstadt Seleukia vorrückte, wie er es gegenüber den Gesandten von Orodes vollmündig angekündigt hatte. Hierfür wird oftmals die Schwäche der römischen Kavallerie verantwortlich gemacht. Das Rückgrat der römischen Legionen bestand aus Fußvolk, mit nur einem geringen Anteil an Reiterei. Dagegen verfügten die Parther über exzellente, mobile Reiterverbände. Tatsächlich unternahm Crassus im Winter 54/53. v.Chr. intensive Bemühungen, seine Reiterei zu verstärken. Gleichzeitig schloss er ein Bündnis mit dem Königreich Armenien ab, um die Parther in einen Zweifrontenkrieg zu verwickeln.

Doch auch Orodes hatte seine Herrschaft inzwischen konsolidiert und beabsichtigte, zunächst den Angriff der Armenier abzuwehren, während sein General Surenas sich gegen Crassus wenden sollte. Die Parther begannen den Feldzug früh. Orodes marschierte den Tigris hinauf und blockte den Vormarsch der Armenier, während Surenas die nur schwach gesicherten

Städte östlich des Euphrat zurückeroberte, noch ehe Crassus eingreifen konnte.

Daraufhin führte Crassus sein Heer bei Zeugma über den Euphrat und marschierte entlang des Flusses, ehe er in die Wüste abschwenkte. Hierfür werden unterschiedliche Gründe ausgemacht. Einige Quellen sprechen von den verräterischen Einflüsterungen eines lokalen Fürsten – ein oft auftauchendes Quellennarrativ – , andere wiederum berichten, dass römische Späher Pferdespuren eines sich zurückziehenden Heeres ausgemacht hätten. Da die genauen Bewegungen und die Stärke des Gegners jedoch unbekannt waren, riet Quästor Gaius Cassius Longinus seinem Feldherren dazu, eine Stadt anzusteuern und zunächst genauere Erkundigungen einzuholen, was Crassus jedoch zurückwies. Surenas hatte auf ein solches Manöver gehofft und zog das gewaltige römische Heer in eine wasserlose Wüstengegend, ehe er sich Anfang Juni südlich von Carrhae zur Schlacht stellte.

Die beteiligten Armeen

Laut Plutarch bestand Crassus Heer aus sechs Legionen, zuzüglich 4.000 Reiter und 4.000 Leichtbewaffneter, insgesamt wohl um die 40.000 Mann. Crassus Bemühungen zur Stärkung der römischen Reiterei waren nur mangelhaft vorangekommen. Sein Sohn Publius Licinius hatte ihm 1.000 keltische Reiter zugeführt, was eindrücklich veranschaulicht, wie sehr die Römer das militärische Potential ihres ganzen Reiches anspannten. Zudem bemühte sich Crassus um die Anwerbung von Reiterverbänden durch die unterworfenen und verbündeten Völker Kleinasiens und requirierte für deren Finanzierung die Tempelschätze der Region. Seine wichtigste Verstärkung, 10.000 Panzerreiter, die ihm der König von Armenien versprochen hatte, waren von Orodes am Tigris aufgehalten worden.

Surenas Heer war den Römern zahlenmäßig weit unterlegen. Nach den Quellen bestand es fast ausschließlich aus leichter Reiterei, etwa 9.000 berittenen Bogenschützen, sowie 1.000 Panzerreitern, die sowohl mit dem Bogen als auch der Lanze kämpfen konnten. Die Taktik der Parther bestand darin, den Gegner mit schnellen Feuerüberfällen zu überraschen und sich anschließend zurückzuziehen, ohne sich auf Nahkämpfe einzulassen. Da der Verbrauch an Pfeilen hierfür enorm war, verfügte Surenas über 1.000 Kamele, die ausschließlich für den Transport des Nachschubs an Geschossen eingesetzt wurden.

Die Schlacht

Nachdem die römische Vorhut das parthische Heer ausgemacht hatte, befahl Crassus seiner Armee zunächst die Aufstellung in einer langgestreckten Linie, um eine Überflügelung durch den Gegner zu verhindern, änderte dann jedoch seine Meinung und ordnete es in einem gewaltigen Viereck. Dabei soll jede Seite aus zwölf Kohorten mit eigener Reiterei bestanden haben. Da römische Legionen in der Regel zehn Kohorten zählten, muss Crassus entweder über eine Reserve verfügt haben – von der die Quellen nichts berichten – oder sein Heer war nicht ganz so stark, wie bisher angenommen. Dies ließe sich dadurch erklären, dass die Legionen durch die Zurücklassung von Garnisonen im Vorjahr geschwächt worden waren. Er selbst hielt sich im Zentrum seiner Armee auf, sein Sohn befehligte den rechten Flügel und Cassius den linken Flügel. Unklar ist, ob dieses Viereck vor oder nicht vielmehr erst während der Schlacht gebildet worden ist. Vermutlich ist letzteres der Fall.

Surenas eröffnete die Schlacht mit einem Angriff seiner schweren Panzerreiter auf das römische Zentrum, der jedoch an den geschlossenen Reihen des römischen Fußvolkes abprallte. Gleichzeitig versuchte die leichte parthische Reiterei, die beiden römischen Flügel zu umgehen, weswegen Crassus den römischen Reitern befahl, gegen diese vorzurücken. Die Parther zogen sich geschickt zurück und überschütteten die Römer mit einem Pfeilhagel. Diese waren nicht in der Lage, ihre offensichtlich mobileren Gegner zu stellen.

Crassus befahl daraufhin seinem Sohn, acht Kohorten, 500 Bogenschützen und 1.300 Reiter gegen die Parther vorzuführen. Offensichtlich versuchte er, den Gegner unter dem Schutz eigener starker Fernkampftruppen entweder zu stellen oder vom Schlachtfeld zu drängen. Es ist wahrscheinlich, dass erst jetzt das übrige Hauptheer das große Viereck bildete. Dies würde die Diskrepanz in der Angabe der Kohorten erklären. Auch ergäbe ein Flankenangriff der leichten parthischen Reiterei zuvor keinen Sinn, wenn die römische Armee sich bereits in einer quadratischen Aufstellung befunden hätte.

Der junge Crassus verfolgte den Feind. Doch die parthischen Reiter zogen sich weiter zurück und lockten ihn somit nur weiter vom Hauptheer weg. Als die beiden Abteilungen Sichtkontakt verloren, schlossen die Parther die Abteilung von Publius Licinius ein und vernichteten sie vollständig. Der junge Crassus wurde verwundet und nahm sich vermutlich selbst das Leben. Die Parther intensivierten nun ihre Angriffe auf die Hauptarmee. Mehrfach schickte Crassus dem Gegner Teile seiner Reiterei entgegen, doch diese wurden wiederholt eingekreist und geschlagen. Die nahezu unbeweglichen Legionäre wurden mit Pfeilen überschüttet, die die parthischen Verbände bei ihrem Kameltross auffüllen konnten.

Bei Einbruch der Nacht beschloss ein Kriegsrat der römischen Offiziere, die Schlacht abzubrechen und sich noch im Schutz der Dunkelheit zurückzuziehen, wobei etwa 4.000 Verwundete zurückgelassen werden mussten. Die Parther verzichteten zunächst auf eine Verfolgung. Erst am nächsten Morgen ritten sie in das römische Lager ein und massakrierten die Zurückgebliebenen.

Crassus' Heer marschierte derweil auf Carrhae zurück, wobei weitere vier Kohorten verloren gingen, die die Verbindung zur Hauptarmee verloren hatten. Auf dem weiteren Rückzug nach Syrien wurde auch eine von Crassus selbst geführte Abteilung in eine Falle gelockt und auf einem Hügel eingeschlossen. Von seinen demoralisierten Soldaten zu Verhandlungen gezwungen, wurde der Triumphir kurz darauf von den Parthern ermordet, da er sich weigerte, ihnen in ihr Lager zu folgen. Nur ein kleiner Teil des Heeres unter dem Befehl von Cassius entkam nach Syrien.

Bedeutung

Je nach Schätzung verloren die Römer im Carrhae-Feldzug 30.000 Mann, 20.000 Tote und 10.000 Gefangene. Waren Crassus Kriegspläne zuvor auf massiven Widerstand gestoßen, führte seine Niederlage zu einem Aufschrei und den Forderungen militärischer Vergeltung. Nicht zuletzt die Rückgewinnung der verlorenen Feldzeichen war von hoher symbolischer Bedeutung. Aufgrund des zwischen Cäsar und Pompeius ausgebrochenen Bürgerkrieges verschob sich die Fortsetzung des Konfliktes, während die Parther wenig Anstalten machten, ihrerseits gegen die römische Position in Kleinasien vorzugehen. Cäsar wurde während seiner Vorbereitungen für einen Partherfeldzug im Jahr 44 v. Chr. ermordet, sein Vertrauter Marc Anton operierte mit wenig Erfolg östlich des Euphrat, während Augustus 20 v.Chr. einen neuen Frieden schloss, der die Euphratgrenze anerkannte, wofür die Römer die 33 Jahre zuvor verlorenen Feldzeichen zurückerhielten.

Die römische Niederlage hatte verschiedene Gründe. Crassus' Vormarsch in die Wüste erfolgte gegen den Widerstand vieler seiner Generale, die Aufklärung der Römer zeigte wiederholt Schwächen und es fehlte an adäquater Reiterei, um die wendigen Verbände der Parther zu stellen. Es war eine der ersten größeren Konfrontationen der Römer mit den typischen asiatischen berittenen Bogenschützen. Die Römer bewiesen jedoch eine erstaunliche Anpassungsfähigkeit und entwickelten für ihre in Asien eingesetzten Armeen eine eigene schwere Reiterei nach Vorbild der Parther. Ihre Bewaffnung bestand aus einer langen Lanze, die mit beiden Händen geführt wurde, sowie einem Schwert. Daneben deutet die Bezeichnung *equites sagitarii clibanarii* für einige Einheiten auf eine Bewaffnung mit Bögen hin, die entweder als Alternative oder ergänzend zur Lanze getragen wurde. Mit Hilfe dieser Reiter gelang es den Römern, im ersten und zweiten nachchristlichen Jahrhundert beachtliche Erfolge gegen die Parther zu erringen. Im Jahre 116 konnte Kaiser Trajan die Hauptstadt Ktesiphon am Tigris erobern und weite Teile des Partherreiches unter seine Kontrolle bringen. Unter ihm erreichte das Römische Reich seine größte Ausdehnung.

Die beteiligten Armeen

Parther (Surenas)

Stärke: ca. 1.000 Panzerreiter (Kataphrakten), 9.000 berittene Bogenschützen

Verluste: unbekannt

Rom (Marcus Licinius Crassus)

Stärke: 6 Legionen, 4.000 Reiter, 4.000 Leichtbewaffnete, ca. 36.000 Mann

Verluste: ca. 20.000 Tote, 10.000 Gefangene

Chibi, 208

„Yu und Pu waren die Generale zur linken und zur rechten, die jeweils 10.000 Mann anführten, die Vorbereitungen vorantrieben, zu den Roten Klippen vorstießen und die Armee von Cao Gong brachen. Der Rest der Schiffe wurde verbrannt und er zog sich zurück, die Soldaten verhungerten und die meisten Menschen starben.“

Chroniken der drei Reiche, Buch Wu

Im ausgehenden zweiten Jahrhundert begann das chinesische Han-Reich auseinanderzufallen. Es folgte eine beinahe fünfhundert Jahre währende Periode der Uneinigkeit, die nur von gelegentlichen, kurzfristigen Wiedervereinigungen unterbrochen wurde. Wie so oft bedingten innere und äußere Faktoren diesen Niedergang. Im ausgehenden 2. Jahrhundert wurde das Han-Reich von der Revolte der Gelben Turbane, einer daoistischen Bewegung, die ihre Schwerpunkte am Gelben und am Fluss Huai hatte, erschüttert. Von außen geriet das Reich unter Druck durch das Volk der Xianbei, die die im Zuge der Xiongnu-Angriffe verwaisten Grenzgebiete besiedelten und viele Xiongnu-Familien aufnahmen. Zwar konnte die Rebellion der Gelben Turbane letztlich niedergeschlagen werden, dennoch war Kaiser Xian (r. 189-220) nicht mehr in der Lage, sein Reich unangefochten zu regieren. Mehrere Provinzgouverneure und Warlords regierten unabhängig vom Kaiserhof. Zu diesen gehörte auch der Reiterführer Cao Cao, der sich bei der Niederschlagung des Aufstandes hervorgetan hatte. In den 190er Jahren führte Cao Cao mehrere erfolgreiche Feldzüge im Norden Chinas und konnte weite Teile des Reiches unter seine Kontrolle bringen. Im Jahr 207 schlug er die Reiternomaden der Wuhan in der Schlacht am Weißen Berg und verschaffte sich so Rückenfreiheit im Nordwesten. Bei seiner Rückkehr nach Peking wurde er zum Kanzler ernannt.

Cao Cao vertrat somit offiziell den Kaiser, als er im Herbst 208 zum Jangtse Tal vorstieß. Hier hatten die Warlords Sun Quan und Liu Bao, der Gouverneur der Provinz Jing, ihre Einflussbereiche ausgeweitet. Beide standen in Konflikt miteinander und erst im Sommer hatte Sun Quan ein Heer Liu Baos geschlagen und einen seiner wichtigsten Heerführer getötet. Nun geriet die Provinz Jing ins Visier Cao Caos. Liu Bao hatte sich während seiner Feldzüge um die Jahrhundertwende zunächst neutral verhalten, dann aber seinen Rivalen Liu Bei, Begründer des Shu Han Staates, bei sich aufgenommen und so dessen Zorn erregt.

Cao Caos Truppen drangen rasch ins Herz der Provinz vor, da die Masse von Liu Baos Truppen durch den Konflikt mit Sun Quan gebunden waren. Liu Bao starb noch im selben Jahr, woraufhin seine Söhne sich um seine Nachfolge stritten, noch während die Armee des Kanzlers weiter in die Provinz vordrang.

In der Schlacht von Changbang im Oktober 208 wurde ein kleines Heer unter Liu Bei und Liu Baos Söhnen von der Reitervorhut Cao Caos schwer geschlagen, woraufhin dieser die Provinz Jing westlich des Han-Flusses und auch die Stadt Jiangling am Jangtse besetzte, wo sich wichtige Werften und Marinearsenale befanden. Liu Bei konnte sich dagegen mit den Resten seiner Truppen nach Osten in die Stadt Xiakou zurückziehen, die an der Mündung des Han in den Yangtse lag. Hier erreichten ihn Boten Sun Quans, die ein gegen Cao Cao gerichtetes Bündnis zwischen den beiden Warlords vorschlugen. Zuvor hatte der Kanzler Sun Quan aufgefordert, sich zu unterwerfen. Einige seiner Berater unterstützten dieses Angebot, da Cao Cao angab, über 800.000 Soldaten zu verfügen, während die Warlords am Jangtse höchstens einige zehntausend aufbringen konnten. Doch Sun Quan wies das Ansinnen zurück und schickte 30.000 Mann zur Unterstützung Liu Beis. Die beiden Heere vereinten sich zunächst in Fankou, etwas weiter den Jangtse abwärts, marschierten dann aber nach Westen, um Cao Caos Vormarsch nahe den Roten Klippen (chin. Chibi) zu stoppen. Der Kanzler hatte inzwischen eine große Flotte in Jianling zusammengezogen und segelte den Jangtse hinab, wobei ein Großteil seiner Truppen wohl entlang der sumpfigen Flussufer marschierte.

Die beteiligten Streitkräfte

Wie so oft herrscht über die genaue Stärke der beteiligten Armeen, insbesondere der Truppen Cao Caos, Unklarheit. Der Kanzler selbst bezifferte diese auf 800.000 Mann, weswegen spätere Quellen, die von mehr als einer Million Soldaten sprechen, unglaubwürdig erscheinen. General Zhou Yu, ein erfahrener Heerführer, der von Sun Quan mit dem Oberbefehl über die verbündeten Truppen beauftragt wurde, schätzte die Stärke seines Gegners dagegen auf höchstens eine viertel Million Mann, womit er mit seinen eigenen etwa 50.000 Soldaten immer noch beträchtlich überlegen war. Unklar ist auf beiden Seiten, wie hoch der Anteil der Soldaten war und wie viele Menschen zum Tross gehörten.

Das Militär der Han fußte auf verschiedenen Rekrutierungsmodellen. Die nördlichen Armeen, die sich gegen die Reiternomaden der Xiongnu behaupten mussten, rekrutierten sich überwiegend aus professionellen Berufssoldaten. Die Fußtruppen bestanden aus Lanzenträgern, die über eiserne Schilde verfügten, und Armbrustschützen. Auch eine chinesische Form der Hellebarde sowie Schwerter, das zweischneidige Jian und das breitere, einschneidige Dao fanden breite Verwendung. Mit dem Niedergang der Han Dynastie bildete sich zudem ein neues Berufskriegertum heraus und viele Warlords vertrauten auf den Einsatz „barbarischer" Reiterei.

In der Han-Periode fanden bedeutende Änderungen im Schiffbau statt. Chinesische Baumeister gingen von der Klinker- zur Krawellbauweise über. Die größten auch auf Flüssen eingesetzten Typen bildeten die „Turmschiffe" (lou chan), die über mehrere Decks verfügten. In der Mitte der durch Ruder angetriebenen Schiffe befand sich ein turmartiger Aufbau mit einem Katapult (Tribock). Das Ziel eines Seegefechts bestand in der Zerstörung und nicht der Eroberung gegnerischer Schiffe, wofür neben dem Tribock auch Armbrust- und Bogenschützen mit Distanzwaffen eingesetzt wurden. Neben den Turmschiffen fand eine Vielzahl kleinerer Schiffe Verwendung. Sie alle wurden hauptsächlich mit Rudern angetrieben, auch wenn einige Segel als Hilfsantrieb verwendeten. Das Mengchong war ein rudergetriebenes Boot mittlerer Größe mit einer Plattform auf dem Bug, die vermutlich zur Aufstellung von Schützen diente. Die Aufbauten dieser Schiffe wurden mit Leder überzogen, wodurch sie weniger anfällig gegenüber Brandgeschossen waren. Cao Cao verfügte über eine große Flotte, allerdings war die Masse seiner Truppen unerfahren in der Seekriegsführung, litt unter Seekrankheiten und anderen Seuchen und war daher körperlich und moralisch geschwächt. Die vereinten Streitkräfte Liu Beis und Sun Quans wurden dagegen eigens für den bevorstehenden Kampf auf dem Jangtse ausgebildet. Allerdings fehlte es ihnen wohl an Pfeilen. Eine Version der Schlacht berichtet davon, wie Schiffe der Südallianz sich eines nachts Cao Caos Flotte näherten und von dessen Schützen beschießen ließen, wodurch 100.000 Pfeile gewonnen werden konnten.

Die Schlacht

Die exakte Datierung und auch der genaue Ablauf der Schlacht lassen sich schwer ermitteln. Die wichtigste Quelle bildet die fiktionalisierte „Geschichte der drei Reiche" aus dem 14. Jahrhundert. Selbst die genaue Lokalisierung der Roten Klippen fällt schwer. Fest steht, dass an dieser Stelle die Vorhut der Flotte Cao Caos auf die Schiffe von Liu Bei und Sun Quan stießen, in dem anschließenden Gefecht jedoch keine Erfolge erzielen konnte. Da seine Truppen von langen Märschen erschöpft und wohl auch bereits von ersten, in den sumpfigen Gebieten längs des Flusses grassierenden Seuchen geschüttelt wurden, zog sich Cao Cao nach dem auf dem nördlichen Flussufer gelegenen Wulin zurück.

Hier bildete er ein gewaltiges Lager, indem er die Schiffe seiner Flotte zusammenketten ließ. Angeblich sollte diese Maßnahme die Ausbreitung von Seekrankheit unter seinen Soldaten verhindern, allerdings war es durchaus nicht unüblich, dass ankernde Flotten auch untereinander Verbindung hielten. Auf ganz ähnliche Weise war auch die französische Flotte in der Schlacht von Sluis (1340) vertäut – mit ähnlich fatalen Folgen. Einige Quellen berichten, dass die Idee zum Zusammenketten von einem Überläufer der Südallianz namens Pang Tong stammte.

In dieser Situation erhielt Cao Cao Nachricht, dass Huang Gai, einer von Sun Quans Generalen, sich mit seinen Streitkräften ergeben wolle. Der Kanzler schöpfte daher kein Verdacht, als das feindliche Geschwader mitten im Fluss auftauchte. Seine Soldaten drängten sich auf den Schiffen, um die herannahenden Überläufer zu bejubeln. Doch Huang Gais angeblicher Verrat war eine Finte. Seine Männer setzten ihre Schiffe in Brand und ließen diese auf die unbewegliche Flotte Cao Caos zutreiben. Hunderte von Schiffen gingen in Flammen auf und unzählige Soldaten verbrannten oder ertranken. Gleichzeitig wurde das Lager landseitig von den Truppen des Generals Zhou You angegriffen. Dieser nutzte und vergrößerte die Verwirrung und errang einen vollständigen Sieg. Cao Cao ordnete einen Rückzug an, wobei er den Großteil seiner verbliebenen Flotte zerstören ließ. Auf dem Rückzug durch die Sumpflandschaften setzte schwerer Regen ein, sodass die erschöpften Truppen weitere Verluste erlitten. Nur die rasch wiedereinsetzende Uneinigkeit unter den Verbündeten verhinderte eine noch größere Katastrophe.

Bedeutung

Cao Cao machte später vor allem den schlechten Gesundheitszustand der Truppen und weniger seine Niederlage an den Roten Klippen für das Scheitern seines Feldzuges verantwortlich. Diese Erklärung hat durchaus etwas für sich, denn bereits vor seinem Ausmarsch aus Jiangling wurde der Kanzler von einigen seiner Generale bedrängt, der Armee eine längere Rast zu gewähren. Auch verfügte er über eine ausreichend große numerische Überlegenheit, um taktische Rückschläge zu verkraften. Vermutlich führte eine Kombination aus dem schlechten Zustand der Truppen und dem demoralisierenden Effekt der Niederlage bei Chibi zu dem katastrophalen Ausgang.

Zhou Yu konnte im Folgejahr Jiangling zurückerobern, doch sein Tod im Jahr 210 beraubte Sun Quan seines wichtigsten Heerführers. Auch in der Folge sollte es Cao Cao nicht gelingen, das Reich wieder zu vereinen. Die folgenden knapp fünf Jahrhunderte sahen den Aufstieg und meist raschen Fall verschiedener Teilreiche. Die strategisch bedeutende Jing Provinz fiel schließlich in die Hände Liu Beis, der im Jahr 221 das Shu-Reich begründete, während Sun Quan 229 das Reich der östlichen Wu etablierte. Diese Epoche verdeutlicht, dass die Idee eines geeinten China nicht die einzige Option in der Geschichte des Reiches der Mitte darstellt. So wenig, wie dieses Reich ethnisch geeint war, musste es auch dauerhaft politisch geeint sein. Zwar gelang es der Tang-Dynastie im ausgehenden 7. Jahrhundert, diese Einheit wieder herzustellen, aber auch eine dauerhafte Zersplitterung in sich gegenseitig bekämpfende Reiche war ein durchaus denkbares Szenario der chinesischen Geschichte.

Auf operativer und taktischer Ebene zeigt die Schlacht bei Chibi die Bedeutung der großen chinesischen Flusssysteme für die Kriegsführung insbesondere im frühen chinesischen Mittelalter auf. Die Flusstäler stellten wichtige Siedlungszentren dar und die Wasserläufe bildeten einerseits bedeutende Versorgungswege für Heere, konnten aber andererseits als natürliche, leicht zu verteidigende Grenzen genutzt werden. In den folgenden drei Jahrhunderten sollten maritime Auseinandersetzungen auf den chinesischen Binnengewässern daher eine wichtige Rolle spielen, auch wenn kaum eine Flotte wieder die Stärke der von Cao Cao erreichen sollte.

Beteiligte Streitkräfte

Han-China (Cao Cao)

Stärke: vermutlich 250.000 Mann

Verluste: unbekannt, hoch

Süd-Allianz (Zhou Yu)

Stärke: ca. 50.000 Mann

Verluste: unbekannt

Ad Decimum, 13. September 533

„Von da an kann ich nicht mehr sagen, was mit Gelimer passiert ist. Den Sieg in seinen Händen, gab er ihn bereitwillig an den Feind ab, es sei denn man sollte auch törichte Handlungen auf Gott zurückführen, der, wann immer er beabsichtigt, dass ein Unglück einem Menschen widerfahren soll, zuerst seine Vernunft antastet und nichts zulässt, was ihm zugute kommt zu seiner Überlegung. Denn einerseits hätte er die Verfolgung sofort aufgenommen, so glaube ich nicht, dass selbst Belisarius ihm standgehalten hätte, aber unsere Sache wäre so ganz und gar verloren gewesen, so zahlreich erschien die Macht der Vandalen und so groß war die Angst vor ihnen in den Römern; oder ob er andererseits direkt nach Karthago geritten wäre, er hätte leicht alle Männer von Johannes getötet, die, achtlos auf alles andere, einer nach dem anderen durch die Ebene wanderten oder zu zweit die Toten auszogen. Und er hätte die Stadt bewahrt mit seinen Schätzen und unsere Schiffe erobert, die ziemlich nahe gekommen waren, und er hätte uns alle Hoffnung auf Einschiffen und Fortsegeln genommen durch seinen Sieg. Aber tatsächlich tat er keines dieser Dinge. Stattdessen stieg er im Schritt vom Hügel herab, und als er den ebenen Boden erreichte, sah er den Leichnam seines Bruders, wehklagte er und sich um sein Begräbnis kümmernd, ließ er den Rest seiner Gelegenheit verstreichen – eine Gelegenheit, die er erneut nicht ergreifen konnte.“

Procopius von Cäsarea, byzantinischer Augenzeuge der Schlacht in „De Bellis“

In der Spätantike setzten bedeutende geopolitische Veränderungen im Mittelmeerraum ein. Ein schleichender Niedergang des Römischen Reiches war seit dem 3. Jahrhundert kaum übersehbar. Das Reich geriet von außen unter Druck. Mit Dakien wurde eine große Provinz nördlich der Donau wieder aufgegeben. Zudem begann eine innere Krise das Reich auszuhöhlen. Um die Regierbarkeit wiederherzustellen, teilte Kaiser Diokletian erstmals das Reich in eine westliche und eine östliche Hälfte. Im Jahr 326 verlegte Kaiser Konstantin die Hauptstadt des Reiches nach Konstantinopel, womit eine kulturelle Spaltung voranschritt. Die Kaiser verstanden sich weniger als Teil der klassisch-italienischen, als einer griechisch-asiatischen Welt. Im Jahr 395 wurden die Reichshälften endgültig getrennt. Das wirtschaftlich und militärisch schwächere Weströmische Reich geriet im fünften Jahrhundert unter starken militärischen Druck durch einfallende Germanenvölker und die Hunnen. Letztere konnten zwar – auch dank germanischer Unterstützung – in der Schlacht auf den Katalaunischen Feldern zurückgeschlagen werden, doch Westrom geriet kurz darauf in die Hände germanischer Völker, die sich unterschiedliche Reichsteile aneigneten: die Ostgoten Italien, die Westgoten die Iberische Halbinsel, die Franken Gallien und die Vandalen Nordafrika. Letztere bauten auch eine bedeutende eigene Flotte auf, womit der Charakter des Mittelmeeres als politisch geschlossener Handelsraum, als „mare nostrum", aufgebrochen wurde.

Ostrom, welches sich zunächst selbst den Einfällen der Germanen und Hunnen erwehren musste, sah sich als legitimer Nachfolger bzw. Vertreter auch des weströmischen Herrschaftsanspruchs und versuchte bereits im 5. Jahrhundert, größtenteils erfolglos, in Italien und Nordafrika verlorenen Boden zurückzugewinnen. Dieser Herrschaftsanspruch erlosch auch nicht mit der Beseitigung des letzten weströmischen Kaisers Romulus Augustus durch seinen germanischstämmigen Heerführer Odoaker im Jahr 476. Unter Kaiser Justinian (reg. 527-565) gelang es dem oströmischen oder byzantinischen Reich tatsächlich, große Teile des Mittelmeerraumes zurückzugewinnen. Sein Feldherr Belisar konnte im Jahr 530 die Sassaniden bei Dara schlagen, wodurch die östliche Reichsgrenze befriedet wurde und die Byzantiner Handlungsfreiheit im Westen gewannen.

Ihr Hauptaugenmerk lag zunächst nicht auf Italien, sondern dem Vandalenreich in Nordafrika. Möglicherweise spielte die maritime Stärke der Vandalen bei dieser Entscheidung eine Rolle. Im Jahr 468 hatte eine vandalische Flotte ein oströmisches Geschwader bei Kap Bon vernichtet. Ohne uneingeschränkte Seeherrschaft wäre aber auch die Durchführung von Feldzügen in Italien gefährdet worden. Allerdings spielten auch dynastische Verwicklungen eine bedeutende Rolle.

Zu Beginn des 6. Jahrhunderts hatten sich die Beziehungen zwischen den Vandalen und Byzanz zunächst wesentlich verbessert. König Hilderich (reg. 523-530) unterhielt eine persönliche Freundschaft mit Justinian. Doch im Jahr 530 fiel Hilderich einer Revolte seines Vetters Gelimer zum Opfer. Justinian entsandte zwei Gesandtschaften an den Hof der Vandalen, die die umgehende Freilassung des eingekerkerten Hilderichs forderten. Gelimer wies beide ab und erklärte, dass Justinian keine Befugnisse in Nordafrika habe. Beflügelt durch Belisars Sieg bei Dara entschloss sich Justinian, den Krieg mit den Sassaniden zu beenden und einen Feldzug nach Nordafrika vorzutragen. Zuvor musste Belisar jedoch einen Aufstand in Konstantinopel (532) niederschlagen.

Der sich abzeichnende Konflikt trug nicht zuletzt eine religiöse Komponente. Waren die meisten Vandalen arianische Christen, hatte Hilderich die Bestimmungen des Konzils von Chalcedon (451) akzeptiert. Gelimer machte sich jedoch an die umgehende Vertreibung der Chalcedonier und bemühte sich, einen reinen Arianismus durchzusetzen. Viele der Vertriebenen flohen nach Konstantinopel. Darüber hinaus darf nicht vergessen werden, dass die Vandalen, wie alle durch die Völkerwanderung ins weströmische Reich verpflanzten Germanenvölker, zwar die gesellschaftliche Elite, aber dennoch die Minderheit in Nordafrika darstellten. Die Mehrheit der Bevölkerung unterstützte durchaus den oströmischen Herrschaftsanspruch.

Der Feldzug

Am 24. Juni 533 verließ eine byzantinische Flotte mit 92 Galeeren und 500 Transportschiffen Konstantinopel. Darauf befanden sich Belisar, 6.000 Reiter, 10.000 Mann Fußtruppen und einige technische Spezialisten, vermutlich für Belagerungen.

In Vorbereitung auf den Feldzug hatte Justinian Agenten nach Tripolis und Sardinien geschickt, um Aufstände zu organisieren. Unterstützt durch eine Handvoll römischer Soldaten konnten die Vandalen aus Tripolis vertrieben werden. Gelimer ignorierte den Aufstand in Tripolis und schickte stattdessen seinen Bruder Tzazo mit 120 Schiffen und 5.000 Mann, um Sardinien zurückzuerobern. Diese Abwesenheit der Flotte ermöglichte es Belisar, ungestört nach Westen vorzustoßen. Bereits auf dem Weg nach Nordafrika litt die Armee jedoch an einer Versorgungskrise, da die Lieferanten das Brot nicht richtig ausgebacken hatten, sodass viele Soldaten krank wurden. Die Flotte fuhr nach Sizilien, wo Belisar vom Feldzug des Tzazo nach Sardinien erfuhr. Auf einem Kriegsrat drängten ihn seine Generale, Karthago direkt anzusteuern, doch Belisar lehnte ab. Er erkannte, dass sein Heer gerade in der Landephase äußerst verwundbar war und wollte es nicht riskieren, in diesem Moment von einer eventuell zurückkehrenden vandalischen Flotte, die immer noch als stärkste im Mittelmeer galt, überrascht zu werden. Stattdessen führte er die Flotte nach Caputvada, welches etwa 220 Kilometer östlich von Karthago lag. Hier landeten die Byzantiner Ende August und marschierten entlang der Küste nach Westen, seeseitig gedeckt durch die Flotte, die auch den Nachschub der Truppen transportierte. Das Heer marschierte 11 Meilen am Tag, um am Nachmittag ein befestigtes Lager einzurichten. Die linke, landseitige Flanke wurde durch die Hunnen gedeckt.

Als Gelimer Nachricht von der Anlandung der Römer erhielt, ließ er den immer noch inhaftierten Hilderich umgehend ermorden. Anschließend plante er, der gegnerischen Armee bei Ad Decimum eine Falle zustellen. Hier, südlich der Stadt Tunis, passierte die Küstenstraße eine große Salzpfanne und einen Binnensee, sodass sich Belisars Truppen nicht entfalten konnten. Gelimer plante, diese Nahtstelle mit der Garnison von Karthago zu blockieren und gleichzeitig die Masse seines Heeres um die Salzpfanne herum in Flanke und Rückraum der Byzantiner zu führen. Diese Hauptstreitmacht wurde jedoch frühzeitig von den hunnischen Spähern ausgemacht. Belisar entschied sich daher, sein Fußvolk in einem befestigten Lager auf der Straße zu platzieren, sodass es Gelimers Hauptmacht abwehren konnte. Er selbst wollte mit den berittenen Kräften auf Karthago vorstoßen.

Die beteiligten Streitkräfte

Wie geschildert bestand Belisars Heer aus 10.000 Mann Fußtruppen und 5.000 Reitern. Von diesen gehörten etwa 2.000 Mann der kaiserlichen Leibwache an. Vermutlich handelte es sich um die schwer gepanzerten Kataphrakten. Hierzu kamen 3.000 „foederati", geworbene Reiter, aus den Reihen der im Reich siedelnden Germanen sowie 600 Hunnen und 400 Heruler, die wohl vor allem für Aufklärungszwecke eingesetzt wurden. Das Fußvolk, die comitatenses, war in regimentsähnlichen Verbänden von etwa 1.000 Mann strukturiert und bestand aus schweren, mittleren und leichten Truppen. Die gesamte Ausrüstung byzantinischer Truppen trug starke persische Einflüsse.

Im fünften Jahrhundert hatten sich die Vandalen einen Ruf als furchterregende Kämpfer erworben. Doch seit dem 6. Jahrhundert beschränkten sich ihre militärischen Auseinandersetzungen auf gelegentliche Kämpfe mit maurischen Stämmen im afrikanischen Hinterland. Die Masse der Vandalenkämpfer verfügte daher über eine geringere Kampferfahrung als Belisars bewährte Truppen. Auch ihre Bewaffnung war von schlechter Qualität. Die Vandalen verfügten kaum über Distanzwaffen, weder Bögen, noch Speere, sondern waren fast ausschließlich mit Lanzen und Schwertern bewaffnet. Die Krieger waren in Massenaufgeboten organisiert, wobei ein Führer („Chiliarch") eine tausend Mann starke Abteilung kommandierte, wodurch die Armee schwerfällig agierte.

Die Schlacht

Die vandalischen Truppen aus Karthago wurden von Gelimers Bruder Ammatus befehligt. Dieser hatte die Stadt früh verlassen und traf noch vor dem verabredeten Zeitpunkt in Ad Decimum ein. Schlechte Marschdisziplin und fehlende Aufklärung führten dazu, das Ammatus nur mit einem Teil seiner Truppen auf die Spitzen der byzantinischen Reiterei traf, die umgehend zur Attacke überging. Im anschließenden Kampf wurde Ammatus getötet und die Reste seiner Abteilung flohen nach Karthago zurück, wobei sie von den Byzantinern verfolgt und fast vollständig aufgerieben wurden.

Inzwischen waren die Hunnen in der Nähe der Salzpfanne auf eine 2.000 Mann starke vandalische Abteilung unter Gelimers Neffen Gibamundus getroffen, die eigentlich der byzantinischen Armee in die Flanke fallen sollte.

Geschockt vom Angriff der zahlenmäßig unterlegenen Hunnen brach auch diese Abteilung zusammen.

Weder Belisar noch Gelimer hatten von diesen beiden Kämpfen etwas mitbekommen. Die vandalische Hauptmacht hatte mittlerweile das Lager des oströmischen Fußvolks ausgemacht, woraufhin Gelimer die Küstenstraße verließ und die gegnerischen Stellungen weiter landeinwärts zu umgehen versuchte. Schließlich stieß seine Vorhut auf eine byzantinische Abteilung und warf sie zurück. Auch eine nachfolgende Reiterabteilung wurde von der um sich greifenden Panik erfasst. Gelimers Truppen drangen bis zum ersten Schlachtfeld vor, wo der Vandalenkönig den Leichnam seines gefallenen Bruders entdeckte. Die vandalischen Truppen waren durch den Vormarsch desorganisiert und der König zögerte, seinen Angriff fortzusetzen, wodurch Belisar Zeit gewann, seine Truppen für einen Gegenstoß zu organisieren. Ein geschlossener Angriff der gesamten Reiterei sprengte das feindliche Heer auseinander. Da die Römer die Straße blockierten, sah sich Gelimer gezwungen, landeinwärts und somit weg von seiner Hauptstadt zu fliehen.

Bedeutung

Am folgenden Tag zog das byzantinische Heer in Karthago ein. Gelimer rief seinen Bruder Tzazo aus Sardinien zurück, um sein Heer zu verstärken, wurde aber zwei Monate später bei Tricamarum erneut geschlagen. Er floh in die Wüste und ergab sich im Folgejahr Belisar. Die Herrschaft der Vandalen in Nordafrika kam somit zum Ende. Belisar schickte sich anschließend an, auch Italien zurückzuerobern und tatsächlich konnte Justinian bis zum Ende seiner Herrschaft den Großteil des Mittelmeerraums wieder unter seine Kontrolle bringen. Doch bereits im ausgehenden 7. Jahrhundert, mit Beginn der arabischen Expansion, ging auch dieses neue mediterrane Reich wieder unter und der oströmische Herrschaftsraum wurde schnell auf Kleinasien und den Balkan reduziert.

Die Schlacht bei Ad Decimum verdeutlicht vor allem die Probleme, die die Koordination eines Heeres entlang unterschiedlicher Angriffsachsen bereitete. Welche Erfolge möglich gewesen wäre, zeigt der Angriff Gelimers, der trotz der als geringer eingeschätzten Kampfkraft seines Heeres kurzfristige Erfolge zeitigte. Die Zersplitterung seiner Streitkräfte und die schlechte zeitliche Abstimmung der einzelnen Attacken führte jedoch dazu, dass Belisar die einzelnen Abteilungen der Vandalen getrennt schlagen konnte.

Beteiligte Streitkräfte

Byzanz (Belisar)

Stärke: 5.000 Mann byzantinische Reiterei, 10.000 Mann Fußvolk, 1.000 hunnische und herulische leichte Reiter

Verluste: unbekannt

Vandalen (Gelimer)

Stärke: unbekannt, angeblich stärker, als die Byzantiner, wohl um die 20.000 Mann

Verluste: unbekannt

Talas, Juli 751

„Gott streute Furcht in die Herzen der Chinesen. Der Sieg senkte sich nieder und die Ungläubigen wurden in die Flucht getrieben.“

Schams ad-Dīn Muhammad ibn Ahmad adh-Dhahabī, 14. Jahrhundert.

Die islamische Expansion des 7. und 8. Jahrhunderts wird in vielen gängigen eurozentrischen Darstellungen vor allem auf eine Ausdehnung des Umayyaden-Kalifats nach Kleinasien, auf Kosten des Byzantinischen Reiches, und nach Spanien und Westeuropas reduziert. Hier kam das Vordringen des Islam in den 730er Jahren zum Stehen, was häufig am Sieg der Franken unter Karl Martell in der Schlacht bei Tours im Jahr 732 festgemacht wird. Daneben spielten jedoch auch ökonomische und religiöse sowie politische Faktoren eine gewichtige Rolle. Zum einen erwies sich die westeuropäische Bevölkerung als resistenter gegenüber islamischer Bekehrung, zum anderen hatte die Einheit der islamischen Bewegung im 8. Jahrhundert längst ernsthafte Risse bekommen.

Die islamische Expansion erfolgte aber auch nach Osten in Richtung auf Zentralasien, wo die Araber bis zur Mitte des 7. Jahrhunderts das persische Sassanidenreich zerschlugen. Von hier aus drangen sie weiter nach Zentralasien vor und eroberten im Jahr 706 Paykand, 709 Buchara und Samarkand im Jahr 712.

Doch noch eine zweite bedeutende Militärmacht stieß zu dieser Zeit ins Herz des Kontinents vor. In China hatte sich zu Beginn des 7. Jahrhunderts die Tang-Dynastie etabliert, die eine bisher nicht gesehene Expansion des Reichs der Mitte vorantrieb. Zu Beginn des 8. Jahrhunderts hatten die Tang im Norden Vietnams Fuß gefasst und trieben ihren Einflussbereich gegen die Turkvölker an der Westgrenze bis nach Afghanistan vor, wobei sie auch in Konkurrenz mit dem Reich von Tibet gerieten. Nach dem Fall des Sassanidenreiches floh der Sohn des letzten persischen Königs nach China und wurde zum Gouverneur einer westlichen Provinz ernannt. In der Folge kam es zu ersten militärischen Auseinandersetzungen zwischen den Tang und den Umayadden. Im Jahr 717 konnten die Chinesen einen arabischen Vorstoß in der Schlacht bei Aksu abwehren. Das Umayadden-Kalifat geriet in den Folgejahren in eine Krise – die vermutlich auch zur Einstellung der Expansion in Europa beitrug. Im persischen Raum wurde es durch das Abbasiden-Kalifat abgelöst, welches versuchte, den muslimischen Einfluss in den usbekischen Ebenen westlich des Himalaya zu verstärken. Im Jahr 750 brachte der abbasidische Führer Abu Muslim das Umayadden-Kalifat endgültig zu Fall. Inzwischen hatte eine 10.000 Mann starke chinesische Armee unter General Gao Xianzhi den Himalaya überquert und versuchte, die Route der Seidenstraße in der Provinz Pamir (heute Tadschikistan) zu erobern. Gao war ein Kommandeur der „Vier Garnisonen" im Barim Becken, einer Grenzregion des Tang Reiches. Allein der Anmarsch seines Heeres stellte eine bedeutende logistische Leistung dar, die Hannibals Alpenüberquerung bei weitem in den Schatten stellte. Die Chinesen nutzten die innermuslimische Krise und eroberten im Jahr 750 auch das bereits von den Abbasiden gehaltene Taschkent, das zuvor mit dem König von Ferghana in Konflikt geraten war, welcher sich daraufhin an die Chinesen gewandt hatte. Nach dem Fall Taschkents plünderten die Tang die Stadt, während Gao den regierenden Fürsten hinrichten ließ, weil er seinen Vasallenpflichten nicht nachgekommen war. Der Sohn des Fürsten konnte aber fliehen und entkam nach Samarkand. Der dortige Gouverneur der Abbasiden Abu Muslim begann mit der Aufstellung einer neuen Armee, die im Jahr 751 unter Befehl von Ziyad ibn Salih wieder nach Osten marschierte. Gao Xianzhi verstärkte seine Armee durch Karluken, ein türkisches Reitervolk, und stellte sich den Abbasiden am Talas Fluss entgegen.

Die beteiligten Armeen

Die Armee der Tang rekrutierte sich seit dem Jahr 737, als Kaiser Xuanzong das althergebrachte Aushebungssystsem mit dreijähriger Dienstzeit abgeschafft hatte, aus Berufssoldaten. Die Masse der chinesischen Truppen bestand aus Fußsoldaten, doch das Rückgrat der Armee bildete schwere Reiterei. Bildliche und figürliche Darstellungen zeigen Reiter und Pferd mit schweren Rüstungen vor allem im Lamellenstil. Im 8. Jahrhundert wurden diese vermehrt durch leichte Reiterverbände ergänzt, die durch die unterworfenen Turkvölker der westlichen Provinzen gestellt wurden.

Auch beim Fußvolk gewannen Rüstungsteile an Bedeutung. Mit der Rekrutierung von Berufssoldaten übernahm der Staat auch die Bewaffnung und Ausrüstung der Truppen. Die Fußtruppen der Tang vertrauten auf den Einsatz eines Schildwalls, um gegnerische Angriffe aufzufangen. Für den Fernkampf war etwa jeder fünfte chinesische Soldat mit einer Armbrust ausgestattet.

Das Heer der Abbasiden rekrutierte sich vorwiegend aus Persern und Bewohnern der umkämpften usbekischen Steppenlandschaft. Es bestand aus Fußvolk und schwerer Reiterei, die lokal rekrutiert wurden. In Ausrüstung und Taktik unterschieden sie sich somit wenig von den Truppen der Tang. Die Reiterei setzte auf Schocktaktiken. Das Fußvolk konnte in alter persischer Tradition in geschlossenen Formationen agieren und war mit Lanzen und Schilden bewaffnet.

Die Stärkeangaben beider Heere variieren je nach Quelle beträchtlich, wobei jede Seite eine große numerische Überlegenheit des Gegners betont. Während die Araber die Stärke der Tang mit 100.000 Mann beziffern, schreiben chinesische Quellen von 200.000 Gegnern, bei allerdings nur 10.000 eigenen Truppen, die durch 20.000 türkische Karluk-Söldner ergänzt wurden. Das Abbasidenheer bestand etwa zu gleichen Teilen aus Reiterei und Fußvolk. Bei den Chinesen überwog der Anteil der Fußtruppen.

Die Schlacht

Der genaue Verlauf der Schlacht liegt weitgehend im Dunkeln der Geschichte, denn die meisten chinesischen und arabischen Quellen entstanden mindestens eine Generation später und beschäftigen sich zwar intensiv mit den politisch-strategischen Umständen, Stärkeverhältnissen und dem Ausgang, aber nicht dem Verlauf der Kampfhandlungen. Weder der exakte Ort noch Zeitpunkt der Schlacht sind bekannt.

Beide Armeen versammelten sich entlang des Talas Flusses. Ziyad ibn Salih hatte zuvor Verstärkungen von den Turkstämmen am Jaxartes Fluss erhalten, weswegen es denkbar ist, dass er den Tang tatsächlich dreifach überlegen war. Die Kämpfe sollen fünf Tage angedauert haben und bestanden vermutlich größtenteils aus Scharmützeln zwischen den einzelnen Lagern.

Nach den chinesischen Quellen fanden die Kämpfe der ersten Tage vor allem zwischen den Fußtruppen im Zentrum statt, während die Reitertruppen ruhig auf den Flanken verharrten. Die Widerstandsfähigkeit des chinesischen Schildwalls und die Durchschlagskraft der chinesischen Armbrüste hielten die Araber zunächst auf Distanz.

Die Entscheidung brachte schließlich der Übertritt der Karluk-Truppen auf die Seite der Abbasiden. Angeblich hatte Ziyad ibn Salih bereits vor der Schlacht geheime Verhandlungen mit ihnen aufgenommen.

Nachdem somit zwei Drittel der ohnehin weit unterlegenen chinesischen Armee zum Feind übergelaufen waren, brach der Widerstand der restlichen Tang-Truppen schnell zusammen, zumal sie von den Karluken im Rücken attackiert wurden. Auch hier sprechen die Quellen keine deutliche Sprache. Einige chinesische Quellen lassen sich so lesen, dass diese Truppen erst am fünften Tag auf dem Schlachtfeld eintrafen. Dies würde die Passivität beider Heere in den Tagen zuvor erklären. Giao Xianzhi erwartete dringend benötigte Verstärkungen, während sein Gegner sich sicher war, dass diese Truppen den Sieg bringen würden, ohne dass er sich schweren Verlusten aussetzen musste.

Gao Xianzhi entkam nur mit knapper Mühe und Not der Gefangenschaft. Es sollen vor allem seine Stellvertreter, Li Siye, und Duan Xiushi, gewesen sein, die eine vollständige Vernichtung des Heeres verhinderten. Duan befreite in einem Gegenangriff sogar noch abgeschnittene chinesische Soldaten.

Bedeutung

Mit der Niederlage bei Talas brach die Herrschaft der Tang in Zentralasien zusammen. Auch an anderen Fronten geriet die Dynastie unter Druck, unter anderem gegen die Tibetaner im Südwesten und einige Nomadenstämme an der Nordgrenze des Reiches. Kurz darauf gingen im Zuge der Lushan-Rebellion mehrere westliche Provinzen verloren, die für die Pferdezucht der Tang von enormer Bedeutung waren. Dies führte zu einem Bedeutungsverlust der Kavallerie in chinesischen Armeen. Konnten die Tang noch bis zu 700.000 Pferde aufbringen, waren es in der Song-Periode höchstens 200.000 wie zur Herrschaft Kaiser Zhenzongs (997-1022). Der Zusammenbruch der Tangherrschaft in Zentralasien ist somit nur mittelbar eine Folge der Schlacht am Talas, sondern vor allem auch ein Resultat der anderen militärischen Rückschläge, die das Augenmerk der Dynastie wieder nach Osten lenkten. Der Verlust von knapp 10.000 Soldaten wog angesichts einer Gesamtstärke der Tangarmee von schätzungsweise einer halben Million Mann vergleichsweise gering. Die Landbrücke nach Westen geriet bald darauf in die Hände Tibets, sodass der direkte Kontakt zwischen Chinesen und Arabern zunächst abbrach. Der Vorstoß der Chinesen nach Zentralasien sollte erst durch die Qing-Dynastie im 18. Jahrhundert wieder aufgenommen werden.

Ein eher kultureller Nebeneffekt der Schlacht bei Talas bestand in der Einführung des Papiers in der arabischen Welt, welches durch chinesische Gefangene in Samarkand hergestellt wurde und bald althergebrachte Schreibutensilien wie Pergament und Papyrus verdrängen sollte.

Die beteiligten Heere

Abbasiden-Kalifat (Gao Xianzhi)

Stärke: bis zu 100.000

Verluste: unbekannt

Tang-China (Gao Xianzhi)

Stärke: 10.000 Chinesen und Verbündete aus Ferghana, 20.000 Kaluk-Söldner

Verluste: 20.000 Kaluk Söldner übergelaufen, ca. 8.000 Chinesen und Verbündete

Riade, 15. März 933

„Zu Beginn des Angriffs soll keiner versuchen, voraus zu reiten, auch wenn er ein schnelleres Pferd hat, aber jeder von euch soll den Nächsten mit seinem Schild beschützen und den ersten feindlichen Pfeil auffangen. Danach sollt ihr sofort in einem lebhaften Galopp vorwärts drängen, damit er [der Feind] *keinen zweiten Pfeil abfeuern kann, bevor er die Wunden eurer Waffen zu fühlen bekommt.*"

Heinrich I. an seine Panzerreiter (nach Liutprand von Cremona)

Im 10. Jahrhundert erlebte Europa einen zweiten „Barbarensturm". An den Küsten im Westen des Kontinents nahmen die Wikingerraubzüge wieder an Intensität zu und in Mitteleuropa sah sich das Ostfränkische Reich den Attacken der ungarischen Reiternomaden ausgesetzt. Die Magyaren zählen zu den finno-ugrischen Völkern und siedelten ursprünglich im südlichen Ural. Um 500 kamen sie in Kontakt mit den Skythen und Sarmaten und übernahmen vermutlich Teile ihrer Reiterkultur. Eine langsame Wanderungsbewegung setzte ein, die die Magyaren im späten 9. Jahrhundert in die Pannonische Tiefebene führte. In dieser Zeit dienten sie unter anderem als Söldner in byzantinischen Diensten im Kampf gegen die Bulgaren, einem südlich der Donau siedelndem Volk, welches den Byzantinern in den vorangegangenen zwei Jahrhunderten – auch dank ihrer guten schweren Reiterei – eine Reihe schwerer Niederlagen beigebracht hatte. Zugleich starteten sie spektakuläre, groß angelegte Raubzüge durch ganz Westeuropa bis tief hinein ins Frankenreich und sogar zur Iberischen Halbinsel. Die Ungarn setzten auf die Mobilität ihrer Reiter, wichen aber auch großen Feldschlachten nicht aus. So erlitt ein bayrisches Heer unter Markgraf Luitpold 907 bei Preßburg eine schwere Niederlage. Über den Verlauf der Schlacht ist wenig bekannt. Vermutlich bestand der bayerische Heerbann größtenteils aus unberittenen Aufgeboten. Die Ungarn kesselten ihren Gegner ein, überschütteten ihn mit Pfeilen und als der Zusammenhalt der Bayern nachgab, wurden sie endgültig niedergeritten, wobei Luitpold und etliche hochrangige Adlige ums Leben kamen. Luitpolds Nachfolger Arnulf begann daraufhin mit der Aufstellung von Reitertruppen. Um die hohen Kosten zu decken, musste er Kirchengut einziehen, was ihm den Beinamen „der Böse" verlieh. In den Schlachten an der Rott (909), Neuching (910) und am Inn (913) gelang es ihm, weitere Magyareneinfälle abzuwehren, woraufhin er zunächst eine friedliche Einigung erzielen konnte, im Zuge derer Bayern zunächst von Reitereinfällen verschont blieb. König Heinrich I. konnte im Jahr 926 ebenfalls einen neunjährigen Waffenstillstand aushandeln, den er sich durch die Zusicherung von Tributen erkaufte. Gleichzeitig stärkte Heinrich die Befestigungen im Osten des Landes, reorganisierte das Heer und sicherte sich die Unterstützung des deutschen Adels und der Kirche zu.

Bereits im Jahr 932 fühlte sich der König anscheinend stark genug für eine erneute Konfrontation. Er verweigerte einer ungarischen Gesandtschaft die Zahlung des fälligen Tributs und warf ihr angeblich einen toten Hund vor die Füße.

Der Feldzug

Die Ungarn unternahmen ihre Feldzüge bevorzugt im Winter, nicht zuletzt, weil große Flüsse zufroren und für sie nun leichter passierbar waren. Heinrich reagierte darauf, indem er befahl, ein Drittel der Ernten in den neu angelegten befestigten Plätzen in Sicherheit zu bringen. Der genaue Verlauf des Feldzugs lässt sich nicht sicher rekonstruieren. Widukind von Corvey schreibt, dass die Ungarn in Thüringen eingefallen sein, wo sie ihr Heer in zwei Abteilungen gespalten und anschließend auf sächsisches Territorium vorgerückt seien. Aufgrund von Heinrichs Vorsichtsmaßnahmen hatten sie jedoch große Probleme, ihre Truppen ausreichend zu versorgen. Möglicherweise kam es bereits während dieser Manöver zu bewaffneten Zusammenstößen mit den Deutschen südlich des Harzes. Andere Versionen bezweifeln, dass die Ungarn überhaupt so weit vordrangen. Stattdessen seien sie durch das Gebiet der Daleminzier östlich der Elbe gezogen. Auch hier hätten sie unter Versorgungsschwierigkeiten gelitten, da die Daleminzier die Zahlung von Tributen verweigerten. Die Anekdote mit dem Hund wird auch diesem Slawenvolk zugeschrieben, welches das Tier an Stelle des geforderten Getreides den Ungarn vor die Füße geworfen habe.

Eines wird aus den Quellen jedoch deutlich. Unabhängig davon, in welchen geografischen Räumen sich der Feldzug abspielte, war es vor allem der Hunger, der den Ungarn zu schaffen machte. Denkbar ist, dass diese Versorgungskrise sie zwang, sich in kleinere Abteilungen aufzuspalten und auf Raubzug zu gehen, was sie natürlich auch anfälliger für Gegenangriffe machte.

Die beteiligten Heere

Die Hintergründe von Heinrichs „Heeresreform“ lassen sich aufgrund der spärlichen Quellen nur schwer rekonstruieren. Widukind von Corvey berichtet, Heinrich habe aus den Reihen der agrarii milites jeden Neunten ausgewählt und ihm einen befestigten Platz zugewiesen, während die übrigen Acht zu dessen Versorgung beitragen sollten. In Vorbereitung auf den Feldzug forderte der König von allen Herzögen berittene Kontingente ein.

Diese waren von unterschiedlicher Qualität. Über die Thüringer heißt es, sie seien nur leicht bewaffnet gewesen. Sachsen stellte zwar Panzerreiter, aber nicht alle verfügten über die notwendige Ausrüstung.

Die Truppen der Magyaren bestanden vor allem aus berittenen Bogenschützen, die nach dem typischen Muster zentralasiatischer Reiternomaden agierten. Sie griffen ihren Gegner an, überschütteten ihn mit Pfeilen und zogen sich dann wieder zurück. Allerdings soll der Winter des Jahres 933 ungewöhnlich feucht gewesen sein – mehrere Quellen berichten von Hochwasser führenden Flüssen – was womöglich auch die Nutzbarkeit der Bögen negativ beeinflusst haben könnte.

Die Schlacht

Über den genauen Verlauf des Feldzuges und den Ort der Schlacht wurde lange Zeit debattiert. Jüngere Untersuchungen, die auch durch kleinere archäologische Funde unterstützt werden, lokalisieren das Schlachtfeld in der Nähe von Dieskau bei Halle und setzen den Lagerplatz des Königs Riade, nach dem die Schlacht benannt ist, mit dem kleinen, hier lang fließenden Bach Reide gleich. Die Magyaren hatten zuvor erfolglos eine in den Quellen nicht näher benannte Stadt belagert, bei der es sich vermutlich um das nahe gelegene und schon im 10. Jahrhundert bedeutende und gut befestigte Merseburg gehandelt haben kann. Sie waren bereits dabei, sich zurückzuziehen, als das Heer des Königs eintraf.

Heinrich war ein erfahrener Feldherr, der das Standardprogramm der magyarischen Taktik kannte und nun gegen sie nutzte. Er schickte zunächst die leicht bewaffneten Kontingente der Thüringer nach vorn, um den Gegner zum Kampf herauszufordern und zu binden. Tatsächlich nahmen die Ungarn die Schlacht an. Die Thüringer begannen sich zurückzuziehen und zogen den Gegner so in Richtung der königlichen Hauptstreitmacht. Heinrich schickte nun seine schwere Reiterei aus. Liutbrand von Cremona (920-972) berichtet, dass der König seine Reiter zuvor angewiesen habe, sich mit ihren Schilden gegenseitig zu decken, was auf eine sehr enge Gefechtsformation hinweist. Die erste Pfeilsalve sollte unter der Deckung der Schilde abgefangen, anschließend im gestreckten Galopp auf den Feind eingedrungen werden, bevor dieser seine zweite Salve abgeben konnte. Diese Taktik erklärt anschaulich, warum viele west- und mitteleuropäische Heere auf die Bedrohung der islamischen oder ungarischen Reitervölker mit der Errichtung von Panzerreitern antworteten: In der Schlacht war es für diese aufgrund ihrer höheren Geschwindigkeit leichter, den Feind zum Nahkampf zu stellen, als für Fußtruppen.

Die Ungarn zogen sich jedoch beim Anblick der schweren Reiter umgehend vom Schlachtfeld zurück. Ihre leichten Pferde waren ausdauernder, als die schweren Schlachtrösser der deutschen Panzerreiter, weswegen sie sich erfolgreich einer Verfolgung entziehen konnten. Laut Widukind ritten die Deutschen dem Feind über acht Meilen nach, bevor sie die Verfolgung einstellten. Eventuell spielte die Furcht vor einem feindlichen Hinterhalt bei dieser Entscheidung eine wichtige Rolle, denn die Möglichkeiten zu einer umfassenden Aufklärung des Raumes und des Gegners blieben in dieser Zeit begrenzt. Die Deutschen beschränkten sich anschließend mit einer Plünderung des gegnerischen Lagers.

Bedeutung

Die Schlacht bei Riade stellte eine schwere Niederlage für die Ungarn dar. Dennoch kam es auch in den folgenden Jahren immer wieder zu schweren Einfällen der Reiternomaden. Schon 938 drangen sie bis Braunschweig vor. Im Jahr 955 kam es zu einem weiteren bedeutenden Ungarneinfall im Süden des Reiches. Heinrichs Sohn Otto I. kopierte die Taktiken seines Vaters und schlug die Ungarn ein weiteres Mal in der Schlacht auf dem Lechfeld. Diesmal hatten schwere Regenfälle die Flüsse im Rückraum der Ungarn anschwellen lassen. Otto konnte die verbliebenen Passagen in seine Hand bringen und dem Gegner somit den Rückzug abschneiden, weswegen die feindlichen Verluste in dieser Schlacht bedeutend höher ausfielen.

Das Aufkommen schwerer Panzerreiter zur Abwehr der Ungarneinfälle wird bis heute als ein wichtiger Schritt in der Entstehung des hochmittelalterlichen Rittertums angesehen. Aufgrund der hohen Kosten, die die Ausrüstung von Panzerreitern mit sich brachte, gewannen der Adel, der über ausreichend Grundbesitz verfügte oder jene Freien, denen er im Gegenzug für Kriegsdienste vom König zur Verfügung gestellt wurde, sowohl militärisch als auch in sozialer Hinsicht immer weiter an Bedeutung.

Die Schlacht bei Riade verdeutlicht mehrere militärgeschichtlich interessante Punkte. Zum einen zeigt sie, wie sich ein Kontrahent, das Ostfrankenreich, gezielt auf die Kriegsführung des Gegners einstellte, nicht, indem es dessen Taktiken übernahm, sondern die eigenen Heeresstruktur und Taktik entsprechend anpasste. Adoption und Adaption bestimmten die Aufstellung der Panzerreiter und ihre Taktik, kein reines Kopieren gegnerischer berittener Bogenschützen. Dies zeigt, dass Militär zweckgebunden entwickelt wurde (und werden muss). Die eigene Sozialstruktur, militärische Kultur, die Geografie des Einsatzraumes sowie die Kampfweise des Gegners bildeten und bilden wichtige Faktoren für diese Entwicklung. Zweitens hing der Ausgang des Feldzuges weniger von dem Einzelereignis der Schlacht von

Riade ab, da die Ungarn sich zurückzogen, ohne vorher entscheidend geschlagen worden zu sein. Stattdessen zwangen logistische Engpässe die Reiternomaden in die Knie. Versorgungsengpässen kam oftmals eine wesentlich höhere Bedeutung für den Verlauf von Feldzügen zu, als einzelnen Schlachten, obwohl diesen von den Zeitgenossen und auch späteren Historikern lange Zeit ein höherer Stellenwert eingeräumt wurde.

Beteiligte Armeen

Ostfränkisches Reich (Heinrich I.)

Stärke: unbekannt

Verluste: unbekannt

Ungarn (Bulcsú)

Stärke: unbekannt

Verluste: unbekannt

Zweite Schlacht von Tarain, 1192

> *„Der Sultan stellte seine Schlachtordnung auf und ließ seinen Hauptkörper mit den Bannern, Baldachinen und Elefanten in der Anzahl mehrerer Divisionen im Rücken. Als sein Angriffsplan ausgearbeitet war, rückte er leise vor. Die leichten ungepanzerten Reiter wurden in vier Divisionen von 10.000 Mann aufgeteilt und angewiesen, den Feind von allen Seiten, rechts und links, vorne und hinten, mit ihren Pfeilen anzugreifen und zu belästigen. Wenn der Feind seine Streitkräfte zum Angriff sammelte, sollten sie sich gegenseitig unterstützen und mit voller Geschwindigkeit angreifen. Durch diese Taktik wurden die Ungläubigen niedergeschlagen; der Allmächtige gab uns den Sieg über sie und sie flohen.“*
>
> Minhaj-i-Siraj, persischer Chronist, 13. Jahrhundert

Abgeschirmt durch die Berge des Himalayas bildete der indische Subkontinent über viele Jahrtausende einen eigenständigen Kulturraum, auch wenn dieser weder ethnisch, religiös noch in sonstiger kultureller Hinsicht geeinigt war. Dennoch stellten der Himalaya und der Indus natürliche Grenzen dar, die die nordindischen von den jenseits gelegenen zentralasiatischen Herrschaftsgebieten trennten. Während es für die indischen Herrscher meist unattraktiv war, in das karge Bergland des heutigen Afghanistans zu expandieren, zogen die fruchtbaren Ebenen und reichen Kulturen östlich des Indus immer wieder Invasoren an. Einer der Bekanntesten aus der Frühzeit der indischen Geschichte war Alexander der Große, dessen Ostexpansion am Indus zum Stehen kam.

Im 12. Jahrhundert versuchte das persische Ghuridenreich, nach Nordindien vorzustoßen. Ursprünglich aus Afghanistan stammend, hatten die Ghuriden ihren Einfluss in Zentralasien im 10. und 11. Jahrhundert sukzessive erweitert und erreichten unter Mu'izz ad-Din Muhammad ibn Sam (1144-1206) einen ersten Zenit. Muhammad intensivierte seine Vorstöße nach Nordindien, musste jedoch zunächst eine Reihe von Rückschlägen hinnehmen. 1178 wurde eine persische Armee nach der strapaziösen Überquerung des Himalayas nahe dem Berg Abu am Kasahrada Pass geschlagen und ein erster Invasionsversuch abgewehrt. Muhammad entschied sich daher, über eine weiter nördlich gelegene Route in Indien einzufallen und stieß im Folgejahr mit frischen Truppen im westlichen Punjab vor, wo er 1179 Peshawar und 1186 Lahore einnehmen konnte. Anschließend unternahmen persische Truppen Streifzüge ins östliche Punjab, mussten aber bei einem Vorstoß auf Delhi 1190 in der ersten Schlacht von Tarain eine Niederlage gegen die von Prithviraj III. Chauhan geführten Truppen der Rajputen-

Konföderation hinnehmen. Die Schlacht war hart umkämpft und die zahlenmäßig unterlegenen Perser zogen sich erst zurück, nachdem Muhammad verwundet worden war. Die Truppen der Rajputen Konföderation rückten anschließend auf die Stadt Tabarhind vor. Die nun folgende Belagerung dauerte dreizehn Monate. Den Indern fehlte es an Belagerungsgerät und erst der Hunger brachte die Stadt zu fall.

Muhammad kehrte in seine Hauptstadt Ghazni zurück, wo er sich von seinen Verletzungen erholte, frische Truppen zusammenzog und mehrere afghanische Emire, die in der Schlacht geflohen waren, bestrafen ließ.

Die beteiligten Heere

Den Kern der ghuridischen Armeen bildeten gut bewaffnete mamelukische Reiter, die den Kampf als berittene Bogenschützen eröffneten, anschließend aber auch als Schockkavallerie eingesetzt werden konnten. Ergänzt wurde das Heer durch weitere Aufgebote zentralasiatischer Stämme, die ebenfalls als berittene Bogenschützen kämpften, aber überwiegend leichter bewaffnet waren.

Die indischen Armeen litten strukturell am Kastensystem des Hinduismus. Dieses erlaubte nur einer kleinen Elite das Dasein als Krieger. Die Rajputen tauchten erstmals im 8. Jahrhundert in den Quellen auf. Sie bildeten eine Kriegerkaste, deren Ehrvorstellung den ritterlichen Zweikampf glorifizierte. Jeder Rajput war im Umgang mit Bogen, Lanze und Schwert geschult. In der Schlacht griffen sie meist in geschlossener Formation an. Vor dem Aufeinandertreffen mit dem Gegner schwenkte schließlich eine Abteilung aus und versuchte, den Gegner in der Flanke zu packen. Die Masse der indischen Armeen bestand jedoch aus schnell ausgehobenen, leicht bewaffneten und kaum ausgebildeten Bauern. Die von den Indern verwendeten Bambusbögen waren den persischen Reflexbögen in Bezug auf Reichweite und Durchschlagskraft deutlich unterlegen. Muhammads Truppen waren daher in der Lage, die Inder zu beschießen, ohne selbst unter Beschuss zu geraten.

Als Rückgrat und Durchbruchswaffe vieler indischer Armeen dienten seit der Antike Kriegselefanten, die in großer Zahl zum Einsatz kamen. Indische Elefanten waren aufgrund ihres Gemüts leichter domestizierbar, als die wilderen nordafrikanischen Elefanten. Die Inder maßen ihnen eine hohe Kampfkraft zu, die mitunter noch gesteigert werden sollte, indem die Tiere vor Beginn einer Schlacht alkoholisiert wurden. Tatsächlich zeigt die Militärgeschichte, dass Kriegselefanten nicht selten eine größere Bedrohung für die eigenen als für fremde Truppen darstellten, denn angesichts entschlossen und geschlossen vorrückender feindlicher Truppen neigten sie zur Panik und flohen, wobei sie die eigenen Formationen durcheinanderbringen konnten.

Die zeitgenössischen Quellen geben für beide Heere enorme Stärkeverhältnisse an. Der persische Geschichtsscheiber Minhaj al-Siraj Juzjani (1193-1266) beziffert Muhammds Armee auf etwa 120.000 Mann und der im 16. Jahrhundert lebende Firishta die der Rajputen auf 3.000 Elefanten mit 300.000 Berittenen und Fußtruppen. Trotz der vergleichsweise hohen Bevölkerungsdichte in Nordindien, verbunden mit einer ergiebigen Agrarproduktion, die den Unterhalt größerer Heere als in Europa erlaubte, scheinen solche Zahlen allein aus logistischen Gründen unrealistisch. Da es sich um eine persische Quelle handelt, wurde die Zahl wohl bewusst übertrieben, um den Sieg Muhammads noch größer erscheinen zu lassen, ein übliches narratives Stilmittel in asiatischen, aber auch europäischen Chroniken dieser Zeit. Die Zahlen werden nicht zuletzt deswegen in Zweifel gezogen, weil die Angriffe der Perser nicht die einzige Bedrohung für die Rajputen darstellten und diese auch an anderen Fronten Truppen unterhalten mussten. Aus der Darstellung des im 13. Jahrhunderts lebenden persischen Chronisten Minhaj-i-Siraj lässt sich für die ghuridischen Truppen die immer noch hohe, aber realistischere Gesamtstärke von 52.000 Mann ableiten.

Nicht nur hinsichtlich der genauen Truppenstärken sind die Quellen uneindeutig. Selbst das genaue Jahr für Muhammads zweiten Vorstoß auf Delhi ist nicht abschließend gesichert. Während einige Historiker davon ausgehen, dass Muhammad noch 1191 nach Indien zurückkehrte, nimmt die Mehrheit an, dass er sich besser auf den Feldzug vorbereitete und das Folgejahr abwartete.

Die Schlacht

Beide Armeen standen sich auf demselben Feld bei Tarain gegenüber. Angesichts der starken indischen Truppen, die ihm wahrscheinlich zahlenmäßig überlegen waren, wollte es Muhammad nicht erneut auf einen verlustreichen Nahkampf ankommen lassen. Stattdessen bildete er fünf kleine Korps, von denen eines, gebildet aus den Mameluken, das Zentrum seiner Aufstellung einnahm und die anderen vier auf die Flügel verteilt wurden. Diese sollten die Inder umgehen und sie in der Flanke und im Rückraum packen. Diese Korps bestanden überwiegend aus leichten berittenen Bogenschützen.

Muhammads Plan bestand darin, die Inder eine Falle zu locken. Die vier Korps an der Flanke sollten die indischen Stellungen anreiten, ihre Pfeilsalven abfeuern und dann Rückzüge vortäuschen, um so einen Gegenangriff zu provozieren. Dieser Plan ging zunächst nicht auf, da die Inder diszipliniert ihre Stellungen hielten, worüber ein Großteil des Tages verging.

Schließlich schickte Muhammad die Mameluken gegen das indische Zentrum vor. Die schweren Reiter feuerten eine Pfeilsalve ab und täuschten dann erneut einen Rückzug vor. Diesmal ging der Plan auf. Die Rajputen nahmen eine überhastete Verfolgung auf, wodurch ihre eigene Ordnung durcheinanderkam, da das Fußvolk der Reiterei nicht schnell genug nachfolgen konnte. Nun konzentrierte sich die Masse der Perser auf die vorstürmende indische Reiterei. Muhammad selbst führte den Gegenstoß, der die Rajput überraschte. Nach kurzem Kampf wurden die Inder geworfen. Dadurch wurde auch das Fußvolk demoralisiert, welches einem weiteren allgemeinen Angriff der Muslime nicht standhielt und floh.

Prithviraj III. Chauhan, der die Schlacht von einem Kriegselefanten aus leitete, bestieg ein schnelles Pferd und zog sich hastig zurück. Auf seiner Flucht wurde er jedoch von den besser berittenen Persern eingeholt und umgehend hingerichtet, ebenso wie die Masse der übrigen Rajputenanführer.

Bedeutung

Nach seinem Sieg bei Tarain konnte Muhammad seine Stellung im Norden Indiens festigen. Die Macht der Rajputen war gebrochen und in den folgenden Jahren sollte sich keine bedeutende Armee mehr den Persern in den Weg stellen. 1193 nahmen Muhammads Truppen die Provinz Bihar, ein wichtiges Zentrum des Buddhismus, ein. Die Perser zerstörten mehrere Klöster und vertrieben die Mönche, von denen viele nach Tibet und China flohen und so die Ausbreitung der Religion in Ostasien vorantrieben. Bis zu Beginn des 13. Jahrhunderts hatten die Perser den gesamten Norden Indiens bis nach Bengalen eingenommen. 1206 wurde Muhammad am Indus von den Mitgliedern einer schiitischen Sekte ermordet, woraufhin das Ghuridenreich rasch auseinanderbrach.

Die beteiligten Streitkräfte

Ghuridenreich Persien (Mu'izz ad-Din Muhammad ibn Sam)

Stärke: unbekannt, Quellenangaben sprechen von 120.000 Mann, realistischer scheinen 52.000

Verluste: unbekannt

Rajputenkonföderation (Prithviraj III. Chauhan)

Stärke: unbekannt, Quellenangaben sprechen von 300.000 Mann und 3.000 Elefanten

Verluste: unbekannt

Las Navas de Tolosa, 16. Juni 1212

> *„Der Hauptgrund für diese Niederlage waren die Spaltungen in den Herzen der Almohaden. In der Zeit von Abu Yusuf Ya'qub bezogen sie unfehlbar alle vier Monate ihren Lohn. Aber zur Zeit dieses Abu `Abd-Allah und besonders während dieses speziellen Feldzuges war ihre Zahlung im Rückstand. Sie schrieben dies den Wesiren zu und rebellierten angewidert. Ich habe von mehreren von ihnen gehört, dass sie weder ihre Schwerter gezogen noch ihre Speere gezähmt haben, noch an den Vorbereitungen für den Kampf teilgenommen haben. In diesem Sinne flohen sie beim ersten Angriff der Franken.*"
>
> Muslimische Chronik marrakushi, al-mu'jib, 1224

Mit der muslimischen Eroberung der Iberischen Halbinsel zu Beginn des 8. Jahrhunderts wurde das Reich der Westgoten zerschlagen. Der Islam breitete sich fast auf der gesamten Halbinsel aus und nur im äußersten Norden konnten sich mehrere kleinere christliche Königreiche halten. Diese waren teilweise untereinander zerstritten. Der Versuch, weiteren Vorstößen der Muslime zu widerstehen, war eng verbunden mit Bemühungen, den eigenen Machtbereich auszudehnen. Diese Expansionsbestrebungen, die weder zielgerichtet, noch durchgehend, noch ausschließlich gegen muslimische Reiche gerichtet waren, wurden später unter dem Begriff Reconquista zusammengefasst und setzten mit einem Sieg des Königreiches Asturien in der Schlacht von Covadonga (722) ein. Einen ersten Höhepunkt erlebte die Reconquista im 11. Jahrhundert. Unterstützt durch den Zusammenbruch des Kalifats von Cordoba, das in mehrere Teilkönigreiche (Taifa) zerbrach, änderte sich die geopolitische Situation auf der Halbinsel beträchtlich, denn die politische Zersplitterung auch der muslimischen Welt führte wiederholt zu religionsübergreifenden Bündniskonstellationen. Der große spanische Nationalheld dieser Zeit, Rodrigo Díaz de Vivar, genannt El Cid, kämpfte sowohl für christliche als auch muslimische Herrscher. Von der Krise der Muslime profitierte vor allem Alfonso VI. von Leon (1037-1109), der seinen Herrschaftsbereich im Nordwesten Spaniens beträchtlich ausdehnen und 1080 die alte westgotische Königsstadt Toledo zurückerobern konnte. In dieser kritischen Situation griffen die nordafrikanischen Almoraviden in die Auseinandersetzungen ein, überrannten die Taifakönigreiche und schlugen Alfonso 1086 bei Zallaqa/Sagrajas schwer, sodass der leonesische Vormarsch vorerst zum Stehen kam.

Den Almoraviden folgten Mitte des 12. Jahrhunderts die Almohaden, die wie ihre Vorgänger einen Dschihad führten und nun ihrerseits von verstärkten Konflikten zwischen den christlichen Königreichen in der zweiten Hälfte des 12. Jahrhunderts profitierten. 1195 errang der Almohadenkalif Yaqub al-Nasir in der Schlacht bei Alarcos einen wichtigen Sieg über den kastilischen König Alfons VIII. Unter ihm war Kastilien zuvor zum einflussreichsten der iberischen Königreiche aufgestiegen. Die Niederlage stoppte die kastilische Expansion und mündete in einer Phase intensiver Plünderungszüge almohadischer Truppen im Grenzgebiet.

Alfonso bemühte sich in der Folge vor allem den langschwellenden Konflikt zwischen Kastilien und Leon beizulegen, der die Einigkeit der Christen geschwächt hatte, was ihm schließlich im Frieden von Gudalajara 1207 gelang. Drei Jahre später schlossen die christlichen Reiche ein Bündnis und einigten sich auf ein gemeinsames Vorgehen gegen die Almohaden, die inzwischen von dem eher schwachen Kalifen Muhammad an-Nasir regiert wurden. Dieser überquerte 1211 mit einem großen Heer überwiegend nordafrikanischer Krieger die Straße von Gibraltar und führte Streifzüge gegen christliche Gebiete. Die Almohaden eroberten die Burg Salvatierra, einen der Hauptsitze des einflussreichen Calatrava-Ordens, einem der bedeutenden geistlichen Ritterorden auf der spanischen Halbinsel.

Aufgrund dieses gewaltsamen Vorstoßes rief Papst Innozenz III. zu einem neuen Kreuzzug auf, während der Erzbischof von Toledo die Reiche Portugal, León, Kastilien, Navarra und Aragón in einem Bündnis vereinen konnte.

Die beteiligten Heere

Im Mai 1212 versammelten sich die christlichen Heere bei Toledo. Angeführt wurden sie vom inzwischen 57 Jahre alten Alfonso VIII. Ihm schloss sich ein katalanisch-aragonesisches Kontingent unter König Pedro II. von Aragon, 200 navarresische Ritter unter ihrem König Sancho VII., der lange Zeit mit Kastilien in Konflikt gelebt, aber auch das Almohadenreich in Marokko bereist hatte, sowie Truppen aus Leon und Südfrankreich, die sich bereits an den Kreuzzügen gegen die Albigenser beteiligt hatten, an. Alfonso IX. von Leon, der seinen Beitritt zum Bund lange Zeit von der Übergabe einiger Burgen an der Grenze zu Kastilien abhängig gemacht hatte, beteiligte sich jedoch nicht persönlich am Feldzug, vielleicht, weil er sich dem Kastilier nicht unterordnen wollte. Zu den Kreuzrittern zählte auch ein deutsches Aufgebot unter Herzog Leopold VI. von Österreich, welches aber zu spät eintraf, um noch an Kampfhandlungen teilnehmen zu können.

Das Kreuzzugskonzept war ein wichtiges Mittel der militärischen Mobilisierung im Hochmittelalter. Während Kreuzzüge in der kollektiven Wahrnehmung nur zur Rückeroberung Jerusalems dienten, spielten sie in der Wirklichkeit eine bedeutende Rolle für die Reconquista sowie die Ausbreitung des Christentums in Mittel- und Osteuropa und auch in Skandinavien. Papst Innozenz war ein reger Befürworter dieses Prinzips und hatte bereits 1202 den Vierten und 1215 den Fünften Kreuzzug ins Heilige Land sowie 1208 den Albigenserkreuzzug ausgerufen. Die Proklamation eines Kreuzzuges sicherte den in diesen Regionen ansässigen Fürsten die geistige und finanzielle Unterstützung der Kirche als der wohl finanzstärksten Institution des Mittelalters. Dies ermöglichte die Finanzierung des Kreuzzuges, etwa durch Ablässe, aber auch die Rekrutierung zusätzlicher Streitkräfte, da Ritter aus ganz Europa den Aufrufen folgten, sowohl aus Frömmigkeit, als auch weil es den Idealen ihres kriegerischen Standes entsprach. Ihr religiöser Eifer führte jedoch wiederholt zu Problemen. So kam es bereits bei der Sammlung des Heeres zu Ausschreitungen gegenüber den Juden in Toledo und auch im weiteren Verlauf zeigten gerade die nicht-iberischen Kreuzritter wenig Verständnis für Alfonsos schonende Haltung gegenüber Muslimen in eroberten Städten. Der König hatte natürlich ein Interesse, wirtschaftlich potente Städte zu schützen und nicht zu zerstören.

Im Zuge der Kreuzzugsbewegung waren zudem eine Reihe geistlich-militärischer Ordern entstanden, die heute umgangssprachlich, wenn auch nicht wirklich korrekt als „Ritterorden“ bezeichnet werden. Hierzu zählten auf der Iberischen Halbinsel die Orden Calatrava, Alcántara, Avis, Santiago und San Jorge de Alfama. Die Orden waren ähnlich strukturiert wie rein geistliche Orden, erhielten beträchtliche Ländereien und Rechte gestiftet, die ihre wirtschaftliche Macht begründeten und es ihnen ermöglichten, eigene Wehranlagen zu unterhalten und Knechte zu besolden. Den Kern ihrer Truppen bildeten die einem Mönchsgelübde unterworfenen Ritterbrüder. Insgesamt zählte das christliche Aufgebot, welches von einigen Teilnehmern bereits als exercitus Yspaniael, als spanische Armee bezeichnet wurde, wohl 4.000 Ritter und 8.000 Mann Fußtruppen. Letztere wurden vor allem durch Söldner und städtische Milizen, den Hermandad gestellt.

Das Heer der Almohaden bestand vornehmlich aus nordafrikanischen Kriegerverbänden, vor allem leicht gerüsteten Reitern mit Nahkampfwaffen und Fußtruppen, deren Anteil aber deutlich höher war als auf christlicher Seite. Typisch für viele islamische Heere nutzten die Almohaden auch Sklavensoldaten, die überwiegend mit Bögen bewaffneten Abiden. Söldnerkontingente kamen ebenfalls zum Einsatz. Die Stärkeangaben für die muslimischen Truppen schwanken, insbesondere, weil viele christliche Chroniken offensichtlich übertriebene Angaben machten – Alfonso selbst gab allein die Verluste seiner Gegner später mit 100.000 Mann an, während muslimische Quellen von bis zu 600.000 Kämpfern berichten. An-Nasirs Heer war aber wohl etwa doppelt so stark wie das der Christen und zählte zwischen 22.000 und 30.000 Mann.

Der Feldzug

Anfang Juni brach das christliche Heer nach Süden auf und nahm die wichtige – heute verlassene – Stadt Calatrava la Vieja ein, wo ein halbes Jahrhundert zuvor der Calatravaorden gegründet worden war. Viele französische Ritter sahen damit ihr Kreuzzugsgelübde als erfüllt an und kehrten heim, was die Fragilität dieses Mobilisierungskonzeptes unterstreicht, bei dem es nicht ausschließlich um den Kampf für die christliche Sache, sondern vor allem um das eigene Seelenheil ging. Dafür stießen die navarresischen Kontingente unter Sancho VII. zum christlichen Heer, das am 24. Juni seinen Marsch fortsetzte. Es zog durch die Sierra Morena und überwand den schwer passierbaren, aber ungesicherten Pass Desfiladero de Despeñaperros. Von den südlichen Hängen dieses Passes konnten die Christen das von Hügeln durchzogene Schlachtfeld nahe der Burg von Las Navas de Tolosa mit dem almohadischen Heerlager überblicken.

Die Muslime hatten anscheinend keinerlei Späher vorausgeschickt und so gelang es dem Fahnenträger von König Sanchez, Diego López de Haro, mit dem ortskundigen Hirten Martín Alhaja von einem der Hügel die Stellungen des Gegners auszukundschaften. An-Nasir hatte sein Lager auf einer Anhöhe aufgeschlagen und durch ein provisorisches Kastell sichern lassen. Hier befand sich auch seine Leibgarde.

Die Christen schlugen nun ebenfalls ihr Lager auf und lieferten sich in den folgenden zwei Tagen kleinere Scharmützel mit dem Gegner, ohne dass es zu allgemeinen Kampfhandlungen kam.

Die Schlacht

Nach einem Feldgottesdienst am Morgen des 16. Juli 1212 stellte sich das christliche Heer zur Schlacht auf. Das Zentrum bildeten die Ritter Kastiliens und der verschiedenen Orden. Links standen die Truppen aus Aragon, rechts die städtischen Milizen, unterstützt von den Rittern König Sanchos. Die Almohaden hatten ihre Truppen tief gegliedert, um dem erwarteten Angriff der christlichen Ritter die Wucht zu nehmen. Ihre Armee bildete drei Blöcke, mit leicht bewaffneten Kontingenten vorn und der schwer bewaffneten und durch Feldbefestigungen gesicherten Leibgarde an-Nasirs hinten.

Der Pfeilhagel der muslimischen Bogenschützen bereitete dem einleitenden Angriff der Christen große Probleme. Die im mittleren Block stehende leichte berberische und andalusische Reiterei versuchte diese Situation zu nutzen und ging gegen beide Flanken des gegnerischen Heeres vor, was bereits bei Alarcos zum Erfolg geführt hatte. Tatsächlich kam es zu ersten Anzeichen von Panik innerhalb des christlichen Heeres.

Alfonso bewahrte jedoch die Ruhe und kämpfte sich mit seinen Rittern durch das almohadische Zentrum, woraufhin auch beide Flügel des christlichen Heeres ihre Angriffe erneuerten. Die kastilischen und geistlichen Ritter machten das leicht bewaffnete muslimische Fußvolk nieder und durchbrachen das gegnerische Zentrum. Es waren vor allem die Ritter des Santiago-Ordens, die eine breite Lücke in die gegnerische Aufstellung rissen, durch die König Sancho schließlich seine Ritter gegen das Zelt des Kalifen führte. Anstatt auf die Stärke seiner Reserve zu vertrauen, floh an-Nasir daraufhin vom Schlachtfeld, was eine allgemeine Panik unter den Muslimen auslöste. Bei der anschließenden Verfolgung konnten die christlichen Reiter dem feindlichen Fußvolk schwere Verluste beibringen.

Bedeutung

Die Christen eroberten das gegnerische Lager und machten reiche Beute, darunter die Standarte und das Zelt des Kalifen, die an den Papst nach Rom geschickt wurden. Die Standarte wird heute im Kloster Santa María de las Huelgas Reales in Burgos ausgestellt. Der Schäfer Martín Alhaja stieg für seine Dienste in den Rang eines Hidalgos auf. Der Erzbischof von Toledo, der selbst als Ritter an den Kämpfen teilgenommen hatte, zelebrierte ein Tedeum.

Der Sieg der Christen bei Las Navas de Toloso gilt als Abschluss der mittleren Phase der Reconquista und gleichzeitig als bedeutendste Schlacht der beinahe 800 Jahre währenden Kämpfe. Die Herrschaft der Almohaden in Spanien brach kurz darauf zusammen. Zwar schlossen Aragon und Kastilien wenig später einen Waffenstillstand mit dem Nachfolger des 1213 verstorbenen an-Nasir, Portugal schob seine Grenzen jedoch weiter nach Süden vor. Und auch die Waffenruhe mit Kastilien und Aragon hatte nur kurzzeitig Bestand. Mit Cordoba (1236), dem alten Kalifensitz, Sevilla (1248) und Cadiz (1262) konnte Kastilien weite Teile von al-andalus zurückerobern und stieg endgültig zum dominierenden iberischen Königreich auf. Nur das Nasridenemirat von Granada konnte seine Herrschaft konsolidieren und widerstand christlichen Angriffen bis zum Jahr 1492.

Beteiligte Streitkräfte

Christliche Königreiche der Iberischen Halbinsel (Alfonso VIII. von Kastilien)

Stärke: ca. 4.000 Ritter und berittene Knechte, 8.000 Mann Fußvolk

Verluste: ca. 2.000 Mann

Almohaden (Muhammad an-Nasir)

Stärke: ca. 22.000-30.000 Mann

Verluste: hoch, bis zu 20.000 Mann

Bagdad, 29. Januar – 10. Februar 1258

> *„Was von Menschenhand unter Allahs Schutz in Jahrhunderten errichtet wurde, wurde an nur einem einzigen Tag von den Henkern des Teufels aus der mongolischen Steppe für immer zerstört.“*
>
> Isuf al'Haita, muslimischer Chronist

Der „Mongolensturm“ wird oftmals als erfolgreichstes Beispiel für die Expansion eines zentralasiatischen Reiternomadenvolkes angesehen. Anders als viele früheren oder späteren Völkern, gelang es den Mongolen nach dem Tod des Begründers des geeinten Mongolenreiches Temüdschin, bekannt als Dschingis Khan, im Jahr 1227 das Momentum der Expansion aufrecht zu erhalten und weiter nach Westen und Osten vorzustoßen. Unter seinem Nachfolger Ögedei drangen die Mongolen bis nach Westeuropa vor und schlugen christliche Heere in den Schlachten von Liegnitz und Muhi (1241). Auch den folgenden Herrschern Güyük, Ogul Qaimish und Möngke Khan gelang es, das gewaltige Reich, welches zu den größten der Weltgeschichte gehörte, zusammenzuhalten und sogar zu vergrößern. Unter Möngke begannen die Mongolen mit der sukzessiven Unterwerfung des chinesischen Song-Reiches.

Eine solche Ausdehnung des eigenen Machtbereiches konnte nicht allein mit Reitertruppen erreicht werden. Die leichten berittenen Bogenschützen der Mongolen waren zwar in Asien und Europa gefürchtet – nicht zuletzt wegen der enormen Größe mongolischer Heere – für die dauerhafte Eroberung von Gebieten war jedoch die Kontrolle über befestigte Städte von entscheidender Bedeutung. Diese konnten oftmals nur durch komplexe Belagerungen zu Fall gebracht werden und die Mongolen erwiesen sich, wie zuvor bereits die Hunnen unter Attila, als erstaunlich anpassungsfähig in ihrer Kriegsführung. Aus den von ihnen unterworfenen Gebieten rekrutierten sie nicht nur neue Truppen, sondern auch militärische Experten.

Unter Möngke nahmen die Mongolen ihre Vorstöße in das Abbasiden-Kalifat im heutigen Irak wieder auf. Aufgrund des Niedergangs des Seldschuken-Sultanats hatten die Kalifen im frühen 13. Jahrhundert ihre Unabhängigkeit wiederherstellen und erste militärische Vorstöße der Mongolen in den Jahren 1238 und 1245 abwehren können. Dennoch stand das Kalifat seit 1241 in einem Abhängigkeitsverhältnis zum Mongolenreich, zahlte einen jährlichen Tribut und schickte Gesandtschaften zur Inthronisierung der neuen Khane Güyük und Möngke. Letzterer beschloss jedoch auf einer

Versammlung 1253 die vollständige Unterwerfung Persiens, welches er der Herrschaft seines Bruders Hülegü anvertraute.

Hülegü galt als besonders grausamer Heerführer. 1256 eroberte er die Assassinenfestung Alamut, ließ die Verteidiger allesamt niedermachen und die kostbare Bibliothek bis auf wenige ausgesuchte Koranexemplare verbrennen. Dies stellte vermutlich auch eine Reaktion auf den Versuch der Assassinen dar, Möngke zu ermorden. Nach dem Fall Alamuts zog Hülegü nach Hamadan weiter und sandte dem Abbasidenkalifen al-Musta'sim bi-'llah Briefe, in denen er dessen Unterwerfung forderte. Der Kalif lehnte, wohl auf Einfluss seines Visiers Ibn al-Alkami, ab, woraufhin Hülegü ein zorniges Antwortschreiben verfasste, in welchem er bereits die Zerstörung Bagdads und die Ausrottung seiner Bevölkerung ankündigte. Astrologie spielte für die Planung des Feldzuges eine nicht unwichtige Rolle. Hülegü ließ muslimische Astrologen befragen, wann er seinen Feldzug unternehmen solle. Diese rieten generell von dem Vorhaben ab und warnten ihn, dass eine Katastrophe seine Armee befallen und er selbst innerhalb eines Jahres sterben würde. Doch Hülegü ignorierte die Einwände, nicht zuletzt bestärkt durch seine Feldherren.

Im Frühjahr 1258 setzte er sein Heer in Marsch. Dieses bestand aus drei Kolonnen. Die erste stand unter dem Kommando des Feldherren Baiju, dem Hülegü eigentlich misstraute, da er ihm vorwarf, die Abbasiden noch nicht unterworfen zu haben. Diese überquerte am 16. Januar 1258 bei Tikrit den Tigris und schloss Bagdad von Westen her ein. Ein zweites Heer zog südlich des Zagrosgebirges zum Tigris und näherte sich Bagdad von Süden. Hülegü selbst marschierte mit der Hauptarmee von Osten heran. Baiju schickte eine Vorhut unter dem Heerführer Suqunjaq nach Anbar, knapp fünfzig Kilometer westlich von Bagdad. Hier wurden die Mongolen von der etwa 20.000 Mann starken Armee des Kalifen angegriffen und zunächst zurückgetrieben. Baiju konnte seine Truppen jedoch sammeln. Er lockte die Abbasidenreiterei in ein sumpfiges Gelände nahe dem kleinen Tigris, ließ die nahe gelegenen Deiche zerstören und zerschlug den Gegner auf diese Weise. Die Masse der Abbasiden kam in dem Kampf um. Die Reste der Armee flohen entweder in die Wüste oder nach Bagdad.

Bagdad selbst war auf die Belagerung nur schlecht vorbereitet. Mehrere Hochwasser 1243, 1248, 1253, 1255 und 1256 sowie ein verheerender Stadtbrand hatten das einstige Zentrum der islamischen Welt schwer erschüttert. Auch die Stadtmauern befanden sich in einem schlechten Zustand. Seltsamerweise unternahm al-Musta'sim bi-'llah keine Versuche, die Schäden zu reparieren oder die Garnison der Stadt zu verstärken. Die militärischen Berater des Kalifen Sulaiman Schah, Malik Izz al-Din Ibn Fath al-

Din und der Sar-Dawatar Mujahid al-Din rieten dazu, den Mongolen im Feld entgegen zu treten, doch al-Musta'sim bi-'llah zeigte sich erstaunlich passiv.

Beteiligte Armeen

Hülegüs Armee veranschaulicht sehr gut die Fähigkeit der Mongolen, die militärische Expertise anderer Völker in ihre eigenen Streitkräfte zu integrieren. Sie bestand aus insgesamt bis zu 150.000 Soldaten. Ein Drittel davon bildeten leichte mongolische Reiter. Dazu kamen schwere Reiter aus Armenien und Fußtruppen aus Georgien, sowie kleinere türkische und persische Aufgebote. Sogar einige christliche Kreuzritter aus dem Königreich Antiochia schlossen sich dem Feldzug an. Dazu kamen 1.000 chinesische Belagerungsexperten, die sowohl Kanonen als auch Katapulte und andere Belagerungsmaschinen bauen und bedienen konnten und somit für den Angriff auf Bagdad von entscheidender Bedeutung waren.

Der Kalif konnte verschiedenen Berichten zu Folge bis zu 50.000 Mann zur Verteidigung Bagdads aufbringen. 20.000 davon zählten jedoch zu dem Reiterverband, der von Baiju geschlagen worden war. Der Rest bestand vermutlich aus lokalen Aufgeboten, die schlecht ausgebildet und bewaffnet waren. Warum der Kalif keine weiteren Truppen in die Stadt berief, lässt sich schwer klären. Möglicherweise war Bagdad nach den wiederholten Naturkatastrophen und dem Stadtbrand nicht mehr in der Lage, eine noch größere Anzahl von Truppen unterzubringen oder zu versorgen. Zwar sprechen einige arabische Quellen von einer Bevölkerung von einer und sogar zwei Millionen Menschen, doch scheint diese Zahl selbst für die Blütezeit der Stadt als zu hoch gegriffen. Nach den vorangegangenen Katastrophen sank die Bevölkerung sehr wahrscheinlich, weswegen moderne Schätzungen von höchstens 100.000 Einwohnern ausgehen, womit Bagdad allerdings immer noch zu den größten Städten der damaligen Welt gehört haben würde.

Die Belagerung

Die eigentliche Belagerung Bagdads begann am 29. Januar 1258. Nach mongolischer Sitte wurde die gesamte Stadt durch einen gewaltigen Palisadenwall mit vorgelagertem Graben eingeschlossen. Anschließend begann der Beschuss der Stadtmauern aus Geschützen und Katapulten. Innerhalb weniger Tage wurden mehrere Breschen geschossen und die Mongolen konnten Teile der Befestigungsanlagen einnehmen. Der Hauptangriff richtete sich dabei auf die Persische Bastion und das Halbah Tor im Osten. Der rechte

Flügel lagerte vor dem Markttor im Norden, der linke vor dem Kalwadha Tor im Süden. Baijus Truppen griffen eine über den Tigris führende Schiffsbrücke im Norden und eine zweite, nahe dem Kalifenpalast gelegene Brücke weiter südlich an.

Am 5. Februar versuchte der Kalif Verhandlungen aufzunehmen, wurde aber von Hülegü zurückgewiesen. Daraufhin unternahm eine Abordnung der wichtigsten Bürger der Stadt – Quellen sprechen von bis zu 3.000 Menschen – einen zweiten Versuch, wurden aber auf Befehl des Mongolenführers ermordet. Spätestens zu diesem Zeitpunkt war es offensichtlich, das Hülegü an Bagdad ein Exempel statuieren würde, wie er es angedroht hatte. Einigen Quellen zufolge erhielten die Mongolen auch Informationen aus der Stadt, die ihnen von Schiiten zugespielt wurden – der Kalif und der Großteil der Bevölkerung waren Sunniten. Schließlich gelang ihnen der Sturm auf die Persische Bastion nahe dem Halbah Tor. Am 10. Februar 1258 kapitulierte Bagdad.

Bedeutung

Drei Tage blieb das mongolische Heer vor den Stadtmauern stehen, doch am 13. Februar strömte es in die Stadt, die eine Woche lang geplündert wurde. Ein Großteil der Bevölkerung wurde niedergemacht, wobei Schätzungen von bis zu einer viertel Million Opfern in Anbetracht des zuvor eingesetzten Bevölkerungsrückgangs zu hoch erscheinen. Hülegü selbst prahlte gegenüber König Ludwig IX. von Frankreich, 200.000 Menschen aus einer eine Million Einwohner zählenden Stadt getötet zu haben. Angeblich errichteten die Mongolen aus den Schädeln der Ermordeten eine Pyramide, die laut dem Chronisten Isuf al´Haita sämtliche Minarette der Stadt überragte. Die Praxis der „Schädelpyramide“ findet sich immer wieder in Quellen über zentralasiatische Kriegsführung von den Mongolen, über Tamerlan bis Nader Schah. Die von al´Haita berichteten Ausmaße mögen übertrieben sein, sollen aber die Dimensionen des Massakers verdeutlichen. Auch die berühmte Akademie der Stadt, das „Haus der Waisen“, wurde zusammen mit seiner kostbaren Bibliothek zerstört. Hunderttausende Bücher wurden in den Tigris geworfen, sodass Augenzeugen davon berichten, das Wasser des Flusses habe sich durch die Tinte schwarz gefärbt und die Mongolen hätten trockenen Fußes auf das andere Ufer wechseln können. Kalif al-Musta'sim bi-'llah wurde am 20. Februar in einen Teppich gewickelt und von mongolischen Reitern zu Tode getrampelt.

Hülegü dehnte in der Folge seinen Einfluss weiter nach Syrien aus. Erst der Tod seines Bruders Möngke im Jahr 1259 stoppte den weiteren Vormarsch der Mongolen, wie schon der Tod Ögedis 1241 einen wesentlichen Einfluss auf den Abbruch des Vorstoßes nach Mitteleuropa gehabt haben soll. Hülegü kehrte nach Zentralasien zurück und unterstützte seinen Bruder Kubilei im Kampf um die Nachfolge als Khagan (Großkhan). Der von ihm in Syrien zurückgelassene Heerführer Kitbukha musste 1260 in der Schlacht bei ʿAin Dschālūt eine Niederlage hinnehmen, wobei er selbst getötet wurde. Dieses Zusammenspiel aus einer Nachfolgekrise und einer militärischen Niederlage verhinderte eine weitere Expansion der Mongolen nach Ägypten oder Kleinasien.

Eine wichtige Begleiterscheinung des Mongolensturms im 13. Jahrhundert, der in der damaligen christlichen Welt bereits bekannt war, geriet später in Vergessenheit: die Pest. Diese verbreitete sich unter der überlebenden Bevölkerung Bagdads und wurde noch im selben Jahr durch die Mongolen nach Syrien eingeschleppt, auch wenn die Medizinwissenschaft noch darüber rätselt, ob es sich um dieselbe Form der Seuche handelt, die Eurasien ein knappes Jahrhundert später traf.

Mit der Vernichtung des Abbasidenreiches fand das Goldene Zeitalter des Islam endgültig sein Ende. In der Zerstörung Bagdads als wissenschaftliches Zentrum machen viele Forscher einen entscheidenden Grund für die kulturelle Stagnation dieser einst auf wissenschaftlichem Gebiet so dynamischen Religionsgemeinschaft aus.

Beteiligte Streitkräfte

Mongolen (Hülegü)

Stärke: ca. 40.000 bis 50.000 Mongolen, 12.000 armenische Panzerreiter, 1.000 chinesische Ingenieure, persische, türkische und christliche Aufgebote, insgesamt 120.000 bis 150.000 Mann

Verluste: unbekannt

Abbasiden Kalifat (al-Musta'sim bi-'llah)

Stärke: 40.000 bis 60.000 Soldaten

Verluste: ca. 50.000 Soldaten, hohe Verluste unter der Zivilbevölkerung

Meloria, 6. August 1284

„Unter den Pisanern wurde ein solches Gemetzel angerichtet, dass sich die See rot verfärbte und überall mit Schilden, Rudern und den Körpern der Toten bedeckt war.“

Iacopo Doria, genuesischer Chronist

Nach dem ersten Niedergang islamischer Seefahrt im Mittelmeer waren es vor allem italienische Stadtstaaten, die im Hochmittelalter um Handelsrechte, Handelswege und Handelsstützpunkte kämpften. Im 13. Jahrhundert hatten sich Venedig, Genua und Pisa als die führenden Handelsrepubliken etabliert. Venedig und Genua rangen um ihren Einfluss im Schwarzen Meer, im Handel mit dem Byzantinischen Reich sowie den Kreuzfahrerstaaten im Vorderen Orient, die maßgeblich auf die Unterstützung italienischer Schiffe angewiesen waren. Um die Stadt Akko war zwischen 1256 und 1270 der erste von später insgesamt vier Seekriegen zwischen Genua und Venedig entbrannt (zweiter 1244-1299, dritter 1350-1355, vierter 1377-1381). Genua hatte bereits im Frühmittelalter mehrere Kriege mit der Seerepublik Amalfi ausgetragen, die jedoch nach der Eroberung durch die Normannen 1073 sukzessive an Bedeutung verlor. 1135 und 1137 wurde die Stadt zweimal durch die Pisaner geplündert. Gleichzeitig stellten Genua und Pisa gemeinsame Flotten für die Rückeroberung Korsikas und Sardiniens aus der Hand der Muslime. Bereits im frühen 11. Jahrhundert konnte Sardinien weitgehend zurückgewonnen werden, welches als päpstliches Lehen Pisa überantwortet wurde. Anschließend wurde auch Korsika befreit und ebenfalls vom Papst an die Pisaner übergeben. Genua fühlte sich benachteiligt und unterstützte in der Folge antipisanische Erhebungen auf beiden Inseln, die dennoch von den wirtschaftlichen Aktivitäten Pisas profitierten. Beide lieferten wichtige Rohstoffe und durch den zunehmenden Handel blühten auch die küstennahen Städte auf.

Im Jahr 1217 hatte Papst Honorius III. auch die Rechte des Erzbischofs von Genua auf Teile Korsikas gestärkt. Die Genuesen gewährten den Einwohnern der von ihnen kontrollierten Städte Bürgerrechte und teilweise autonome Rechte, um diese auch für die Einwohner der pisanischen Inselhälfte attraktiv zu gestalten. Im Jahr 1278 gründeten sie Calvi, eine befestigte Stadt im Nordwesten der Insel, die mit ähnlich umfangreichen Rechten ausgestattet wurde. 1282 kam es jedoch in Cinarca, einer im Westen der Insel gelegenen Stadt, zu einem Aufstand gegen Genua. Teile der Bevölkerung riefen die Pisaner um Unterstützung, die die Gelegenheit nutzen wollten, um ihren Einfluss über die Insel zu stärken. In dem nun ausbrechenden Konflikt blockierte zunächst eine genuesische Flotte die Mündung des Arno. Das folgende Jahr, 1283, verbrachten beide Seiten mit dem Ausbau ihrer Streitkräfte. Genua erweitere seine Flotte und Pisa warb toskanische Söldner für eine Landung auf Korsika an.

Der Feldzug

1284 kam es zu mehreren militärischen Auseinandersetzungen im Mittelmeer. Genua versuchte durch seine Nadelstichaktionen eine Entscheidungsschlacht zwischen den beiden Flotten zu provozieren, auf die es sich dank seiner Rüstungsmaßnahmen besser vorbereitet sah. Pisa bemühte sich im Gegenzug, eben solch eine Schlacht zu vermeiden.

Im April 1284 befand sich der neue pisanische Befehlshaber für Sardinien, Graf Donoratico Fazio auf dem Seeweg nach Castel di Castro in Cagliari, als er durch einen Sturm von seinen Begleitschiffen getrennt wurde. Nahe der Insel Tavola wurden die Pisaner von einem genuesischen Handelskonvoi und dessen Begleitschiffen gestellt und schwer geschlagen. Der Verlust an Kriegsschiffen war kurzfristig nicht zu ersetzen. Die Genuesen intensivierten ihre Angriffe auf Konvois und Küstensiedlungen. Ende April entsandte der genuesische Capitano del Popolo Oberto Doria dreißig Galeeren unter dem Befehl von Benedetto Zaccaria, um die toskanische Küste einschließlich des Porto Pisano an der Mündung des Arno zu blockieren.

Da dies keine Wirkung zeitigte, wurde Zaccaria Ende Juli nach Sardinien beordert, um bei der Belagerung des Hafens Sassari zu helfen. Der pisanische podestá Alberto Morosoni glaubte nun die Chance für einen Gegenschlag gekommen und ordnete die Bewaffnung aller verfügbaren Galeeren an. Insgesamt konnte die Republik 72 Schiffe aufbringen. Obwohl die Rüstungen im Geheimen stattfanden, wurden die Genuesen durch ihre Spione rasch von den Vorbereitungen in Kenntnis gesetzt.

Auf diese Nachricht rief Doria das Geschwader Zaccarias von Sardinien zurück und begann nun ebenfalls, alle in Genua verfügbaren Galeeren, insgesamt 58 Schiffe und acht kleinere Segler, zu bewaffnen. Doch auch die Pisaner verfügten über ein exzellentes Nachrichtennetzwerk. Morosoni erfuhr von den Befehlen für Zaccaria und befahl seinem Kommandanten Ugoloino della Gheradesca, umgehend in See zu gehen. Ungünstige Winde hielten die Flotte jedoch mehrere Tage im Hafen fest. Als sie schließlich am 31. Juli ausgelaufen war, schlug Morosoni einen nordwestlichen Kurs ein, vermutlich um Zaccarias Geschwader abzufangen und die genuesische Flotte getrennt zu schlagen. Doch auch die genuesische Hauptstreitmacht unter Doria befand sich bereits auf dem Weg nach Süden und hoffte, die Pisaner in die Zange zu nehmen. Wie durch Zufall erschien Zaccarias Geschwader tatsächlich am selben Tag. Doch der Admiral war sich der Pläne Dorias wohl nicht bewusst und fürchtete, von der pisanischen Flotte übermannt zu werden, weswegen er durch die gegnerischen Linien brach und sich mit Doria vereinte. Dieser segelte daraufhin mit seiner nun überlegenen Armada zur kleinen Hafenstadt Sturla, südöstlich von Genua und hoffte wohl, Morosoni hier in eine Falle zu locken. Der podestá entschied sich aber dafür, den Ort links liegen zu lassen. Stattdessen segelte er am 1. August nach Westen. Aus Furcht, die Pisaner könnten Genua direkt angreifen, folgte ihnen Doria, bis er Nachricht erhielt, dass die gegnerische Flotte schließlich einen Kurs nach Korsika eingeschlagen hatte. Die Genuesen fuhren ihnen nach, erreichten Korsika am 5. August und erfuhren, dass die Pisaner lediglich ihre Wasservorräte aufgefüllt hatten und dann wieder nach Osten gefahren waren. Doria vermutete, dass Morosoni seine Flotte nach Porto Pisano zurückführen wollte und stellte seinen Gegner am 6. August.

Die beteiligten Flotten

Spätmittelalterliche Galeeren wichen in ihrer Konstruktion vom populären Bild einer Galeere aus der Zeit der Seeschlacht von Lepanto (1571) ab. Sie besaßen im Allgemeinen weniger Ruder und eine höhere Ladekapazität, weil sie bevorzugt als Handelsschiffe genutzt wurden. Vor allem die pisanischen Galeeren entsprachen wohl diesem Typ, da viele von ihnen erst unmittelbar vor der Schlacht umgerüstet worden waren. Genua hatte jedoch 1283 120 Galeeren eigens für den Krieg gebaut. Die Hälfte davon waren direkt im Auftrag der Republik konstruiert worden, die übrigen wurden von privaten Unternehmern und den acht genuesischen Handelskompanien Porta, Soziglia, Porta Nuova, Borgo, Castello, Piazza Lungo, Macagnana und San Lorenzo gestellt. Diese Schiffe waren mit Katapulten und verschiedenen Schleudern bewaffnet.

Zur Bemannung dieser Flotte wurden allein schätzungsweise 15.000 bis 17.000 Seeleute benötigt. Große Flottenunternehmungen übertrafen somit im europäischen Mittelalter die meisten Feldzüge an Land. Pisa rekrutierte die für seine Schiffe benötigten Besatzungen aus der eigenen Bevölkerung. Alle Männer zwischen 20 und 60 wurden zum Dienst verpflichtet.

Die Schlacht

Die toskanische Küste entlang der Arnomündung ist felsig. Riffe sind dem eigentlichen Ufer vorgelagert. Der Hafen von Porto Pisano wurde durch mehrere große Türme und eiserne Ketten gesichert. War die pisanische

Flotte einmal eingelaufen, war sie vor genuesischen Angriffen sicher. Doria versuchte daher, Morosoni auf die offene See zu locken, indem er seine Flotte teilte. Er selbst bildete mit 63 Galeeren und den acht Begleitbooten eine Halbmondformationen, um den Hafen zu blockieren. Zaccarias Geschwader verbarg sich dagegen als Reserve in zweiter Linie. Während das Hauptgeschwader seine Segel setzte, um gut erkennbar zu sein, sollte Zaccaria seine Segel niederholen. Indem er den Genuesen somit eine zahlenmäßige Unterlegenheit vortäuschte, hoffte Doria Morosoni zum Auslaufen zu locken. Die niedergehende Nachmittagssonne erschwerte zudem die Sicht der Pisaner. Tatsächlich fiel Morosoni auf die Falle herein und befahl seiner Flotte wieder auszulaufen. Er ließ seine Galeeren eine einzige Linie bilden. Nördlich der Insel Meloria (in Höhe des heutigen Hafens von Livorno) stießen die Flotten aufeinander. Morosoni erkannte bald darauf seinen Fehler, hatte nun aber keine Gelegenheit mehr, umzukehren. Die Schlacht begann mit einem Austausch von Wurfgeschossen, Pfeilen und griechischem Feuer. Rasch entwickelte sich ein Nahkampf. Die Pisaner führten viele schwer Bewaffnete an Bord ihrer Schiffe mit, die jedoch unter der sommerlichen Hitze litten. Auch waren ihre Schiffe schwerfälliger als die der Genuesen, da sie schwere Schilde und verschiedene Maschinen zur Abwehr von Enterern aufgestellt hatten. Die genuesischen Mannschaften hatten hingegen einen Großteil ihrer Rüstungen abgelegt und ihre eigens für den Kriegseinsatz gebauten Galeeren erwiesen sich als manövrierbarer.

Während die beiden Hauptflotten sich ineinander verknäulten, führte Zaccaria seine Schiffe um den rechten Flügel und in den Rücken der Pisaner, wo sie schließlich Morosonis Flaggschiff attackierten. Er verband sein Schiff mit Hilfe einer starken Kette mit einer zweiten Galeere und griff das pisanische Schiff von achtern an, wobei die Kette einmal über das Deck rasierte und die Admiralsstandarte fällte. Als die übrigen pisanischen Kapitäne dies bemerkten, versuchten sie sich vom Gegner zu lösen und hastig in den Hafen zurückzuziehen. Auf der anschließenden Flucht erlitten sie schwere Verluste, auch wenn sich große Teile der Flotte in den Hafen retten konnten.

Bedeutung

Die Genuesen gaben später an, sieben pisanische Schiffe versenkt und neunundzwanzig geentert zu haben. 5.000 pisanische Seeleute sollen gefallen sein, während eine Quelle von exakt 9.272 Gefangenen berichtet. Darunter befand sich ein großer Teil des toskanischen Adels und des pisanischen Patriziats. Die hohen Mannschaftsverluste konnte Pisa nicht ersetzen, auch weil die Genuesen sich weigerten, die Gefangenen auszutauschen. So soll

Rustichello da Pisa, der Mann, der Marco Polo ab 1298 in einem genuesischen Gefängnis half, seine Geschichte niederzuschreiben, ein Gefangener der Schlacht von Meloria gewesen sein.

Oberto Doria versuchte seinen Sieg auszunutzen, doch die meisten seiner Kapitäne weigerten sich, Porto Pisano anzugreifen. Ugolino della Gherardesca, der aus der Schlacht entkommen war, übernahm die Regierungsgeschäfte für den gefangenen Morosoni. Erst nach 13 Jahren kam ein Frieden zustande, indem Pisa seine Ansprüche auf Korsika aufgab. 1299 verkaufte es zudem seine Besitzungen in Sardinien. Von den knapp 10.000 Gefangenen sollen nach dem Frieden nur etwa 1.000 nach Pisa zurückgekehrt sein.

Pisas Macht war noch nicht vollständig gebrochen, befand sich aber im Niedergang. Im frühen 14. Jahrhundert lieferte sich die Republik einen weiteren kräftezehrenden Krieg mit dem Königreich Aragon um seine verbliebenen Besitzungen in Sardinien. Zwar verlor es auch diesen Krieg, allerdings konnte die Republik zuvor noch einmal ein beträchtliches militärisches Potential entfalten.

Der Schlacht bei Meloria kommt dennoch ein entscheidender Charakter auf taktischer, operativer und strategischer Ebene zu. Sie verdeutlicht die Bedeutung von Seekriegsführung im Mittelmeerraum. Während Seekrieg oftmals nur eine Ergänzung zur Landkriegsführung darstellte und Seeherrschaft vor allem für die Verlegung von Truppen bedeutsam war, nahm er in den Auseinandersetzungen zwischen den italienischen Seerepubliken eine zentrale Rolle ein. Zwar diente Seeherrschaft auch hier zur sicheren Verlegung von Truppen oder dem Schutz des Handels, Kriege wurden aber mehrheitlich durch See- und nicht durch Landschlachten entschieden. Bei diesen handelte es sich selten um Hochseeschlachten, sondern meist um Kämpfe in küstennahen Gewässern, wobei die Geografie der Küste Auswirkungen auf die Taktik hatte, indem Halbinseln, Buchten oder Inseln – wie Meloria – einen wichtigen Flankenschutz für eine Flotte darstellten. Auch in der Schlacht bei Korcula (1298), in welcher Marco Polo in Gefangenschaft geriet, versuchte die zahlenmäßig unterlegene venezianische Flotte ihre Flanken durch die Landzungen einer Bucht zu sichern und noch die größte Galeerenschlacht der nachantiken Zeit, bei Lepanto, wurde in den Zugängen zu einem natürlichen Hafen ausgefochten.

Beteiligte Flotten

Genua (Oberto Doria)

Stärke: 83 Galeeren, 8 Begleitschiffe

Verluste: unbekannt

Pisa (Alberto Morosoni)

Stärke: 72 Galeeren

Verluste: 7 Galeeren versenkt, 29 gekapert, ca. 5.000 Tote, 10.000 Gefangene

Mühldorf, 28. September 1322

> *„Do daz alles ergie, do kam der purkgraff von Nurnberkh mit ainem grossen her gueter ritterschafft geraster leut uber das wasser getzogen, das man mainat oder gedacht, es wer hertzog von Swaben und riten die her an. Und alle die gesichert heten, die prachen all gleich. Do fluhen die Ungern und di Haiden all, di kunig Fridreich dar pracht hett auff den perg, und wart der streit auch domit verlorn, also das kunig Fridreich gefangen wart (…)"*
>
> Österreichische Chronik

Das frühe 14. Jahrhundert wurde Zeuge einer Reihe bedeutender Schlachten, in denen Fußtruppen eine zentrale Rolle spielten und über die noch im Hochmittelalter oft schlachtentscheidenden Ritterheere siegreich blieben, etwa bei Courtrai (1302), Bannockburn (1314), Morgarten (1315) oder Crecy (1346). Die Forschung möchte daher im Spätmittelalter eine „Infanterierevolution" verbunden mit einem Niedergang der Reiterei ausmachen. Doch derartige Ansätze sind mit Vorsicht zu genießen. Reiterei spielte bis in 20. Jahrhundert hinein eine wichtige Rolle auf dem Schlachtfeld und konnte weiterhin entscheidend wirken, wenn sie nicht – wie in allen genannten Beispielen – falsch eingesetzt wurde. Darüber hinaus spielten Reiterheere gerade in Mittel- und Osteuropa im Spätmittelalter weiterhin eine bedeutende Rolle, ohne dass man daran eine militärische Rückständigkeit festmachen sollte.

Unleugbar geriet hingegen die Stellung der römisch-deutschen Kaiser nach dem Niedergang der Staufer in der Mitte des 13. Jahrhunderts in eine Krise. Die großen Dynastien versuchten ihre Herrschaft auf Kosten des Königtums zu stärken, was zur Wahl schwacher Könige mit geringer eigener Hausmacht, wie Adolf von Nassau (reg. 1292-1298), führte. Ihm folgte der 1308 ermordete Albrecht I. (reg. 1298-1308) aus dem Hause Habsburg, der die wachsende Macht der großen Dynastien durch seine Niederlage gegen die Wettiner in der Schlacht bei Lucka (1307) zu spüren bekam, und mit Heinrich VII. (reg. 1308-1313) der erste Prätendent aus dem Hause Luxemburg. Er war der erste Kaiser seit Friedrich II., der sich wieder in Rom krönen ließ. Heinrich war auch durchaus ambitioniert, die Stellung des römischen Königs in Italien zu stärken, allerdings starb er völlig überraschend 1313.

Zwei Dynastien, die Luxemburger und die Habsburger, die nacheinander die Könige und Kaiser gestellt hatten, rangen nun um Einfluss bei der kommenden Wahl. Der stärkste Kandidat war zweifellos Heinrichs Sohn Johann, der mit dem Königreich Böhmen über eine solide Hausmacht und auch eine eigene Kurstimme verfügte. Doch eben diese starke Position war den anderen Kurfürsten ein Dorn im Auge, weswegen sich sein Rivale Friedrich der Schöne aus dem Haus Habsburg berechtigte Chancen auf die Krone ausrechnete.

Zur gleichen Zeit trat überraschend ein dritter Kandidat in Erscheinung, dessen Wahl sowohl eine habsburgische wie luxemburgische Herrschaft hätte verhindern können. Herzog Ludwig IV. von Bayern hatte 1313 Friedrich den Schönen im Kampf um den Einfluss im Teilherzogtum Niederbayern in der Schlacht bei Gammelsdorf geschlagen. Damit hatte er nicht nur Friedrichs Prestige beschädigt, sondern sein eigenes gestärkt. Gammelsdorf, welches ebenso wie Mühldorf mitunter als letzte „Ritterschlacht" ohne Feuerwaffeneinsatz bezeichnet wird, ebnete somit Ludwigs Weg zur Krönung. Ludwig konnte letztlich fünf von neun Kurfürstenstimmen hinter sich vereinigen. Die übrigen Kurfürsten sprachen sich jedoch für Friedrich den Schönen aus. Die Wahl war in mehrfacher Hinsicht umstritten, zum einen, weil die sächsische Kurstimme von der Lauenburger und der Wittenberger Linie der Askanier beansprucht wurde und beide sich für unterschiedliche Kandidaten aussprachen, aber auch, weil die Königswahl bis dahin einstimmig erfolgen musste. Das Mehrheitsprinzip kam erst mit der Goldenen Bulle Karls IV. 1346 auf.

Es kam zu einer paradoxen Doppelkrönung. Ludwig wurde am richtigen Ort – Aachen – aber mit nachgebildeten Insignien durch den falschen Koronator, den Erzbischof von Mainz, gekrönt. Friedrich empfing die Krone dagegen traditionell aus den Händen des Kölner Erzbischofes, allerdings in Bonn. Diese symbolischen Akte spielten für die Legitimität beider Herrscher eine wichtige Rolle.

In den folgenden Jahren wichen die zwei Könige einer militärischen Auseinandersetzung zunächst aus. Friedrich erlitt 1315 bei Morgarten eine Niederlage gegen die Schweizer, die sein militärisches Ansehen weiter schwächte, Ludwig fehlte es dagegen trotz seines königlichen Ranges an einer ausreichenden Hausmacht und der damit verbundenen wirtschaftlichen Basis, um groß angelegt Krieg zu führen. Zwar kam es in den folgenden Jahren zu einer Reihe kleinerer Zusammenstöße, 1315 bei Speyer, 1316 bei Esslingen, 1319 erstmals bei Mühldorf und 1320 nochmals an selber Stelle, als Ludwig einen geplanten Zug gegen Friedrich abbrechen musste. Eine Entscheidung konnte jedoch keine der Seiten herbeiführen.

Auch das Papsttum verhielt sich in dem Konflikt zunächst neutral. 1314 war der Petristuhl vakant und wurde erst 1316 mit Johannes XXII. neu besetzt, der in Avignon residierte. Er war ein Protegé des späteren französischen

Königs Philipp V. Johannes unterstützte die Wahl Matthias von Bucheck zum neuen Mainzer Erzbischof, wodurch sich die Machtverhältnisse im Reich langsam zu Ludwigs Ungunsten verschoben, zumal viele seiner Anhänger sich nach der nicht angenommenen Schlacht bei Mühldorf 1319 von ihm abwandten. 1321 sah sich Friedrich der Schöne daher in der Lage, den Konflikt endgültig zu seinen Gunsten zu entscheiden. Nur Johann von Böhmen hielt zu dem Bayern, der diese Allianz durch eine dynastische Verbindung zwischen Johanns Tochter Margarete und seinem Vettern Heinrich II. von Niederbayern stärkte.

Der Feldzug

1322 sammelte Friedrich der Schöne seine Truppen. Er selbst zog mit seinen Rittern und einem Kontingent aus Ungarn auf beiden Seiten der Donau in Richtung Passau, wobei insbesondere die ungarischen Truppen schreckliche Verwüstungen angerichtet haben sollen. Ein zweites Kontingent führte der Erzbischof von Salzburg aus Süden heran. Dieser hatte zuvor einen Bann über die niederbayerischen Wittelsbacher ausgesprochen, weil sie zur Aufbringung der Hochzeitskosten Heinrichs II. eine Viehsteuer ausgeschrieben hatten. Mit diesem Schritt stärkte der Erzbischof jedoch den Zusammenhalt innerhalb der einzelnen wittelsbachischen Familienzweige. Aus dem Westen des Reiches näherte sich Friedrichs Bruder Leopold mit 800 Rittern und starkem Fußvolk.

Der Salzburger Erzbischof erreichte Mühldorf am 20. September und vereinigte sich vier Tage später mit Friedrich. Leopold traf dagegen nicht rechtzeitig mit seinen Truppen ein, um an der für den 28. September zwischen beiden Parteien vereinbarten Schlacht teilzunehmen. Vermutlich gelang es Ludwigs Anhängern, die Kommunikation zwischen Leopold und Friedrich zu stören, sodass dieser nicht genau über Ort und Zeit der Schlacht informiert werden konnte.

Ludwig zog verschiedene Kontingente aus Ingolstadt, Regensburg, Straubing und Landshut zusammen, die zwischen dem 24. und 27. September in der Nähe von Mühldorf eintrafen.

Die beteiligten Heere

Da die Vereinigung Friedrichs und Leopolds scheiterte, waren die beiden Heere bei Mühldorf etwa gleich stark. Friedrich verfügte über wenigstens 1.400 Ritter, etwa 5.000 Kumanen aus Ungarn, die vor allem als leichte Reiterei agierten und ein unbekanntes Kontingent Fußtruppen. Ludwig konnte 1.800 Ritter in den Kampf führen, dazu 4.000 Mann Fußtruppen. Da die

Ritter alle wenigstens zwei Knappen und Knechte mit ins Feld nahmen, die wohl auch an den Kampfhandlungen beteiligt waren, kann die Stärke beider Armeen durchaus jeweils 10.000 Mann erreicht haben.

Die Schlacht

Der genaue Ort des Schlachtfeldes war lange Zeit umstritten. Archäologische Funde belegen, dass der Kampf sich nordöstlich von Mühldorf nördlich des Flusses Isen etwa zwischen den Dörfern Erharting und Rohrbach abgespielt hatte, was auch durch eine Reihe von Schriftquellen gestützt wird, die von einem Kampf auf den Erhartinger Wiesen sprechen.

Friedrichs Anhänger rieten ihm davon ab, die Schlacht tatsächlich am vereinbarten Tag anzunehmen, so lang die Truppen seines Bruders nicht eingetroffen waren, doch dieser wies die Einwände ab. Auch der genaue Verlauf der Schlacht sowie die Beteiligung der beiden Könige lässt sich je nach Art der Quelle unterschiedlich interpretieren. Angeblich hatte Ludwig den Kampf von einer erhöhten Position hinter den Linien befehligt, wo er sich mit elf Rittern aufhielt, von denen er sich nicht unterschied, da er denselben blauen Waffenrock mit weißem Kreuz trug. Vermutlich war Ludwig vorsichtig geworden, nachdem bei der Konfrontation 1319 das Gerücht aufgekommen war, er solle gezielt ermordet werden. Schon die Schlachten bei Dürnkrut (1278) zwischen dem böhmischen König Ottokar I. und dem gewählten König Rudolf I. von Habsburg sowie bei Göllheim 1298 zwischen Albrecht I. und Adolf von Nassau wirkten durch den Tod eines Thronanwärters entscheidend.

Beide Heere standen, wohl auch wegen des beengten Schlachtfeldes, tief gestaffelt. Friedrich hielt die Abteilungen des Erzbischofs von Salzburg und des Bischofs von Lavant als Reserve zurück. Ludwig hatte seine bayerischen, fränkischen und schwäbischen Kontingente im Zentrum und auf dem linken Flügel aufgestellt, während die böhmischen Truppen unter König Johann den rechten Flügel bildeten.

Unklar bleiben die Aufstellung und die genaue Rolle der großen Anzahl ungarischer Reiter in der Schlacht. Da das Kampffeld zwischen Isen und Kirchberg kaum Raum für Flankenangriffe bot, ist denkbar, dass diese den Kampf als eine Art Plänkler durch kurze Angriffe und dabei abgegebene Pfeilsalven eröffneten, was auch die archäologischen Funde zu bestätigen scheinen. Anschließend zogen sie sich wohl auf den rechten Flügel zurück, der sich an den Kirchberg anlehnte und von wo sie durch die feindlichen Ritter schwerer anzugreifen waren.

Bestätigt ist, dass es zu einem Aufeinandertreffen der beiden Heere kam, wobei viele von Ludwigs Rittern im Verlauf der Kämpfe abgestiegen sein sollen, um zusammen mit ihren Fußknechten die Pferde ihrer Gegner niederzumachen. Schließlich gelang es Burggraf Heinrich von Nürnberg mit 500 Rittern in die rechte Flanke der Österreicher zu stoßen. Diese verwechselten die herannahenden Truppen wohl zuerst mit dem erwarteten Leopold. Der Burggraf griff die Ungarn an, die sich gegen seine schwer gepanzerten Ritter im Nahkampf nicht behaupten konnten und vom Schlachtfeld vertrieben wurden. Jetzt gelang es den Truppen Ludwigs, die Reste des österreichischen rechten Flügels auf das Zentrum zu werfen. Friedrich, der seine Truppen selbst anführte, wurde gefangen genommen.

Bedeutung

Der Chronist Petrus von Zittau erwähnt, dass in der Schlacht bei Mühldorf allein auf bayerischer Seite 3.000 Pferde getötet worden seien. Dazu kamen etwa 1.100 Tote. Auf der anderen Seite fielen wohl 2.000 Ungarn – was auf härtere Kämpfe auf der rechten Flanke Friedrichs schließen würde – 1.400 Ritter und Knechte sowie ebenfalls 3.000 Pferde. 1.500 Mann gerieten in Gefangenschaft.

Friedrich wurde auf die Burg Trausnitz verbracht, während sich die Reste seines Heeres plündernd nach Österreich zurückzogen. Der Habsburger übergab Ludwig schließlich die Reichskleinodien und wurde nach zwei Jahren aus der Haft entlassen, wofür er dem König versprach, ihn gegen seine Feinde zu schützen.

Deren Zahl hatte sich derweil beträchtlich vermehrt. Nachdem Ludwig seinen Sohn mit der Markgrafschaft Brandenburg belehnt hatte, auf die auch die Luxemburger Anspruch erhoben, kam es zum Zerwürfnis mit König Johann von Böhmen. Friedrichs Bruder Leopold verhandelte mit Papst Johannes XXII über eine mögliche Kaiserkandidatur der französischen Kapetinger. Da Ludwig sich weigerte, seinen Königstitel durch Johannes bestätigen zu lassen, kam es zum Bruch zwischen ihm und dem Papst, von dem er seinen eher abfällig gemeinten Beinamen „der Bayer“ erhielt. 1328 zog Ludwig nach Rom und ließ sich von einem einfachen Bettelmönch zum Kaiser krönen. Auf der Suche nach Verbündeten im Kampf gegen den Papst und dem mit ihm verbündeten französischen König erkannte er schließlich Eduard III. von England die französische Krone zu, was eine von vielen Grundlagen für den kurz darauf ausbrechenden Hundertjährigen Krieg darstellte. Mitte der 1340er Jahre geriet seine krisengeschüttelte Herrschaft ins Wanken, als 1346 mit Karl von Mähren ein neuer Gegenkönig – der spätere Kaiser Karl IV. – gewählt wurde. Karl erhielt die Unterstützung des neuen Papstes Clemens VI., der den Bann über Ludwig aussprach. Doch noch ehe dieser Thronstreit militärisch entschieden werden konnte, starb Ludwig der Bayer am 11. Oktober 1347.

Mühldorf reiht sich ein in eine Reihe von Schlachten, von Bouvines (1214) über Dürnkrut und Göllheim, die über die deutsche Königs- und Kaiserwürde ausgetragen wurden. Gemessen an der Zahl der Kombattanten war es nicht die größte dieser Schlachten, doch sie brachte einen Sieger hervor, der anschließend ein viertel Jahrhundert lang, wenn auch nicht unangefochten, die Geschicke des Reiches lenkte und auch maßgeblichen Einfluss auf die europäische Geschichte nahm. Insofern gebührt Mühldorf vermutlich eine bedeutendere Stellung in der europäischen Militärgeschichte des frühen 14. Jahrhunderts als den bekannteren Schlachten bei Bannockburn, Morgarten oder Crecy.

Beteiligte Streitkräfte

Bayern (Ludwig der Bayer)

Stärke: ca. 10.000, davon 1.800 Ritter, 4.000 Fußknechte

Verluste: 1.100 Mann, 3.000 Pferde

Habsburg (Friedrich der Schöne)

Stärke: ca. 10.000, davon 1.400 Ritter, 5.000 Kumanen

Verluste: 1.500 Ritter und Knechte, 2.000 Ungarn, 3.000 Pferde, 1.400 Gefangene.

Tannenberg, 15. Juli 1410

„Das soll, so Gott will, nicht geschehen, denn wo so mancher brave Ritter neben mir gefallen ist, will ich nicht aus dem Feld reiten.“

Angeblicher Ausspruch des Hochmeister Ulrich von Jungingen vor seinem letzten Angriff

Im Zuge der Kreuzzüge wurden im Vorderen Orient mehrere Ritterorden gegründet, die das martialische Ethos der europäischen Kriegerkasten mit den Lebensnormen geistlicher Orden verbanden. Sie bildeten eine wichtige militärische Stütze der Kreuzfahrerstaaten und ein Auffangbecken für nachgeborene Söhne des europäischen Adels. Zu den drei großen Orden des Vorderen Orients gehörten die Templer, Johanniter und der Deutsche Orden. Nach der Rückeroberung der Kreuzfahrerstaaten durch die Muslime benötigten diese Orden ein neues Betätigungsfeld. Die Johanniter wurden auf Rhodos heimisch, die Templer, zumindest kurzzeitig, auf Zypern. Der Deutsche Orden erhielt vom König von Ungarn den Auftrag zur Missionierung heidnischer Stämme im Burzenland, wurde allerdings nach kurzer Zeit wieder vertrieben. In der Folge verlagerte er den Schwerpunkt seiner Tätigkeit in die Danziger Bucht, wohin ihn der Herzog von Masowien zur Bekämpfung der heidnischen Pruzzen geladen hatte. Hochmeister Hermann von Salza ließ sich sowohl durch Kaiser Friedrich II. als auch Papst Gregor IX umfangreiche Herrschaftsrechte in den zu erobernden Gebieten bestätigen. In den folgenden 100 Jahren festigte der Orden seine Herrschaft in Preußen und baute ein modernes, auf der Ordensstruktur basierendes Herrschaftssystem aus, das symbolisch im Bau regelmäßiger Ziegelburgen als Komtursitze zum Ausdruck kam. 1237 ging auch der in der Rigaer Bucht ansässige Schwertbrüderorden im Deutschen Orden auf, der nun über zwei räumlich durch Samogitien getrennte Territorialkomplexe verfügte. Nach der Unterwerfung und Christianisierung der Prußen, die nach einem größeren Aufstand 1285 als weitgehend abgeschlossen galt, konzentrierten sich die Aktivitäten der Brüder vor allem auf Litauen, dem letzten verbliebenen heidnischen Reich in Europa. Der Orden organisierte jährliche „Reisen“ ins Litauerland. Dabei handelte es sich entweder um Baureisen, die zur Errichtung neuer Befestigungen und der Verschiebung des Grenzlandes dienten, oder Verheerungsreisen, die auf die Zerstörung feindlicher Siedlungszentren und Beutemachen abzielen. Der Orden erhielt für diese Aktivitäten großen Zuzug durch Kreuzfahrer aus West- und Mitteleuropa. Entscheidende territoriale Gewinne oder missionarische Erfolge konnten aber über einhundert Jahre lang nicht errungen werden.

Die geopolitische Lage in Ostmitteleuropa änderte sich drastisch, als der litauische Großfürst Jogaila die polnische Prinzessin Hedwig heiratete und als Władysław II. Jagiełło eine neue polnische Dynastie begründete. Zwar musste er die Herrschaft in Litauen weitgehend seinem Bruder Vytautas überlassen, aber das neu entstandene Großreich war dem Orden militärisch weit überlegen, politisch jedoch uneins. Großmeister Konrad von Wallenrode (reg. 1391-1393) nutzte diese Uneinigkeit und intensivierte die militärischen Bemühungen gegen Litauen. Dabei kam es ihm zugute, dass der Hundertjährige Krieg zwischen England und Frankreich gerade in eine ruhigere Phase übergegangen war, sodass der Orden durch eine große Zahl westeuropäischer Kreuzfahrer unterstützt wurde. Sein Nachfolger Konrad von Jungingen (reg. 1393-1407) konnte im Vertrag von Sallinwerder (1398) schließlich Samogitien erwerben und 1402 auch Brandenburg die Neumark abkaufen, womit der Ordensstaat den Zenit seiner Macht erreicht hatte. Dieser Machtzuwachs beunruhigte jedoch das Königreich Polen. Nach dem Tod Konrads wurde sein Bruder Ullrich zum Hochmeister gewählt und die Spannungen nahmen weiter zu. Der polnische Adel drängte den König zum Krieg, während Vytautas Aufstandsbewegungen in Samogitien unterstützte, wo der Orden seine Herrschaftsbemühungen ohnehin nur schwer durchsetzen konnte. Ulrich war sich der prekären Lage des Ordens durchaus bewusst. Der Versuch, die Zwistigkeiten zwischen den Parteien 1408 auf einem Fürstentag in Kaunas friedlich beizulegen, blieb allerdings erfolglos. Der Orden warb vermehrt Söldner im Reich an und als 1409 ein neuer, von Vytautas unterstützter Aufstand in Samogitien ausbrach, kam es zum Krieg.

Der Feldzug

Aus Sicht des Ordens kam dieser Krieg zu einem unglücklichen Zeitpunkt. In Frankreich war 1410 der Bürgerkrieg zwischen den Häusern Orléans und Burgund ausgebrochen, während der Tod Kaiser Ruprechts auch das Reich spaltete, weswegen der Zustrom an Kreuzfahrern geringer war, als in den 1390er Jahren. Nichtsdestotrotz ging er Ende 1409 in die Offensive und fiel in das schon oft umkämpfte Dobriner Land ein. Die Belagerung von Bromberg musste jedoch aufgrund des voranschreitenden Winters eingestellt werden.

Im Winter entschieden Wladislaw und Vytautas während einer Besprechung in Brest-Litowsk, gemeinsam gegen den Hauptsitz des Ordens, die Marienburg, vorzugehen. Im Frühjahr 1410 sammelten beide Parteien ihre Heere, der Orden bei Schwetz an der Weichsel und die Litauer und Polen bei Czerwinsk. Hier überquerten sie den Fluss über eine aus Booten konstruierte Brücke, damals ein absolutes technisches Novum.

Das vereinte Heer rückte an die Grenze vor, während kleinere im Westen verbliebene polnische Verbände die Neumark angriffen und Ulrich von Jungingen somit zwangen, sein ohnehin zahlenmäßig unterlegenes Heer aufzuspalten. Anfang Juli zog das Hauptheer nach Kauernick und errichtete in der Hoffnung, die Polen und Litauer würden hier angreifen, ein befestigtes Lager. Wladislaw entschied sich jedoch gegen eine Attacke unter für ihn ungünstigen Bedingungen und marschierte nach Osten. Polen und Litauer eroberten und brandschatzten Gilgenburg und Falauen und zwangen somit Ulrich, ihnen zu folgen. Der Hochmeister wollte den weiteren Vormarsch des gegnerischen Heeres stoppen und stellte sich am Morgen des 15. Juli nördlich von Faulen bei den Dörfern Tannenberg und Grunwald zur Schlacht.

Die beteiligten Heere

Das Heer des Ordens bestand überwiegend aus schwerer Reiterei, die etwa 14.000 Mann zählte, sowie aus 6.000 Mann Fußtruppen. Nur ein kleiner Teil, etwa 300 Mann, waren Ritterbrüder des Ordens. Diese bildeten eine Elite der schweren Reiterei. Zu Beginn des 15. Jahrhunderts waren die Ritter mit einem Helm, Kettenhemd und erste eiserne Rüstungsteile gerüstet. Ihre Primärwaffen bildeten Lanze und Schwert. Hierzu kamen die Aufgebote der preußischen Städte (allein aus der Stadt Elbing fielen 550 Mann in der Schlacht) und Freien (im Ordensland gab es keinen eigenen Adel) sowie die militärischen Knechte (Sarjantbrüder) des Ordens, die sowohl beritten als auch zu Fuß kämpften. Kreuzfahrer nahmen zwar nicht mehr dieselbe Bedeutung im Ordensheer ein, wie noch zwanzig Jahre zuvor, dennoch hatten sich aus Mittel- und Nordwestdeutschland teils beträchtliche Aufgebote gemeldet. Eine wachsende Bedeutung nahmen inzwischen Söldnerkontingente ein. Auch hier spielte Mitteldeutschland als Rekrutierungsraum eine wichtige Rolle, ebenso wie Böhmen.

Das polnisch-litauische Heer war mit 22.000 Berittenen und 8.000 Mann Fußvolk bedeutend überlegen. Den Kern des Heeres bildeten die Aufgebote der polnischen Ritterschaft, die ähnlich strukturiert und bewaffnet waren, wie die des Ordens. Die litauischen Verbände bestanden dagegen überwiegend aus leichter Reiterei, die als berittene Bogenschützen agierte. Tatarische Verbände ergänzten das litauische Heer.

Die Schlacht

Das Schlachtfeld bestand aus einer offenen Heidelandschaft zwischen den Dörfern Grunwald im Westen und Tannenberg im Osten. Im Süden zwischen Logdau und Faulen wurde es durch einen Wald begrenzt. In der Nacht vom 14. auf den 15. Juli waren heftige Regenfälle über dem Schlachtfeld niedergegangen, die den Anmarsch des Ordensheeres erschwerten. Das polnisch-litauische Heer war dagegen ausgeruht, da es einen Rasttag in den Wäldern eingelegt hatte.

Dennoch wurde Wladislaw mit der Nachricht von der Annäherung des Ordensheeres während der Morgenmesse überrascht. Da sich der Aufmarsch des Gegners hinzog, konnten auch die Polen und Litauer in Ruhe ihre Verbände sammeln. Das Ordensheer teilte sich in vier Abteilungen. Jeweils 4.000 Reiter bildeten den linken Flügel unter Marschall Friedrich von Wallenrode, das Zentrum unter dem Hochmeister und den rechten Flügel unter Großkomtur Kuno von Lichtenstein. 2.000 Mann standen als Reserve unter dem Großen Treßler, während das Fußvolk zur Sicherung des Wagenlagers zurückblieb. Das polnisch-litauische Heer bildete dagegen zwei Flügel, wobei die Masse der polnischen Reiterei, etwa 10.000 Mann ganz links aufmarschierte. Rechts standen 5.000 Litauer und 3.000 Tartaren. Söldneraufgebote bildeten das Zentrum.

Über den genauen Schlachtverlauf streitet die Forschung auf Basis sich stark widersprechender Quellen bis heute. Der Aufmarsch beider Heere nahm einen Großteil des Vormittags in Anspruch. Es war ein sonniger Tag und während die ohnehin ausgeruhten Polen im Schatten des Waldes lagerten, litten die vom Anmarsch erschöpften Ordensritter unter der Sommerhitze. Offensichtlich wollte Ulrich den feindlichen Angriff zunächst abwarten – ähnlich wie zuvor bei Kauernick – und entsandte daher einen Herold zu Wladislaw, der dem polnischen König zwei blanke Schwerter als Zeichen der Herausforderung überbrachte. Polnische Quellen berichten davon, dass vor den Stellungen des Ordens Wolfsgruben ausgehoben wurden. Dies wird zwar vielfach angezweifelt, wäre aber eine sinnvolle Maßnahme, wollte der Hochmeister dem Gegner die Eröffnung der Schlacht überlassen.

Am späten Vormittag begannen schließlich die tatarischen und litauischen Reiter Vytautas die Schlacht mit einem Angriff auf den linken Flügel des Ordens. Die Ordenstruppen feuerten schwere Geschütze ab, die aber wohl nur einen psychologischen Effekt auf die gegnerischen Pferde entfalten konnten. Es war vor allem das Feuer der Armbrustschützen, welches den feindlichen Angriff stoppte. Friedrich von Wallenrode glaubte nun seine Gelegenheit gekommen und ging zum Gegenangriff über. Die Ordensritter drängten ihre Gegner in die Sümpfe nördlich von Faulen zurück. Bei dieser Gelegenheit fiel Wallenrode.

Die polnische Ritterschaft ging erst später zum Angriff über, wurde aber durch die Ordenstruppen unter Kuno von Lichtenstein aufgehalten. Es kam zu einem Melee, bei dem kurzzeitig das polnische Reichsbanner verloren ging, was die Ordensritter dazu animiert haben soll, den Choral „Christ ist erstanden" anzustimmen. Wladislaw, der die Schlacht von einer zurückgezogenen Position aus dirigierte, schickte seine Reserven nach vorn, die die Ordenstruppen an beiden Seiten zu überflügeln drohten.

Ulrich von Jungingen versuchte nun, die Schlacht endgültig zu entscheiden, indem er mit den verbliebenen Bannern des Zentrums und einigen Verbänden des linken Flügels, die wieder hatten gesammelt werden können, einen Angriff auf die rechte Flanke der polnischen Verbände vortrug. Dabei verweigerten ihm jedoch Ritter des Kulmer Aufgebotes, die sich im Eidechsenbund zusammengeschlossen hatten, die Gefolgschaft und verließen das Schlachtfeld. Dennoch führte der Hochmeister seine verbliebenen Truppen nach vorn. Ob er tatsächlich drei Mal die gegnerischen Reihen durchstieß, wie einige Quellen behaupten, wird teilweise angezweifelt. Fest steht, dass auch diese letzte Reserve schließlich in schwere Nahkämpfe verwickelt wurde, in denen Ulrich fiel. Das Ordensheer begann sich nun langsam aufzulösen. Nur Lichtenstein konnte seine Stellung auf dem rechten Flügel behaupten, wurde aber gerade deswegen von den überlegenen polnischen Truppen eingeschlossen. Die letzten Reste des Heeres sammelten sich beim Tross, der eine Wagenburg gebildet hatte. Diese wurde von den nachsetzenden Polen und Litauern gestürmt und geplündert.

Bedeutung

Tannenberg war eine der größten Schlachten des europäischen Mittelalters. Während die Forschung im 13. und 14. Jahrhundert eine „Infanterierevolution" ausmacht, die sich u.a. am Sieg englischer Bogenschützen und abgesessen kämpfender Ritter bei Agincourt fünf Jahre später manifestiert, war Tannenberg eine fast reine Reiterschlacht. Der Tod des Hochmeisters und die Zerschlagung des Ordensheeres fügten dem Orden einen bedeutenden Schlag zu. Allerdings nutzten die Sieger ihren Erfolg schlecht. Es dauerte elf Tage, die gerade einmal 70 Kilometer entfernte Marienburg zu erreichen. Diese wurde zwei Monate lang erfolglos belagert. Eine Typhusepidemie im polnischen Heer zwang Wladislaw schließlich zum Abbruch des Feldzuges.

Der 1411 abgeschlossene Erste Frieden von Thorn traf den Orden dennoch schwer. Er musste Samogitien an Litauen und das Dobriner Land an Polen zurückgeben und dazu 100.000 Schock böhmische Groschen als Kriegsentschädigung zahlen. Hierzu kamen die enormen Ausgaben zum Unterhalt der Söldner. Diese Kosten zwangen den neuen Hochmeister Heinrich von Plauen – den Verteidiger der Marienburg – zur Einberufung der preußischen Landstände, um die Einführung von Steuern zu besprechen. 1413 wurde Plauen vom Orden abgesetzt und seine Nachfolger weigerten sich, die Stände erneut einzuberufen, was zu einer wachsenden Kluft zwischen Orden und den preußischen Freien und Städten führte, welche 1454 im Dreizehnjährigen Krieg mündete, der mit einer weiteren Niederlage des Ordens und einer Teilung des Ordensstaates endete. Zu diesem Zeitpunkt wurde die Existenz des Ordensstaates an sich bereits in Frage gestellt, da Litauen zumindest offiziell christianisiert war, während der Krakauer Rechtsgelehrte Paulus Wladimiri bereits auf dem Konzil von Konstanz für eine rechtliche Gleichstellung christlicher und nichtchristlicher Staaten eingetreten war. Kreuzfahrer spielten nach 1410 für die Kriegführung des Ordens kaum noch eine Rolle und wurden zunehmend durch teure Söldner ersetzt.

Beteiligte Heere

Polen-Litauen (Władysław II. Jagiełło)

Stärke: ca. 22.000 Reiter, 8.000 Mann Fußvolk

Verluste: unbekannt

Deutscher Orden (Ulrich von Jungingen)

Stärke: etwa 15.000 Reiter, 6.000 Mann Fußvolk

Verluste: unbekannt, aber sehr hoch, Ulrich von Jungingen gefallen

Lipany, 30. Mai 1434

„Da haben die Hussen alle Ir püchsen auf die vnsern abgeschossen. Also ist Herr Niclaus zu stund wiedervmb zu Iren Spicz kömen. vnd hat die herren auf vnser Seitten haissen schiessen in der Hussen heer auf die Seitten mit den püchsen, Da hat sich her Niclaus aber gewendet vnd ein clain weg von In gezogen als er hiet weichen wellen. Da das die Hussen ersehen haben, da haben sie Ir Wagenburg aufgetan. vnd den vnsern nacheilen wellen. Da hat sich her Niclaus mit dem Volk wider vmbkert. vnd hat mit In in die Wagenburg gesprungen vnd hat mit den veinden gefochten als lang das Si in di Wagenburg verschlossen haben.“

Unbekannter Chronist

Die hussitische Bewegung entstand im frühen 15. Jahrhundert im Königreich Böhmen und hatte religiöse, soziale, aber auch protonationale Wurzeln. Der Reformator Jan Hus prangerte Verfehlungen der Kirche an, die insbesondere durch das Abendländische Schisma entstanden waren, wodurch teilweise bis zu drei Päpste den Petersstuhl für sich in Anspruch nahmen. Die Verbrennung Hus´ auf dem Konstanzer Konzil 1415 befeuerte die Situation zusätzlich, und nach dem Tod des böhmischen Königs Wenzel 1419 verweigerte die Mehrheit der Böhmischen Stände seinem Halbbruder Sigismund die Huldigung. In den folgenden Jahren wehrten die Hussiten mehrere durch Sigismund initiierte und vor allem aus Heeren des Heiligen Römischen Reiches und Ungarn gebildete Kreuzzugsunternehmen ab. Taktisch bewehrte sich dabei das von Jan Žižka entwickelte Wagenburgsystem. Doch bereits in dieser Phase machten sich verschiedene Spannungen innerhalb der Hussiten bemerkbar, die sich in gemäßigte Utraquisten und radikale Taboriten und Orebiten aufteilten und teilweise untereinander bekämpften. Diese religiösen Spannungen verliefen auch entlang sozialer Bruchlinien. Die gemäßigten Utraquisten rekrutierten sich vor allem aus dem Adel und der Metropole Prag, die Radikalen aus der ländlichen Bevölkerung. Dennoch gelang es den Führern der Bewegung, die einzelnen Flügel gegenüber äußeren Feinden zusammenzuhalten. Nach Žižkas Tod 1424 übernahm Andreas Prokop die Führung der Taboriten. Da die langen Kriege Böhmen wirtschaftlich geschwächt hatten, begannen die Hussiten Beutefeldzüge in die Nachbarländer vorzutragen. Diese „Herrlichen Heerfahrten“ verwüsteten weite Teile Österreichs, Ungarns, Bayerns sowie Sachsens und führten ein Heer sogar bis in den Deutsch-Ordensstaat an die Ostsee.

1433 berief Papst Martin V. schließlich das Konzil von Basel ein, auf welchem der Konflikt friedlich beigelegt werden sollte. In den sogenannten

Prager Kompaktakten wurden zwei der vier Prager Artikel, die die religiösen Mindestforderungen aller Hussiten formulierten, durch die Kirche anerkannt. Böhmischen Gläubigen wurde der Laienkelch zugestanden, während Sünden härter durch das Kirchenrecht verfolgt werden sollten. Dagegen verweigerte die Kirche das Recht auf Predigtfreiheit in der Landessprache und ein Bekenntnis zur Armut der Geistlichen. Die Utraquisten akzeptierten diesen Vergleich, während die Taboriten um Prokop ihn ablehnten. Damit zeichnete es sich ab, dass die Hussitische Revolution in einem Bürgerkrieg enden würde.

Der Feldzug

Zu Beginn des Jahres 1433 belagerten die Taboriten die Stadt Pilsen im Nordwesten Böhmens. Kleinere Heere streiften bis in die Oberpfalz, um Lebensmittel für die Hauptarmee einzutreiben. Auf einem dieser Streifzüge wurden die Hussiten am 21. September 1433 bei Hiltersried durch ein pfälzisches Heer geschlagen, welches durch eine Lücke in die Wagenburg eindrang. Die Niederlage löste eine Revolte des taboritischen Feldheeres aus. Prokop, der längere Zeit das Krankenbett hüten musste, wurde ebenso Ziel der Angriffe, wie die beiden besiegten Hauptleute. Zwar beruhigte sich die Lage bald wieder, doch es zeigte sich, dass die Gemeinschaft der Taboriten nicht mehr so unerschütterlich war wie noch vor wenigen Jahren. Als wenig später Jan Čapek mit dem Heer der Waisen vor Pilsen eintraf, übernahm er den Befehl über beide Feldheere.

Während die Taboriten und Waisen im Frühjahr 1434 immer noch Pilsen belagerten, brach der Zusammenhalt der einzelnen hussitischen Gruppierungen endgültig auseinander. Kaiser Sigismund hatte unter Aufbringung erheblicher finanzieller Mittel den böhmischen Adel mehrheitlich wieder hinter sich vereint. Zudem wurden die Baseler bzw. Prager Kompaktakten vom Landtag angenommen. Der gemäßigte böhmische Adel formierte eine „Herren-Liga“ und stellte sich zusammen mit der Masse der Prager wieder auf Seiten des Königs. Die radikalen Taboriten und Waisen, die den Kompromiss nach wie vor ablehnten, waren mit einem Schlag isoliert.

Dadurch entstand für die beiden Feldheere auch eine militärisch brenzlige Situation. Während die Belagerung Pilsens sie im äußersten Westen des Königreiches band, versammelten die Utraquisten ein Heer in der Nähe von Kuttenberg. Von hier aus konnten sie entweder Königgrätz oder das stark befestigte Tabor angreifen. In Westböhmen gingen königstreue Ritter und Herren dazu über, mit kleinen Streifscharen die Fouragiertrupps des Belagerungsheeres abzufangen. Zudem gelang es den königstreuen Truppen Anfang Mai, Prag vor dem Zugriff der Radikalen zu sichern.

Prokop wollte nun in Tabor das Heimatheer mobilisieren und mit den Feldheeren vereinigen. Doch vor Pilsen war der königstreuen Partei ebenfalls ein spektakulärer Erfolg gelungen, als am 5. Mai ein großer Getreidekonvoi an dem Belagerungsheer vorbei in die Stadt zog. Außerdem trafen Nachrichten bei den Hussiten ein, dass das Heer der Herrenliga seinen Aufbruch aus Prag vorbereitete und ihnen womöglich in den Rücken fallen könnte. Da ein Aushungern Pilsens nun immer unwahrscheinlicher wurde, brach Prokupek, der Verweser der Waisen, die Belagerung ab und vereinigte sich mit den rasch ausgehobenen Truppen Prokops. Das Heer des Pilsner Landfriedens, der königstreuen Adligen Westböhmens, versammelte sich und traf am 26. Mai in Prag ein, wo die Truppen der Herrenliga nun einen Vorstoß auf Böhmisch Brod vorbereiteten. Der Befehlshaber dieser Armee war ein alter Waffengefährte Jan Žižkas: Diviš Bořek z Miletínka. Der erfahrene Heerführer war sich darüber im Klaren, dass er Prokops Armee nicht suchen musste, sondern dass diese sich von allein stellen würde, sobald die Herrenliga die Belagerung von Böhmisch Brod aufgenommen haben würde.

Bereits am 27. Mai 1434 erreichten die Speerspitzen der Armee die etwa 30 Kilometer östlich von Prag gelegene Stadt. Einen Tag später meldeten Spähtrupps das Herannahen der Taboriten und Waisen. Am 30. Mai trafen beide Armeen bei Lipany nahe Böhmisch Brod aufeinander.

Die beteiligten Heere

Unter Jan Žižka hatten die Hussiten eine effiziente Taktik entwickelt, die auf dem defensiven Einsatz von Wagenburgen beruhte. Die Wagenburgen wurden meistens auf einem Hügel zusammengestellt, sodass feindliche Reiterheere bergauf attackieren mussten. Beim Anritt wurden sie mit einem Hagel aus Armbrustbolzen, Büchsen- und Kanonenkugeln belegt. Sobald der Gegner an Angriffswucht verloren hatte, ging das hussitische Fußvolk zum Gegenangriff über und stieß die erschöpften Reiter aus ihren Sätteln, während die hussitische Reiterei Flanken und Rückraum des Gegners attackierte und ihn auf der Flucht verfolgte. Nach diesem Schema gewannen die Hussiten mehrere große Schlachten, beispielsweise bei Sudoměř (1420) gegen königliche Truppen und bei Aussig (1426) gegen ein meißnisch-sächsisches Aufgebot. Sobald ihre Fußtruppen jedoch ihre vorteilhaften Stellungen verließen und ins offene Gelände gelockt werden konnten, erwiesen sie sich als verwundbar und konnten geschlagen werden, so bei Brüx (1421) oder Hiltersried (1433). Die Hussiten machten erstmals großen Gebrauch von Feldartillerie und Handfeuerwaffen. Die modernen Begriffe Pistole (pischtalla) und Haubitze (houfnice) haben ihren Ursprung in der tschechischen Sprache. Diese neuen Waffen wurden zwar in einem hohen Maß in die hussitischen Heere integriert, übertrafen in ihrer Bedeutung jedoch nicht herkömmliche Waffen wie Armbrust und Spieß.

Bei Lipany umfasste die Armee Prokops 10.000 Mann, davon 700 Reiter. Er verfügte über 360 Wagen. Der utraquistische Bund konnte 20.000 Mann mit 660 Wagen ins Feld führen. Die taboritischen Feldheere hatten sich dem Schlachtfeld im Eilmarsch genähert und westlich von Lipany auf einem Hügel ihre Wagenburg errichtet. Der utraquistische Heerführer Diviš Bořek z Miletínka kannte das Standartprogramm hussitischer Taktik, das Abwarten des feindlichen Angriffs und den sofortigen Gegenangriff, sobald dieser von der Wagenburg abgewiesen worden war. Entsprechend plante er die kommende Schlacht.

Die Schlacht

Miletínka ordnete seine Wagen in angeblich elf Reihen. Zwischen 15 und 16 Uhr marschierten die Truppen der Herrenliga auf Prokops Wagenburg zu. Ein feiner Frühlingsregen setzte ein und ließ Nebel von den feuchten Wiesen aufsteigen. Sowie die Utraquisten in Reichweite waren, feuerten sie die an der Front aufgefahrenen Geschütze ab und schwenkten daraufhin nach rechts ab. Der Wagenzug marschierte um den Hügel und bot seine rechte Flanke der linken der Taboriten dar.

Als die Wagen des Herrenbundes abgeschwenkt waren, kam es zu einem kurzen, aber intensiven Artillerieduell. Pulverqualm senkte sich über das Tal und beraubte den Taboriten und Waisen die Sicht. Dann konnten sie jedoch erkennen, wie der Wagenzug des Herrenbundes eine 180°-Drehung machte und wieder auf Lipany zurückmarschierte. Als sie sich immer weiter entfernten, vermutete Čapek, dass Miletínka sich geschlagen gebe und befahl die Verfolgung. Die Wagenburg wurde geöffnet und die Reiterei und das Fußvolk stürmten den Utraquisten nach. Doch diese erwarteten den Angriff und konnten nun im offenen Kampf ihre zahlenmäßige Überlegenheit ausspielen. Schritt für Schritt wichen die Radikalen auf ihre Wagenburg zurück. Inzwischen hatten auch die Spitzen des utraquistischen Wagenzuges kehrt gemacht und fielen dem Gegner in Flanke und Rücken. Manche Quellen behaupten auch, dass Miletínka Reiterei in der Flanke der Wagenburg bereithielt, die beim Ausbruch der Radikalen zum Angriff überging. Diese Gruppen drangen schließlich in die Wagenburg ein. Es gelang den Hussiten zwar, die Lücken in dem Wagenring zu schließen und die Angriffsspitze der Utraquisten darin einzuschließen. Doch immer mehr Fußvolk drängte nach und so gelang der zweite, endgültige Sturm der Wagenburg. Bei den folgenden harten Nahkämpfen fielen Prokop und Prokupek. Jan Čapek hörte zwar die verzweifelten Signale, die ihn zurückbeorderten, war aber selbst zu sehr bedrängt, als dass er der Wagenburg hätte zu Hilfe eilen können. Er floh mit einem Teil seiner Reiterei in die befestigte Stadt Kolín, was ihm später oftmals als Verrat ausgelegt wurde.

Der Sieg der Utraquisten war vollständig. Nur ein kleiner Teil der Taboriten und Waisen wurde geschont und trat in ihre Dienste über. Der Rest wurde auf dem Schlachtfeld nieder gemacht. Etwa 900 sollen in Scheunen nahe Böhmisch Brod verbrannt worden sein.

Bedeutung

In der Schlacht bei Lipany wurde den Feldheeren der radikalen Hussiten das Rückgrat gebrochen. Zwar dauerte die Auseinandersetzung mit kleineren Gruppen noch eine Weile an, aber die wenigen Schlachten, zu denen es noch kam, gingen für die Radikalen meist erfolglos aus. 1436 erkannten die Böhmen auf dem Landtag von Iglau die Kompaktakten und Sigismund als König an.

Böhmische Söldner waren noch während des gesamten 15. Jahrhunderts auf dem mitteleuropäischen Söldnermarkt sehr begehrt. Die Wagenburg fand weiterhin Verwendung, allerdings nur noch selten in der komplexen Art und Weise, wie unter Jan Žižka. Oftmals wurden sie von aufständischen Bauernarmeen genutzt, meist jedoch mit wenig Erfolg, wie während Schlacht von Husby (1441) und Frankenhausen (1525). Inwiefern die Verwendung von Wagenburgen durch böhmische Söldner Einfluss auf osmanische Taktiken hatte, wird viel diskutiert. Im asiatischen Raum fanden Wagenburgen bereits im Mittelalter Verwendung und sehr wahrscheinlich wurde Žižka durch Konrad Kyesers Werk „Bellifortis" beeinflußt, welches auf Beobachtungen osmanischer Taktiken in der Schlacht bei Nikopolis (1396) basierte. Unklar ist auch noch, ob die Bezeichnung „Tabor", die die Hussiten für ihre Wagenburg nutzten, von den Osmanen übernommen wurde oder bereits vorher im asiatischen Sprachraum üblich war; jedenfalls fand sie hier im 15. und 16. Jahrhundert vermehrt Gebrauch. Der Einsatz zusammengeketteter Wagenreihen als mobile Feldbefestigungen für mit Distanzwaffen ausgestatteter Infanterie bildete immer häufiger den Kern osmanischer Taktiken, auch im Kampf gegen nicht-europäische Truppen, wie während des Sieges von Tschaldiran (1514 über die Perser).

Beteiligte Armeen

Taboriten und Waisen (Jan Čapek ze Sán und Prokop der Große)

Ca. 10.000 Mann mit 360 Wagen

Verluste unbekannt

Herrenbund (Diviš Bořek z Miletínka)

Ca. 20.000 Mann mit 660 Wagen

Verluste unbekannt

Tschaldiran, 23. August 1514

„Sie brachten ihre Musketenschützen nach vorn und gingen erneut in die Offensive. Da dem Schah klar war, dass eine Fortsetzung des Kampfes nur zu Verlusten seiner eigenen Truppen führen würde, beschloss er, das Diktum „Krieg ist Täuschung" umzusetzen und mehrere Schritte nach hinten zurückzuweichen, damit die Anatolier hinter ihren Wagen und Schilden herausgelockt würden, damit sie sie verfolgten, wie Muhammad Khan Shaybani es getan hatte, und dann würde er sie angreifen und sie vom Erdboden tilgen. Deshalb läutete er einen Rückzug ein und begab sich nach Täbris und von dort nach Dargazin, wobei er Herolde und Boten in alle Richtungen seiner Reiche entsandte, um die Sammlung weiterer Truppen zu befehlen."

Persischer Bericht der Schlacht

Im 16. Jahrhundert erlebte die Osmanische Expansion ihren Höhepunkt. Der Fokus vieler (populär-)wissenschaftlicher Darstellungen liegt dabei auf dem weiteren Vordringen der Türken im Balkanraum, wo es ihnen in der Schlacht bei Mohacs (1526) gelang, dass Königreich Ungarn zu zerschlagen. Diese Expansionswelle wurde jedoch vor allem ermöglicht, weil die Ausdehnung im östlichen Mittelmeerraum mit der Eroberung Ägyptens infolge der Schlachten bei Mardsch Dabiq (1516) und Raydaniyya (1517) vorläufig zum Abschluss gekommen war und auch die erste Expansionswelle des sawafidischen Perserreiches in der Schlacht bei Tschaldiran zunächst gebremst werden konnte.

Die Safawiden hatten sich im frühen 14. Jahrhundert auf dem Gebiet des heutigen Iran etabliert. Unter Schah Ismail I. (1484–1524) expandierte das Reich sowohl gegen die zentralasiatischen Reiternomadenstämme der Usbeken im Nordosten, als auch nach Westen, wo die Safawiden bald in Konflikte mit den Osmanen gerieten. Neben politischen und wirtschaftlichen Spannungen spielten in diesem Konflikt auch religiöse Differenzen eine Rolle, denn die Safawiden waren schiitische Muslime, die Osmanen bekannten sich hingegen zum Sunnismus. Zu Beginn des 16. Jahrhunderts drang Ismail zunächst entlang der Südküste des kaspischen Meeres vor, eroberte 1501 die Stadt Täbris, die er zu seiner Hauptstadt erklärte, und unterwarf zahlreiche noch unabhängige turkmenische Stämme. 1510 wandte er sich gegen die Usbeken, die ebenfalls geschlagen wurden, woraufhin sich der Schah dem Osmanischen Reich zuwandte.

Hier hatte sich nach dem Tod Sultan Bayezids II. 1512 dessen Sohn Selim nach einem kurzen bürgerkriegsähnlichen Kampf gegen seine Brüder als neuer Sultan etabliert. Selim galt als besonders energischer Vertreter des Sunnismus, der Anhänger anderer islamischer Glaubensrichtung, unter anderem Schiiten, streng verfolgen ließ. Schah Ismail unterstützte die türkischen Schiiten, weswegen die Spannungen zwischen beiden Ländern zunahmen. Zu den von Selim Verfolgten gehörten vor allem die turkmenischen Kizilbaschstämme, die in einem weiten Raum vom Iran bis ins östliche Anatolien siedelten und von denen viele Ismail als Nachfolger des Propheten ansahen. Selim holte jedoch ein Gutachten sunnitischer Theologen ein, die Ismail und die Kizilbasch als Häretiker anklagten und ihm somit eine Legitimation für den kommenden Konflikt gaben. 1514 kam es zum Krieg. Drei Jahre, bevor Martin Luther die abendländische Kirche spalten sollte, war dies nicht zuletzt ein innerkonfessioneller Konflikt in der islamischen Welt.

Der Feldzug

Selim war ein erfahrener Heerführer, der bereits während der Herrschaftszeit seines Vaters mehrfach gegen die Safawiden gekämpft und sie geschlagen hatte. Im Frühjahr 1514 ordnete er die Hinrichtung von angeblich 40.000 vermeintlich rebellischen Kizilbasch in Anatolien an und verhängte ein Einfuhrverbot für persische Seide.

Anschließend versammelte der Sultan sein Heer und führte es nach Osten. In dieser kritischen Situation wurden die Safawiden von den Usbeken angegriffen. Ismail entschied sich daher zunächst für eine Strategie der verbrannten Erde, um den Vormarsch des osmanischen Heeres zu verlangsamen. Tatsächlich geriet Selims Feldzug in den ostanatolischen und armenischen Gebirgen ins Stocken. Innerhalb des Janitscharenkorps, der militärischen Elite des türkischen Heeres, stieß der Krieg gegen muslimische Glaubensbrüder auf Widerstand. Einmal sollen Janitscharen sogar ihre Musketen auf das Zelt des Sultans abgefeuert haben. Schließlich erreichten den Sultan Meldungen, dass die Perser sich bei Tschaldiran zur Schlacht stellten. Die genauen Gründe hierfür sind unklar. Womöglich wollte Ismail seine Hauptstadt Täbris schützen. Andere Theorien gehen davon aus, dass ein weiterer Rückzug zu einem Auseinanderbrechen des persischen Heeres geführt hätte, bei dem es sich nicht um ein zentralisiertes Instrument, sondern um eine Ansammlung einzelner Stammesaufgebote handelte.

Die beteiligten Armeen

Die osmanische Armee des frühen 16. Jahrhunderts gehörte zu einer der besten der Welt und konnte auf gewachsene Strukturen zurückgreifen. Der

Kern des Heeres bestand aus dem Korps der Janitscharen, die sich aus der berüchtigten Knabenlese (Dewschirme) rekrutierten. Die christlichen Untertanen des Reiches, vor allem im Balkanraum, mussten einen Tribut an jungen männlichen Kindern entrichten, die in Konstantinopel ausgebildet wurden. Ein Teil wurde später den Eunuchen des Sultans zugeteilt, die körperlich kräftigeren an das Janitscharenkorps abgegeben. Diese Militärsklaven waren in Kompanien von mindestens zweihundert Mann organisiert und wurden im frühen 16. Jahrhundert zunehmend mit Feuerwaffen ausgestattet. Zahlenmäßig bedeutender waren die Sipahis, die die schwere Reiterei stellten. Ähnlich wie feudale Ritter in Europa erhielten sie vom Sultan ein Stück Land zur Bewirtschaftung und mussten dafür eine Ausrüstung unterhalten und Kriegsdienst leisten. Die Osmanen setzten zudem eine zahlenmäßig starke Artillerie ein, die sowohl aus schweren Kanonen für Belagerungen als auch einer großen Zahl leichter Feldgeschütze für die Schlacht bestand.

Im Gegensatz zum türkischen Heer waren die safawidischen Truppen erst unter Ismail I. auf einen regelmäßigen Fuß gesetzt worden. Das Rückgrat des Heeres bildeten die Kizilbasch, die vor allem in Ostanatolien und im Kaukasus rekrutiert wurden, sowie christliche Reiterverbände aus Georgien. Die Kizilbasch waren leicht bewaffnete Reiter, mit Bogen, Lanze und Säbel. Die georgischen Reiter waren ähnlich ausgerüstet. Zeitgenössischen Berichten zufolge zählten die Kizilbasch 7.000 Mann, die Georgier 9.000. Um diesen Kern herum wurden weitere berittene Stammesverbände organisiert. Ismails Truppen verwendeten noch keine Feuerwaffen, angeblich, weil die safawidischen Kommandeure ihre Verwendung als feige einstuften. Eine ähnliche Haltung ist für die Mamelukenheere dieser Zeit in Zweifel gezogen worden und es ist durchaus denkbar, dass in Persien die technologischen Grundlagen für die Massenherstellung von Feuerwaffen fehlten, während diese für die Raubzüge und Auseinandersetzungen zwischen den einzelnen Stämmen noch keinen ausreichenden technologischen Vorteil darstellten, um herkömmliche Distanzwaffen, wie den Bogen, zu verdrängen. Dass Ismail Feuerwaffen nicht generell ablehnte, bewies er bereits kurz nach der Jahrhundertwende, als er Musketen und Geschütze bei Belagerungen einsetzte.

Die Schlacht

Obwohl das osmanische Heer den Persern deutlich überlegen war – Quellen berichten von 60.000 bis 200.000 Mann, moderne Schätzungen gehen von etwa 70.000 Mann aus – , entschied sich Selim für eine defensive taktische Aufstellung. Das Zentrum seines Heeres bildeten die 12.000 Janitscharen, die sich hinter einer improvisierten Feldbefestigung aus aneinandergeketteten Wagen (Tabor) verschanzten.

Auch für die Stärke der safawidischen Armee existieren sehr unterschiedliche Schätzungen. Wahrscheinlich verfügte Ismail über etwa 20.000 Mann. Einige erfahrene Kommandeure drängten den Schah dazu, die Türken anzugreifen, ehe diese ihre Wagenburg errichtet hatten. Der Kommandeur der Kizilbasch auf dem rechten Flügel – ein Neffe des Schahs – empfahl ihm hingegen zu warten und erinnerte ihn daran, dass der Schah noch nie eine Schlacht verloren habe. Ismail entschied sich zu warten.

Übereinstimmenden Berichten zufolge eröffneten die Safawiden schließlich doch die Schlacht mit einem frontalen Sturmangriff auf die türkischen Stellungen, der im Feuerhagel der Janitscharen und der gegnerischen Artillerie zusammenbrach, wobei auch Ismail verwundet wurde. Nachdem der Angriffselan der Perser erlahmte, begannen die Türken, ihre Gegner zurückzudrängen. Nun brachten sie ihre eigene zahlenmäßige Überlegenheit zum Tragen und trugen mit ihrer ausgeruhten Reiterei einen Angriff gegen die Flanke der Safawiden vor, der die Schlacht entschied. Die Perser zogen sich ungeordnet vom Schlachtfeld zurück.

Bedeutung

Selim hoffte, seine geschlagenen Gegner verfolgen können, doch angesichts eines früh hereinbrechenden Winters verweigerte ihm seine Armee die Unterstützung. Im Folgejahr gelang es ihm kurzzeitig, Täbris einzunehmen, allerdings verlagerte sich die Aufmerksamkeit des Sultans anschließend auf Ägypten, weshalb Ismail seine Stellungen in Aserbaidschan im Wesentlichen halten konnte.

Über die reale Bedeutung der Schlacht bei Tschaldiran ist in der Forschung viel debattiert worden. Lange Zeit galt sie als Beleg der Überlegenheit von Feuerwaffen über Kavallerie. Doch diese Erklärung greift zu kurz. Der Angriff der Safawiden auf die Wagen der Osmanen spiegelt in vielerlei Hinsicht die erfolglosen Attacken europäischer Ritter auf die Wagenburgen der Hussiten wider und verdeutlicht zuallererst einen verfehlten Einsatz von Reitertruppen. Die Wirkung der osmanischen Feuerwaffen lässt sich nur schwer einschätzen. Wenn die Safawiden tatsächlich kaum mit diesen Waffen vertraut waren, muss davon ausgegangen werden, dass die Wirkung in allererster Linie psychologischer Natur war, da der enorme Lärm die Pferde verschreckte. Dass Musketen und Kanonen letztendlich auch ihre Opfer forderten, belegt nicht zuletzt die Verwundung des Schahs sowie der Ausfall etlicher seiner hohen Offiziere, doch diese Wirkung hätten auch herkömmliche Waffen erzielen können. Letztlich war auch die zahlenmäßige Überlegenheit der Osmanen ein Faktor, denn diese erlaubte es ihnen, starke Reserven zurückzuhalten und im kritischen Moment der Schlacht einzusetzen. Dieses effektive Zusammenspiel der einzelnen Waffengattungen und Heeresabteilungen brachte die zahlenmäßige Stärke der Osmanen auch effizient zum Tragen und bildete die Grundlage für viele Schlachtenerfolge in Europa und Asien im 14., 15. und 16. Jahrhundert.

Auch wenn man die tatsächliche Wirkung der osmanischen Feuerwaffen eher kritisch einschätzt, so darf man bei einer Analyse der Bedeutung der Schlacht von Tschaldiran nicht unterschlagen, dass diese bereits in der zeitgenössischen Wahrnehmung eine bedeutende Rolle gespielt hatte. So erwies sich der Mogulherrscher Babur I. als ein eifriger Student der osmanischen Erfolge und errichtete mit Feuerwaffen ausgerüstete Infanterieverbände nach osmanischem Vorbild in seinem Heer, die eine wichtige Rolle bei seinem Sieg in der ersten Schlacht bei Panipat (1526) spielten. Auch die Safawiden legten ihre Vorbehalte gegen Feuerwaffen ab. Nach Tschaldiran errichtete Ismail ein Korps Musketenschützen (Tofangchi), dessen Stärke von angeblich 8.000 Mann im Jahr 1517 auf 20.000 im Jahr 1521 anstieg. Die Musketen sollen mit Hilfe osmanischer Deserteure in Persien angefertigt worden sein, was unterstreichen würde, dass es den Safawiden zuvor schlicht an den Möglichkeiten fehlte, größere Truppenmengen damit auszustatten. Auch ein Artilleriekorps wurde errichtet, welches bereits 1517 über 100 Geschütze verfügt haben soll. Allerdings sollten Feuerwaffen erst in der Kriegsführung Schah Abbas I. (1571-1629) eine größere Rolle spielen. Ismail führte nach seiner Niederlage bei Tschaldiran keine Truppen mehr in die Schlacht, zog sich von der Außenpolitik zurück und soll vor seinem Tod 1524 dem Alkohol verfallen sein.

Beteiligte Armeen

Osmanen (Sultan Selim I.

Ca. 70.000 Mann, davon 12.000 Janitscharen

Verluste: unbekannt

Safawiden (Schah Ismail I.)

Ca. 20.000 Mann

Verluste: unbekannt, hoch.

Erste Schlacht bei Panipat, 21. April 1526

„Mustafa, der Kanonier auf der linken Seite des Zentrums, gebrauchte sein Geschütz mit großen Nutzen. Der rechte und linke Flügel, das Zentrum und die dem Feind in den Rücken gefallene Mannschaft war nun in hitzigem Kampfe begriffen und schossen eifrig ihre Bogen ab. Jene machten ein oder zwei schwache Angriffe auf unseren rechten und linken Flügel. Meine Leute überschütteten sie mit Pfeilen und trieben sie auf das Zentrum zurück.“

Zahir ad-Din Muhammad Babur „Baburnama”

Im frühen 16. Jahrhundert entstand in Nordwestindien in kurzer Zeit ein weiteres muslimisches Großreich, welches die Geschichte des Subkontinents für wenigstens zwei Jahrhunderte bestimmen sollte. Der Begründer des Mogulreiches Zahir ad-Din Muhammad Babur war timuridischer Abstammung und kam aus dem heutigen Usbekistan. Noch um 1500 bekämpften sich die timuridischen Fürsten untereinander. Babur sollte allein drei Mal Samarkand, die alte Hauptstadt Tamerlans, erobern und wieder verlieren. Nachdem er die Stadt 1512 zum dritten Mal an die Usbeken verloren hatte, wandte sich Babur nach Afghanistan und errichtete eine neue Herrschaft um Kabul. Er heiratete in eine afghanische Dynastie ein und erweiterte seinen Herrschaftsbereich durch Feldzüge gegen feindliche afghanische Stämme und das Lodi-Sultanat in Delhi. Der seit 1517 regierende Sultan Ibrahim Lodi hatte sich die Missgunst großer Teile der alten Eliten seines Landes zugezogen, da er wichtige Stellen in Heer und Verwaltung mit seinen Vertrauten besetzen ließ. Babur versuchte in den frühen 1520er Jahren, seinen Einfluss in das Punjab auszudehnen und wurde nun von Abtrünnigen wie Daulat Khan Lodi, dem Statthalter des Punjabs oder Ala-du-Din, dem Onkel Ibrahims, um Unterstützung gebeten. 1524 unternahm Babur einen ersten Feldzug, musste jedoch schnell feststellen, das Daulat Khan inzwischen entmachtet worden war, da Ibrahim von seinem Verrat erfahren hatte. Babur marschierte auf Lodi, wurde aber von den Truppen des Sultans geschlagen. Als Vergeltung brannte er die Stadt nieder und rückte in Dipalpur ein, wo er mit Alam Khan einen weiteren Abtrünnigen als seinen Statthalter installierte. Doch auch er konnte sich nicht gegen die Truppen Ibrahims halten und floh nach Kabul. Babur unterstützte daraufhin einen gemeinsamen Feldzug Daulat und Alam Khans auf Delhi, der ebenfalls fehlschlug. Ende 1525 entschloss sich Babur daher, selbst in den Punjab einzufallen.

Der Feldzug

Im November 1525 erhielt Babur Nachrichten, wonach Daulat Khan ein weiteres Mal die Seiten gewechselt habe. Er überquerte mit einer Armee den Hindukusch. Als sie von der Annäherung seiner Truppen erfuhr, zerstreute sich die Armee Daulat Khans in alle Winde. Er selbst wurde gefasst und vor Babur geführt, der ihn jedoch begnadigte. Babur nutzte die folgenden Wochen, um seine Herrschaft im Punjab zu festigen und einen weiteren Feldzug auf Delhi vorzubereiten.

Inzwischen hatte Ibrahim eine ausreichend starke Armee versammelt, um sich zur Schlacht zu stellen und verließ Delhi in nordwestlicher Richtung. Bei Ambala kam es zu einem ersten Zusammenstoß zwischen Baburs Armee und einer indischen Vorhut, die vollständig geschlagen wurde. Laut Baburs Lebenserinnerungen, der Baburnama – die die einzige zeitgenössische Quelle für die Schlacht darstellt – , ließ er die etwa 100 Kriegsgefangenen, die in sein Lager geführt wurden, als abschreckendes Beispiel erschießen. Anschließend rückte seine Armee langsam auf Delhi vor. Auch Ibrahims Armee schien ihm nur zögerlich entgegenzugehen und so verging der gesamte März. Erst am 2. April stießen Baburs Truppen am Fluss Yamuna erneut auf eine indische Vorhut, die ebenfalls geschlagen wurde. Auch diesmal ließ Babur alle Kriegsgefangenen hinrichten. Zehn Tage später erreichte er das Feld von Panipat, auf dem sich Ibrahims Armee versammelte. Beide Seiten belauerten sich eine Woche lang und bereiteten sich für die kommende Schlacht vor.

Die beteiligten Armeen

Bedingt durch die dünne Quellenlage lassen sich nur schwer Aussagen über die bei Panipat aufmarschierten Armeen treffen. Babur selbst gibt ein starkes Missverhältnis bei der Stärke seiner und Ibrahims Truppen an, was natürlich dazu dienen kann, seinen eigenen Triumph noch bedeutender herauszustellen. Dennoch ist seine Darstellung, wonach die Stärke seiner Armee etwa 12.000 bis 15.000 Mann betragen haben muss, heute weitgehend akzeptiert, auch weil die Überführung stärkerer Truppen über den Hindukusch eine enorme logistische Herausforderung dargestellt haben würde. Die Masse seiner Armee bildeten berittene Bogenschützen, wie sie sowohl in der usbekischen Heimat als auch in Afghanistan weit verbreitet waren. Dabei handelte es sich um eine durchaus disziplinierte Truppe, deren bevorzugtes Manöver die tulughma, einen Angriff in Flanke und Rücken des Feindes darstellte.

Zusätzlich zu diesen traditionellen Reiterverbänden verfügte Baburs Heer auch über einen Kern von mit Luntenschlossmusketen ausgestatteten Infanteristen und eine moderne Feldartillerie. Babur hatte den Erfolg der Osmanen bei Tschaldiran genau studiert – vermutlich, weil auch er in Auseinandersetzungen mit Schah Ismael verwickelt war – und osmanische Militärexperten angeworben, wie den Meister Ali Quli, der auch eigene Kanonen für Baburs Armee anfertigen ließ.

Nach dem Vorbild der osmanischen Aufstellung bei Tschaldiran postierte Babur Infanterie und Artillerie im Zentrum seiner Aufstellung hinter 700 zusammengeketteten Wagen. Die Flanken der Position ließ er durch Gräben und gefällte Bäume (abatis) sichern. Der rechte Flügel lehnte sich zudem an die Stadt Panipat an. In dieser Aufstellung wurden jedoch Lücken gelassen, durch die die Reiterei im gegebenen Moment vorpreschen konnte.

Ibrahims Stärke wird verschiedenen Quellen zufolge mit bis zu 100.000 Mann angegeben, die von einer großen Anzahl von Elefanten – die Angaben schwanken zwischen 1.000 und 5.000 Tieren – begleitet wurden. Diese Größe könnte erklären, warum sich die Armee nur langsam bewegte. Vermutlich machten Träger und andere im logistischen Apparat eingebundene Personen einen hohen Anteil an dieser Gesamtstärke aus, sodass der Anteil der kämpfenden Truppen merklich reduziert werden muss.

Der Großteil dieser Armee bestand aus Fußvolk, das mit Lanzen bewaffnet war und sich im bevölkerungsreichen Indien ohne Probleme in großer Zahl rekrutieren ließ. Die Reiterei war qualitativ schwach. Dies lag zum einen daran, dass sich in Indien nur schwer eine Pferdekultur wie im zentralasiatischen Raum ausbilden konnte, bedingt dadurch, dass gerade das Sultanat Delhi entweder von gebirgigen oder zu feuchten Gebieten gebildet wurde. Indische Reiter verfügten daher über schlechtere Pferde und bevorzugten Nahkampfmittel. Im Gegensatz dazu gab es in Indien eine lange Tradition im Einsatz von Kampfelefanten, die sich jedoch als zweischneidige Waffe erwiesen. Gelang es einem Feind, die Elefanten in Panik zu versetzen und zurückzutreiben, so wurden sie schnell zur Gefahr für die eigenen Truppen.

Die Schlacht

In den acht Tagen, in denen sich die beiden Armeen belauerten, ritt Baburs Reiterei mehrfach Scheinangriffe auf das indische Lager, überschüttete dieses mit einem Pfeilhagel und versuchte somit, Ibrahims Truppen zu einem Angriff zu provozieren. In der Nacht zum 20. April befahl er schließlich einen überraschenden Angriff auf das gegnerische Lager. Dieser ließ sich jedoch in der Dunkelheit nur schwer koordinieren und scheiterte. Durch den Erfolg moralisch gestärkt, entschloss sich Ibrahim am folgenden Tag zum Angriff.

An diesem Tag teilte Babur seine Armee in sechs Teile. Das Infanteriezentrum gliederte sich in einen rechten und einen linken Flügel. An beiden Flanken war die Kavallerie aufmarschiert, dazu bildete er eine Vorhut und eine Reserve. Zusätzlich hatte er zwei weitere Abteilungen leichter Reiterei formiert und an den äußersten Flanken seiner Armee positioniert, wobei die Formation auf dem rechten Flügel von seinem Sohn Prinz Humayun befehligt wurde.

Am Morgen des 21. April rückten Ibrahims Truppen gegen Baburs Stellungen vor. Der Schwerpunkt richtete sich gegen den rechten Flügel, weswegen Babur seine Reserve dorthin beorderte. Beim Anblick der Befestigungen geriet der Vormarsch jedoch ins Stocken. Die nachrückenden Verbände drückten jedoch die vorderen Reihen weiter gegen die Gräben, Baumverhaue und Karren, von wo ihnen ein heftiges Abwehrfeuer aus Geschützen, Musketen und Bögen entgegenschlug. Babur schickte seine Kavallerie durch die vorbereiteten Gassen, die nun die Elefanten angriff und in Panik versetzte. Gleichzeitig ging sein linker Flügel nach vorn, traf zunächst auf stärkeren indischen Widerstand, konnte diesen aber dank Verstärkungen aus dem Zentrum zurückdrängen. Die beiden leichten Kavallerieabteilungen an den äußeren Flügeln waren derweil in den Rücken der indischen Armee vorgestoßen und überschütteten diese mit einem Pfeilhagel. Von allen Seiten eingeschlossen und nicht in der Lage, in irgendeine Richtung auszubrechen, wurden die Inder immer weiter zusammengedrängt und niedergemacht. Gegen Mittag war die Schlacht vorüber. Auch Ibrahim war in den Kämpfen gefallen.

Bedeutung

Mit dem Tod Ibrahims, dessen Kopf noch am selben Tag in Baburs Lager gebracht wurde, war das Lodi-Sultanat endgültig zusammengebrochen. Babur marschierte kurz darauf in Delhi und Agra, den beiden Hauptstädten des Sultanats ein. Dennoch dauerte es noch mehrere Jahre, bis er seine Herrschaft in Nordindien festigen konnte. Unter anderem stellte sich ihm eine Rajputenkonföderation entgegen, die er 1527 in der Schlacht bei Khanua auf ähnliche Weise schlug, wie im Vorjahr die Truppen Ibrahims. 1530 starb Babur. Sein Sohn und Nachfolger Humayun verlor zwischenzeitlich die Herrschaft über weite Teile Nordindiens wieder, konnte aber 1555 Delhi zurückerobern.

In der Forschung wurde lange Zeit diskutiert, ob das Mogulreich ein typisches muslimisches „Gunpowder-Empire“ des 16. Jahrhunderts war, ähnlich wie das Osmanische und das Safawidenreich oder ob die Stärke seines Militärs nicht weiterhin in den berittenen Bogenschützen zentralasiatischen Typs lag. Eine solche Entweder-Oder-Diskussion verkennt, dass die Stärke all dieser Reiche vor allem darin lag, die Stärken verschiedener Waffensysteme in einer taktischen Doktrin zu integrieren. Dies bildete eine wesentliche Grundlage für den Erfolg über zahlenmäßig stärkere Armeen, wie jener Ibrahims, denen eine komplexe taktische Doktrin für die einzelnen Waffengattungen fehlte.

Beteiligte Armeen

Mogul (Zahir ad-Din Muhammad Babur)
Stärke: ca. 15.000 Mann
Verluste: unbekannt, nach Baburs Angaben niedrig
Sultanat Delhi (Ibrahim II. Lodi)
Stärke: ca. 100.000 Mann
Verluste: zwischen 15.000 Mann (nach Babur) bis 50.000 Mann (Indische Quellen)

Mohács, 29. August 1526

> *„Einhundertfünfzig Kriegswagen wurden vor der Janitscharenarmee vor den Soldaten aufgestellt, auf denen sich die großen Kanonen befanden. Schwere Geschütze wurden auf die Wagen gelegt, und dann wurde ein Wagen mit Ketten an den anderen gebunden. Die Janitscharen (zwischen den Kriegswagen und den Kanonen) haben die übliche neun Glieder tiefe Schlachtordnung"*
>
> Hâcci Halfa, türkischer Geschichtsschreiber, 17. Jahrhundert

Nach ihren Erfolgen gegen die Perser und die Mameluken wandten die Osmanen ihre Aufmerksamkeit wieder dem Balkanraum zu. Hier war durch Doppelhochzeit Ludwigs II. von Ungarn und Böhmen mit der Habsburgerprinzessin Maria, sowie deren Bruder Ferdinand mit Ludwigs Schwester Anna 1515 eine Allianz entstanden, die die osmanische Position gefährden konnte. Ludwig hatte sich ganz bewusst für diese Verbindung entschieden, um den seit 1490 unübersehbaren Niedergang des Königreiches Ungarn aufzuhalten. Nach dem Tod des mächtigen Matthias Corvinus hatten die ungarischen Magnaten es zu verhindern gewusst, dass ein neuer Monarch eine ähnlich starke Stellung im Land einnehmen würde und daher den als willensschwach bekannten Wladislaw II. von Böhmen gewählt. Diese Partikularinteressen der Magnaten auf Kosten des Krone sollten das Reich dauerhaft schwächen, ganz ähnlich wie im 17. Jahrhundert Polen. Die Steuern wurden gesenkt und die aus professionellen Söldnern bestehende „Schwarze Armee" von Matthias Corvinus aufgelöst. 1514 erschütterte ein Bauernaufstand unter Führung des Szekler György Dózsa das Land, den Wladislaw letztlich mit Hilfe der Magnaten niederschlagen konnte. Nach 1517 breiteten sich auch die lutherischen Lehren rasch in Ungarn aus. Die daraus resultierende konfessionelle Spaltung schwächte das Königreich zusätzlich. 1516 starb Wladislaus. Er hinterließ ein tief verschuldetes Reich und seinen erst zehnjährigen Sohn Ludwig, der von Kaiser Maximilian adoptiert wurde. Dennoch führten die Regentschaftsjahre zu einer weiteren Stärkung der Magnaten.

1520 forderte der neue türkische Sultan Süleyman I. Ungarn zur Zahlung des jährlichen Tributes auf, dem das Königreich vor längerer Zeit zugestimmt hatte. Im Vertrauen auf die Unterstützung durch den neuen Kaiser Karl V. und den Papst lehnte Ludwig diese Forderung brüsk ab. Der Sultan erklärte Ungarn den Krieg und fokussierte seine Aufmerksamkeit auf den Balkan, obwohl er eigentlich geplant hatte, den Johannitersitz auf Rhodos zu belagern. 1521 drang ein starkes osmanisches Heer nach Belgrad vor. Die

Stadt hatte 1456 bereits einmal einer türkischen Belagerung widerstanden. Nun schlossen Süleymans Truppen die Stadt ein, beschossen die Mauern und unternahmen mehrere Sturmversuche. Ende August kapitulierte Belgrad.

Der Fall der Stadt hatte erhebliche strategische Auswirkungen, da die Türken von Belgrad aus einen raschen Vorstoß auf die ungarische Hauptstadt Buda vortragen konnten. Ludwig hatte versucht, die Stadt zu entsetzen und sich mit Bitte um Hilfe an Karl V. und den polnischen König gewandt. Karl schickte letztlich 3.000 Mann, was nicht ausreichte, um den türkischen Ansturm aufzuhalten.

Süleyman nutzte seinen Erfolg jedoch nicht aus. 1522 konzentrierten sich die osmanischen Angriffe schließlich doch auf Rhodos, das den Johannitern entrissen werden konnte. Eine zweite, kleinere Armee eroberte auf dem Balkan die Stadt Orsova. 1524 folgte die Einnahme von Szörény, womit das im 15. Jahrhundert angelegte Geflecht an Grenzburgen an der unteren Donau durchbrochen war. Der Sultan wiederholte seine Aufforderung an Ludwig, den fälligen Tribut zu entrichten, aber der König lehnte – nicht zuletzt aufgrund seiner leeren Kassen – ein weiteres Mal ab. Außerdem unterstützte er Aufstände in den rumänischen Fürstentümern Moldau und Walachei. 1526 richtete Süleyman sein Augenmerk daher auf die Einnahme Budas.

Der Feldzug

Es dauerte vier Monate, die osmanische Armee durch den Balkan zu führen. Ein regnerisches Frühjahr und die Belagerung kleinerer ungarischer Burgen hielten den Vormarsch der Truppen auf. Erst spät in der Feldzugssaison, am 20. August 1526 überquerte Süleyman an der Spitze eines 60.000 bis 70.000 Mann starken Heeres die Drau. Die Türken stießen auf wenig Widerstand, da die heimische Bauernschaft den Magnatenfamilien seit der erfolglosen Rebellion noch immer feindlich gegenüberstanden. Ob sie die Türken aktiv unterstützt haben und sich sogar von ihnen anwerben ließen oder lediglich passiv ihren Durchmarsch über sich ergehen ließen, wird dabei in der Forschung heiß debattiert. Das Misstrauen gegenüber der eigenen Bauernschaft führte aber dazu, dass die ungarischen Magnaten sich scheuten, diese in ihre eigenen Aufgebote einzubeziehen.

Ludwig hatte sein Heer bei Trolna, etwa 150 Kilometer südlich von Buda versammelt und marschierte am 15. August nach Süden, um bei Mohács an der Donau ein neues Lager zu beziehen. Hier trafen die osmanischen Truppen am 29. August 1526 ein.

Die beteiligten Heere

Süleymans Armee umfasste verschiedenen Berichten zu Folge etwa 60.000 bis 70.000 Mann. Den Kern bildeten 10.000 Spahis und 12.000 Janitscharen, während die Masse von etwa 40.000 bis 50.000 irregulären Kämpfern gebildet wurde. Lange Zeit war die Forschung der Meinung, dass die Osmanen nur wenige große Belagerungsgeschütze mit sich führten. Inzwischen hat sich jedoch ein gegensätzliches Bild durchgesetzt. Tatsächlich verfügte Süleymans Heer über etwa 200 leichte, mobile Kanonen, die seine Feuerkraft erheblich vergrößerten. Die Versorgung des Heeres wurde vor allem über die Donau sichergestellt, die in der Forschung später auch als „osmanische Straße" bekannt wurde. Nach Süleymans Tagebuch operierten allein 800 Schiffe auf dem Fluss.

Dieses Heer war den Ungarn etwa um das Dreifache überlegen. Ludwig hatte nur etwa 25.000 bis 30.000 Mann zusammenziehen können. Wichtige Kontingente des Königreichs, etwa die kroatischen und transsilvanischen Aufgebote, die etwa 10.000 bis 15.000 Mann ausmachten, hatten sich ihm nicht anschließen können. Das Rückgrat der Armee bildete die schwere Reiterei der Lehnsaufgebote. Die Masse der Fußtruppen wurde durch böhmische Söldner und deutsche Landsknechte gestellt. Auch artilleristisch waren die Ungarn unterlegen, verfügten aber über immerhin etwa 80 Geschütze.

Die Schlacht

Das Schlachtfeld bei Mohács wurde im Osten durch die Sümpfe der Donau und im Westen und Süden durch ein etwa 30 Meter hohes Plateau begrenzt, welches die osmanische Armee auf ihrem Marsch nach Norden überqueren musste. Der ungarische Plan sah vor, den Gegner auf dem Marsch anzugreifen, bevor dieser sich vollends zur Schlacht entfalten konnte.

Die ungarische Armee war in zwei Linien aufmarschiert, die nach Südwesten ausgerichtet waren. Die etwa 10.000 Mann starken Fußtruppen standen, etwa zehn Glieder tief, im Zentrum, während die schwere Reiterei auf die beiden Flügel verteilt war. Ludwig II. hielt sich bei der zweiten Linie auf, die mehrheitlich aus Reiterei bestand.

Die vorderste osmanische Linie bestand aus rumelischer und anatolischer Reiterei. Ihnen folgte der Sultan mit den Janitscharen. Die leichten Feldgeschütze zogen mit den Janitscharen.

Der Aufmarsch beider Heere war jedoch noch nicht abgeschlossen, als es zu ersten Scharmützeln zwischen leichten Reiterverbänden beider Seiten kam. Als die Ungarn schließlich die Massen der Spahis erkannten, die das Plateau überquerten, ging die schwere Reiterei umgehend zum Angriff über. Bei den osmanischen Verbänden handelte es sich um die rumelischen Truppen. Die anatolischen Verbände folgten leicht nach hinten versetzt auf der rechten Flanke. Die ungarischen Geschütze feuerten einige Salven ab, ehe die schwere Reiterei in die Reihen der Rumelier einbrach und diese zurückschlug, wobei es sich aber nach Ansicht einiger Forscher um einen für die osmanische Kriegsführung typischen fingierten Rückzüge handelte. Doch anstatt diesen Anfangserfolg auszunutzen und den Druck auf die nachfolgenden Formationen aufrecht zu erhalten, begannen die Ungarn, das Schlachtfeld zu plündern.

Dies gab den Janitscharen Zeit, ihren Aufmarsch zu beenden. Das Feuer der leichten Kanonen und Arkebusen fügte den Ungarn schwere Verluste zu. Zwar ging nun auch das ungarische Fußvolk zum Angriff über, war aber nicht in der Lage, die aus zusammengeketteten Wagen gebildeten Barrieren der Janitscharen zu durchbrechen. Als der ungarische Angriff erlahmte, gingen die anatolische Reiterei und die wieder gesammelten Rumelier zum Gegenangriff über und trieben die Ungarn in die Sümpfe.

Bedeutung

Die ungarische Armee wurde vollkommen vernichtet. Ludwig II. ertrank auf seiner Flucht in einem nahegelegenen Bach. 12.000 Ritter und Fußtruppen waren gefallen, ebenso viele Gefangene wurden von den Osmanen enthauptet. Süleymans Armee erreichte am 10. September Buda, zog sich aber kurz darauf wieder zurück, wobei er bis zu 100.000 ungarische Bauern in die Sklaverei verschleppte.

Ob ein möglicher ungarischer Erfolg mehr als einen vorrübergehenden osmanischen Rückschlag bedeutet hätte, darf auch in Anbetracht des ungleichen militärischen Potentials beider Reiche bezweifelt werden. Ungarn erstreckte sich über 300.000 Quadratkilometer, das Osmanische Reich dagegen über 1,5 Millionen. Einer ungarischen Bevölkerung von weniger als 3,5 Millionen Menschen standen 12 bis 13 Millionen unter osmanischer Herrschaft gegenüber. Zudem waren die ungarischen Finanzen zerrüttet, während die Stärke des Osmanischen Reiches unter Süleyman seinen Zenit erreichte.

So besiegelte die Schlacht bei Mohács das Ende des Königreiches Ungarn, welches im Mittelalter eines der mächtigsten Reiche Europas dargestellt hatte. Die Krone fiel – ebenso wie die böhmische – nominell dem Bruder Karls V., Erzherzog Ferdinand von Österreich zu, der 1515 Ludwigs Schwester Anna geheiratet hatte. Allerdings konnte Ferdinand seinen Herrschaftsanspruch zunächst nur im Nordwesten des Reiches durchsetzen, da die Magnaten mit János Szapolyai einen Gegenkönig wählten, der sich zunächst dem türkischen Herrschaftsanspruch unterwarf, um sich seinerseits gegen Ferdinand durchzusetzen. Nach dem Tod Szapolyais besetzten die Osmanen weite Teile seines Herrschaftsgebietes, auch wenn Süleyman zunächst dessen Sohn Sigismund als Nachfolger anerkannte. 1547 kam es zum Frieden zwischen Ferdinand und dem Osmanischen Reich, die nun Ungarn unter sich aufteilten. Ferdinand willigte zudem in die Zahlung eines jährlichen Tributs ein. Dadurch entstand endgültig eine gemeinsame Grenze zwischen den Reichen der Osmanen und der Habsburger, deren Auseinandersetzungen auf dem Balkanraum noch zweieinhalb Jahrhunderte andauern sollten.

Die beteiligten Heere

Osmanisches Reich (Sultan Süleyman I.)

Stärke: ca. 10.000 Spahis, 12.000 Janitscharen, 40.000-50.000 Mann Hilfstruppen, 200 Geschütze

Verluste: unbekannt

Ungarn (König Ludwig II.)

Stärke: 25.000 bis 30.000 Mann, 80 Geschütze

Verluste: ca. 4.000 Reiter, 8.000 Mann Fußvolk, 12.000 Gefangene, meist hingerichtet, König Ludwig II. ertrunken.

Nagashino, 28. Juni 1575

> *„Sie haben nicht mehr als 500 Luntenmusketenschützen und wenn ihr davon ausgeht, dass alle bei der ersten Salve und selbst bei der zweiten treffen, denn für gewöhnlich schießen Männer danach wild, sollten wir nicht mehr als tausend Tote und Verwundete verlieren und das ist nicht viel und dann können wir die ganze Armee heranführen, um gegen die Neuankömmlinge vorzugehen.“*
>
> Takeda Katsuyori gegenüber seinen 24 Generalen vor der Schlacht

Im 15. und 16. Jahrhundert war Japan, nominell ein geeintes Kaiserreich, in etliche sich bekriegende Fürstentümer zerfallen, weswegen diese Epoche als Sengoku (Zeit der kriegführenden Lande) bekannt wurde. Nachdem teilweise bis zu 200 semi-autonome Territorialherrschaften entstanden waren, konnten Mitte des 16. Jahrhunderts etwa ein halbes Dutzend Fürsten bedeutenden Einfluss erlangen. Hierzu zählten Oda Nobunaga aus der Owari-Provinz, Tokugawa Ieyasu aus Mikawa, Takeda Shingen aus Kai und Uesugi Kenshin aus Echigo.

Shingen und Kenshin führten jahrzehntelang Krieg gegeneinander und standen sich allein fünf Mal auf der Ebene von Kawanakajima gegenüber (1553, 1555, 1557, 1561, 1564). Nobunaga konnte 1568 die japanische Hauptstadt Kyoto erobern und einen von ihm abhängigen Shogun einsetzen. Kurz darauf verbündete er sich mit Ieyasu, der seinerseits zunehmend mit den Takedas in Konflikt geriet und 1572 von Shingen bei Mikatagahara geschlagen wurde. Die Takedas machten dabei effektiven Gebrauch von ihrer Reiterei. Shingen plante einen Feldzug auf Kyoto, verstarb aber 1573 überraschend während der Belagerung der Burg Noda.

Die Nachfolge trat sein Sohn Takeda Katsuyori an, ein ebenso ambitionierter, aber wohl weniger raffinierter Fürst als sein Vater. 1574 belagerte Katsuyori vergeblich die Festung Takatenshin, während Ieyasu die Burg Nagashino einnehmen konnte. 1575 plante Katsuyori die Rückeroberung von Nagashino, um gegen Ieyasus Stammlande in Mikawa vorzugehen. Er marschierte zunächst gegen die Burg Yoshida, die jedoch rechtzeitig von Ieyasu verstärkt worden war und den Angriff der Takedas abwehren konnte. Am 16. Juni traf die Armee vor Nagashino ein. Katsuyori ließ Bergarbeiter aus Kai Mienenschächte unter die Burgmauern treiben und schloss die Burg mit einem Palisadenring ein. Inzwischen vereinigten Ieyasu und Oda Nobunaga ihre Armeen, um den Takedas entgegenzuziehen.

Beteiligte Heere

Bereits vor dem Aufkommen von Feuerwaffen setzten im japanischen Militärwesen Veränderungen ein, die auffällige Parallelen mit den Vorgängen in Europa aufweisen, wo mit Langspießen bewaffnete Infanterie eine zunehmend wichtige Rolle auf dem Schlachtfeld spielte.

In Europa wie in Japan war die Lanze natürlich schon viel länger bekannt. Aber erst im späten Mittelalter, in Europa im 14., in Japan ab dem 15. Jahrhundert, begann das Militär dieser Waffe eine größere Bedeutung zuzuerkennen. Der mit einer Lanze bewaffnete „Ashigaru“ (wörtlich: „leichte“/ „schnelle Füße“) begann nun das Schlachtfeld zu dominieren. Die Waffen gewannen deutlich an Länge. Waren sie im 14. Jahrhundert meist nur 1,5 bis Meter lang, kamen sie nun auf 5,5 Meter. Die Truppen Oda Nobunagas führten schließlich sogar Meter lange Piken.

Diese „Revolution der Infanterie“ führte im weiteren Verlauf des 16. Jahrhunderts zu einem beträchtlichen Bedeutungsverlust der berittenen Truppen. Verschiedenen Studien zufolge betrug der durchschnittliche Reiteranteil nur noch zwischen 10 und 20 Prozent. Dies muss jedoch nicht nur auf den veränderten taktischen Einsatz zurückzuführen sein, sondern kann seinen Grund auch darin haben, dass billige Fußtruppen besser geeignet waren, um die Heeresstärken in die Höhe zu treiben, als teure berittene Samurai.

Eine Ausnahme bildete die Armee der Takeda. Hier machte der Anteil der berittenen Truppen noch etwa die Hälfte der Gesamtstärke aus. Aufgrund der taktischen Veränderungen jener Zeit wurde die Reiterei nun vor allem als Durchbruchswaffe benutzt. Dafür war jedoch die Ausrüstung mit dem Bogen nicht mehr zeitgemäß. Insbesondere die Samurai der Takeda führten daher neben dem Schwerterpaar eine anderthalb bis dreieinhalb Meter lange Lanze (jap. Yari) als Hauptbewaffnung. Die Klingen dieser Waffe waren so beschaffen, dass sie sowohl zum Stoßen als auch zum Schlagen verwendet werden konnten. Da japanische Pferde nur sehr klein waren – kaum größere Ponys – erscheint es jedoch unwahrscheinlich, dass die Reiterei selbstständig für wuchtige Durchbruchattacken verwendet wurde. Vielmehr wird mittlerweile davon ausgegangen, dass bewaffnete Diener zu Fuß ihren Herren im Eiltempo folgten und diese im Nahkampf unterstützten. Möglicherweise verweist der vergleichsweise hohe Anteil von Reitertruppen bei den Takedas weniger auf eine bestimmte taktische Bevorzugung, als vielmehr auf eine Anpassung an geografische Begebenheiten. Trotz ihrer geringen Größe waren die japanischen Pferde sehr stark und konnten Lasten von etwa 150 kg täglich über eine Distanz von bis zu 40 Kilometern tragen. Takeda Shingens Provinz Kai im Herzen Japans war äußerst bergig. Es ist denkbar, dass er berittene Truppen vor allem aufgrund ihrer erhöhten Mobilität bevorzugte. Die Takeda züchteten sogar eine eigene als äußerst belastbar geltende Rasse, über deren biologische Eigenschaften heute jedoch kaum noch etwas bekannt ist.

1542 führten die Portugiesen auf der Insel Tanegashima im Süden Japans die ersten beiden Arkebusen europäischer Bauart im Land ein. Feuerwaffen waren im Fernen Osten nicht vollkommen unbekannt. Schon durch Chinesen und Koreaner waren auch die Japaner mit ihnen in Berührung gekommen. Einflüsse vom asiatischen Festland lassen sich daher bei der schnell erfolgten Entwicklung eigener japanischer Feuerwaffen nicht von der Hand weisen. Der Anstoß zu dieser Entwicklung scheint jedoch von den Portugiesen ausgegangen zu sein.

Die vergleichsweise primitiven Läufe einer Arkebuse konnten von den talentierten japanischen Schwertschmieden ohne größere Probleme angefertigt werden. Gegenüber dem Bogen waren diese frühen Feuerwaffen – japanische Arkebusen wurden als „Teppo“ bezeichnet – sowohl in Reichweite, Treffsicherheit, als auch Feuerrate unterlegen. Neue Rekruten konnten jedoch sehr schnell in ihre Handhabung eingeführt werden, was in Japan, ähnlich wie in Europa, im 16. Jahrhundert den Siegeszug dieser Waffen einläutete. Allerdings verdrängten sie den Bogen nicht vollständig. Um die geringe Schussfrequenz der Teppos auszugleichen – vermutlich konnten auch geübte Schützen kaum mehr als einen Schuss pro Minute abgeben, gegenüber neun durch einen Bogenschützen – wurden Arkebusen- und Bogenschützen zusammen auf dem Schlachtfeld eingesetzt. Die Darstellung der Schlacht von Kawanakajima auf einem zeitgenössischen japanischen Raumteiler zeigt auf Seiten der Takeda Gruppen von fünf Schützen, von denen zwei den Bogen und drei die Teppo führten. Die Verbreitung der Waffen erfolgte ungeheuer schnell. Die japanischen Daimyo nutzten sie jedoch nicht nur als Ergänzung ihres Waffenarsenals, sondern begannen rasch, auf das neue Waffensystem angepasste Taktiken zu entwickeln. Oda Nobunaga bestellte 1549 erstmals 500 Teppo bei den Waffenschmieden von Kunitomo. Fünf Jahre später, bei einem Angriff auf die von den buddhistischen Kriegermönchen Ikko-ikki gehaltene Tempelfestung Ishiyama Hongan-ji, gerieten die Truppen des Fürsten in konzentriertes Feuer aus über 3.000 Arkebusen. Erstaunt war Nobunaga allerdings weniger über die erstaunlich große Zahl an Feuerwaffen, die die Mönche benutzten, sondern dass sie in der Lage waren, geschlossene Salven damit abzugeben. Er übernahm diese Technik und sollte sie wenig später selbst mit großer Effizienz anwenden.

Vor Nagashino zählte das Heer der Takedas etwa 15.000 Mann, von denen jedoch 3.000 in nden Belagerungsstellungen vor der Burg verblieben. Nobunaga und Ieysau brachten je nach Quelle 30.000 bis 38.000 Mann ins Feld. Die Schätzungen zu den Feuerwaffenträgern schwanken beträchtlich, die meisten Quellen sprechen von 3.000 Arkebusieren auf Seiten Nobunagas, also etwa einem Sechstel seiner Truppen. Eine Chronik des 16. Jahrhunderts, die von einem Gefährten Odas verfasst wurde, nennt dagegen nur 1.000 Schützen, der Fürst erwähnte in einem kurz vor der Schlacht verfassten Brief sogar nur 500. Auch Katsuyori soll seinen Generalen vor der Schlacht mitgeteilt haben, dass der Feind nicht über mehr als diese 500 Schützen verfügte. Ihre Rolle war demnach wesentlich geringer, als allgemein angenommen.

Die Schlacht

Obwohl er den Takeda zahlenmäßig weit überlegen gewesen war, zog sich Nobunaga von der offenen Ebene am Fuße des Berges, auf welchem die Burg Nagashino liegt, zurück und bezog mit seiner Hauptstreitmacht eine Position hinter dem kleinen Flüsschen Rengo, dessen steile Ufer den Vormarsch der feindlichen Reiterei behindern mussten. Diese Stellung ließ er durch Schanzpfähle und Barrikaden aus Bambus sichern, durch die die Reiterei der Takeda nicht wie bei Mikatagahara durchbrechen konnte. Die Masse der Fußtruppen wurde in drei Treffen arrangiert. Katsuyori erkannte die Stärke der gegnerischen Verteidigungsanlagen und versuchte in der Folge, die feindliche Armee im Süden und später im Norden zu umfassen. Insgesamt teilte er seine Armee in fünf Gruppen.

Die Takedas konnten sich im Schutz eines Wäldchens den feindlichen Stellungen annähern. Regen hatte das Schlachtfeld aufgeweicht, stärkte aber auch Katsuyoris Überzeugung, dass dadurch die feindlichen Arkebusen nutzlos sein würden. Als sie den Rand des Waldes erreichten, befahl er einen Angriff. Doch der kleine Fluss und die Palisaden erwiesen sich für die Takedas als bedeutendes Hindernis. Sie verloren an Angriffsschwung und bildeten somit eine leichte Beute für die gegnerischen Ashigaru. Feuerwaffen waren für diesen Kampf wahrscheinlich weniger bedeutend als Bögen und vor allem Lanzen, da ein immobiler Reiter sich nur schwer gegen eine überlegene Zahl feindlicher Fußtruppen zur Wehr setzen kann.

Nachdem die ersten Angriffe gescheitert waren, unternahm die Takedaarmee fünf Angriffe auf das gegnerische Zentrum, die jedoch nicht in der Lage waren, die Feldbefestigungen von Ieyasus Truppen zu durchbrechen. Gegen Mittag gab Katsuyori die Schlacht verloren und zog sich zurück. Bei der anschließenden Verfolgung durch die frischen Reserven Ieyasus und Nobunagas wurden die Takedatruppen vollständig zerschlagen.

Bedeutung

Nagashino bedeutete das Ende des Takeda-Clans, auch wenn es weitere sieben Jahre dauern sollte, bis Nobunaga Kai unter Kontrolle bringen und Katsuyori in den Selbstmord treiben sollte. Er selbst wurde nur drei Monate später ermordet, doch Ieyasu und Toyotomi Hideyoshi setzten das Werk der Reichseinigung fort. Nach Hideyoshis Tod konnte sich Ieyasu 1600 in der Schlacht bei Sekigahara gegen ein feindliches Bündnis durchsetzen und begründete 1603 das Tokugawa-Shogunat.

Die Schlacht bei Nagashino ist mehrfach verfilmt worden, am bekanntesten sicherlich in dem Film *Kagemusha – Der Schatten des Kriegers*. Der bekannte Regisseur Akira Kurosawa nutzte seine Samuraiepen stets als cineastische Parabeln. Das Aufkommen der Feuerwaffen in der Sengoku-Ära und den dadurch hervorgerufenen vermeidlichen Untergang klassischer Samuraitugenden diente ihm als Vergleich zum Untergang des traditionsbewussten Japans durch den Einsatz von Atombomben im Zweiten Weltkrieg. In *Kagemusha*, einem Film über Takeda Shingen, der mit einer Darstellung der Schlacht von Nagashino endet, steht die Feuerwaffe in zweierlei Hinsicht für den Untergang des Takeda-Klans. Zum einen wurde der Fürst, der die Dynastie hatte aufblühen lassen, durch den Gebrauch dieser „europäischen" Waffe getötet. Und schließlich, nachdem auch die durch den Doppelgänger aufrecht erhaltene Fassade zusammengebrochen war, wurde die Takeda-Armee, das Machtinstrument der Familie schlechthin, in der Schlacht durch den Masseneinsatz von Feuerwaffen vernichtet.

Kurosawas wundervoll inszenierte Filme sind schön anzusehende Parabeln, die eine bedeutende Periode des Umbruchs im spätmittelalterlichen Japan skizzieren. In der Sengoku-Ära des 16. Jahrhunderts stand das Land, ebenso wie Europa, an der Schwelle zur Neuzeit. Aber anders, als es Kurosawas Filme suggerieren, wurde das „alte" Japan nicht durch das Aufkommen europäischer Militärtechnik beiseite gefegt. Stattdessen zog sich das Land nach dem Ende der Sengoku-Ära und der Errichtung des Tokugawa-Shogunats in die Isolation und somit auch in die Epoche des Mittelalters zurück, in der es bis zur Zwangsöffnung der Insel durch das Geschwader des amerikanischen Kommodore Perry 1853 verharrte. Feuerwaffen, aber auch die Nutzung von Schwertern durch Nichtadlige, wurden in dieser Zeit massiv eingeschränkt.

Die Einführung der Arkebuse brachte zwar ein neues Element in die fernöstliche Kriegführung hinein – Feuerkraft gewann nun wieder an Bedeutung

– , von gehobener Bedeutung für die zukünftige Entwicklung war sie jedoch nicht. JapanischeBefehlshaber wussten diese Waffen in ihre Heere zu integrieren und maßen ihr auch Bedeutung zu. Letztendlich war es jedoch wohl mehr eine Frage der Wahrnehmung dieser Veränderung, sowohl durch Zeitgenossen als auch in der späteren japanischen Geschichtsschreibung und Kultur, die der Arkebuse eine größere Wichtigkeit in der Kriegführung zusprachen, als sie tatsächlich besaß. So war die Zahl der Feuerwaffenträger auch in der Schlacht bei Nagashino wohl viel zu klein, um die Schlacht allein zu entscheiden. Bogenschützen und Pikeniere töteten mehr Takeda-Krieger als Schusswaffen, dennoch scheinen letztere sowohl bei Siegern als auch Besiegten einen enormen Eindruck hinterlassen zu haben, der ihre tatsächliche Bedeutung bei weitem überstieg.

Beteiligte Armeen

Oda Nobunaga & Tokugawa Ieyesu

Stärke: ca. 30.000 bis 38.000 Mann

Verluste: ca. 6.000 Mann

Takeda Katsuyori

Stärke: ca. 15.000 Mann, davon 12.000 auf dem Schlachtfeld, 3.000 im Belagerungsring von Nagashino

Verluste: ca. 10.000 Mann

Alcácer-Quibir, 4. August 1578

„So war das Gebiet, das wir erreichten, so mit Toten bedeckt, sowohl mit Männern als auch mit Pferden, dass es später schwierig war, dort zu Pferd voranzukommen; und an manchen Stellen war das Blut so reichlich, dass es mir fast bis zu den Knöcheln reichte. Und überall war Schreien und Klagen, die Toten lagen auf den Lebenden und die Lebenden auf den Toten, alle in Stücke gerissen, Christen und Mauren, die sich in die Arme schlossen, weinend und sterbend, einige auf den Geschützen, andere Gliedmaßen und Körperteile mitschleppend, unter Pferden gefangen oder zerfleischt auf ihnen, und alles war viel schlimmer, als ich es Ihnen jetzt beschreiben kann, weil die Erinnerung an das, was ich durchgemacht habe, mich so betrübt.“

Ein portugiesischer Überlebender.

Mit dem Abschluss der Reconquista in Portugal 1272 begann zugleich die Phase der europäischen Expansion. Während Spanien noch weitere zweihundert Jahre benötigte, um das Nasridenreich von Cordoba niederzuringen, trugen die Portugiesen die Conquista an die afrikanische Küste vor. 1415 eroberten sie Ceuta, 1458 Ksar es-Seghir, 1471 Tanger und Asilah und 1489 – wenn auch nur kurzfristig – Larache an der Mündung des Oued Loukos. Im frühen 15. Jahrhundert gerieten die Portugiesen an der „Algarve jenseits des Meeres“, wie die marokkanische Küste auch bezeichnet wurde, zunehmend unter Druck und verloren einen Großteil ihrer Stützpunkte wieder, während in der gleichen Zeit Spanien, wo die Reconquista erst 1492 zum Abschluss gekommen war, mehrere nordafrikanische Mittelmeerhäfen eroberte und dadurch in Konflikt mit dem ebenfalls in diesen Raum ausgreifenden Osmanischen Reich geriet. In Portugal erreichte König Sebastian I. 1568 die Volljährigkeit und begann mit Plänen für einen neuen Feldzug in Marokko. Diese Expeditionen waren ebenso wie die Entdeckerfahrten entlang der afrikanischen Küste und in den Indischen Ozean sowohl politisch, religiös als auch ökonomisch motiviert. Der Kreuzzugsgedanke und die Idee eines gemeinsamen Vorgehens mit dem legendären ostafrikanischen Reich des Priesterkönigs Johannes – das man tatsächlich in Form des koptischen Äthiopien gefunden zu haben glaubte – spielte im Denken Sebastians eine ebenso große Rolle, wie der Wunsch, über Marokko Zugang zu den legendären Reichtümern zentralafrikanischer Reiche, wie Timbuktu, zu erlangen. 1574 bereiste der König die verbliebenen nordafrikanischen Besitzungen der Portugiesen und führte von Tanger aus einen Streifzug ins marokkanische Hinterland, wobei es zu einer Reihe kleiner Gefechte kam, in denen vor allem die schwere portugiesische Reiterei ihren Wert unter Beweis stellen konnte.

In Marokko hatte derweil die Saadi-Dynastie die Wattasiden abgelöst, die das Land seit dem späten 15. Jahrhundert regiert hatten. Deren letzter Herrscher Ali Abu Hassun hatte sich zuvor den Osmanen unterworfen, die ihn jedoch nicht gegen die aufsteigenden Saadi hatten unterstützen können. 1554 fiel Hassun in der Schlacht bei Tadia. Der Tod des neuen Sultans Mohammed al-Shaykh 1557 löste eine Thronfolgekrise aus. Osmanische Agenten hatten den Sultan ermordet, da er die Unterwerfung Marokkos nicht anerkannte. Sein Sohn Abdallah al-Ghalib konnte sich letztlich durchsetzen und osmanische Vorstöße aus Algerien abwehren. In der Folge unterstützten diese die jüngeren Brüder Ghalibs, allen voran Abu Marwan Abd al-Malik, woraufhin dieser ein Bündnis mit Spanien einging. Nach seinem Tod 1574 gelang es Malik, sich gegen Ghalibs Sohn Abu Abdallah Muhammad IV. al-Mutawakkil durchzusetzen und 1576 die Hauptstadt Fez einzunehmen. Abu Abdallah floh zunächst nach Spanien und dann, da ihm hier keine Unterstützung gewährt wurde, weiter nach Portugal. Sebastian I. zeigte sich nur allzu bereit, den vertriebenen Sultan zu unterstützen und rüstete – trotz eindringlicher Warnungen seitens Philipp II. von Spanien – eine Flotte von fünfhundert Schiffen und eine Armee von schätzungsweise 18.000 Mann aus. Am 24. Juni 1578 verließ die Armada den Hafen von Lagos und segelte nach Asilah, wo die Armee durch weitere 6.000 marokkanische Krieger verstärkt wurde, die Abdu Abdallah hinter sich hatte versammeln können. Der bereits schwer kranke Abd al-Malik hatte derweil einen Djihad gegen die Portugiesen ausgerufen und ein zahlenmäßig weit überlegenes Heer von je nach Schätzung 40.000 bis 100.000 Männern an den Loukos geführt.

Die beteiligten Armeen

Das portugiesisch-marokkanische Heer unter Sebastian I. und al-Mutawakkil war ein äußerst heterogener Verband. Für seinen Feldzug hatte der portugiesische König Söldnerkontingente aus ganz Westeuropa angeworben. Hierzu zählten 2.000 Freiwillige aus Kastilien, 3.000 Söldner aus Flandern und Deutschland, sowie 600 Italiener unter dem Befehl des irischen Abenteurers Thomas Stukley. Diese waren ursprünglich mit päpstlicher Unterstützung für einen Feldzug in Irland angeworben worden. In Cadiz hing die Truppe jedoch fest, da ihre Schiffe verrottet waren. Philipp II. schickte Stukley daraufhin nach Lissabon, wo ihn Sebastian I. davon überzeugen konnte, sich mit seinen Männern dem Marokkofeldzug anzuschließen. Dagegen scheiterte die Anwerbung von 12.000 norddeutschen Landsknechten durch Herzog Adolph von Holstein nicht zuletzt an der Frage der freien

Religionsausübung für Calvinisten. Portugal war auf diese große Zahl fremder Söldner angewiesen, da sich die Bevölkerung im Laufe des 16. Jahrhunderts aufgrund von Abwanderung in die Kolonien halbiert hatte. Der König hatte daher große Probleme, die geplanten 12.000 Mann Infanterie im eigenen Land anzuwerben. Um dieses Ziel zu erreichen, verteilte er Obristenpatente an finanziell potente, aber militärisch unerfahrene Adlige, die versprachen, diese Truppen auf eigene Kosten aufzustellen. Letztlich kamen nur 10.000 Mann zusammen, davon 1.500 Berittene. Die Portugiesen verfügten über schwere Reiterei, die aus den Reihen des heimischen Adels gestellt wurde, welcher sich in großer Zahl an diesem Feldzug beteiligte. Ein Teil der Reiter war kriegserfahren, doch nicht bei nicht wenigen handelte es sich um junge Adlige auf ihrem ersten Feldzug. Al-Mutawakkil brachte 6.000 Gefolgsleute zusammen. Die Armee verfügte über 40 Geschütze.

Al-Maliks Armee war durchaus Ausdruck des starken Rückhalts, den er in der marokkanischen Bevölkerung genoss. 1574 hatte er die osmanische Oberhoheit anerkannt und wurde seitdem aus Algerien mit Truppen, Waffen und Militärberatern unterstützt. Die Masse der marokkanischen Armee rekrutierte sich aus den Reihen der Gish-Stämme. Das Fußvolk wurde nach dem Vorbild der Janitscharen als Arkebusiere ausgebildet und ausgerüstet. Dazu verfügte die Armee über eine große Anzahl an leichter Reiterei, die von den Berberstämmen gestellt wurde, sowie 34 Geschütze. Die Europäer genossen demnach keinen technologischen Vorteil gegenüber den Nordafrikanern. Eine besondere Elite innerhalb von al-Maliks Heer bildete ein Verband von Morisken, Muslimen, die nach dem Fall Cordobas zunächst in Spanien verblieben, aufgrund von Zwangsumsiedlungsmaßnahmen jedoch in den 1570er Jahren nach Nordafrika ausgereist waren. Inwiefern osmanische Truppen, insbesondere die elitären Janitscharen, an der Schlacht beteiligt waren, ist in der Forschung umstritten. Während zeitgenössische Quellen die Stärke der Armee auf bis zu über 100.000 Mann schätzen, gehen moderne Berechnungen von 27.000 Berittenen und 13.000 Mann Fußtruppen aus, von denen 6.000 mit Arkebusen und weitere 500 mit Armbrüsten bewaffnet waren, dazu 1.000 Pikeniere und Hellebardiere, die aus christlichen Renegaten rekrutiert wurden.

Die Schlacht

Die portugiesischen Truppen litten unter einer schlecht vorbereiteten Versorgung, was es ihnennicht erlaubte, jenseits des Loukos tiefer ins Landesinnere vorzudringen. Anfang August erreichten die gegnerischen Armeen Ksar-el-Kebir und waren nur noch durch den Fluss getrennt. Den Portugiesen mangelte es an Nachschub, weswegen eine schnelle Einnahme der

Stadt mit ihren Lebensmitteldepots von großer Bedeutung war. Am Morgen des 4. August entfalteten sich die portugiesisch-marokkanischen Truppen zur Schlacht. Sebastian I. war zwar ein unerfahrener Heerführer, kontrollierte aber persönlich den Aufmarsch seiner Armee und ritt die Reihen ab, um seinen Soldaten Mut zuzusprechen. Er selbst war ein Asket, der sich ein Leben lang auf diese Rolle vorbereitet hatte. Waffenübungen hatten unter anderem dafür sorgen sollen, eine körperliche Behinderung auszugleichen – der König war schief gewachsen.

Auch al-Malik hatte seine Truppen trotz seines schlechten Gesundheitszustands begleitet und ließ diese nun zur Schlacht entfalten. Das Zentrum bildeten seine Fußtruppen, die beiden Flügel die Reiterei.

Die Schlacht begann mit einem Artillerieduell. Anschließend rückten die Zentren beider Armeen gegeneinander vor und tauschten Salven gegeneinander aus. Stukley, der das portugiesische Zentrum befehligte, wurde frühzeitig von einer marokkanischen Kanonenkugel getötet.

In der portugiesischen Armee entwickelte sich eine Führungskrise, da Sebastian mit einem Teil der schweren Reiterei das gegnerische Lager zu stürmen versuchte. Der König war somit mit der Durchführung eines taktischen Manövers beschäftigt und war nicht mehr in der Lage, die Schlacht zu leiten. Er hatte es aber auch verpasst, einen Stellvertreter zu ernennen, um diese Lücke zu füllen.

Den portugiesischen Verbänden fehlte es somit an Koordination, obwohl einzelne Truppenteile, insbesondere die fremden Söldner, durchaus tapfer kämpften. Auch Sebastians Attacke stand kurz vor einem Erfolg und zerschlug die Leibwache von Ahmad al-Mansur, dem Bruder und Stellvertreter al-Maliks. Letztlich lief sich die Attacke jedoch fest.

Die Marokkaner griffen anschließend mit ihrer zahlenmäßig weit überlegenen Reiterei die portugiesischen Flügel an und versuchten, das gegnerische Heer einzuschließen. Es kam zu heftigen Nahkämpfen, in denen die Marokkaner ihre Überlegenheit ausspielen und die Portugiesen schließlich einkreisen konnten.

Auch das portugiesische Zentrum konnte dem gegnerischen Ansturm nicht widerstehen. Während die italienischen und deutschen Söldner durchaus kampferfahren waren, erwiesen sich die Truppen aus dem eigenen Land als unerfahren und wichen bereits vor dem gegnerischen Arkebusenfeuer zurück.

Doch es war schließlich die Reiterei, die dem gegnerischen Druck als erstes nachgab und vom Schlachtfeld floh, woraufhin schließlich auch das portugiesische Zentrum zusammenbrach. Doch für dieses kam jede Hilfe zu spät.

Nach etwa vier Stunden war die Schlacht beendet. Die Portugiesen beklagten 8.000 Tote, darunter den König und viele prominente Adlige des Landes. Weitere 15.000 Mann waren gefangengenommen worden und wurden in die Sklaverei verkauft. Nur etwa 1.000 Mann entkamen an die Küste. Doch auch die beiden marokkanischen Kontrahenten überlebten die Schlacht nicht. Während al-Malik eines natürlichen Todes gestorben sein soll – angeblich versuchte er während Sebastians Attacke zu fliehen, fiel jedoch vor Erschöpfung tot vom Pferd –, ertrank al-Mutawakkil auf der Flucht im Loukos.

Bedeutung

Die Schlacht bei Alcácer-Quibir hatte enorme Auswirkungen auf die Geschichte Portugals, denn da Sebastian I. kinderlos geblieben war, übernahm sein Bruder Heinrich als letzter männlicher Vertreter des Hauses Avis die Regentschaft. Er starb jedoch bereits anderthalb Jahre später, worauf Spanien im Sommer 1580 in einem schnellen Feldzug das kleine Nachbarland unterwarf. In Afrika hatte die Schlacht zunächst keine weiteren militärischen Konsequenzen, da sich die Aufmerksamkeit Marokkos in den letzten Dekaden des 16. Jahrhunderts dem Reich von Timbuktu zuwandte. Die Nachfolge al-Maliks trat sein Bruder al-Mansur an.

Der Sieg bei Alcácer-Quibir trug jedoch auch dazu bei, dass Marokko bis spät ins 19. Jahrhundert seine Unabhängigkeit bewahren konnte. Erst die französische Eroberung Algeriens 1830 führte zu neuen Konflikten mit Europäern, die mit der Etablierung eines französischen und spanischen Protektorats 1912 endeten.

Beteiligte Armeen

Marokko (Abu Marwan Abd al-Malik)

Stärke: ca. 25.000 Marokkaner, 15.000 Janitscharen oder nach ihrem Muster ausgebildete marokkanische Verbände, 34 Geschütze

Portugal (Sebastian I.)

Stärke: ca. 16.000 Portugiesen, 2.000 europäische Söldner, 6.000 Marokkaner, 40 Geschütze

Verluste: Sebastian I. und 15.000 Tote, etwa 7.000 Gefangene

Tondibi, 13. März 1591

> *„Ihre Armeen bestanden ausschließlich aus Reitern, bewaffnet mit Speeren, und aus Bogenschützen. Schwarzpulver war ihnen unbekannt, ebenso wie Feuerwaffen und ihr fürchterlicher Effekt.“*
>
> Al-Mansur über die Armee der Songhai

Im Nordwesten Afrikas waren im Laufe des Mittelalters immer wieder große Königreiche entstandenund zerfallen. Im frühen 15. Jahrhundert wurde das alte Königreich Mali durch das Songhai-Reich abgelöst, ein expansiv auftretender sunnitischer Staat, der sich jedoch nach dem Tod Askia Muhammads I. im Jahr 1528 bereits wieder im Niedergang befand und durch eine Reihe von Thronfolgekonflikten und Bürgerkriegen erschüttert wurde. Nach dem Tod von Kaiser Askia Daoud 1583 wurde das Land erneut in zwei streitende Fraktionen aufgespaltet. Diese kritische Situation nutzte Sultan Ahmad al-Mansur von Marokko 1591 aus und entsandte ein Expeditionskorps durch die Sahara mit dem Ziel, Timbuktu einzunehmen. Ahmad hatte seine Herrschaft im Sultanat mit seinem Sieg bei Alcácer Qibir 1578 festigen können und seitdem friedliche Beziehungen mit England aufgebaut. Dadurch gewann er die notwendige Rückenfreiheit, um nach Innerafrika zu expandieren. Es ist bezeichnend für die gegenüber geopolitischen Faktoren nachrangige Bedeutung von Religion in der zeitgenössischen Bündnispolitik, sowohl aus Sicht christlicher europäischer als auch muslimischer afrikanischer und asiatischer Reiche, dass al-Mansurs Politik sich im Folgenden vermehrt gegen muslimische Religionsbrüder wandte. So versuchte er sich, allerdings erfolglos, der osmanischen Oberherrschaft zu entziehen. Bereits in den 1580er Jahren dehnte sich sein Reich systematisch nach Süden in die Sahara aus, wo die Marokkaner die Kontrolle über wichtige Oasen gewannen. Die Gründe hierfür sind heute schwer zu ermitteln. Teilweise wird die portugiesische Expansion entlang der westafrikanischen Küste verantwortlich gemacht, die zu einer Umleitung lang etablierter Handelsrouten durch die Sahara und zu einem Rückgang des Goldhandels geführt hätte, der lange Zeit auch eine wichtige Einnahmequelle für Marokko darstellte. Demnach diente das Ausgreifen des Sultanats nach Süden dem Bestreben, durch direkte Kontrolle diesen Handel wieder zu beleben. Gleichzeitig war das Sultanat auf den Import von Sklaven als kostengünstige Arbeitskräfte für die eigenen Zuckerplantagen angewiesen, die durch die Einfuhr billigen Zuckers aus Brasilien und der Karibik unter Druck gerieten. Auch religiöse Faktoren spielten eine Rolle. So nahm al-Mansur – ebenfalls in dem Versuch, sich aus dem Einflussbereich des Osmanischen Bereich zu lösen – den Titel eines Kalifen für sich in Anspruch. Der König des ebenfalls muslimischen zentralafrikanischen Kanem-Bornu-Reiches, der vergeblich eine Annäherung an das Osmanische Reich gesucht hatte, von dem er unter anderem Waffen kaufen wollte, suchte nun eine Annäherung an al-Mansur. Dessen Berater warnten ihn davor, Krieg gegen ein anderes muslimisches Reich zu führen, doch weltliche Gründe überwogen letztendlich.

Der Feldzug

Im Spätsommer 1590 versammelte al-Mansur eine Armee unter dem Kommando von Judar Pasha, der unter dem Namen Diego de Guevara in Spanien geboren worden war. Bereits als Kind war Guevara in die Hände muslimischer Sklavenjäger gefallen. Er wurde kastriert und diente als Eunuch am Hof von Marrakesch, wo er sich das Vertrauen al-Mansurs erwarb, der ihn 1590 zum Pascha ernannte.

Die Armee verließ Marrakesch am 16. Oktober und zog in vier Monaten 2.000 Kilometer durch die Sahara, wobei sie beträchtliche Verluste erlitt, obwohl sie über einen Tross von 8.000 Kamelen, 1.000 Packpferden und 600 Trägern und Arbeitern verfügte. Große Mengen an Wasser wurden in Rinderhautbehältern mitgeführt. Ende Februar erreichte die Armee den Niger und die Salzminen von Taghaza, auf die al-Mansur Anspruch erhob, weil sie in der Mitte des Jahrhunderts bereits einmal durch einen Sultan von Marrakesch erobert, anschließend aber wieder verloren gegangen waren. Nach der Zerstörung und Plünderung der Minen zog Judar Pascha weiter in Richtung auf Goa, der Hauptstadt des Songhai-Reiches. Kaiser Askia Ishak II. war derweil mit seinen Truppen den Marokkanern entgegengezogen und erwartete diese auf der Ebene von Tondibi am Niger Fluss.

Die beteiligten Armeen

Obwohl er nach politischer und militärischer Unabhängigkeit vom Osmanischen Reich strebte, orientierte sich al-Mansur beim Aufbau seiner Armee am türkischen Vorbild. Er warb osmanische Militärexperten an und erhöhte den Anteil an Handfeuerwaffen und Geschützen bei den Truppen. Diese setzten sich aus sehr unterschiedlichen Kontingenten zusammen. Nach seinem Sieg bei Alcácer Qibir errichtete al-Mansur aus gefangenen Portugiesen eine neue Arkebusierformation, die durch weitere europäische Söldner ergänzt wurde. Berberstämme stellten vorwiegend leichte Kavallerie. Schätzungen geben die Stärke der Armee mit etwa 4.500 bis 7.000 Mann an. Davon waren etwa 2.500 Mann Arkebusiere, weitere 500 bis 1.000 Fußtruppen mit traditionellen Waffen und 1.500 bis 2.000 Mann leichte Reiterei.

Die Stärkeangaben für die Armee Songhais schwanken je nach Quelle sehr stark. Sudanesische Chroniken beziffern diese auf 12.500 bis 18.000 Reiter und 9.700 bis 30.000 Mann Fußtruppen. Nordwestafrikanische Infanterie dieser Zeit war vergleichsweise einfach bewaffnet und führte Lanzen und Schilde, aber keine weiteren Rüstungen. Feuerwaffen wurden von ihnen nicht genutzt. Die Reiterei vertraute im Angriff vornehmlich auf den Einsatz von Wurfsperren, was teilweise damit begründet wird, dass es in der Sahelzone schwer war, ausreichend starke Pferde für eine schwere Durchbruchsreiterei zu züchten. Tatsächlich hatten die Herrscher von Mali bereits im Mittelalter versucht, entsprechende Pferde aus Arabien zu importieren. Die Marokkaner hatten auf ihrem Marsch nach Tondibi bereits vereinzelt Zusammenstöße mit gegnerischer Kavallerie erlebt, die sich auf den Einsatz ihrer Wurfspeere verließ, ehe sie durch das Feuer der marokkanischen Schützen vertrieben werden konnte.

Beide Armeen wählten eine ähnliche Schlachtformation mit der Infanterie im Zentrum und der Reiterei auf beiden Flügeln, sowie einem weiteren Reiterverband als Reserve. Die ersten Zusammenstöße mit den Marokkanern hatten die Songhai jedoch bereits von der Stärke ihrer Arkebusiere überzeugt. Daher platzierten sie vor dem Zentrum eine Rinderherde, vermutlich das Lebensvieh, das zur Versorgung der Armee mitgeführt wurde. Diese fungierten ähnlich wie Kriegselefanten, sollten das gegnerische Zentrum aufreißen und das eigene Fußvolk anschließend nachstoßen. Diese Aufstellung beweist deutlich, dass die Songhai durchaus in der Lage waren, rasch Lösungsansätze für neue taktische Probleme zu entwickeln.

Die Schlacht

Als die beiden Armeen am 13. März 1591 aufeinandertrafen, ergriffen die Songhai die Initiative und griffen die Armee Judar Paschas an. Die Reiterei auf beiden Flügeln wurde in Nahkämpfe verwickelt.

Gleichzeitig versuchten die Songhai die Rinderherde durch das feindliche Zentrum zu treiben. Die Marokkaner eröffneten das Feuer mit ihrer Artillerie und lösten eine Panik unter den Rindern aus, die an diese Geräuschkulisse nicht gewohnt waren. Wie so oft erwies sich der Einsatz von Tieren als Durchbruchswaffe auch hier als zweischneidiges Schwert; denn anstatt die gegnerische Linie zu durchbrechen, machten die Rinder kehrt und brachten stattdessen das dichtauf folgende Fußvolk der Songhai in Unordnung. Die marokkanischen Arkebusiere gingen zum Gegenangriff über und wurden durch eine kleine Gruppe gegnerischer Bogenschützen unter Feuer genommen, die mit den Rindern vorgerückt war und von denen jeder ein Tier an der Leine führte. Um diese Männer formierte sich noch einmal Widerstand.

Doch das Feuer der Marokkaner zerschlug bald auch diese Gruppe und wies einen Angriff der feindlichen Reitereireserve ab.

In diesem Moment brach die Linie der Songhai zusammen. Reiterei und Fußvolk flohen vom Schlachtfeld und wurden nur von einer kleinen Reserve gedeckt, die sich tapfer aufopferte, um dem Rest der Armee die Flucht zu ermöglichen. Judar Pascha verzichtete auf eine Verfolgung, möglicherweise, weil seine Truppen hierfür zu schwach waren.

Bedeutung

Nach dem Sieg bei Tondibi marschierte Judar Pascha weiter auf Goa, das vorher weitgehend evakuiert worden war. Die Marokkaner plünderten die Stadt und zogen anschließend weiter nach Timbuktu und Djenné. Die erhofften, damals bereits legendären Reichtümer Timbuktus fanden sie jedoch nicht vor. Inzwischen hatte Ishak II. Judar ein Waffenstillstandsangebot unterbreitet und bot die Zahlung von 1.000 Sklaven und 100.000 Goldstücken an. Als Judar diesen Vorschlag an al-Mansur weiterleitete, regierte dieser entrüstet und sandte Mahmud ibn Zarqun mit Verstärkungen als neuen Befehlshaber an den Niger, um den Feldzug fortzusetzen. Dieser errang im Oktober einen weiteren Sieg über Ishak, der in der Folge an Ansehen verlor und noch im selben Jahr verstarb. Letztendlich gelang es den Marokkanern nicht, ihre Kontrolle über das Reich zu festigen. Dies lag zum einen an der großen Entfernung von ihren Kernterritorien und dem logistischen Aufwand, der mit der Durchquerung der Sahara verbunden war, zum anderen aber an der repressiven Vorgehensweise, die Zarqun gegenüber der einheimischen Bevölkerung an den Tag legte und die vermehrt zu Aufständen führte. 1599 wurden die letzten Truppen zurückgezogen.

Während die Sieger somit keinen dauerhaften Erfolg errangen, führte die Niederlage letztendlich zum endgültigen Zusammenbruch des Songhai-Reiches, das nun in mehrere kleine Reiche zerfiel. Diese nahmen zumindest wieder intensive Handelsbeziehungen mit Marokko auf, sodass al-Mansur wenigstens eines seiner Ziele, die Wiederbelebung des Gold- und Sklavenhandels, erreichte. Zu einer dauerhaften Stärkung Marokkos sollte dies jedoch nicht führen, denn nach dem Tod al-Mansurs brach auch unter seinen Söhnen ein Erbfolgekonflikt aus. Die Häufigkeit derartiger Auseinandersetzungen in der afrikanischen – aber auch asiatischen – Geschichte dieser Zeit unterstreicht die Bedeutung individueller Herrscher und das Fehlen prästaatlicher Institutionen, die einem Land nach dem Tod des Herrschers Stabilität hätten verleihen konnten.

Beteiligte Armeen

Sultanat Marokko (Judar Pascha)

Stärke: ca. 2.500 Arkebusiere, 500 Infanteristen mit Bögen und Lanzen, 1.500 Reiter, 6 bis 8 Kanonen

Verluste: unbekannt

Songhai Reich (Askia Ischak II.)

Stärke: 12.500 bis 18.000 Reiter, 9.700 bis 30.000 Mann Fußtruppen

Verluste: unbekannt, vermutlich hoch.

Hansan Insel, 14. August 1592

> *„Dann rief ich ‚Angriff!' Unsere Schiffe stürmten vorwärts und das Feuer der Kanonen schlug zwei oder drei feindliche Schiffe in Stücke."*
>
> Admiral Yi Sun-sin

Die erfolgreiche (Wieder-) Vereinigung Japans unter Toyotomi Hideyoshi war mit dessen Sieg über den Klan der Hōjō in Odawara im Jahr 1590 weitgehend abgeschlossen. Zur Befriedung des Landes setzte eine erste Welle der Entwaffnung ein. In der sogenannten Schwertjagd zogen Samurai Schwerter und Lanzen der Bauern ein, denen eine Bewaffnung nun untersagt wurde. Gleichzeitig griff Hideyoshi alte außenpolitische Ambitionen in Korea wieder auf. Bereits im 7. Jahrhundert waren japanische und tang-chinesische Interessen auf der Halbinsel kollidiert. Hideyoshis Pläne reichten jedoch weit über Korea hinaus, welches ihm lediglich als Basis für eine anschließende Eroberung Chinas dienen sollte. Die Hauptstadt sollte nach Peking verlegt und das Land an japanische Fürsten verteilt werden, die der Reichseiniger so noch enger an sich zu binden hoffte. Gleichzeitig würde der Krieg einen Großteil der Samurai in Korea binden.

Auf der Halbinsel hatte sich im ausgehenden 14. Jahrhundert das Königreich Joseon gegründet. 1590 sandte Hideyoshi eine Gesandtschaft an den Hof in Seoul, welche freies Durchmarschrecht für japanische Truppen nach China verlangte. König Seonjo lehnte diese Forderung ab, worauf sich beide Seiten auf einen Krieg vorbereiteten. Hierfür musste Japan zunächst eine Flotte aufbauen, die eigene Streitkräfte über die Tsushimastraße überführen und im weiteren Verlauf eines Feldzuges auch versorgen konnte. Korea befand sich in dieser Hinsicht im Vorteil, denn das Land hatte im 16. Jahrhundert vermehrt Kämpfe mit japanischen Piraten ausgetragen, dabei eine eigene Flotte aufgebaut und Kampferfahrung gesammelt. Japan verstärkte seine Flotte im Verlauf des Jahres 1591. Bis zu 160.000 Mann und 700 Schiffe soll Hideyoshi Anfang 1592 bei der Burg Nagoya im Norden der Insel Kyūshū zusammengezogen haben. Von hier aus überquerte die Flotte die Straße von Tsushima und landete in der Bucht von Busan. Die Koreaner hatten es zuvor verpasst, ihre Flotte zu konzentrieren und stattdessen kleinere Geschwader entlang der gesamten Küste verteilt. Die japanische Armee stieß innerhalb von zwanzig Tagen nahezu ungehindert nach Seoul und anschließend nach Pjöngjang vor, wohin der koreanische Hof geflüchtet war. Während die Koreaner auf Unterstützung durch China hofften, ging die koreanische Flotte unter Admiral Yi Sun-sin zum Angriff über. Die japanische Armee hatte ihren Vormarsch nach der Einnahme Pjöngjangs zwar vorrübergehend eingestellt, hoffte aber noch im selben Jahr bis zum Yalu vorstoßen zu können, wenn die Flotte den Vormarsch logistisch unterstützen würde. Diese hatte jedoch im Laufe des Sommers dank überraschender koreanischer Vorstöße etliche Schiffe verloren. Die Koreaner profitierten von der zerklüfteten Geografie der südlichen Küste, die ihren Schiffen gute Unterschlupfmöglichkeiten bot, sowie besseren Informationen über den Standort feindlicher Geschwader, die ihnen von Fischern zugetragen wurden. In der Schlacht bei Okpo Mitte Juni 1592 zerstörte Yi Sun-sins Flotte allein 37 feindliche Schiffe, in der Schlacht bei Dangpo am 10. Juli weitere 21. Nur zwei Tage später überraschten die Koreaner in der Bucht von Danghangpo erneut ein japanisches Geschwader von 26 Schiffen, welches ebenfalls vollständig vernichtet wurde.

Diese Niederlagen waren besorgniserregend für Hideyoshi. Mit Wakisaka Yasuharu, Katō Yoshiaki, and Kuki Yoshitaka ernannte er neue Marinebefehlshaber, die den Auftrag erhielten, Yi Sun-sin zu stellen und zu schlagen. Kuki war ein ehemaliger Pirat und daher der erfahrenste der drei, aber es war Wakisaka, der mit Hideyoshi noch unter Oda Nobunaga gekämpft hatte, der die dominierende Rolle in dem Triumphirat einnahm. Er zog eine Flotte von 83 Schiffen zusammen und führte diese Anfang August aus nördlicher Richtung zur Insel Hansan. Yi Sun-sin verfügte über 53 Schiffe, mit denen er weiterhin Jagd auf vereinzelte japanische Geschwader machte. Seine Flotte näherte sich der Insel Hansan von Süden. Am 13. August erhielt Yi Sun-sin Nachricht, dass sich eine große japanische Flotte in der Nähe befände, allerdings zwang ihn ein Sturm, zunächst Schutz nahe der Insel Dangpo zu suchen. Am Folgetag konnten die Koreaner schließlich die japanische Flotte in der Straße von Gyeonnaeryang ausmachen.

Die beteiligten Flotten

Bereits während der Sengoku-Periode hatten einzelne japanische Fürsten mit dem Aufbau eigener Flotten begonnen, wofür auch neue Kriegsschiffe entwickelt wurden. Der größte Typ war die atakebune, eine knapp 37 Meter lange ruderbetriebene Dschunke mit flachem Boden, die aber auch gesegelt werden konnte. Einigen Berichten zufolge wurden diese Schiffe auch mit Eisenplatten versehen, um sie vor Rammstößen zu schützen. Portugiesische Quellen berichten, dass die japanische Flotte in Korea über diese Schiffe verfügte. Eine etwas kleinere Variante war die sekibune. Beide Typen verfügten über hohe Bordwände. In der Regel führten japanische Schiffe keine Geschütze mit sich, sondern vertrauten auf das Feuer von Arkebusen- und Bogenschützen, die eine feindliche Mannschaft dezimieren sollten, bevor ein

Enterangriff vorgetragen wurde. Dieser erfolgte in der Regel über die niedriger gestaltete Bugpartie. Alternativ konnte auch versucht werden, ein gegnerisches Schiff mittels Brandpfeilen zu zerstören.

Der kleinste als Kriegsschiff eingesetzte Typ war die kobaya, ein offenes Ruderschiff mit niedrigem Freibord, welches sich am ehesten mit mediterranen Galeeren vergleichen lässt. Bei Hanson verfügte die japanische Flotte über 36 große, 24 mittlere und 13 kleinere Kriegsschiffe sowie 42 Transportschiffe.

Das Rückgrat der koreanischen Marine bildeten die Geobukseon, die in westlichen Quellen als Schildkrötenschiffe bekannt sind und vermutlich auf Veranlassung Yi Sun-sins eigens für den Konflikt entwickelt wurden. Sie waren bis zu 37 Meter lang, wurden mit Rudern angetrieben und waren mit bis zu 26 Geschützen bestückt. Diese hatten eine Reichweite von teilweise über einem Kilometer. Im Bug befand sich ein schwerer bronzener Drachenkopf, der zum einen als Rammsporn diente, zum anderen Schwefeldampf als künstlichen Nebel versprühte. Die Schiffe verfügten über kein freies Deck, stattdessen war der obere Bereich mit hexagonalen Eisenplatten gepanzert, die mit Eisendornen versehen waren und so das Entern der Schiffe erschweren sollten. Dank der U-förmigen Rümpfe waren die Schiffe seetauglicher und stabiler, als japanische Dschunken. Koreanische Quellen beschreiben die Schiffe zudem als äußerst wendig. In der Schlacht sollten sie direkt auf die gegnerischen Flaggschiffe losgehen und diese durch Rammstoß versenken. Yi Sun-sin hoffte somit die feindliche Kommandostruktur zu zerstören. Anschließend sollten sämtliche Kanonen auf die übrigen feindlichen Schiffe abgefeuert werden.

Letztlich waren jedoch nur drei der 56 Schiffe Yi Sun-sins Schildkrötenschiffe. Die Masse der Flotte bestand aus panokseon, traditionellen koreanischen Dschunken mit U-förmigen Rumpf und flachem Kiel, der es erlaubte, die Schiffe auf Strand zu ziehen. Sie waren von vergleichbarer Größe, wie die Schildkrötenschiffe – deren Entwurf letztlich auf dem Rumpfdesign der panokseon basierte – verfügten aber über ein offenes Deck zur Stationierung von Schützen. Gleichzeitig konnten im Rumpf ebenfalls schwere Geschütze mitgeführt werden. Damit waren koreanische Schiffe ihren japanischen Kontrahenten an Feuerkraft deutlich überlegen. Gleichzeitig waren japanische Schiffe weniger stabil gebaut.

Die Schlacht

Nachdem er die feindliche Flotte entdeckt hatte, schickte Yi Sun-sin eine Vorhut aus, die die Japaner aus der Straße von Gyeonnaeryang in die etwas offeneren Gewässer bei der Hansan Insel locken sollte. Diese Taktik eines fingierten Rückzugs war zuvor bereits mehrfach erfolgreich gewesen und ging auch dieses Mal auf. Wakizaka Yasuharu setzte zur Verfolgung an, während Yi Sun-sin, seine Schiffe in der Krannichflügelformation auffahren ließ. Diese erinnerte an die Halbmondformation europäischer Galeerenflotten. Die schweren Schiffe wurden im Zentrum, die kleineren an den Flügeln positioniert.

Dank dieser Formation und der Wendigkeit der koreanischen Schiffe, gelang es Yi Sun-sin die japanischen Schiffe einzuschließen. In der nun folgenden Schlacht konnten die Koreaner ihre artilleristische Überlegenheit zum Tragen bringen, wobei sie genügend Abstand zum Gegner hielten, sodass die Japaner ihre Brandgeschosse nicht einsetzen konnten. Yi Sun-sin hatte Enterangriffe explizit verboten. Nur schwer beschädigte und abgedriftete feindliche Schiffe durften auf diese Art und Weise attackiert werden. Neben schweren Kugeln verfeuerten die Koreaner metallene Brandbomben aus einem leichten Handmörser, die den japanischen Mannschaften schwere Verluste zufügten und die gegnerischen Schiffe in Brand setzten.

Schließlich sah sich Wakizaka Yasuharu zum Rückzug gezwungen. Die Reste seiner Flotte entkamen in die Straße von Gyeonnaeryang. Yi Sun-sin verzichtete auf eine Verfolgung, da diese von Riffen durchzogen war. Wakizakas Flaggschiff war schwer angeschlagen, in der Rüstung des Samurai sollen mehrere koreanische Pfeile gesteckt haben. Die Koreaner hatten 47 feindliche Schiffe zerstört und 12 weitere gekapert, ohne auch nur ein eigenes Schiff zu verlieren.

Bedeutung

Auf Nachricht von der Niederlage bei Hansan verbot Hideyoshi jedes weitere Gefecht mit der koreanischen Flotte. Zur See befand sich Japan somit klar in der Defensive. Allerdings gelang es Yi Sun-sin kurz darauf bei Angolpo, ein weiteres japanisches Geschwader von 42 Schiffen vollständig zu vernichten. In der Schlacht bei Busan am 1. September 1592 konnten die Koreaner in einem Überraschungsangriff weitere 100 japanische Schiffe zerstören. Entscheidend für den Abbruch der ersten japanischen Invasion 1593 war jedoch der Erfolg der chinesischen Truppen an Land, die die Japaner erfolgreich nach Süden zurückdrängten.

1597 landeten die Japaner erneut in Korea und konnten die koreanische Marine bei Chilcheonryang nahezu vollständig vernichten, nicht zuletzt, da Yi Sun-sin zuvor einer Hofintrige zum Opfer gefallen war. Der Admiral wurde eiligst zurückerobert und errang im Oktober 1597 mit nur dreizehn Schiffen in der Straße von Myongnyang einen überwältigenden Erfolg gegen eine zehnfach überlegene japanische Flotte. Die Japaner litten in der Folge unter massiven Versorgungsengpässen und gerieten erneut unter Druck durch die Chinesen, sodass auch die zweite koreanische Invasion nach dem Tod Hideyoshis 1598 abgebrochen wurde. Im kollektiven Gedächtnis der Koreaner sind die Erfolge bei Hansan und Myongnyang tief verankert, nicht zuletzt dank der beiden Spielfilme *The Admiral Roaring Currents* (2014) und *Hansan - Rising Dragon* (2022), den erfolgreichsten Spielfilmen am heimischen Kinomarkt.

Historiker haben wiederholt spekuliert, welche Bedeutung den koreanischen Schildkrötenschiffen in der Marinegeschichte zukommt. Oftmals werden sie als die ersten „Panzerschiffe" beschrieben, allerdings setzten auch die Japaner Panzerplatten ein. Die Feuerkraft der koreanischen Schiffe ist auch im Vergleich zu europäischen Schiffen dieser Zeit beachtlich, allerdings waren diese konstruktiv deutlich stärker. Da im ausgehenden 16. Jahrhundert nur sehr kleine europäische Geschwader bis nach Ostasien vorstießen, ist es dennoch denkbar, dass sich eine koreanische Flotte im Gefecht behauptet hätte. Unabhängig davon unterstreichen die beiden japanischen Invasionen Koreas die maritime Stärke beider Länder, sowie die Rolle amphibischer Kriegsführung. Trotz der koreanischen Erfolge waren die Japaner in der Lage, große Armeen nach Korea zu überführen, während die etwa zur gleichen Zeit durchgeführte Expedition der spanischen Armada (1588) scheiterte. Allerdings hielten weder Korea noch Japan ihre maritime Stärke im 16. Jahrhundert aufrecht. Während sich Japan unter dem Tokugawa-Shogunat in die Isolation zurückzog, unterhielt Korea nur noch eine Handvoll Kriegsschiffe.

Die beteiligten Flotten

Joseon (Admiral Yi Sun-sin)

Stärke: 56 Kriegsschiffe, davon drei Schildkrötenschiffe

Verluste: 19 Tote, 114 Verwundete

Japan (Wakizaka Yasuharu)

Stärke: 36 atakebune, 24 semibune, 13 kobaya, 42 Transportschiffe

Verluste: 47 Schiffe zerstört, 12 gekapert.

Şelimbăr, 28. Oktober 1599

„Erstlig bekümmerte sich Baba Noak mit des Lazar Istvans Flügel welcher aber jenen bald dahin jagte / woher er kommen war: Wie das Michael ersehen / schickte er Georgium Maco mit ungern und Zeckeln / welche denn den geschlagenen Noak umbwanthen / und miteinander auff Lazarum zu ranthen: Da erhub sich ein großes Blut=Vergissen/ denn des Lazar Istvans Volck verfochte sich tapffer/ bis letzlig auch Stephanus erschlagen wurd/ da er mitten unter den Feinden schrye: ich will gerne dieses ehrligen Todtes sterben/ nicht daß ich mehr einem Undanckbaren Pfaffen diene/ so mich ohne Schuld meines Ampts/ unnd ehren entsasatzt hat (denn er Sigismundi Generel gewest) da wurden auch alle seine Knecht/ umb ihren Herren her erschlagen.“

Matthias Miles „Siebenbürgischer Würg-Engel“, 1670

Nachdem die Osmanen bis zum ausgehenden 14. Jahrhundert ihre Herrschaft auf dem Balkan gefestigt hatten, expandierten sie auch in den Raum nördlich der Donau. Hier gerieten sie in Konflikt mit den drei rumänischen Fürstentümern Walachei, Siebenbürgen und Moldau. Insbesondere die an die Donau angrenzende Walachei wurden wiederholt angegriffen. Die dortigen Fürsten erklärten sich wahlweise zur Zahlung von Tributen bereit oder erhoben sich gegen die osmanische Herrschaft. Dieses widersprüchliche Vorgehen war oft mit Nachfolgekonflikten um die regionale Herrschaft verbunden. Bezeichnenderweise war in den meisten Fällen ein Nachfolgeanwärter willig, die osmanische Oberherrschaft abzuschütteln, während sich sein Gegenspieler als Vasall anbot. So erhob sich der berühmte Vlad III. Drăculea (reg.: 1448; 1456–1462; 1476) gegen die Türken, weswegen diese die Ambitionen seines Halbbruders Radu unterstützten. Trotz der überlegenen Stärke der Osmanen gelang es Vlad, ihnen eine Reihe schwerer Niederlagen beizubringen, womit er sich in die Tradition seines Großvaters Mircea I. cel Bătrân stellte, der 1394 einen ersten Sieg über ein in die Walachei einfallendes türkisches Heer errungen hatte. Unterstützt wurde Vlad zeitweise von dem moldauischen Fürsten Ştefan III. cel Mare, der die Türken 1475 bei Vaslui schwer schlug. Osmanische Armeen konnten sich nördlich der Donau meist nur schlecht versorgen, da es nur wenige schiffbare Flüsse gab, die für ihre logistische Unterstützung von großer Bedeutung waren. Auch das bergige oder sumpfige Gelände in der Walachei spielte eher den meist zahlenmäßig deutlich unterlegenen Verteidigern in die Hände.

Diese naturräumlichen Bedingungen unterstützten einhundert Jahre später auch den Kampf des walachischen Woiwoden Mihai Pătraşcu, genannt Viteazul (Michael der Tapfere 1558-1601). Mihai schaffte es zunächst, den gegenüber den Osmanen tributpflichtigen Woiwoden Alexandru cel Rău aus der Gunst des Sultans zu verdrängen und 1593 selbst seinen Platz einzunehmen. Im selben Jahr brach der Lange Türkenkrieg (1593-1606) aus, der die Osmanen in einem kräftezehrenden Kampf gegen die Habsburger band. Die Gelegenheit schien daher günstig, die osmanische Oberherrschaft erneut abzuschütteln. Mihai schloss ein Bündnis mit Sigismund Báthory, dem Fürsten von Siebenbürgen, und begann einen erfolgreichen Feldzug, der zum Fall mehrerer türkischer Grenzfestungen entlang der Donau führte. Da Báthory ihn dennoch nur zurückhaltend unterstützte, schloss Mihai 1595 einen weiteren Vertrag mit ihm ab, in welchem er die Lehnsuntertänigkeit der Walachei unter Siebenbürgen als vermeintlichen Rechtsnachfolger des Königreiches Ungarn bekräftigte. Trotz dieses Abkommens zeigte sich Sigismund weiterhin zurückhaltend und traf auch nicht rechtzeitig mit seinem Heer ein, als sich Mihai am 13. August 1595 bei Călugăreni einem überlegenen osmanischen Heer zur Schlacht stellte. Wie schon seine Vorfahren profitierte Mihai von dem sumpfigen Gelände, in dem sich die Türken nicht entfalten konnten, während ihre weiträumigen Umfassungsmanöver nicht ausreichend gut koordiniert waren. Die Türken wurden schwer geschlagen und zogen sich über die Donau zurück. Nun vereint mit Sigismund festigte Mihai seine Stellung.

1596 überquerten walachische Truppen die Donau und zogen plündernd durch Rumänien. Um die bedrohliche Lage zu kippen, führte Sultan Mehmed III. seinerseits ein Heer in den Balkan. Sein Ziel bestand darin, die verbündeten Fürstentümer vom Habsburgerreich zu trennen. Siebenbürgen war seit 1594 auch dynastisch mit dem Kaiserhaus verbunden, da Sigismund eine habsburgische Erzherzogin geheiratet hatte. Im Oktober 1596 errang der Sultan bei Mezőkeresztes einen entscheidenden Sieg. Sigismund floh nach Prag und trat 1597 sein Fürstentum an Kaiser Rudolf II. ab. Die Mehrheit des siebenbürgischen Adels war jedoch eher bereit, sich osmanischer Herrschaft zu unterwerfen, weswegen Sigismund seine Entscheidung widerrief und seinen Bruder Kardinal Andreas Báthory zum neuen Fürsten ernannte. Obwohl ein hoher Vertreter der Kirche, zog Andreas die türkische der habsburgischen Oberherrschaft vor, was die Stellung Rudolfs im Balkan weiter schwächte. Auch Mihai drohte nun von zwei Seiten durch die Osmanen und ihre siebenbürgischen Vasallen in die Zange genommen zu werden, weswegen er im Sommer 1598 ein Bündnis mit dem Kaiser schloss, das ihm militärische und finanzielle Unterstützung garantierte. Den Sommer

1599 verbrachte Mihai mit dem Aufbau eines starken Söldnerheeres, mit dem er schließlich in Siebenbürgen einmarschierte, wo er sich mit einem kaiserlichen Heer unter Giorgio Basta vereinigen wollte. Der Kardinal hatte sich zuvor vergeblich an den Kaiser gewandt und um die Bestätigung seiner Herrschaft gebeten. Nun versuchte er mit einem rasch aufgebotenen Heer Mihai zu schlagen, ehe dieser sich mit Basta würde vereinigen können. Mitte Oktober trafen beide Armeen bei Şelimbăr (dt.: Schellenberg), nahe Hermannstadt (Sibiu), aufeinander. Mihai vereinte sich am 26. Oktober mit Kontingenten seiner Befehlshaber Radu Buzescu und dem Ban Udrea und bezog südlich von Schellenberg seine Aufstellung. Das Heer des Kardinals rückte ihnen entgegen und schlug sein Lager vor den Mauern von Hermannstadt auf.

Die beteiligten Armeen

Mihais Truppen bestanden aus diversen Söldnerkontingenten aus dem Balkanraum, unter anderem Serben, Ungarn, Siebenbürger Sachsen, aber auch Kosaken aus der Ukraine. Auch ein Aufgebot der eigentlich siebenbürgischen Szekler, die die Herrschaft Báthorys ablehnten, unterstützten ihn und liefen unmittelbar vor der Schlacht zu ihnen über. Das Heer wurde von einem umfangreichen Tross begleitet, zu dem auch die Familien etlicher walachischer Bojaren gehörten. Von den 40.000 Mann gehörten wohl nur 16.000 zur kämpfenden Truppe. Das Heer des Kardinals umfasste ursprünglich etwa 30.000 Mann und stand unter dem Befehl des ungarischen Grafen Gáspar Kornis. Von dieser Stärke müssen aber die Szekler abgezogen werden, die die Seiten wechselten. Die Angaben über ihre Stärke schwanken von 1.000 bis 6.000 Mann. Letzteres scheint in Anbetracht der eher kleinen Größe regionaler Aufgebote von 500 bis 1.000 Mann viel zu hoch, würde aber erklären, warum einige Quellen die Stärke des siebenbürgischen Heeres mit nur 25.000 Mann angeben. Die Heere beider Seiten ähnelten sich hinsichtlich Bewaffnung und Ausrüstung. Zwar kamen auf beiden Seiten Feuerwaffen zum Einsatz, das Heer des Kardinals verfügte allerdings auch über polnische Bogenschützen.

Die Schlacht

Mihai eröffnete die Schlacht am Morgen des 28. Oktober 1599 mit einem Feuerüberfall seiner Artillerie. Er verfügte über 18 Kanonen, während das Heer des Kardinals 40 bis 50 Geschütze zählte. Gáspar Kornis hatte sein Lager schlecht gewählt, denn die Truppen befanden sich in einer Wagenburg eingezwängt zwischen dem Zibin Fluss und den von mehreren künstlichen Teichen gesicherten Mauern der Stadt. Unter den dicht gedrängten Truppen fand die Artillerie Mihais leichte Ziele. Kornis ließ das Feuer erwidern.

Anschließend befahl Mihai Baba Novak, mit dem rechten Flügel gegen die Linke des Gegners vorzugehen. Novak führte Kontingente serbischer Haiduken an und konnte erste Erfolge erzielen. Erst ein von Kornis befohlener Gegenangriff der ungarischen Husaren stabilisierte die Lage.

Mihai beorderte nun seine ungarischen und szeklerischen Truppen gegen das feindliche Zentrum vor. Es kam zu weiteren schweren Kämpfen, wobei der Befehlshaber des siebenbürgischen Flügels Stephan Lazarus getötet wurde. Kornis Stellvertreter Moses Székely versuchte mit dem rechten Flügel einen weiteren Entlastungsangriff, wurde aber von den Ungarn abgewiesen. Mihai schickte daraufhin seine Reiterei gegen das feindliche Zentrum vor, die die Einbrüche ausnutzte. Kornis geriet in Gefangenschaft und am Nachmittag sah sich seine Armee mit einem wachsenden Druck auf beiden Flanken und einem drohenden Einbruch des Zentrums konfrontiert, unter dem die Reste des Heers zusammenbrachen. Ein kleiner Teil floh nach Hermannstadt, dessen Bewohner die Stadttore verschlossen hielten, den Flüchtenden jedoch Seile von den Stadtmauern zuwarfen. Der Großteil verstreute sich im Umland. Mihai ordnete eine Verfolgung an, um die feindlichen Truppen am Sammeln zu hindern.

Bedeutung

Andreas Báthory fiel wenige Tage nach der Schlacht den Szeklern in die Hände und wurde von ihnen geköpft. Mihai marschierte weiter nach Alba Julia und wurde vom siebenbürgischen Landtag als neuer Fürst eingesetzt. Der Schlacht bei Şelimbăr oder Schellenberg hatte somit bedeutende strategische Auswirkungen auf die Region, auch wenn die Auswirkungen nicht lang anhielten. Im Mai 1600 eroberte Mihai auch das Fürstentum Moldau, woraufhin er sich in Alba Julia zum Fürsten aller drei Länder ausrufen ließ. In der rumänischen Geschichtsschreibung kommt diesem Moment bis heute eine große Bedeutung zu. Doch er währte nur kurz. Kaiser Rudolf stellte die Zahlung seiner Subsidien ein und da er nicht bereit war, die Unabhängigkeit der drei Fürstentümer anzuerkennen, entsandte er ein Heer unter seinem General Giorgio Basta, welches zusammen mit polnischen Truppen, die den von Mihai vertriebenen walachischen Woiwoden Ieremia Movilă unterstützten, bei Mirăslău einen Sieg über Mihais Heer errang und ihn aus Rumänien vertrieb. In einer weiteren ungewöhnlichen Wendung der Dinge söhnte sich Mihai mit dem Kaiser aus und sollte nun an der Seite Bastas die Walachei zurückerobern. Tatsächlich besiegten sie am 3. August 1601 den nach Siebenbürgen zurückgekehrten Sigismund Báthory, doch sechs Tage später wurde Mihai auf Bastas Anordnung in Câmpia Turzii ermordet.

Beteiligte Streitkräfte

Walachei (Mihai Viteazul)

Stärke: 40.000 Mann, davon 16.000 Kampftruppen, 18 Geschütze

Verluste: etwa 200 Tote, Anzahl der verwundeten unbekannt.

Siebenbürgen (Gáspar Kornis)

Stärke: ca. 30.000 Mann, 40-50 Geschütze)

Verluste: 3.000 Gefallene, 1.000 Verwundete und Gefangene

Breitenfeld, 17. September 1631

> *„Doch mit dem Possen, dass die Musketierer hinter die Reuter gesetzt gewesen, sind sie nicht zufrieden“*
>
> Ein kaiserlicher Offizier über die schwedische Taktik

Im Sommer 1631 war die Lage für Protestanten und Katholiken im Reich angespannt. Der nordische Hoffnungsträger Gustav II Adolf hatte nicht verhindern können, dass eine katholische Armee unter General Tilly die Festung Magdeburg stürmte. Doch nach der Zerstörung der Stadt musste sich die Armee des Generals wieder zurückziehen.

Für beide Kriegsparteien hatte die Zerstörung Magdeburgs große Probleme mit sich gebracht. Gustav II Adolf sah sein Image als Retter des Protestantismus gefährdet, da er nicht in der Lage war, der Stadt rechtzeitig Hilfe zuzuführen. Doch die Schweden drehten den Spieß geschickt um und entfachten einen Propagandakrieg. In zahlreichen Flugblättern wurden die katholischen Feldherren Tilly und Pappenheim für das Niederbrennen der Stadt diffamiert.

Dabei hatte Tilly ein großes Interesse daran, Magdeburg möglichst in intaktem Zustand in seine Hände zu bekommen, um so den Schweden den weiteren Vormarsch über die Elbe zu versperren. Zusammen mit der Stadt gingen auch seine Pläne für den kommenden Feldzug in Rauch auf. Tilly bat aufgrund der schlechten Nachschublage seinen Dienstherrn Kurfürst Maximilian von Bayern in das reiche und vom Krieg bisher verschonte Sachsen einrücken zu dürfen. Damit hätte er auch eine sichere Basis nördlich von Böhmen und näher zur Oder, der vermeintlichen Vormarschroute Gustav Adolfs, gehabt. Doch der Kurfürst lehnte ab. Immerhin war Johann Georg I. noch nicht offiziell an die Seite des Schweden getreten. Ein landaufzehrendes Heer nach Sachsen zu schicken, hätte diesen Prozess jedoch sehr wahrscheinlich beschleunigt.

Der Feldherr sah sich daher gezwungen, nach Südwesten abzuschwenken. Er verbrachte einen tatenlosen Sommer im thüringischen Mühlhausen. Im Juni zwang Gustav Adolf den machtlosen Kurfürsten von Brandenburg in ein Bündnissystem. Im Juli drang Tilly schließlich erneut bis Magdeburg vor, konnte aber nicht verhindern, dass die Schweden bei Werben die Elbe überschritten. Tilly wich nach Süden aus und erhielt vom Kaiser schließlich doch die Freigabe, im Bedarfsfall nach Sachsen einzurücken. Daraufhin besetzte Feldmarschall Pappenheim am 5. September mit seinen Reitern Merseburg und entwaffnete die sächsische Besatzung. Diesen Übergriff wertete Kurfürst Johann Georg als Kriegserklärung.

Tilly zog weitere kaiserliche und ligistische Truppen zusammen und marschierte am 14. September nach Leipzig. Die kleine Festung Pleißenburg kapitulierte nach kurzem Beschuss einen Tag später. In Leipzig wollte Tilly das Eintreffen weiterer Verstärkungen abwarten, um dann Pappenheim mit einer großen Reiterschar nach Norden zu schicken und die schwedischen Versorgungslinien nach Mecklenburg zu kappen. Doch am gleichen Tag vereinigten sich bereits die schwedischen und sächsischen Truppen bei Düben, wenige Kilometer nördlich von Leipzig. Es waren zwei sehr unterschiedlich strukturierte Heere, die hier zusammentrafen. Erstaunlicherweise war es Kurfürst Johann Georg, der nun zur Schlacht drängte. Gustav Adolf mahnte zur Vorsicht, immerhin stand ihm mit Tilly der beste Feldherr Europas gegenüber. Die Beiden wussten nicht, dass Leipzig bereits gefallen war.

Die beteiligten Armeen

Am Abend vor der größten Schlacht des Dreißigjährigen Krieges standen sich 36.000 Kaiserliche mit 26 Kanonen sowie 16.000 sächsische und23.000 schwedische Soldaten mit 75 Geschützen gegenüber. Die schwedischen Truppen waren nach dem Vorbild der Oranischen Heeresreform aufgebaut worden. Die Infanterie war in Bataillonen formiert, wobei die Pikeniere im Zentrum und die Musketiere auf dem Flügel aufgestellt wurden. Während in vielen europäischen Armeen die Kavallerie auf das Pistolengefecht („Caracole) vertraute, setzte Gustav Adolf nach seinen Erfahrungen im Krieg gegen Polen auf den Blankwaffeneinsatz seiner Reiter, die höchstens zu Beginn des Gefechts ihre Pistolen abfeuern durften. Um die gegnerischen Reihen in Unordnung zu bringen, wurden Musketierformationen zwischen die schwedischen Reiterschwadronen verteilt. Zur Steigerung der Feuerkraft verfügten die Schweden zudem über eine große Zahl leichter bronzener Regimentsgeschütze – die berühmten Lederkanonen hatten sich in der Praxis nicht bewährt. Das sächsische Heer bestand aus einem Gemisch von Soldregimentern und Milizen und war im Sommer erst in großer Eile aufgestellt worden. Ihm fehlten die Kriegserfahrung und der Zusammenhalt sowohl der schwedischen als auch der kaiserlich-ligistischen Truppen.

Breitenfeld gilt oftmals als Auseinandersetzung zweier taktischer Ordnungen, der flachen schwedischen Brigadetaktik gegenüber den tiefgestaffelten, quadratischen Tercios der Kaiserlichen. Inzwischen hat die Forschung nachgewiesen, dass auch die kaiserlichen und ligistischen Truppen längst nicht mehr jene schwerfälligen Formationen einnahmen, wie sie zum Beispiel Matthäus Merians berühmter Plan der Schlacht bei Lützen zeigt. Nach offiziellen Berichten wurde die 22.000 Mann starke Infanterie in 16 Bataillone geteilt, die demzufolge etwa 1.300 Mann stark waren. Um die zahlenmäßige Überlegenheit seiner Gegner auszugleichen, musste Tilly die Infanterie in einem einzigen Treffen aufmarschieren lassen, weswegen es keine Reserve gab. Der katholischen Armee fehlte es zudem an einer leichten, mobilen Artillerie, wie der der Schweden. Ihre großen Kanonen wurden in einer einzigen Batterie vor der Schlachtlinie aufgefahren. Die Kavallerie verteilte sich auf beide Flügel. Rechts kommandierte General Fürstenberg, links Feldmarschall Pappenheim.

Die Schlacht

Am Morgen des 17. September rückte Feldmarschall Pappenheim mit 2.000 Reitern nach Norden, um die Anmarschwege der feindlichen Armeen zu erkunden. Lange Zeit wurde er dafür verantwortlich gemacht, die Schlacht gegen Tillys Willen begonnen zu haben. Inzwischen geht die Forschung davon aus, dass der alternde Feldherr sehr wohl die Entscheidung gesucht hatte. Die kaiserlich-ligistische Kavallerie traf zunächst auf die Vorhut der sächsischen Truppen. Diese bestanden jedoch, wie die Masse der kurfürstlichen Armee, aus dem schnell ausgehobenen und unerfahrenen Landesaufgebot. Die Pappenheimer warfen den Feind und ihr Feldmarschall sandte Nachricht an Tilly, dass sich nur die Truppen Johann Georgs vor ihm befänden und es jetzt gefährlich wäre, sich wieder zurückzuziehen.

Tilly entschied sich daher, dem Gegner nachzusetzen und ließ seine Armee nördlich des Dorfes Seehausen zu beiden Seiten der Straße nach Wittenberg aufmarschieren. Rechts der Straße befand sich eine Anhöhe, auf der die Kaiserlichen ihre Geschütze abprotzten. Dahinter marschierte die Infanterie in einer einzigen Linie aus sechzehn Bataillonen auf.

Gustav Adolfs Truppen waren in zwei Flügel geteilt. Links standen die Sachsen unter ihrem Kurfürsten, rechts die Schweden. Für den Fall eines Einbruchs stand hinter der ersten Schlachtlinie ein zweites Treffen. Die sächsische Armee mit ihren vielen frisch ausgehobenen Landesdefensionern und nur wenigen schweren Geschützen nahm in der Schlacht eine tiefer gestaffelte Formation ein. Als Tilly seinen Angriff begann, hatten die Schweden ihren Aufmarsch jedoch noch nicht beendet. Die Überschreitung des schmalen Loberbaches bereitete ihnen einige Probleme, auch weil sie hier bereits von den plänkelnden Reitern Pappenheims in Kampfhandlungen verwickelt wurden. Auch der ihnen entgegenwehende Staub, der die Sicht stark behindert haben soll, machte ihnen zu schaffen.

Tilly konzentrierte das Feuer seiner Artillerie und den Stoß seines rechten Flügels und des Infanteriezentrums daher zunächst auf die sächsische Armee. Nach der Artillerieeröffnung schickte er den Flügel des Grafen Fürstenberg und seine Infanterie gegen die Sachsen nach vorn. Sowohl die Kaiserlichen als auch die Schweden wiesen nach der Schlacht darauf hin, dass die Sachsen schnell vom Feld geflohen wären. Tatsächlich verließen einige Fähnlein der Landesdefension den Kampfplatz fluchtartig und ohne größeren Widerstand zu leisten. Die Masse des Heeres hielt den Angriff Tillys jedoch zwei Stunden auf und gab Gustav Adolf somit Zeit, den Aufmarsch seines Heeres zu beenden.

Inzwischen war Pappenheims Kavallerie in schwere Kämpfe verwickelt. Die Schweden konnten immer mehr Truppen ins Feld führen und die wiederholten Angriffe der ligistischen Kürassiere scheiterten im Abwehrfeuer der schwedischen Infanterie und den schnellen Gegenstößen ihrer Reiter.

Mit seinem rechten Flügel versuchte Gustav Adolf in die Lücke zwischen der katholischen Infanterie und Pappenheims Reiterei zu stoßen. Der Feldmarschall bemerkte die bedrohliche Bewegung und führte nun auch seine Regimenter nach links, um selbst die Schweden zu überflügeln und in der Flanke zu packen.Aber das zweite schwedische Treffen schwenkte ihm entgegen, sodass nun der rechte protestantische Flügel einen kleinen Haken bildete. Pappenheims Attacke traf auf die Reiterei des Generals Banér. Es gelang den Schweden, den Angriff aufzuhalten. Besonders die zwischen ihrer Kavallerie stehenden Musketiere mit ihren schnell feuernden Gliedern und die beweglichen Regimentskanonen bereiteten Pappenheims Reitern Probleme. Der Feldmarschall bemerkte dabei kaum, dass er bereits die Fühlung zum Zentrum verlor.

Pappenheims Attacken hatten die Verbindung zwischen ihm und Tillys Tercios abreisen lassen. Doch durch den Rückzug der Sachsen war es den Katholischen möglich, die Schweden in ihrer rechten Flanke zu fassen. Fürstenbergs Reiter stießen bereits in den Rücken des Feindes. Auch Tillys Infanterie schwenkte nach Westen, ein schwieriges Manöver für seine bereits ermüdeten Truppen. Die Linie verlor ihren Zusammenhalt, als die Kaiserlich-Ligistischen plötzlich selbst in den Staubwolken standen, die ihnen der auf Westen gedrehte Wind in die Gesichter blies.

Gustav Adolf reagierte prompt. Sein linker Flügel bog sich um neunzig Grad zurück. Fürstenbergs Reiter wurden noch schneller abgewehrt als die Pappenheims. Und die desorganisiert vorrückenden langsamen Infanteriebataillone gerieten nun in einen Feuerhagel, der von den schwedischen Musketieren und den leichten Regimentsstücken auf sie nieder ging. Eine aus dem schwedischen Zentrum heraus vorgebrachte Reiterattacke verhinderte, dass sich die Kaiserlichen wieder zu einer festen Linie schlossen. Vermutlich unterhielten die Schweden bei diesem Angriff auch Unterstützung durch einige sächsische Regimenter, die sich zwar vor Tillys Angriff sukzessive zurückgezogen hatten, aber immer noch kampfbereit waren.

Unter diesem massiven Abwehrfeuer brach die Linie zusammen. Die Infanterie rannte auseinander, verfolgt von der schwedischen Reiterei. Tilly wurde verwundet und von einer letzten festen Formation aus 1.500 Reitern und 600 Pikenieren nach Leipzig gebracht.

Bedeutung

Die Bilanz von Breitenfeld war verheerend. 7.600 Ligisten und Kaiserliche waren gefallen oder verwundet, 6.000 gefangen und 3.000 hatten ihre Waffen weggeworfen und waren geflohen. Neben der gesamten Artillerie verloren Tillys Truppen fast hundert Fahnen und Standarten. Noch in derselben Nacht räumte Pappenheim Leipzig und zog sich mit den etwa 13.000 Mann, die der Armee noch verblieben waren, nach Halle zurück.

Die Schlacht bei Breitenfeld war lange Zeit von Mythen umgeben, die eine Analyse ihrer taktischen Bedeutung erschwerte. Es war keine Auseinandersetzung zwischen unterschiedlichen taktischen Systemen, da sich alle Parteien an der damals dominanten niederländischen Taktik orientierten. Die Schweden profitierten davon, dass die sächsischen Truppen ihnen Zeit verschafft hatten, um ihren Aufmarsch zu beenden, da sie sonst womöglich von Tilly überrascht und geschlagen worden wären. Die zahlenmäßige Überlegenheit der Verbündeten, die es ihnen ermöglichte, Reserven zu bilden, ihr geschickter Einsatz durch Gustav Adolf sowie die Feuerkraft der Schweden, die die Angriffe der katholischen Kavallerie und Infanterie abwehrten, stellten ebenfalls wichtige Faktoren dar.

Die moralische Wirkung der Schlacht war enorm. Es war der erste bedeutende protestantische Sieg seit dem Ausbruch des Dreißigjährigen Krieges und es war der erste große Erfolg Gustavs II Adolf in Deutschland. Getragen von einem Nimbus der Unbesiegbarkeit drang der Schwedenkönig bis vor die Tore Wiens. Doch bereits ein reichliches Jahr später sollte sein Siegeszug auf einem anderen Schlachtfeld nahe Leipzig sein jähes Ende finden: bei Lützen.

Die beteiligten Heere

Die kaiserlich-ligistische Armee (General Johann T'Serclaes von Tilly)

Kavallerie: 11.000 Mann

Infanterie: 22.000 Mann

Artillerie: ca. 26 Geschütze

Verluste: ca. 7.600 Tote, 6.000 Gefangene, 3.000 Vermisste

Die schwedisch-sächsische Armee (König Gustav II Adolf, Kurfürst Johann Georg I. von Sachsen

Kavallerie: 8.064 Mann (Schweden) 4.900 Mann (Sachsen)

Infanterie: 14.742 Mann (Schweden) 11.314 Mann (Sachsen)

Artillerie: 12 schwere Kanonen, 42 Regimentsstücke (Schweden), 10 schwere Kanonen (Sachsen)

Verluste: ca. 5.500 Mann

Downs, 21. Oktober 1639

> *„Denn der spanische Admiral Don Anthony de Oquendo, dessen Schiff besser segelte, als der Rest seiner Flotte, hielt sich eng an das des portugiesischen Admiral Don Lopus de Ossa […] und* [sie] *benahmen sich so tapfer, dass, wie mir von genügend Männern aus Dover mitgeteilt wurde, keiner der Holländer es wagte, an ihre Breitseite zu kommen, bis ein verzweifelter Funke von einer der holländischen Pinnassen auf das Schiff des portugiesischen Admirals übersprang,* […] *und bald enterten ihn fünf ihrer Feuerschiffe auf beiden Seiten und feuerten plötzlich alle und verbrannten alle 7 zusammen.“*
>
> Peter White "Narrative, of all the principall Passages which hapned in the Downes in the yeare 1639"

Seit 1566 kämpften die Niederlande um ihre Unabhängigkeit vom Spanischen Mutterland. Was als Widerstand gegen spanische Steuerforderungen begann, entwickelte sich rasch zu einem Bürgerkrieg mit starker religiöser Komponente, in dessen Verlauf die Niederlande sich in einen mehrheitlich katholischen Süden – den Spanien behaupten konnte – und einen reformierten Norden teilte. 1609 willigte ein finanziell und militärisch erschöpftes Spanien in einen zwölfjährigen Waffenstillstand ein, der aber aufgrund der unterschiedlichen Interessenlagen beider Länder während des beginnenden Dreißigjährigen Krieges nicht verlängert wurde, sodass die Feindseligkeiten 1621 von neuem ausbrachen.

Trotz sich abzeichnender finanzieller und ökonomischer Probleme war Spanien zu diesem Zeitpunkt noch immer die stärkste Militärmacht in Europa und in der Lage, Truppen und Steuern nicht nur auf der iberischen Halbinsel, sondern auch aus seinen umfangreichen italienischen Besitzungen auszuheben. Von hier aus führte die sogenannte „Spanische Straße“ über die Alpen und ins Rheintal und wurde genutzt, um Truppen nach Flandern zu verlegen. In der Anfangsphase des neuen Krieges operierten die Spanier erfolgreich und eroberten 1625 die wichtige Festung Breda.

Danach begann sich das Blatt jedoch sukzessive zu wenden. In den Niederlanden wurden nach dem Tod des Statthalters Moritz von Oranien 1625 mehrere bedeutende Reformen in die Wege geleitet, die die Einnahmen des Staates erhöhten und die Rekrutierung stärkerer Truppen ermöglichten. Zur gleichen Zeit verschlimmerte sich die finanzielle Krise in Spanien. Die Kaperung einer amerikanischen Silberflotte durch ein niederländisches Geschwader der Westindienkompanie unter Piet Hein in der Schlacht von Matanzas bei Kuba verschärfte die spanische Krise und gab den Niederländern weitere Mittel zur Rekrutierung neuer Soldaten in die Hand. Während die spanische Flandernarmee reduziert werden musste, gingen die Niederländer in die Offensive und eroberten 1629 's-Hertogenbosch. 1635 schlossen die Generalstaaten ein Bündnis mit Frankreich ab, welches nun ebenfalls in den Krieg mit Spanien eintrat, wodurch sich dessen geopolitische Lage weiter verschlechterte. 1638 eroberte eine französische Armee unter dem Befehl Herzog Bernhards von Sachsen-Weimar die Festung Breisach am Rhein, womit die Spanische Straße geschlossen wurde. Die südlichen Niederlande waren somit von ihrer wichtigsten personellen Nachschubquelle abgeschnitten. Truppen konnten nun nur noch über See verlegt werden. Da niederländische Angriffe auf die Häfen von Dünkirchen und Ostende hatten abgewendet werden können, entschied sich der leitende Minister Spaniens, der Herzog von Olivares, diese Option zu ergreifen und bereitete für das Jahr 1639 die Entsendung einer großen Armada samt Truppen vor.

Der Feldzug

Zur Umsetzung dieses Plans wurde ein hastiges Bauprogramm ins Werk gesetzt, Schiffe von der Handelsmarine requiriert und 22 Galeeren aus der Mittelmeerflotte abgezogen. Insgesamt umfasste die Flotte 80 Kriegs-, Transport- und kleinere Versorgungsschiffe mit einer Mannschaft von 6.500 Seeleuten und 8.000 Soldaten. Weitere 9.000 Soldaten und ein Schatz von drei Millionen Escudos waren für die Verstärkung und Bezahlung der Flandernarmee gedacht. Die Flotte wurde von Antonio de Oquendo y Zandategui kommandiert, einem Mann, der im Laufe seiner Karriere weder durch besonderes militärisches Geschick noch durch Loyalität, dafür durch Machtgier und Intrigantentum aufgefallen war.

Im Gegensatz dazu war der niederländische Kommandeur Marten Harpertszoon Tromp ein erfahrener Seemann, der bereits an etlichen Schlachten teilgenommen hatte. Er befehligte eine Flotte von 79 Schiffen. Allerdings hatte Tromp Anweisungen, zunächst mit nur einem Teil der Flotte in See zu bleiben und sich nicht auf ein Gefecht einzulassen, ehe der Rest seiner Schiffe bei ihm eingetroffen wäre. Tromp teilte sein Geschwader in drei kleinere Verbände. Joost Banckert patrouillierte mit zwölf Schiffen nördlich der Downs für den Fall, dass die Spanier die britischen Inseln umrunden würden, Witte de Witt stand mit fünf Schiffen dicht unter der englischen Küste und Tromp selbst mit zwölf nahe der französischen.

Die Spanier hatten derweil den Angriff eines 35 Schiffe starken französischen Geschwaders unter Henri de Sourdis auf den Hafen von La Corunna zurückgeschlagen. Am 27. August lichtete die Armada die Anker und erreichte am 11. September den Kanal. Die Vorhut bildete die Flandernarmada. Diese bestand aus schnellen, gut bewaffneten Fregatten, die in den vorangegangenen Jahren allerhand Kampferfahrung hatten sammeln können und mit Miguel de Horna über einen erfahrenen Kommandanten verfügten. Allerdings befand sich de Horna auf dem Flaggschiff Oquendos.

Am 15. September erfuhren die Spanier von einem englischen Handelsschiff, dass sich ein niederländisches Geschwader bei Calais befände. Dabei handelte es sich um den Verband Tromps, den die Armada am Folgetag sichtete. Die Spanier bildeten eine Halbmondformation und versuchten die Niederländer in Nahkämpfe zu verwickeln. Tromp formierte seine Schiffe dagegen in einer Kiellinie und griff den rechten spanischen Flügel an, wo er Oquendos Flaggschiff ausgemacht hatte. Der spanische Admiral hatte seine Kommandanten nur ungenügend über seine Absichten informiert, sodass ihm nur ein Teil seiner Flotte folgte. Es kam zu einem kurzen, aber unentschiedenen Feuergefecht, wobei ein niederländisches Schiff explodierte. Dafür eilte bis zum Mittag de Wittes Geschwader herbei, angelockt vom weithin hörbaren Kanonendonner. Um jedoch nicht an die französische Küste abgedrängt zu werden, ließ Tromp das Gefecht abbrechen. Am Folgetag traf auch Banckerts Geschwader bei Tromp ein, sodass das Gefecht am 18. September wieder aufgenommen werden konnte. Erneut operierte Oquendo äußerst vorsichtig, was vielleicht daran lag, dass er eine allgemeine Schlacht vermeiden und zunächst die Truppen anlanden wollte. Die Niederländer mussten die Schlacht schließlich aus Munitionsmangel abbrechen. Anstatt seinen Auftrag nun auszuführen, wandte Oquendo sich der Bucht bei den Downs zwischen Dover und Deal zu. Von hier aus entsandte er einen Teil der Flandernflotte mit dem Schatz und 3.000 Mann nach Dünkirchen, wo sie sicher eintrafen.

Nach dem Gefecht vom 18. hatte Tromp zunächst den Kontakt zu den Spaniern verloren. Erst am 20. September erfuhr er, wo sich Oquendos Flotte befand. Er beschloss, den Gegner in der Bucht zu blockieren. Gleichzeitig bat er die Admiralitäten der einzelnen Provinzen um Verstärkungen. Diese zogen hastig alle verfügbaren Schiffe zusammen und brachten die Flotte schließlich auf eine Gesamtstärke von 95 Schiffen.

Die Spanier versuchten derweil, heimlich weitere Truppen auf englischen Schiffen nach Flandern zu verlegen, doch diese wurden von Tromp abgefangen, der etwa 1.500 Gefangene machte. Da er sich über die Missachtung einer neutralen Flagge sorgte, bat der Admiral jedoch um weitere Instruktionen und erhielt die Erlaubnis, Oquendo anzugreifen, wo immer er ihn finden würde. Als Tromp erfuhr, dass auch Oquendo unter Pulvermangel litt, ließ er ihm durch einen englischen Offizier 500 Fässer anbieten, damit er sich zur Schlacht stellen könne.

Die beiden Flotten

Die Flotten beider Seiten bildeten ein Sammelsurium unterschiedlicher Schiffe, von denen einige bereits ausschließlich für militärische Zwecke gebaut worden waren, während andere schlicht aus umgerüsteten Handelsschiffen bestanden. Größe, Geschwindigkeit und Kampfkraft der verschiedenen Einheiten variierten daher stark.So trug das größte holländische Schiff, Tromps Flaggschiff *Aemilia,* 57 Geschütze, die beiden kleinsten nur zehn und die größten spanischen, wie Oquendos Flaggschiff *Santiago,* immerhin 60.

Die modernsten Kriegsschiffe dieser Zeit waren die von den Spaniern in Flandern entwickelten Fregatten. Der Begriff Fregatte leitet sich vermutlich aus dem Französischen ab und bedeutet „lang und niedrig gebaut“ und verweist somit auf die im Vergleich zur Rumpfbreite große Länge des Kiels und die niedrigen Aufbauten. Die spanischen Fregatten besaßen niedrige Vor- und Achterkastelle, auf denen auch kleine Geschütze platziert wurden. Die Niederländer griffen das spanische Design auf und begannen ebenfalls noch im Achtzigjährigen Krieg mit dem Bau größerer, hochseetauglicher Fregatten. Zum Zeitpunkt des niederländischen Angriffs hatte Oquendo die meisten seiner Fregatten jedoch nach Dünkirchen geschickt. Der Rest seiner Schiffe bestand aus den etwas schwerfälligeren Galeonen und einigen Galeeren.

Die Niederländer verfügten nur über wenige reine Kriegsschiffe. Die *Aemilia* war 1632 nach dem Vorbild spanischer Fregatten mit zwei durchgehenden Decks gebaut und zunächst mit 45, später 57 Geschützen bestückt worden.

Die Qualität der Mannschaften lässt sich nur schwer einschätzen. Generell verfügten die Niederländer zu diesem Zeitpunkt über eine stärker ausgeprägte seemännische Kultur. Die Handels- und Fischereiflotte war wesentlich größer als die der Spanier und ein hoher Prozentsatz der Bevölkerung arbeitete in der Schifffahrt. Dagegen war Spanien trotz seines weltumspannenden Kolonialreiches und trotz der Tatsache, dass seine Küstenlinie um ein vielfaches länger war als seine Landgrenzen, keine ausgesprochene Seefahrernation. Bereits in Friedenszeiten hatte die Handelsmarine Probleme, qualifiziertes Personal zu finden. Dieser Befund lässt sich jedoch nur schwer verallgemeinern. Portugal, dass seit 1580 in Personalunion mit Spanien vereinigt war, stellte nicht nur die besten Schiffe, sondern durchaus qualifizierte Mannschaften. Und auch die Offiziere und Mannschaften der Flandernarmada waren kriegserfahren.

Die Schlacht

Am 21. Oktober griffen die Niederländer an. Tromp hatte ein starkes Geschwader von dreißig Schiffen, immerhin ein Drittel seiner Flotte, unter de Witte nach Deal gesandt, um die Intervention eines dort liegenden englischen Geschwaders zu unterbinden. Zwei weitere Geschwader blockierten den nördlichen und südlichen Zugang zu den Downs.

Tromp selbst griff mit der Masse seiner Flotte das spanische Geschwader direkt an. Beim Anblick der niederländischen Schiffe brach Panik unter den Spaniern aus. Mehrere Schiffe liefen in den flachen Gewässern auf Grund, wobei die Mannschaften von der seit Tagen zusammengeströmten englischen Bevölkerung ausgeplündert wurde.

Oquendo war es dagegen gelungen, sein Flaggschiff klarzubekommen. Zusammen mit den verbliebenen Schiffen versuchte er aus der Falle auszubrechen. Tromp führte sein Geschwader in Kiellinie an den Gegner heran und drehte dann nach Nordosten ab, sodass seine Schiffe den Gegner mit ihren Breitseiten beschießen konnten. Dabei setzte er fünf Brander ein, um die Linie seines Gegners durcheinanderzubringen. Während die *Santiago* den ersten drei Schiffen ausweichen konnte, kollidierte die *Santa Teresa,* das portugiesische Flaggschiff, mit einem Brander und ging in Flammen auf. In der spanischen Flotte entstand Chaos. Nebel und Pulverqualm erschwerten die Sicht, während die an Deck zusammengedrängten Soldaten die Matrosen behinderten. Einige Schiffe beschossen sich gegenseitig, während Tromps Geschwader seine Formation hielt und unablässig in das Knäuel der Gegner hineinfeuerte.

Auch die übrigen portugiesischen Schiffe gerieten in Unordnung und wurden jetzt von den Niederländern hart attackiert und niedergekämpft. Dennoch gelang die Vernichtung der spanischen Flotte nicht, zum einen, da das Blockadegeschwader im Nordosten nicht in die Kämpfe eingriff, zum anderen, da Tromp nicht bereit war, sich auf Enterkämpfe mit den besser bemannten Spaniern einzulassen. Oquendo und 10 Schiffe konnten sich durch die feindlichen Linien kämpfen und nach Dünkirchen entkommen, ebenso wie neun der Schiffe, die zunächst auf Strand gelaufen waren, später aber wieder flottgemacht werden konnten. Die Verlustzahlen schwanken. Während die *Santa Teresa* mit einem Großteil ihrer Mannschaft verbrannte, konnten die Niederländer neun bis sechzehn Schiffe kapern, von denen jedoch drei schwer beschädigt verloren gingen. Drei der auf Grund gesetzten Schiffe gingen ebenfalls verloren, während drei weitere später vor der spanischen Küste strandeten. Insgesamt büßten die Spanier etwa 35 bis 40 Schiffe und 6.000 Mann ein, von denen ein Teil in England interniert wurde.

Bedeutung

Oquendo behauptete nach der Niederlage, dass er seinen eigentlichen Auftrag erfüllt habe, da der Schatz und – nach seinen Schätzungen – 6.000 Mann in Dünkirchen angelandet werden konnten. Dennoch bedeutete die Zerstörung seiner Armada, dass die Spanier auch auf dem Seeweg in Zukunft keine Verstärkungen mehr nach Flandern würden bringen können. Die verlorenen Schiffe konnten selbst mittelfristig nicht ersetzt werden, was unter anderem eine englisch-niederländische Offensive in der Karibik ermöglichte. 1648 willigte Spanien im Zuge des Westfälischen Friedens endgültig in die Unabhängigkeit der Niederlande ein, auch weil die verbliebenen Besitzungen in den südlichen Niederlanden inzwischen von Frankreich bedroht wurden.

Tromp wurde in den Niederlanden feierlich empfangen und erhielt eine Gratifikation von 10.000 Gulden. In der Folge sah er sich heftiger Anfeindungen durch de Witte ausgesetzt, der ihn dafür kritisierte, Oquendo entkommen haben zu lassen. Die Einführung der Kiellinie als Gefechtsformation erwies sich als wegweisend. Um wirklich effektiv angewandt werden zu können, erforderte sie jedoch baugleiche Schiffe mit gleichmäßiger Geschwindigkeit. In den ab 1652 einsetzenden Englisch-Niederländischen Seekriegen (1652-1654, 1665-1667, 1672-1674) sollten beide Parteien den Bau derartiger Schiffe immer wieder vorantreiben. Diese wurden immer besser bewaffnet. „Linienschiffe“ (engl. „ship of the line“, niederl. „Orlogship“) , wie sie nun aufgrund der Gefechtsformation hießen, führten teilweise 80 bis 100 Kanonen auf zwei bis drei Decks und übertrafen damit die größten bei den Downs eingesetzten Schiffe bei weitem.

Es wäre sicherlich verfehlt, den Ausgang des Achtzigjährigen Krieges an einem einzigen Gefecht festzumachen. Der Verlauf des Konflikts hatte wiederholt deutlich gemacht, dass es für die Spanier unmöglich war, sich gegen die entschlossenen Niederländer durchzusetzen. Auf der anderen Seite sollte nicht vergessen werden, dass sie mit den südlichen Niederlanden einen Teil der Provinzen verteidigen konnten, auch wenn Antwerpen – Europas bedeutendster Hafen im 16. Jahrhundert – aufgrund der Sperrung der Schelde durch die Niederländer an Bedeutung gegenüber Amsterdam beträchtlich verloren hatte.

Beteiligte Flotten

Spanien (Antonio de Oquendo y Zandategui)

Stärke: 29 Galeonen, 13 Fregatten, 22 Galeeren, 13 Transporter, 6.500 Seeleute, 8.000 Marineinfanteristen, 9.000 Mann Landungstruppen

Verluste: ca. 35 Kriegsschiffe, 5.000 Seeleute und Marineinfanteristen, 1.500 Soldaten durch die Niederländer gefangen genommen, 1.500 in England interniert.

Niederlande (Marten Hapertszoon Tromp)

Stärke: 95 Kriegsschiffe

Verluste: ca. 1.000 Mann

Shanhai Pass, 27. Mai 1644

„Zicheng hackte sich seinen Weg an die Macht -
aber er ist nicht der Sohn des Himmels.
Er bestieg den Thron zu Pferd
aber nicht sehr lange.“
Spottgedicht, dass nach der Schlacht in Peking kursierte

Während der europäischen Kriegsführung des 17. und 18. Jahrhunderts – zu Unrecht – eine gewisse Unentschiedenheit angerechnet wird, erlebte Asien erneut die Eroberung eines bedeutenden Reiches durch militärische Gewalt. Zum zweiten Mal nach der mongolischen Eroberung im 13. Jahrhundert fiel China dem Einfall asiatischer Reiternomaden zum Opfer. An Chinas Nordgrenze, an der Schnittstelle zwischen dem Ming-Reich und der Mongolei, nahmen die Jurchen oder Mandschu sowohl chinesische als auch mongolische Einflüsse auf, letztere insbesondere in Hinblick auf ihr Kriegswesen. Bereits von der Ming-Dynastie waren die Jurchen desöfteren als Hilfsvölker angeworben worden. Sie waren allerdings kein asiatisches Nomadenvolk. Ursprünglich in mehrere Stämme aufgeteilt, gelang es Nurhaci bis zum Jahr 1616, diese zu vereinen und die sogenannte Jin (Qing) Dynastie zu gründen. Nurhaci schuf auch die Heeresorganisation der Mandschu in Form der acht Banner.

Zu Beginn des 17. Jahrhunderts begannen die Mandschu mit ihrer Expansion nach Süden. Ming-China war nicht zuletzt infolge des Imjin-Krieges mit Japan im ausgehenden 16. Jahrhunderts in eine militärische und finanzielle Krise geraten. Einflussreiche miteinander rivalisierende Hofparteien, denen Kaiser Wanli (reg. 1572-1620) nicht mehr Herr werden konnte, schwächten die herrschaftliche Durchdringung der Dynastie zusätzlich. Unter seinem Nachfolger Tianqi (reg. 1620-1627) gewann der Eunuch Wei Zhongxian einen dominierenden Einfluss bei Hof und ließ mit brutaler Gewalt seine Konkurrenten beseitigen. Tianqis Nachfolger Chongzhen (reg. 1627-1644) entließ Wei daher bei seinem Regierungsantritt, woraufhin dieser Selbstmord beging.

Neben einer administrativen Krise sah sich China aber auch mit den Folgen der Kleinen Eiszeit konfrontiert, die in der Forschung inzwischen auch als ein wesentlicher Faktor für die europäischen Konflikte des späten 16. und frühen 17. Jahrhunderts verantwortlich gemacht wird. Sinkende Temperaturen und starke Regenfälle hatten Ernteausfälle zur Folge und da die Finanzkrise des Hofes dazu führte, dass viele bisher staatlich regulierte Fluss- und

Kanalbauprojekte nicht fortgesetzt oder erhalten werden konnten, verschlimmerte sich die Lage zusätzlich. Bauernaufstände griffen im Land um sich. Der folgenschwerste brach bereits 1627 in der Provinz Shaanxi aus und wurde durch den ehemaligen Hirten und späteren Soldaten Li Zicheng angeführt, der schließlich mehrere zentralchinesische Provinzen unter seine Kontrolle bringen konnte und den Kaiserthron für sich selbst in Anspruch nahm. 1644 marschierte er auf Peking und eroberte die Stadt, woraufhin sich Kaiser Chongzhen erhängte. Defacto war die Ming-Dynastie somit aufgrund innerer Aufstände beseitigt worden.

Die Rebellen profitierten allerdings auch von dem Umstand, dass das Kaiserreich in den 1630er und 1640er Jahren unter immer größeren militärischen Druck seitens der Mandschu geraten war und starke Armeen zum Schutz der Nordgrenze abstellen musste. 1642 überwand eine Mandschu-Armee die Große Mauer und zog plündernd durch Nordchina. Ein weiterer Vorstoß auf die chinesische Hauptstadt wurde womöglich nur durch den überraschenden, kinderlosen Tod von Khan/Kaiser Hong Taiji im Jahr 1643 verhindert, der eine kurze Nachfolgekrise heraufbeschwor. Diese konnte jedoch durch eine Entscheidung der Jurchen-Fürsten beigelegt werden. Tiji´s jüngster Sohn Fulin wurde zu seinem Nachfolger, sein ältester Sohn Hooge und sein bewährtester General und Adoptivsohn Dorgon zu dessen Stellvertretern ernannt.

Die chinesischen Truppen im Norden des Landes wurden von General Wu Sangui befehligt, der bereits 1641 in der Schlacht bei Songjin eine schwere Niederlage gegen die Mandschu hatte hinnehmen müssen, anschließend aber sogar befördert worden war. Zum Zeitpunkt des Rebellenvorstoßes auf Peking befand sich Wu mit seinen Truppen auf dem Marsch nach Süden, um dem bedrängten Kaiser zu Hilfe zu eilen. Auf die Nachricht vom Fall der Stadt zog er sich zum Shanhai Pass zurück, der das östliche Ende der Großen Mauer bildete. Um seine Herrschaft zu festigen und vor allem die nach wie vor verwundbare und bedrohte Nordgrenze zu sichern, schickte Li Zicheng zwei Armeen gegen Wu, die aber beide Anfang Mai geschlagen wurden. Dorgon, der die eigentliche Führung der Mandschu übernommen hatte, nutzte die sich bietende Gelegenheit, um einen eigenen Feldzug auf Peking vorzubereiten, als ihn zu seiner Überraschung ein Brief Wus erreichte, worin dieser um die Unterstützung der Mandschu bei der Unterdrückung des Aufstandes bat. Die Intention des Generals lag zwar darin, die Herrschaft der Ming zu restaurieren, doch Dorgon nutzte die sich bietende Gelegenheit und forderte Wu stattdessen auf, seine eigenen Ansprüche zu unterstützen. In Anbetracht der angespannten militärischen Lage blieb diesem keine andere Möglichkeit, als in den Vorschlag einzuwilligen. Der Übertritt von Chinas wichtigstem General gab dem Anspruch der Mandschu eine bedeutende Legitimitätsgrundlage. Gleichzeitig stellten Wus kampferprobte Truppen eine beträchtliche Verstärkung für ihre Armee dar. Inzwischen marschierte Li Zicheng persönlich mit einer weiteren Armee zum Shanhai-Pass.

Die beteiligten Armeen

Ende Mai standen sich am Shanhai Pass drei recht unterschiedlich strukturierte Armeen gegenüber. Das Rückgrat der Mandschu-Truppen bildeten berittene Bogenschützen, die in die berühmten acht Banner eingeteilt waren. Jedes dieser Banner – heute würde man wohl von Korps sprechen – bestand aus zehn Regimentern (jalan), diese wiederum aus fünf Kompanien (niru), die von jeweils 300 Haushalten gestellt wurden. Ein Banner umfasste somit 18.000 Mann. Ursprünglich existierten vier Banner: weiß, gelb, rot und blau. 1615 wurden die Banner geteilt. Die auf der mandschurischen Ebene stationierten Truppen behielten ihre Bezeichnung bei.

Im China der Ming-Dynastie genoss das Militär nicht mehr denselben Status wie in den Jahrhunderten zuvor. Seit dem ausgehenden 16. Jahrhundert rekrutierten sich die Truppen überwiegend aus Söldnern, die gelegentlich durch Bauernmilizen verstärkt wurden. Chinesische Truppen waren regional äußerst unterschiedlich aufgebaut. Im Norden dominierten Fußtruppen, die mit Lanzen, Schwertern, Bögen, seit dem ausgehenden 16. Jahrhundert aber auch mit Luntenschlossmusketen ausgestattet waren. Dazu wurden mongolische Reitervölker als Hilfstruppen angeworben. General Qi Jiguang (1528-1588), dermehrere Jahre an der Nordgrenze kommandiert hatte und unter anderem letzte Ausbesserungen an den Befestigungen des Shanhai Passes vorgenommen hatte, führte kombinierte Formationen aus Lanzen- und Feuerwaffenträgern bei den dortigen Truppen ein.

Li Zichengs Armee bestand überwiegend aus bäuerlichen Aufgeboten, die sich im Laufe der Zeit zwar eine ähnliche Bewaffnung erworben hatten, die reguläre Ming-Truppen, denen aber immer noch deren Professionalität fehlte. Sie bestanden zum großen Teil aus Han-Chinesen, aber auch aus mongolischen und sogar Mandschu-Hilfstruppen. Die Ähnlichkeit in der Ausrüstung beider Armeen wird auch daran deutlich, dass Wu seinen Soldaten vor Beginn der Schlacht befahl, weiße Tücher auf ihren Rücken zu binden, damit die Mandschu sie von den Rebellen unterscheiden konnten. Dorgon forderte zudem, dass die Chinesen sich nach Art der Mandschu den Kopf scherren und nur einen Mittelzopf stehen lassen sollten.

Die Stärkeangaben für alle Armeen schwanken stark. Wu verfügte vermutlich über einen Kern von 40.000 bis 80.000 Soldaten – wobei die niedrigeren

Schätzungen zuverlässiger erscheinen – zusätzlich lokaler Milizen und 60.000 Mandschu-Truppen. Zeitgenössische Quellen beziffern Li Zichengs Truppen auf bis zu 200.000 Mann, was aber stark angezweifelt wird. Inzwischen wird seine Stärke auf weniger als 100.000 Mann geschätzt.

Die Schlacht

Im Morgengrauen des 27. Mai erreichten die Mandschu den Shanhai Pass, woraufhin sich Wu Sangui den Befehlen Dorgons unterstellte. Li Zicheng war sich der Vereinigung seiner Gegner vermutlich gar nicht bewusst und rechnete mit hoher Wahrscheinlichkeit nur damit, auf Wu Sangui zu treffen. Es ist auch davon auszugehen, dass er, in Anbetracht der vorherigen Niederlagen seiner Truppen, die Schlacht nicht bewusst mit einem unterlegenen Heer angenommen hätte, weswegen angenommen werden kann, dass Wus Truppen nur etwa 40.000 Mann zählten. Wu eröffnete die Schlacht. Offensichtlich wollte der Mandschuführer seine eigenen Verbände schonen. Die Mingsoldaten prallten frontal auf die Stellungen von Li Zichengs Armee, waren jedoch nicht in der Lage, diese zu durchbrechen. Dabei erlitten sie hohe Verluste und standen bereits kurz vor dem Kollaps, als ein Sandsturm aufkam und ihren Gegnern die Sicht nahm.

Diese Gelegenheit nutzte Dorgon aus und führte seine Reiter um den rechten Flügel Wus herum in die offene linke Flanke Li Zichengs nahe dem Yipianshi Felsen. Die Wucht dieses Angriffs traf die Chinesen unvorbereitetet. Die Mandschu zerschlugen den linken Flügel der Armee, woraufhin auch die übrigen Verbände in Panik vom Schlachtfeld flohen. Die nachdrängenden Mandschu richteten ein Gemetzel unter den Flüchtenden an. Li Zicheng versuchte, die Reste seiner Armee in Yongping zu sammeln, welches an der Straße nach Peking lag, doch viele seiner Soldaten und Offiziere flüchteten bis zur Hauptstadt.

Bedeutung

Am Tag nach der Schlacht musste auch Li Zicheng einsehen, dass weiterer Widerstand sinnlos war und zog sich nach Peking zurück. Doch anstatt seine Truppen neu zu ordnen, gab er die Hauptstadt zur Plünderung frei. Anschließend erklärte er sich selbst zum Kaiser, ließ die alte Ming-Residenz niederbrennen und zog sich nach Süden zurück. Am 5. Juni zog die siegreiche Armee in der Hauptstadt ein, wo Ende des Jahres der junge Funlin offiziell als Kaiser Shunzhi inthronisiert wurde. Dorgon sandte Wu zur Verfolgung Li Zichengs aus, der sich jedoch mehrfach aus einer gefährlichen Umklammerung befreien konnte und seinen eigenen Machtanspruch aufrechterhielt. Erst im September 1645 kam er unter bisher nicht geklärten Umständen, vielleicht Selbstmord, ums Leben. Die vollständige Unterwerfung Chinas, insbesondere der südlichen Landeshälfte, wo sich mit Zhou Yolang (reg. 1646-1662) ein weiterer „Gegenkaiser“ etablierte, dauerte noch bis 1662 an. Die Eroberung Chinas durch die Mandschu im frühen 17. Jahrhundert ist eines der spektakulärsten und erfolgreichsten – weil von langdauernder Konsequenz – Ereignisse der frühneuzeitlichen Militärgeschichte, welches die Expansion Frankreichs unter Ludwig XIV. oder die Eroberung Schlesiens durch Friedrich II. weit in den Schatten stellt. Die Gründe hierfür sind komplex und wie gezeigt, erfolgte der innere Zusammenbruch der Dynastie vor der äußeren Eroberung durch die Mandschu, wobei der Übertritt starker chinesischer Kräfte eine entscheidende Rolle spielte. Die Ereignisse zeigen zugleich die große Bedeutung von Aufständen für die chinesische Geschichte. Diese kamen zwar auch in anderen Regionen der Welt vor, allerdings wurde in der Frühen Neuzeit nie ein europäischer, osmanischer, persischer oder Mogulherrscher durch eine Bauernrebellion zu Fall gebracht, wie Kaiser Chongzhen.

Beteiligte Streitkräfte

Mandschu (Dorgon / Wu Sangui)

Stärke: ca. 40.000-80.000 Ming-Truppen, 20.000-30.000 Milizen, 60.000 Mandschutruppen

Verluste: unbekannt

Shun-Chinesen (Li Zicheng)

Stärke: ca. 100.000 Mann

Verluste: unbekannt, schwer

Maastricht, 13. – 30. Juni 1670

„Der erste Tag zur Eröffnung der Gräben kostete uns nicht viel; Monsieur de Vauban erhielt uns während dieser Belagerung, wie bei so vielen anderen, viele Männer durch sein Wissen.“

Pierre Quarré Graf dAligny

Die Herrschaft des Sonnenkönigs Ludwigs XIV. (1638-1715, reg. seit 1643) war seit der Übernahme seiner persönlichen Regentschaft nach dem Tode des Kardinals Mazarin 1661 von einer Phase der Expansion gekennzeichnet. In weiten Teilen Europas wurde dieses Ausgreifen Frankreichs an den Rhein und in die südlichen Niederlande als Bedrohung empfunden. Aus Sicht Ludwigs XIV. galt es aber auch, die nördlichen und nordöstlichen Grenzen seines Reiches möglichst weit von Paris wegzuschieben, das im Dreißigjährigen Krieg 1636 durch eine Invasion habsburgischer Truppen bedroht worden war. Der Konflikt mit den Spanischen Habsburgern überdauerte dabei sogar den Westfälischen Frieden und wurde erst mit dem Pyrenäenfrieden 1659 zum Abschluss gebracht, der Frankreich kleinere Gebietsgewinne bescherte. Ludwig nutzte den Frieden, um die französische Armee, die durch Söldnertruppen massiv verstärkt worden war, auf einen permanenten Fuß zu setzen. Unter Michel Le Tellier entwickelte sich die französische Armee zur stärksten und effizientesten Europas.

Ludwig setzte diese Armee bald ein, um nach dem Tod des spanischen Königs Philipp IV. 1665 Ansprüche auf Gebiete in den spanischen Niederlanden als Kompensation für die ausgebliebene Mitgift seiner Frau, einer spanischen Prinzessin, geltend zu machen. Der kurze Devolutionskrieg (1667-1668) brachte Frankreich territoriale Gewinne in den südlichen Niederlanden und die Franche-Comté.

Dadurch fühlten sich wiederum die Generalstaaten der Niederlande bedroht, die eine Allianz mit England und Schweden bildeten und Ludwig 1668 im Frieden von Aachen zur Herausgabe einige seiner Gewinne zwangen. Diese Schmach brachte den auf seine Reputation bedachten König gegen die Handelsrepublik auf, die sich zu dieser Zeit in einem Konkurrenzkampf mit dem maritim erstarkenden England befand, mit dem es sich bereits zwei Seekriege (1652-1654, 1665-1667) geliefert hatte. In Vorbereitung des Dritten Krieges (1672-1674) schlossen England und Frankreich ein Bündnis. 1672 fielen französische Truppen in den Niederlanden ein. Eine militärische Krise führte zum Sturz und der Ermordung des Ratspensionärs Jan de Witt und die Einsetzung des Statthalters Wilhelm von Oranien.

Wilhelm gelang es, die politische und militärische Lage zu stabilisieren, indem er Kaiser Leopold I. und Kurfürst Friedrich Wilhelm von Preußen auf seine Seite zog. Die Öffnung der holländischen Deiche und die daraus resultierende Überflutung großer Teile der südlichen Generalstaaten, Versorgungsengpässe und der herannahende Winter führten dazu, das Ludwigs Armee die Generalstaaten Ende 1672 wieder räumen musste.

Die Festung

Die südlichen Niederlande, die Gebiete entlang des unteren Rheins bis zur Maas waren bereits im Mittelalter dicht besiedelt und gut befestigt. Die Spannungen zwischen Spanien und den aufständischenniederländischen Provinzen, die sich im Achtzigjährigen Unabhängigkeitskampf entladen hatten, führten zur Befestigung vieler niederländischer Städte nach modernen Kriterien. Das Gebiet um Maastricht bildete nach 1648 eine Enklave der Generalstaaten, die von den spanischen Niederlanden, dem Fürstbistum Lüttich und dem Heiligen Römischen Reich eingekeilt wurde. Die Festung schützte die südöstliche Grenze der Generalstaaten. Während des französischen Vormarschs 1672 hatte Marschall Turenne Maastricht umgangen, was sich im späteren Verlauf des Feldzuges rächen sollte, da die Garnison anfing, Überfälle auf seine Nachschublinien durchzuführen. Im Feldzug 1672 erschien Turennes Vorgehen dennoch gerechtfertigt, denn die Franzosen hofften, so schnell wie möglich Amsterdam besetzen zu können, was zu einem politischen Zusammenbruch der Generalstaaten führen musste.

Unter den veränderten politischen und militärischen Bedingungen des Jahres 1673 erschien jedoch eine methodischere Feldzugsplanung ratsam, wobei die Eroberung Maastrichts eine zentrale Rolle spielte. Der Besitz der Stadt würde die rechte Flanke der französischen Armee sichern und ihnen die Maas als Nachschublinie eröffnen. Zudem befand sich eine wichtige Brücke bei Maastricht, die die Stadt auf dem linken Flussufer mit dem befestigten Vorort Wick verband. Eine Belagerungsarmee musste daher beide Stadtteile einschließen, um die Stadt vom Nachschub abzuschneiden, was jedoch bedeutete, dass die Truppen durch den Fluss getrennt und anfällig für Angriffe von Entsatzarmeen wurden.

Im Zuge des Achtzigjährigen Krieges war auch Maastricht umfangreich befestigt worden. Niederländische Ingenieure hatten eine eigene Variante der „trace italienne“ entwickelt. Hierbei wurden alte mittelalterliche Stadtmauern durch einen Ring sternenförmiger Bastionen ersetzt oder ergänzt. Dadurch konnten die Verteidiger bedrohte Abschnitte besser unter Flankenfeuer nehmen. Diesen Bastionen wurden immer weitere Verteidigungsanlagen vorangestellt, sodass ein tiefgestaffeltes Verteidigungssystem entstand. Anders als in Italien setzten niederländische Ingenieure nicht auf steinerne Werke, sondern auf leichter zu bauende Erdkonstruktionen, die zusätzlich durch tiefe Wassergräben gesichert wurden. Derart konstruierte Festungen erwiesen sich im Achtzigjährigen Krieg als nur schwer zu knacken und konnten gegnerische Armeen über eine gesamte Feldzugssaison binden. Die Einnahme von Maastricht durch die Spanier 1579 hatte fast fünf Monate gedauert, die Rückeroberung durch die Niederländer 1632 immerhin dreieinhalb Monate. Allerdings waren die Verteidigungsanlagen der Stadt nach dem Westfälischen Frieden stark vernachlässigt worden und befanden sich in einem schlechten Zustand. Seit Beginn des Krieges hatten nur notdürftige Ausbesserungsarbeiten vorgenommen werden können.

Die französische Armee

Die Reformen des französischen Kriegsministers Le Tellier und seines Sohnes, des Marquis de Louvois, hatten die die stärkste Armee geschaffen, die Europa seit dem Römischen Reich gesehen hatte. Die französischen Regimenter waren einheitlich strukturiert und besoldet und wurden in Uniformen gekleidet. Entscheidend für ihren Erfolg waren jedoch Verbesserungen in der Logistik. Louvois ließ in Nordfrankreich Magazine anlegen, aus denen die Truppen versorgt wurden. Dies ermöglichte den Franzosen eine frühere Eröffnung von Feldzügen, da ihre Reit- und Zugpferde anders als die der Niederländer nicht auf eine Versorgung mit frischem Grünfutter angewiesen waren. Diese Maßnahme, trug zudemzu einer Steigerung der Disziplin bei, denn die Plünderungen des Dreißigjährigen Krieges waren oftmals die Folge einer Mangelversorgung der Truppen.

Die hohe Bedeutung, die der Einnahme Maastrichts zukam, zeigt sich auch daran, dass Ludwig XIV. persönlich die Truppen anführte. Daher wurde eine ausreichend starke Armee zusammengestellt, um den Erfolg des Unternehmens zu garantieren und die gloire des Monarchen nicht zu gefährden. Insgesamt verfügten die Franzosen über 24.000 Infanteristen, 16.000 Kavalleristen und 58 Geschütze.

Als Ludwigs technischer Berater reiste Sébastian Le Prestre de Vauban mit, ein erfahrener Ingenieur, der sich bereits als Festungsbaumeister einen Namen gemacht hatte. Maastricht sollte Vaubans erste Belagerung werden, aber hierfür hatte er ein neuartiges Angriffsverfahren entwickelt, welches einen raschen Erfolg garantieren sollte.

Die niederländische Garnison unter dem Befehl von Jaques de Faríaux, einem französischen Hugenotten, bestand aus etwa 5.000 Mann niederländischer und spanischer Truppen. Diese Zahl reichte nicht aus, um die umfassenden Befestigungswerke effizient zu verteidigen, wofür 8.000 Mann veranschlagt wurden, ein Umstand, der verdeutlicht, dass moderne Verteidigungsanlagen nur so viel wert sind wie die Garnison, die sie hält.

Die Belagerung

Auf der anderen Seite hing der Erfolg eines Angreifers ebenfalls davon ab, dass er eine ausreichend starke Armee ins Feld führte und Entsatzarmeen auf Distanz hielt. Im Mai 1673 täuschte Ludwig einen Vorstoß auf Brüssel vor, um den spanischen Gouverneur, den Grafen von Monterey, über seine wahren Absichten zu täuschen. Anschließend zog er Truppen aus den Garnisonen von Tongres und Maaseik sowie der Moselarmee Turennes ab, die am 6. Juni Maastricht und am 8. Juni Wick erreichten. Am selben Tag begannen 7.000 Bauern mit der Anlage von Belagerungsstellungen, die aus einer Circumvallationslinie bestand, welche die Stadt einschloss und einer Contravallationslinie, die die Belagerer vor dem Angriff einer Entsatzarmee schützen sollte. Das Anlegen derartiger Stellungen wurde im 16. Jahrhundert zum Standard und entsprang vermutlich der Rezeption antiker Quellen, denn Cäsar hatte solche Anlagen während der Belagerung Alesias (52 v. Chr.) beschrieben. Die Zahl der Arbeiter soll sich später auf 20.000 Schanzgräber erhöht haben.

Bis zum 10. Juni war Ludwig mit der Hauptarmee vor Maastricht eingetroffen. Die Franzosen trugen gewaltige Mengen an Belagerungsmaterial und Lebensmitteln heran. Ihre Magazine vor Ort reichten aus, die Armee sechs Wochen lang zu versorgen. Faríaux war dennoch willens, die Stadt zu halten, da er auf Entsatz durch die Truppen Wilhelms von Oranien hoffte.

Ludwig betraute derweil Vauban mit der Durchführung der Belagerung. Am 14. Juni war der Einschließungsring geschlossen und in der Nacht vom 17. zum 18. April hoben die Franzosen ihre erste Parallele aus. Von dieser Stellung sollten zickzackförmige Gräben vorgetrieben und anschließend eine zweite Parallele angelegt werden. Bei den Parallelen handelte es sich um größere Gräben, die zur Aufnahme einer Infanteriebedeckung dienten und mit größeren Feldbefestigungen als Stellung für die Belagerungsartillerie gespickt waren, welche somit immer näher an die Stadtmauern herangeschoben wurde.

Vauban konzentrierte sich auf das Tongres Tor, das sich als Schwachpunkt der Verteidigung präsentierte. Bereits am 18. Juni eröffneten 26 französische Geschütze von der ersten Parallele aus den Beschuss und feuerten in anderthalb Tagen 5.000 schwere Kugeln ab. In der Nacht vom 19. zum 20. Juni legten die Franzosen die zweite Parallele an. Als Faríaux am nächsten Morgen erkannte, wie gut diese Position gesichert war, sagte er einen geplanten Ausfall ab. Die französische Artillerie ebnete die schwachen, meist nur aus Palisaden bestehenden Verteidigungsanlagen vor dem Tor ein und schoss eine Bresche in die Hauptmauer.

In der Nacht vom 23. zum 24. Juni wurde die dritte Parallele fertig gestellt, in der sich 2.500 Mann zum Sturm auf die Stadt versammelten. Dieser erwies sich als äußerst verlustreich. Die Niederländer unternahmen mehrere erfolgreiche Gegenangriffe, aber letztendlich konnten sich die Franzosen in den verbliebenen Befestigungsanlagen vor dem Tor festsetzen und diese mit ihrer dritten Parallele verbinden. Ein prominentes Opfer der Kämpfe war der Kapitänleutnant Charles de Batz de Castelmore, genannt D´Artagnan.

Die Franzosen trieben nun einen Minengang unter das Hornwerk vor dem Tor und ließen am 27. Juni eine Pulverkammer explodieren. Am Folgetag drängte die Bevölkerung der Stadt Faríaux zur Kapitulation, wozu er am 29. Juni auch durch einen französischen Trompeter aufgefordert wurde. Doch der Kommandant lehnte ab. Die Franzosen nahmen den Beschuss wieder auf, woraufhin die Bevölkerung Fariaux erneut bedrängte und daran erinnerte, das im Falle eines erfolgreichen Sturms die Stadt geplündert werden dürfe.

Am 30. Juni nahm Faríaux die Kapitulationsverhandlungen auf und erreichte, dass seiner Garnison freier Abzug gewährt wurde. Unter den freigelassenen Soldaten befand sich auch Menno von Coehoorn, das niederländische Pendant zu Vauban und seinerseits ein erfolgreicher Festungsbaumeister und Belagerungsingenieur.

Bedeutung

Der schnelle Fall von Maastricht erlaubte es Ludwig, noch 1673 das Kurfürstentum Trier zu besetzen. Dies wiederum provozierte den Eintritt des Heiligen Römischen Reiches in den Krieg, wodurch die strategische Lage Frankreichs sich verschlechterte. Dennoch endete der Krieg 1678 im Frieden von Nimwegen mit weiteren französischen Gebietsgewinnen in den südlichen Niederlanden und der endgültigen Besetzung der France-Comté.

Die Belagerung von Maastricht erwies sich als wegweisend für diese Art der Kriegsführung im späten 17. und 18. Jahrhundert. Handelte es sich dabei zuvor um lange, aufwendige Verfahren, die nicht selten auf ein Aushungern der Verteidiger hinausliefen, so wurde dieses nun genau planbar. Die Bedeutung gut ausgebildeter Ingenieure in westeuropäischen Armeen nahm in der Folge zu. Nach dem neuen Verfahren dauerten Belagerungen selten länger als drei Monate, wie etwa die anglo-niederländische Belagerung von Lille 1708. Gleichzeitig bildete sich ein ungeschriebenes Gesetz heraus, wonach der Kommandant einer Festung ehrenvoll kapitulieren konnte, sobald die

Parallelen der Belagerer die Contrescarpe (die Spitze des Stadtgrabens) erreicht hatten.

Dennoch bildete Vaubans Verfahren nicht die einzige Methode. Es herrschte unter den frühneuzeitlichen Militärs kein Konsens darüber, ob sich der Beschuss der Belagerungsartillerie ausschließlich auf die Festungswälle konzentrieren oder als eine Art frühneuzeitliches „moral bombing" gegen die städtische Bebauung richten sollte. Unter Ludwig XIV. entwickeln einige französische Generale eine Vorliebe für den Einsatz von Mörsern. Große Teile Genuas wurden 1684 durch 14 000 Mörsergranaten in Schutt und Asche gelegt, die Stadt anschließend gebrandschatzt und geplündert. Während der Belagerung von Luxemburg 1683 schleuderten die Franzosen 6 000 Bomben und Kugeln in die Festungsstadt, ein Jahr später sogar 55 000.

Beteiligte Armeen

Frankreich (Ludwig XIV. Leitung der Belagerung: Sébastian le Prestre de Vauban)

Stärke: 24.000 Mann Infanterie, 16.000 Mann Kavallerie, 58 Geschütze, bis zu 20.000 Schanzgräber

Verluste: ca. 2.500 Tote und Verwundete

Generalstaaten der Niederlande (Jaques de Faríaux)

Stärke: 5.000 Mann Infanterie, 1.200 Mann Kavallerie

Verluste: Stadt Maastricht, ca. 1.700 Tote und Verwundete.

Barfleur und La Hogue, 29. Mai – 4. Juni 1693

> *„Tourville auf der Soleil Royal, die 110 Geschütze trug, dem besten Schiff Europas, passierte alle niederländischen und englischen Schiffe, die ihm im Weg standen, suchte Russel heraus, und griff ihn an. Aber durch die Antwort, die er empfing, wurde er bald von seinem Fehler überzeugt* […] *Der Kampf zwischen den beiden Admiralsschiffen dauerte anderthalb Stunden; danach musste Tourville abgeschleppt werden, er war gezwungen sich zurückzuziehen, da seine Takelage schweren Schaden genommen hatte.“*
>
> John Dalrymple „Memoirs of Great Britain and Ireland. From the Dissolution of the Last Parliament of Charles II. until the Sea-battle Off La Hogue“

Mit dem Beginn der eigenständigen Regierung Ludwigs XIV. 1665 begann auch der Aufbau einer starken französischen Flotte. Diese beteiligte sich im Zweiten Englisch-Niederländischen Krieg (1665-1667) auf niederländischer, im dritten (1672-1674) auf englischer Seite und wurde auch in der Folge systematisch erweitert. In den 1680er Jahren verfügte Frankreich über die stärkste Marine der Welt, auch weil Engländer und Niederländer nach den drei kräftezehrenden Auseinandersetzungen die eigenen Flottenstärken hatten reduzieren müssen.

Die strategische Situation änderte sich jedoch, als der niederländische Statthalter Wilhelm von Oranien 1688 erfolgreich mit einem Heer in England landete und – mit breiter Unterstützung des englischen Parlaments – den wenig populären Stuartkönig James II vom Thron verjagte. Die somit entstandene englisch-niederländische Personalunion bildete das Rückgrat einer sich formierenden antifranzösischen Koalition, der Liga von Augsburg, die Ludwig XIV. im nun folgenden Pfälzischen Erbfolgekrieg (1688-1697) entgegentrat. Der Sonnenkönig versuchte, die Personalunion zu sprengen, indem er James II. in seinen Bemühungen, den Thron zurückzugewinnen, unterstützte. Das Ergebnis war ein Bürgerkrieg, der vor allem in Irland ausgefochten wurde, wo der katholische James starke Unterstützung genoss. Trotzdem war er von französischen Waffenlieferungen und Truppenunterstützungen abhängig, die nur über See geleistet werden konnte. Der Kampf um die Seeherrschaft spielte daher in den Anfangsjahren des Konflikts eine wichtige Rolle.

Im Juli 1690 erlangte die französische Flotte unter Anne-Hilarion de Costentin, Comte de Tourville einen wichtigen Erfolg über die vereinte englisch-niederländische Flotte unter Arthur Herbert, 1st Earl of Torrington und Cornelis Evertsen bei Beachy Head. Die Franzosen profitierten dabei vor allem von ihrer zahlenmäßigen Überlegenheit, denn der vereinten Flotte von 56 Linienschiffen konnten sie 75 entgegensetzen. Dies lag vor allem daran, weil die Engländer in Erwartung einer Invasion ein starkes Geschwader in der Irischen See zurückgelassen hatten. Ludwig XIV. und Tourville hatten jedoch stattdessen beschlossen, die Flotte bei Brest zu vereinigen. Nur ein kleines Geschwader landete etwa 6.000 Mann in Irland an.

Die Niederlage bei Beachy Head löste eine Panik und Invasionsfurcht in England aus. 6.000 Mann unter dem jungen Earl of Marlborough wurden an der Südküste zusammengezogen, Admiral Torrington in den Tower gesperrt und vor ein Kriegsgericht gestellt, da er die Niederländer nicht ausreichend unterstützt hatte. Letztendlich entlastete ihn das Gericht.

Strategisch hatten es die Franzosen verpasst, ihren Sieg zu nutzen. Im Gegenteil, die Konzentration der Flotte bei Brest hatte es William erlaubt, Verstärkungen nach Irland zu überführen, wo er nur einen Tag nach Beachy Head einen entscheidenden Sieg über James in der Schlacht am Boyne errang. Zwar zog sich der Krieg in Irland noch mehrere Jahre hin, aber die Williamiten waren nun klar im Vorteil.

James kehrte nach Frankreich zurück, wo er weiterhin mit der Unterstützung des Sonnenkönigs rechnen konnte. Auf die Stärke seiner Flotte vertrauend, bereitete Ludwig eine direkte Invasion Englands vor. Das Rückgrat der Invasionsarmee bildeten James aus Irland überführe irische Regimenter, die durch französische Truppen ergänzt wurden. Die Armee versammelte sich in Saint-Vaast-la-Hougue und Le Havre in der Normandie und sollte bereits im April den Kanal überqueren, noch bevor die englische und niederländische Flotte sich vereinigt haben würden. Tourville sollte die Flotte in Brest sammeln, anschließend die Transportschiffe zusammenziehen und bei Bedarf die gegnerische Flotte niederringen, um anschließend die Truppen sicher anzulanden.

Der Plan hatte jedoch mehrere Probleme. Zum einen war die französische Flotte nach wie vor in ein Atlantik- und ein Mittelmeergeschwader aufgeteilt, nicht zuletzt, da Brest und alle anderen französischen Atlantikhäfen zu klein waren, um eine ausreichende Zahl Linienschiffe aufzunehmen. Zum anderen war Brest vergleichsweise weit vom Ärmelkanal entfernt, sodass eine auslaufende Flotte Gefahr geriet, entdeckt zu werden, noch bevor sie die Transportschiffe eingesammelt hatte. Drittens war die französische Flotte auf westlichen Wind angewiesen, der allerdings seltener war als östlicher.

Tatsächlich gelang es einem englisch-niederländischen Geschwader, den Durchbruch der französischen Mittelmeerflotte an der Straße von Gibraltar abzuwehren, wobei die Franzosen zwei Schiffe verloren. Ein zweites in

Rochefort stationiertes Geschwader konnte wegen ungünstigem Wind nicht auslaufen, weswegen Tourville schließlich nur sein eigenes Brestgeschwader von 37 Linienschiffen zur Verfügung stand, mit dem er mit großer Verspätung am 4. Mai 1692 in See stach.

Die beteiligten Flotten

Schlechte Winde verzögerten das Auslaufen der französischen Flotte und führten dazu, dass Tourville nur langsam zum Kanal vorrückte. Immerhin wurde er in der Zwischenzeit durch sieben Schiffe des Rochefortgeschwaders verstärkt, sodass er immerhin 44 Linienschiffe kommandierte.

Die französischen Schiffe waren von guter Bauart. Seit Mitte der 1660er Jahre war der Schiffbau systematisch vorangetrieben worden. Die Flotte verfügte über mehrere gut bewaffnete Dreidecker, das Flaggschiff, die *Soleil Royal*, besaß 106 Kanonen. Allerdings mangelte es Tourville an Ersatzteilen und ausgebildeten Seeleuten, was ihn zwang, allein 20 Schiffe in Brest zurückzulassen.

Auch die englische und niederländische Marine verfügten über gute Schiffe, von denen nicht wenige während der 1660er und 1670er auf Kiel gelegt worden waren. Englische Schiffe waren in der Regel etwas größer als ihre niederländischen Pendants, die aufgrund der flachen flandrischen Küstengewässer breiter gebaut waren und weniger Geschütze trugen, während auch die englische Flotte Dreidecker mit 100 Kanonen besaß. Das größte niederländische Schiff führte 92 Geschütze, während 16 von 27 Schiffen 70 oder weniger Kanonen besaßen. Dies galt allerdings auch für 38 von 56 englischen und 26 von 44 französischen Schiffen

Die Verzögerungen im Aufmarsch der Franzosen gaben den Verbündeten ausreichend Zeit, ihre Flotte bei der Insel Wight zu vereinen. Den Befehl führte Admiral Edward Russel, ein erfahrener Marineoffizier, der den in Ungnade gefallenen Torrington abgelöst hatte. Das niederländische Geschwader wurde von Philips van Almonde kommandiert. Er ersetzte den verstorbenen Cornelis Tromp als Oberbefehlshaber der Flotte. Insgesamt verfügte Russel über 80 Linienschiffe, fast doppelt so viele wie de Tourville.

Die Schlacht

Das operative Konzept der Franzosen, welches eine größtmögliche Truppenkonzentration erforderte, war somit bereits vor der Schlacht gescheitert. Dennoch entschied sich Tourville zum Angriff, als die beiden Flotten am 19. Mai vor Kap la Barfleur in Sichtkontakt gerieten. Die Instruktionen Ludwigs XIV. sahen vor, dass er die gegnerische Flotte unbedingt angreifen solle, egal, ob diese überlegen sei oder nicht, während James II. ihm versicherte, dass mehrere englische Schiffe, die von jakobitischen Kapitänen kommandiert wurden, die Seiten wechseln würden.

Die beiden Flotten waren in drei Geschwader gegliedert. De Tourville genoss den Vorteil der Luvposition, allerdings bei schwachem Wind, sodass sich die Flotten nur langsam annäherten. Der Plan des französischen Admirals sah vor, das gegnerische Zentrum mit einem etwa gleich starken Geschwader anzugreifen, während die geschwächte Vor- und Nachhut den Kontakt mit dem Gegner möglichst vermeiden sollten. Gegen 11 Uhr begann das Artillerieduell. Die Vorhut der vereinten Flotte unter Almonde versuchte ihre zahlenmäßige Stärke auszunutzen und das französische Geschwader zu umrunden. Gegen 13 Uhr drehte der Wind, womit die vereinte Flotte plötzlich im Vorteil war. Almonde konnte seinen Plan umsetzen, während das englische Zentrum das der Franzosen durchbrach. Gegen 16 Uhr flaute der Wind ab, wodurch eine Gefechtspause entstand. Mit einsetzender abendlicher Flut versuchte Tourville sich abzusetzen, während die englische Nachhut einen Branderangriff unternahm. Gegen 22 Uhr schlief das Gefecht ein. Obwohl mehrere Schiffe in dem stundenlangen Artillerieduell teils schwer beschädigt wurden, konnte keines versenkt werden.

Mit einsetzender Ebbe entkam die französische Flotte nach Süden. De Tourvilles Lage hatte sich dadurch jedoch keinesfalls gebessert. Die vereinigte Flotte versperrte ihm die Zuflucht zu einem befestigten Hafen, während die starken Gezeiten an der nördlichen Normandieküste ein sicheres Vorankergehen seiner Flotte unmöglich machten, auch weil viele Schiffe keine ausreichend schweren Anker mit sich führten.

Tatsächlich verstreute sich die französische Flotte über Nacht weitläufig. Ein Teil entkam zur englischen Küste, umging die vereinte Flotte und konnte sicher nach Brest zurückkehren. Sechs Schiffe segelten zur Normandie, wovon zwei bei Saint-Vaast-la-Hougue auf Grund gesetzt wurden, zwei weitere nach le Havre entkamen und zwei anschließend zur Straße von Dover durchbrachen, die britischen Inseln umrundeten und ebenfalls nach Brest zurückkehrten. Die Masse der Flotte – 34 Schiffe – ankerte am 21. Mai vor Kap la Hogue. Als sich das Wetter verschlechterte, hielten die Anker der meisten Schiffe nicht mehr. Etwa zur gleichen Zeit griff die vereinigte Flotte an. De Tourville blieb kaum etwas anderes übrig, als die Masse seiner Schiffe auf Grund zu setzen. Ein Teil der Flotte, unter anderem Tourvilles schwerbeschädigtes Flaggschiff *Soleil Royal* entkam nach Cherbourg, wo sie jedoch am 22. Mai durch ein britisches Geschwader zerstört wurde. Die Briten setzten Brander und Enterkommandos in Beibooten ein. Am 3. und 4. Juni griff die vereinte Flotte die verbliebenen zwölf französischen Linienschiffe an, die unter dem Schutz der Landungsarmee in der Bucht von La Hogue ankerte. Der Angriff erfolgte durch Enterkommandos in Beibooten, die sämtliche Schiffe versenkten. Mit dieser Schlacht bei La Hogue war die Invasionsgefahr endgültig gebannt.

Bedeutung

Wie so oft in der Militärgeschichte wurde der Ausgang der Schlachten unterschiedlich reflektiert. Während die langen Kämpfe in England als Ganzes betrachtet und als Schlacht bei La Hogue bezeichnet werden, reklamierten die Franzosen zumindest den ersten Abschnitt als Schlacht bei La Barfleur als Sieg, auch wenn es sich bestenfalls um ein taktisches Patt handelt. Dieser Gefechtsabschnitt zeigt auch deutlich, wie schwer es im 17. Jahrhundert war, taktische Entscheidungen in Seeschlachten zu erzwingen. Trotz mehrstündigem Artillerieduell wurde kein Schiff versenkt, während die Wetterverhältnisse es keiner Seite erlaubten, Angriffe wie geplant durchzuführen, wohl aber der französischen Flotte zu entkommen. Die zweite Phase verdeutlicht die strategischen Probleme, der sich die französische Flotte aufgrund der dominierenden Windverhältnisse vor der eigenen Küste ausgesetzt sah, aber auch das große Geschick der vereinigten Flotte bei amphibischen Unternehmungen. Egal, wie die einzelnen Gefechtsabschnitte bewertet werden, am Ausgang der Schlacht änderte dies wenig. Die französische Flotte verlor 15 Linienschiffe, davon allein acht große Dreidecker.

Nach der Schlacht bei La Hogue sollte die französische Flotte die englische bis zum Tod Ludwigs XIV. nicht mehr in großem Stil herausfordern. Der Pfälzische und der anschließende Spanische Erbfolgekrieg (1701-1714) zwangen Frankreich dazu, den Schwerpunkt seiner Rüstungen auf das Landheer zu verlegen. Selbst das größte und finanziell potenteste Land in Europa war nicht stark genug, um gleichermaßen eine Flotten- als auch Heeresrüstung zu priorisieren, eine Situation, die sich im frühen 20. Jahrhundert im deutsch-englischen Flottenrüsten wiederholen sollte. Die Franzosen verlegten sich auf einen Handelskrieg und verstärkten den Bau von Fregatten und die Lizensierung von Kaperfahrern. Dass dieser Strategiewechsel ein Ergebnis der Schlacht von La Hogue war, wie lange Zeit behauptet, wird derweil in Zweifel gezogen. Stattdessen ist die Forschung inzwischen überzeugt, dass der Ausgang der Schlacht ein Ergebnis des bereits eingeleiteten Strategiewechsels war, da Tourvilles Flotte unter Materialmangel litt und nicht in voller Stärke auslaufen konnte.

Die beteiligten Flotten

Vereinte englisch-niederländische Flotte (Admiral Edward Russel)

Stärke: 56 englische, 27 niederländische Linienschiffe

Verluste: 2 Linienschiffe versenkt, ca. 5.000 Tote und Verwundete

Französische Flotte (Admiral Anne de Tourville)

Stärke: 44 Linienschiffe

Verluste: 15 Linienschiffe und zwei Fregatten verbrannt, 1.700 Tote und Verwundete

Almansa, 25. Mai 1707

> *„Die Schlacht begann zur Rechten; unsere Kavallerie griff die Linke des Feindes mit so viel Mut an, dass sie zurückwich; aber die Infanterie des Feindes feuerte so energisch auf unsere Männer, dass sie zurückweichen mussten.“*
>
> Marschall Duke of Berwick

Wenn es darum geht, eine Schlacht aus dem Spanischen Erbfolgekrieg (1702-1714) für eine Kompilation wie diese auszuwählen, fällt die Wahl meist auf Höchstädt (1704), die im englischen Sprachraum als Schlacht bei Blenheim bekannt ist und den Ruhm des Herzogs von Marlborough begründete, eventuell noch die Schlacht von Turin (1706), die unter Fachleuten als Krönung eines meisterhaft durchgeführten Feldzugs des Prinzen Eugen gilt oder die Schlacht bei Malplaquet (1709) aufgrund ihrer Dimensionen und ungeheuren Verluste. All diese Waffengänge verdienen sicherlich ihre herausgehobenen Stellungen in diesem Konflikt und in der Militärgeschichte; auffällig ist aber auch, dass die auf der Iberischen Halbinsel geschlagenen Schlachten heute außerhalb Spaniens weitgehend in Vergessenheit geraten sind.

Dies ist insofern erstaunlich, als dass das Königreich Spanien zumindest formell den Zankapfel darstellte, um den Frankreich und eine antifranzösische Koalition miteinander rangen. Das Aussterben der spanischen Habsburger war von den europäischen Dynastien lange erwartet worden. Im November 1700 trat der Ernstfall ein, als der kränkliche König Karl II. verstarb. Er hatte noch seinen bereits designierten Nachfolger, den bayerischen Kurprinzen Joseph Ferdinand, überlebt, der 1699 unter mysteriösen Umständen – eine Vergiftung liegt durchaus im Bereich des Möglichen – verstorben war, woraufhin er Philipp von Anjou, einen Enkel Ludwigs XIV. von Frankreich, zu seinem Nachfolger erkor. Diese Option erschien jedoch sowohl den österreichischen Habsburgern als auch den sogenannten Seemächten – England und die Niederlande – inakzeptabel. Die Herrschaftsübernahme über das größte Kolonialreich der Welt mit seinen zwar kleiner werdenden, aber immer noch beträchtlichen Silbervorkommen in der neuen Welt und den reichen italienischen Besitzungen musste die Stellung Ludwigs XIV. wieder stärken, die der englische König und niederländische Generalstatthalter Wilhelm III. eben erst im Pfälzischen Erbfolgekrieg (1688-1697) einzudämmen versucht hatten.

Ludwig hatte sich zuvor mit Wilhelm über eine Teilung des spanischen Besitzes geeinigt, der jedoch das Testament Karls II widersprach. Seine persönliche Ehre, aber vermutlich auch seine Machtinteressen zwangen den Sonnenkönig, neue Teilungspläne abzulehnen und die Ansprüche seines Enkels durchzusetzen. Philipp marschierte 1701 in Madrid ein, während französische Truppen auch die spanischen Besitzungen in Norditalien sicherten. Dagegen formierte sich eine antifranzösische Allianz, die die Kandidatur Erzherzog Karls von Österreich – dem zweitgeborenen Sohn Kaiser Leopolds I. – unterstützte. Der Hauptkriegsschauplatz verlagerte sich bald an den Rhein, wo bereits die wichtigsten Auseinandersetzungen des Holländischen Krieges und des Pfälzischen Erbfolgekrieges stattgefunden hatten. Spanien selbst blieb ein Nebenkriegsschauplatz. Die Alliierten profitierten von ihrer Überlegenheit zur See und dem Anschluss Portugals an das Bündnissystem 1703. Dies erlaubte es ihnen, Truppen über See zu verschieben, wobei Lissabon als sichere Operationsbasis diente. Frankreich konnte dagegen seine Armeen direkt über die gemeinsame Pyrenäengrenze verlegen. Philipps Herrschaft wurde in weiten Teilen des Landes akzeptiert. Katalonien stellte sich dagegen auf die Seite Karls von Österreich, was weniger einer antibourbonischen Haltung entsprang, als vielmehr langanhaltende Spannungen zwischen dem kastilischen Zentrum und der katalonischen Peripherie des Königreiches zum Ausdruck brachte. Karl selbst landete im März 1704 mit einer Armee in Lissabon. Allerdings konnten die französisch-spanischen Truppen ihre Stellungen an der portugiesischen Grenze behaupten. Ein englisch-niederländisches Geschwader eroberte im August desselben Jahres Gibraltar und im Folgejahr Barcelona, sodass Karl über eine zweite Operationsbasis im Osten verfügte. Rückeroberungsversuche seitens der französisch-spanischen Truppen im Jahr 1706 blieben erfolglos, während die Verbündeten Madrid und Saragossa wiedergewannen, die jedoch beide aufgrund logistischer Engpässe nicht gehalten werden konnten. Philipps Stellung wurde dennoch weiter geschwächt, da die Erfolge der Alliierten in Flandern den Abzug französischer Truppen erzwangen.

Der Feldzug

Die Alliierten versuchten, diese Situation auszunutzen und 1707 weiter in die Offensive zu gehen. Um die Herrschaft Philipps zu stabilisieren, baute Frankreich ein neues Heer in Nordostspanien auf. Paradoxerweise wurden die alliierten Truppen von einem französischen Exil-Hugenotten und die bourbonischen von einem englischen Königssohn kommandiert. Henri de Massue, Earl of Galway, war ein erfahrener Veteran des Pfälzischen Erbfolgekrieges, der seit 1690 in englischen Diensten stand. James Fitz-James Stuart, Duke of Berwick, war ein illegitimer Sohn des entthronten James II. und seiner Mätresse Arabella Churchill, einer Schwester des Herzogs von

Marlborough. Berwick war somit sein Neffe. Geboren in Frankreich hatte er wie Galway im Pfälzischen Erbfolgekrieg in Irland gekämpft und sich im Laufe des Spanischen Erbfolgekrieges einen Ruf als fähiger General erworben. Seine Armee zählte 33.000 Mann und war eine der größten, die in diesem Konflikt auf der Iberischen Halbinsel zum Einsatz kamen, allerdings wesentlich kleiner als die Armeen, die sich in Flandern gegenüberstanden. Hiervon detachierte er 8.000 Mann zur Belagerung der Stadt Xàtiva und band so ein 8.000 Mann starkes alliiertes Kontingent in Katalonien. Mit dem Rest seines Heeres marschierte Berwick auf Valencia. Galway und der ihm zur Seite gestellte portugiesische General António Luís de Sousa, Marquess de Mína, verfügten nur über 16.500 Mann und versuchten Berwick auf der Ebene von Almansa den Weg zu versperren, wo beide Armeen Ende April aufeinandertrafen.

Die beteiligten Armeen

Berwick verfügte noch über etwa 25.000 Mann. Seine Armee bestand zu gleichen Teilen aus französischen und spanischen Truppen. Irische Söldnerregimenter in französischen und spanischen Diensten machten einen hohen Anteil der Gesamtstärke aus. Galways und Mínas Heer zählte etwa 16.500 Mann und bestand aus englischen, niederländischen, portugiesischen, deutschen und katalonischen Kontingenten. Berwick war sowohl an Infanterie (18.000 Mann gegenüber 11.000 Mann) als auch Kavallerie (7.000 Mann gegenüber 5.500) überlegen, wogegen die Alliierten über ein leichtes artilleristisches Übergewicht verfügten (24 gegenüber 20 Geschützen). Die Zahlenangaben variieren jedoch beträchtlich.

Berwick war am 22. April vor Almansa eingetroffen, von wo er die alliierten Nachschubrouten nach Valencia bedrohte. Galway sah sich daher gezwungen, die Schlacht anzunehmen.

Die Schlacht

Am Morgen des 25. April entfaltete Berwick seine Truppen auf der Ebene vor Almansa zur Schlacht. Die Infanterie bildete das Zentrum, die Kavallerie wurde auf beide Flanken verteilt, die Armee in zwei Treffen mit einer Reserve rangiert. Dies spiegelt eine typische lineare Schlachtordnung barocker Armeen wider. Seine 20 Geschütze wurden auf einer Erhöhung vor der Infanterie postiert. Galway ließ sein Heer in ähnlicher Formation aufmarschieren, musste die Truppen jedoch weiter auseinanderziehen, um nicht von den zahlenmäßig überlegenen Bourbonen überflügelt zu werden.

Auf die Feuerkraft seiner englischen und niederländischen Infanterie vertrauend, eröffnete Galway die Schlacht nach einem kurzen Artillerieduell mit einem Angriff auf das gegnerische Zentrum. Tatsächlich gelang es den Alliierten, die Franzosen und Spanier zurückzutreiben. Erst das zweite Treffen fing den Angriff ab. Durch diesen Erfolg brach jedoch der Kontakt zum portugiesischen rechten Flügel ab und in der Schlachtlinie entstand eine Lücke. Die französisch-spanische Kavallerie erkannte die sich bietende Möglichkeit und griff die isolierten Portugiesen an, die zwar hinhaltend Widerstand leisteten, aber schließlich vom Schlachtfeld flohen. Dadurch war das alliierte Infanteriezentrum entblößt. Die französisch-spanischen Truppen gingen nun von beiden Flügeln her gegen die Alliierten vor, während auch der englische Infanterieangriff erschöpft zusammenbrach. Galway nutzte seine verbliebene Kavallerie, um seinen Rückzug zu decken. Ein niederländisches Regiment formierte ein Karree, zu dieser Zeit noch eine relativ neue Abwehrformation gegen Kavallerie. Durch den Einsatz von Artillerie und Infanterie gelang es den französisch-spanischen Truppen, diese Formation schließlich aufzubrechen, aber die übrigen alliierten Truppen hatten somit Zeit gewonnen, sich abzusetzen. Die spanische Kavallerie konnte jedoch 13 alliierte Bataillone von der Hauptmacht abdrängen und zwölf Kilometer vom eigentlichen Schlachtfeld entfernt einschließen, wo diese am kommenden Tag kapitulieren mussten.

Bedeutung

Die alliierten Truppen büßten etwa 4.000 Tote und Verwundete und 3.000 Gefangene ein, etwa die Hälfte ihrer Armee. Die niederländischen Kontingente waren vollständig vernichtet. Die Schlacht bei Almansa wendete das Kriegsglück auf der Iberischen Halbinsel wieder auf Seiten der Bourbonen. Die französisch-spanischen Truppen gingen in die Offensive und nahmen im Laufe des Jahres Valencia, Saragossa, Lerida und Ciudad Rodrigo, womit sich der Großteil Spaniens wieder in der Hand Philipps V. befand.

1710 konnten die Alliierten ihre Armeen noch einmal bedeutend verstärken, da Österreich Truppen aus Italien verlegte. Damit gelang es Erzherzog Karl, nochmals kurzfristig in Madrid einzuziehen. Ludwig XIV. schickte erneut französische Truppen unter dem erfahrenen Marschall Vendôme nach Spanien, der eine Vereinigung Karls mit einem Heer aus Portugal verhinderte, ihn aus Madrid verdrängte und in der Schlacht bei Villaviciosa entscheidend schlug. In der Folge konzentrierten sich die bourbonischen Truppen auf die Rückeroberung Kataloniens, die erst mit der Kapitulation Barcelonas 1714 abgeschlossen werden konnte.

Dass Spanien ein Nebenkriegsschauplatz des Spanischen Erbfolgekrieges blieb, bedeutet nicht, dass die Schlachten von Almansa oder Villaviciosa weniger bedeutsam waren als die von Höchstädt oder Malplaquet. Zwar entzogen die Seemächte Erzherzog Karl 1711 ihre Unterstützung, nachdem dieser seinem Vater und Bruder als letzter männlicher Habsburger auf den Thron des Heiligen Römischen Reiches deutscher Nation nachgefolgt war, denn eine habsburgische Universalmonarchie wie zu Zeiten Karls V. war den europäischen Mächten noch ungelegener als ein bourbonisches Spanien. Karl fand sich letztlich mit der Situation ab, da Philipp V. sich die Herrschaft in Spanien militärisch gesichert hätte. Wie sich die politische und militärische Lage allerdings entwickelt hätte, wenn sich Karl im Besitz von Spanien befunden hätte, bevor er Kaiser wurde, darüber lässt sich nur spekulieren. Es ist einfach, einem Verlierer die Unterstützung zu entziehen, doch einen Gewinner zu überzeugen, von seiner Beute zu lassen, hätte sich als erheblich schwieriger erwiesen. So wurde letztlich Philipps Herrschaft in Spanien bestätigt, allerdings gingen die italienischen Besitzungen an Österreich und Savoyen verloren. In den nächsten 30 Jahren sollten die spanischen Bourbonen beträchtliche Anstrengungen unternehmen, die wirtschaftliche und militärische Stärke des Landes wiederherzustellen und die italienischen Provinzen zurückzuerobern.

Beteiligte Armeen

Bourbonische Truppen (Duke of Berwick)

Stärke: ca. 25.000 Mann (ca. 18.000 Infanterie, 7.000 Kavallerie), 20 Geschütze

Verluste: ca. 2.000 Tote und Verwundete

Alliierte Armee (Earl of Galway, Marques de Mínas)

Stärke: ca. 16.500 Mann (ca. 11.000 Infanterie, 5.500 Kavallerie), 24-30 Geschütze

Verluste: ca. 4.000 Tote und Verwundete, 3.000 Gefangene

Wittow, 29. September 1712

„Ein Dolchstoß in die Brust war die Zerstörung der Transportflotte.“
Magnus Stenbock

Mit der Niederlage Karls XII. in der Schlacht bei Poltawa (1709) trat der Große Nordische Krieg (1700-1721) in eine neue Phase ein. Schweden, das sich in den ersten Kriegsjahren erfolgreich gegen die Angriffe der Nordischen Allianz gewehrt, Russland bei Narwa (1700) schwer geschlagen und Dänemark (1700) und Sachsen (1706) zu separaten Friedensschlüssen gezwungen hatte, befand sich nun in der Defensive. Bereits im Juni 1709, noch vor Poltawa, hatten Sachsen und Dänemark ihr Bündnis erneuert. Ende 1709 eroberte Kurfürst Friedrich August I. von Sachsen mit russischer Hilfe die polnische Königskrone aus den Händen eines schwedischen Klientelfürsten zurück. Im März 1710 trat Dänemark offiziell wieder in den Krieg ein. Eine Invasion in Südschweden im gleichen Jahr scheiterte allerdings, als ein dänisches Heer durch General Magnus Stenbock geschlagen wurde. Dafür gingen russische See- und Landstreitkräfte im Finnischen und Botnischen Meerbusen, in Livland und Finnland erfolgreich zur Offensive über. Auch der Norden des Heiligen Deutschen Reiches deutscher Nation wurde zum Kriegsschauplatz. Hier hatte Schweden im Zuge des Westphälischen Friedens (1648) Wismar und Vorpommern einschließlich der beiden Hafenstädte Stettin und Stralsund erworben.

Es wäre ein Leichtes für Karl XII. gewesen, Pommern zu neutralisieren. England, die Generalstaaten und Hannover drängten den Schwedenkönigdazu, denn sollte die schwedische Bedrohung im Reich ausgeschaltet werden, würde sich die Gefahr verringern, dass Kursachsen und Dänemark in Zukunft ihre Truppen aus dem Spanischen Erbfolgekrieg gegen Frankreich abziehen würden. August der Starke, Friedrich IV. und Peter der Große hatten in die Bestimmungen der dahingehend ausgearbeiteten Haager Neutralitätsakte bereits eingewilligt. Doch Karl lehnte ab.

Russische, sächsische und dänische Truppen drangen erstmals 1711 in Pommern ein und versuchten erfolglos, Stralsund zu belagern. Eine im Ostseeraum grassierende schwere Pestepedimie, ein verstärkter dänischer Fokus auf die schwedischen Besitzungen Wismar und Stade sowie die geografisch vorteilhafte Lage Stralsunds verhinderten einen Erfolg. Die Stadt verfügte über ausgedehnte, moderne Befestigungsanlagen, eine ausreichend starke Garnison, um diese zu verteidigen und durch die Insel Rügen ein „Hinterland“, welches die Lebensmittelversorgung der Garnison sicherstellte.

Ein entscheidender Faktor für die Eroberung der Stadt stellte der Gewinn der Seeherrschaft dar. 1710 waren die dänische und die schwedische Flotte in der Ostsee etwa gleich stark. Russland begann zwar mit dem Aufbau einer eigenen Flotte, verfügte jedoch vorerst überwiegend über Galeeren für den Einsatz in den finnischen Schärengewässern und wenige Linienschiffe. Mit dem Wiedereintritt Dänemarks wurde die schwedische Seeherrschaft in der Ostsee von neuem angefochten. Dennoch gelang es der schwedischen Flotte im November 1711 und März 1712, beträchtliche Verstärkungen auf Rügen anzulanden. Um diese Nachschublinie zu kappen, beorderte der dänische König Friedrich IV. Vizeadmiral Christen Thomesen Sehested mit einem Geschwader kleiner Kriegsschiffe nach Pommern, um den südöstlichen Zugang nach Stralsund zu blockieren. Derweil plante die sächsisch-dänisch-russische Armee, die die Belagerung wieder aufgenommen hatte, eine Landung auf Rügen, weswegen in den pommerschen Küstenstädten Transportschiffe zusammengezogen wurden.

Gleichzeitig begann Generalfeldmarschall Stenbock in Schweden mit dem Aufbau einer neuen Armee, die nach Stralsund verlegt und nach dem Willen Karls XII. nach Polen vorrücken sollte. Der Schwedenkönig erhoffte sich, durch diese Offensive den osmanischen Sultan zum Kriegseintritt gegen Russland zu ermuntern und gleichzeitig die polnische Opposition gegen König August II. zu stärken.

Der Feldzug

Trotz großer Probleme bei der Finanzierung seiner Truppen gelang es Stenbock, 9.423 Mann und über 100 Transportschiffe zusammenzuziehen. Bei den meisten handelte es sich um mittlere und kleinere Schiffe, die größten bildeten neun „Spanienfahrer". Zum Schutz der Transporter zog die Marine 24 Linienschiffe und drei Fregatten unter dem betagten Admiral Hans Wachtmeister zusammen und verließ den Kriegshafen Karlskrona, um zunächst die unterlegene dänisch-russische Flotte unter Admiral Ulrik Gyldenløve mit nur 16 Linienschiffen und fünf Fregatten aus der westlichen Ostsee zu vertreiben. Wachtmeister blockierte anschließend das Südende des Öresunds, um die dänische Flotte, die sich nach Kopenhagen zurückgezogen hatte, daran zu hindern, in die Ostsee einzulaufen. Doch schon am 8. September kehrte er nach Karlskrona zurück und gab den Weg somit wieder frei. Dies erwies sich als schwerer Fehler, zumal die Transportflotte noch nicht zum Auslaufen bereit war. Es dauerte weitere drei Wochen, ehe die Schiffe mit Stenbocks Regimentern am 24. September in See gehen konnten. Wie hastig der Aufbruch zustande kam, zeigt sich daran, dass 3.000 Getreidesäcke in Karlshamm zurückgelassen werden mussten, ein scheinbar unbedeutendes Detail, welches jedoch noch dramatische Folgen zeichnen sollte.

Geleitet von Wachtmeisters Flotte erreichte das Transportgeschwader bereits am 25. September Rügen, wo sie umgehend mit der Ausschiffung der Truppen begannen. Hierfür war die flache Nordwestküste der Insel im Libben, einer Bucht zwischen Hiddensee und Wittow ausgewählt worden, wo sich die Schweden eine schnellere Landung erhofften als unter den steilen Klippen der Ostküste, die jedoch das Transportgeschwader besser geschützt hätten, weswegen sich Stenbock für eine Landung an dieser Stelle ausgesprochen hatte.

Auf Nachricht vom Eintreffen der schwedischen Flotte musste auch die geplante alliierte Landung auf Rügen vertagt werden, da Admiral Sehested sein Geschwader von der Insel zurückzog und es den Transportschiffen somit an einer notwendigen Bedeckung fehlte. Das Unternehmen wurde zunächst auf den Oktober verlegt und schließlich abgesagt.

Inzwischen konnten die Schweden ihre Truppen, Pferde und Waffen problemlos ausschiffen und begannen mit der Anlandung des Nachschubs. Jetzt machte sich das Fehlen der Getreidesäcke negativ bemerkbar, da die Besatzungen das Getreide mühsam von Hand in provisorischen Behältern umfüllen mussten.

In dieser kritischen Situation sichtete die Fregatte *Hvita Örn* am 26. September die dänische Flotte. Gyldenløve hatte das dänische Blockadegeschwader vor Göteborg abgezogen und seine Flotte somit auf 22 Linienschiffe und sechs Fregatten verstärkt.

Die beteiligten Flotten

Dänemark und Schweden verfügten über eine lange maritime Tradition und hatten sich seit dem Spätmittelalter wiederholt als Feinde in der Ostsee gegenübergestanden. Trotz alledem besaß Dänemark einen größeren Stamm gut ausgebildeter Seeleute, denn es verfügte über eine wesentlich größere Handelsflotte, während viele Schweden lediglich Erfahrung in der Küstenschifffahrt besaßen und königliche Projekte zur kolonialen Expansion in Afrika und Amerika weniger erfolgreich waren als in Dänemark. Die eher schwach ausgeprägte maritime Tradition manifestierte sich auch in der Person von General Hans Wachtmeister, der eigentlich Armeeoffizier war, ebenso wie sein Vorgänger Henrik Horn. Allerdings hatte Wachtmeister bereits im Schonischen Krieg (1674-1679) ein eigenes Geschwader kommandiert und verfügte somit durchaus über Erfahrung. 1710 war er Gyldenløve bereits einmal in der Køgebucht unterlegen gewesen. Ein Schlaganfall 1711 schwächte ihn zusätzlich.

Die Schiffe beider Flotten unterschieden sich konstruktiv kaum voneinander. Die Masse der „Kriegsschiffe" (Linienschiffe) folgte holländischen Vorbildern und war mit 60 bis 80 Geschützen bestückt.

Die Schlacht

Auf die Meldung von Eintreffen der dänischen Flotte stach Wachtmeister mit seinen Kriegsschiffen umgehend in See und legte sich schützend zwischen die Transportflotte und den Gegner. Gyldenløve versuchte, eine direkte Konfrontation mit den Schweden zu vermeiden. Zwei Tage lang kreuzten die beiden Flotten vor Rügen, ohne in Gefechtsberührung zu kommen. Am 29. September drehte der Wind. Die dänische Flotte errang die vorteilhafte Luvstellung – die dem Wind zugewandte Seite – und konnte sich zwischen Wachtmeisters Kriegsschiffe und die Transportflotte schieben. Die Schweden waren ausmanövriert. Aus der Lee-Position heraus konnten sie den Kampf nicht an den Gegner herantragen. Stattdessen mussten sie hilflos mit ansehen, wie Gyldenløve fünf Fregatten, die *Søridderen*, *Ørnen*, *Lossen*, *Raa* und *Løvendal Galej*, sowie zwei kleinere Schiffe gegen die schwedischen Transporter vorschickte.

Die schwedischen Transportschiffe kappten panisch ihre Ankertrossen und versuchten, die hohe See zu gewinnen. Etliche von ihnen liefen in den flachen Gewässern auf Grund und wurden später durch dänische Enterkommandos in Brand gesteckt. Nur zwei der Spanienfahrer und eine Handvoll kleinerer Schiffe erreichten die offene See, die übrigen Schiffe wurden von den Dänen gestellt. Die kleine Brigantine *Wäduren*, die zum Schutz der Transporter abgestellt war, wurde am Folgetag von der *Søridderen* in Brand geschossen und sank. Die Dänen meldeten später die Kaperung von 14 schwedischen Transportern und die Zerstörung von 42 weiteren Schiffen, wenigstens die Hälfte der schwedischen Transportflotte.

Bedeutung

Die Schlacht von Wittow verdeutlicht eindrucksvoll, dass die Bedeutung eines Kampfes nicht von der Anzahl der Kombattanten, dem Ausmaß an Kampfhandlungen und schon gar nicht von Verlustzahlen abhängig ist. Die beiden Kriegsflotten waren überhaupt nicht in Kämpfe verwickelt worden. Weder die schwedische, noch die dänische Flotte hatten ein Kriegsschiff verloren. Dennoch war es Gyldenløve durch geschicktes Manövrieren gelungen, Wachtmeister von der Transportflotte zu trennen und diese zu vernichten. Paradoxerweise musste er sich später vor einem Kriegsgericht dafür verantworten, die schwedische Flotte nicht angegriffen zu haben und es mutet fast zynisch an, dass Gyldenløve sich damit rechtfertigte, von Wachtmeister ausmanövriert worden zu sein!

Der Verlust der Transportschiffe hatte weitreichende Auswirkungen auf die Kriegsführung in Pommern. Die schwedischen Perspektiven änderten sich auf einen Schlag dramatisch. Anstatt Stralsund zu einem Magazin für einen Feldzug auszubauen, der die russisch-sächsischen Truppen nach Polen zurückdrängen würde, saß die vergrößerte Armee nun ohne Lebensmittel auf Rügen fest. Stenbock nutzte die kommenden drei Wochen zunächst, um seine Rekruten weiter auszubilden. Gleichzeitig hoffte er auf einen weiteren Lebensmittelkonvoi. Als dieser ausblieb, marschierten die Schweden nach Altefähr und setzten auf das Festland über. Zwar forderte Karl XII. ohnehin, dass der Feldmarschall nach Polen marschierte, allerdings hatten die nordischen Alliierten im Südosten der Stadt eine befestigte Linie errichtet, weswegen sich Stenbock für einen Durchbruch nach Mecklenburg entschied. Hier schlug er im Dezember eine dänisch-sächsische Armee, zog anschließend weiter nach Altona, das von den Schweden gebrandschatzt wurde und schließlich nach Holstein, wo seine Armee in Tönning von einem russisch-sächsisch-dänischen Heer eingeschlossen wurde. Stenbock musste kapitulieren und starb 1717 in dänischer Gefangenschaft. Stralsund wurde 1715 zu Fall gebracht, nachdem es den Verbündeten zuvor gelungen war, Rügen zu erobern und die Stadt zu isolieren.

Die beteiligten Flotten

Dänemark (Ulrik Gyldenløve)

Stärke: 22 Linienschiffe, 6 Fregatten

Verluste: keine

Schweden (Admiral Hans Wachtmeister)

Stärke: 24 Linienschiffe, 5 Fregatten, ca. 100-120 Transportschiffe

Verluste: 1 Brigantine, 14 Transporter gekapert, 42 zerstört

Gulnabad, 8. März 1722

„Die Safawiden-Armee, die gerade aus der Hauptstadt kam, bestand aus dem, was am Hofe am brillantesten war, und schien eher gebildet worden zu sein, um ein Theater aufzuführen, als um zu kämpfen. Der Reichtum und die Vielfalt ihrer Waffen und Gewänder, die Schönheit ihrer Pferde, das Gold und die Edelsteine, mit denen einige ihrer Geschirre bedeckt waren, und der Reichtum ihrer Zelte trugen dazu bei, das Lager der Safawiden sehr pompös und prächtig erscheinen zu lassen.

Auf der anderen Seite befand sich eine viel kleinere Gruppe von Soldaten, entstellt von Müdigkeit und der sengenden Hitze der Sonne. Ihre Kleidung war durch den langen Marsch so zerlumpt und zerrissen, dass sie kaum ausreichte, um sie vor dem Wetter zu schützen, und da ihre Pferde nur mit Leder und Messing geschmückt waren, glänzte nichts an ihnen als ihre Speere und Säbel."

Jonas Hanson, "An Historical Account of the British Trade Over the Caspian Sea"

Nach dem Tod von Schah Abbas I. (1629) sah das safawidische Reich einem schleichenden Niedergang entgegen. Wie so oft handelte es sich dabei um einen langen, keinesfalls immer gleichförmigen Prozess. Dabei war die dynastische Kontinuität durchaus gewährleistet. Bis zum Ende des Jahrhunderts regierten nur vier weitere Schah, Zeichen ihrer Langlebigkeit und einer gewissen politischen Stabilität, die jedoch durchaus nicht ungefährdet war. So wurden anlässlich der Krönung von Schah Soltan Hosein (reg. 1694-1722) große Truppenmengen in der Hauptstadt Isfahan stationiert, um die Ruhe und Sicherheit zu gewährleisten.

Hosein sah sich zu Beginn des 18. Jahrhunderts mit einer Reihe innerer und äußerer Konflikte konfrontiert, namentlich in Aserbaidschan, einem wichtigen Rekrutierungsgebiet für die persische Armee, oder Shirvan, einer ökonomisch bedeutenden Provinz. Im Westen und Nordwesten versuchten sowohl das Osmanische Reich und Russland von der zunehmenden Schwäche der Perser zu profitieren und rangen um Einfluss am Schwarzen Meer. Die Osmanen versuchten dadurch nicht zuletzt ihre Verluste im Zuge des Großen Türkenkrieges (1683-1699) auszugleichen. Im Gegenzug bemühte sich Hosein, den safawidischen Einfluss in Afghanistan zu erweitern, wodurch jedoch nur ein langanhaltender, kräftezehrender und letztlich erfolgloser neuer Konfliktherd entstand. Der afghanische Fürst Mirwais Hotak erhob sich gegen den von den Safawiden unterstützten Gouverneur Georg XI. Kartli. Dessen Regime war äußerst unbeliebt, da sich persische

Soldaten wiederholt an afghanischen Frauen vergingen, aber vor allem da die schiitischen Perser die den überwiegend sunnitischen Afghanen zugesicherte Religionsfreiheit wiederholt verletzten. Dennoch gelang es Georg, seinen Widersacher festzusetzen und nach Isfahan zu überführen. Hier konnte sich der afghanische Fürst von der Schwäche der safawidischen Herrschaft überzeugen. Durch geschickte Verhandlungen wurde er freigelassen und erhielt die Erlaubnis für eine Pilgerreise nach Mekka, wo er sich von islamischen Gelehrten die Genehmigung (fatwa) für eine unabhängige Regierung der Afghanen einholte. Gleichzeitig stand er in Verhandlungen mit Russland und Georgien, um eine Allianz gegen die Safawiden zu schmieden.

1708 wurde er von Hosein als Stadthalter nach Kandahar geschickt, wo er sich kurz darauf gegen Georg Kartli erhob. Die Rebellen brachten Kandahar in ihre Hand, ermordeten Georg und machten die safawidische Garnison nieder. Hosein versuchte zu verhandeln, aber nachdem seine Emissäre von Mirwais Hotak inhaftiert worden waren, entsandte er eine Strafexpedition. Das Heer war jedoch schwach, schlecht ausgerüstet und versorgt sowie vor allem unterfinanziert, da der persische Großwesir und Teile der Hofopposition die Freistellung der nötigen Mittel blockierten. Der Feldzug unter Führung von Kaikhosro im Jahr 1711 scheiterte. Auf dem Rückzug von Kandahar erlitten die Perser schwere Verluste. Im Folgejahr nahmen Mirwais Truppen Kabul, woraufhin der Schah Mohammad Zaman Khan, einen hohen Offizier seiner Leibgarde, mit der Aufstellung einer neuen Armee betraute. Auch dieses Unternehmen litt an fehlenden finanziellen Mitteln, obwohl Hosein den Händlern großer Städte Sonderabgaben auferlegte. Zaman Khan starb noch im Frühjahr 1712 in Herat und sein Nachfolger Mansur Khan Schahsevan war keineswegs erfolgreicher bei der Aufbringung der benötigten Mittel. Sein ohnehin nur wenige hundert Mann starkes Heer lief aufgrund ausbleibender Zahlungen auseinander, lokale Milizen meuterten und der Feldzug war beendet, ehe er begonnen hatte. Von der militärischen Stärke der Safawiden unter Abbas nur hundert Jahre zuvor schien nichts mehr übrig geblieben zu sein.

Hosein konnte auch vom Tod Mirwais im Jahre 1717 keinen Profit ziehen. Dessen Sohn Mahmud Hotak setzte den Kampf fort. Er festigte seine Herrschaft in Afghanistan und griff 1719 und 1722 zweimal erfolglos die persische Grenzstadt Kerman an. Im Frühjahr 1722 standen seine Truppen vor Yazd, einer wichtigen Stadt nur 270 Kilometer südöstlich von Isfahan, konnten aber auch diese nicht einnehmen, da es ihnen am nötigen Belagerungsmaterial fehlte. Anstatt sich zurückzuziehen, entschied sich Mahmud, Yazd links liegen zu lassen und stattdessen direkt auf die safawidische

Hauptstadt vorzurücken. Dieses Mal zog ihnen der Schah jedoch mit einem starken Heer entgegen.

Beteiligte Armeen

Einige europäische Berichte, wie jener des Briten Jonas Hanway, schildern die Armee, die Hosein aus Isfahan den Afghanen entgegenführte, als sehr gut ausgerüstet, uniformiert und beritten. Das Bild, welches sie abgaben, kontrastierte stark mit dem Zustand der kleinen, unterfinanzierten und teilweise nur mit Stöcken bewaffneten Verbände, die der Schah zuvor gegen die Afghanen aufbringen konnte. Auch die Stärke seiner Truppen nimmt im Vergleich zu den zuvor mobilisierten Hundertschaften wunder aus. So soll die safawidische Armee 40.000, einigen Berichten zufolge 50.000 Mann gezählt und über 24 Geschütze verfügt haben. Die Masse der Truppen bestand aus Reiterei der verschiedenen untertänigen Stämme, überwiegend berittene Bogenschützen. Dazu kamen die gut ausgerüsteten Leibtruppen des Schah, darunter das mit Luntenschlossmusketen ausgerüstete Fußvolk. Zusätzlich hatte der Schah eine etwa 18.000 Mann starke Miliz, überwiegend aus der Umgebung der Hauptstadt, rekrutiert, die nach Hanson ebenfalls mehrheitlich mit Musketen bewaffnet war.

Dieselben Berichte schildern die afghanischen Truppen als müde, ausgezerrt und in Lumpen gekleidet. Auch wenn europäischen Beobachtern ein gewisses Maß an Neutralität unterstellt wurde, so scheint es doch, dass die konträren Berichte über Größe und Zustand der beiden Armeen vor allem den Erfolg der Afghanen größer darstellen sollten. Hanson zitiert Berichte, wonach die afghanische Reiterei mehrheitlich mit Nahkampfwaffen, Lanzen und Säbeln ausgerüstet war, teilweise Panzer – vermutlich vor allem Kettenhemden – und kleine Schilde trug. Die Afghanen verfügten zudem über eine leichte und mobile Artillerie in Form der Zamburaks, kleinen Drehbassen von ein oder zwei Pfund, die auf die schweren Sättel von Kamelen geschnallt waren.

Die Schlacht

Die beiden Armeen stießen am 7. März aufeinander, doch den Berichten des britischen Reisenden Jonas Hanway zufolge entschied sich der Schah gegen einen Angriff, da ihm seine Astrologen für den 8. März größere Erfolgsaussichten geweissagt hatten. Das persische Zentrum wurde vor allem aus den königlichen Leibwachen gebildet. Auch die 24 Geschütze fuhren in einer großen Batterie auf, die sich Hanway zufolge ein Stück vor der Stellung des Fußvolks befand, was sich im Laufe der Schlacht negativ bemerkbar machen sollte. Den rechten Flügel bildeten überwiegend leichte Reitertruppen, während auf dem linken Flügel Reiterei des königlichen Haushalts aufmarschierten. Diese wurden durch die Fußtruppen der Miliz gedeckt.

Die afghanische Armee war in vier Gruppen geteilt. Den Schwerpunkt bildete der rechte Flügel, der somit der schweren persischen Kavallerie gegenüberlag, während der afghanische linke Flügel vergleichsweise schwach blieb.

Auch am Vormittag des 8. März standen sich beide Armeen zumeist reglos gegenüber. Mahmud nutzte die Zeit, um seinen Truppen Mut zuzusprechen. Gleichzeitig sollen mehrere persische Generale den Schah davon zu überzeugen versucht haben, die Schlacht nicht zu eröffnen. Sie rieten dazu, Verschanzungen anzulegen und stattdessen den Angriff der Afghanen abzuwarten.

Es war der Führer des rechten Flügels, Athemat Doulet, der diesen Diskussionen ein Ende machte und die Schlacht eröffnet, indem er den rechten Flügel zum Angriff vorschickte. Seine leichten Reiter konnten einige Erfolge erzielen und stießen bis ins afghanische Lager vor. Die arabischen Truppenteile, die diesen Flügel bildeten, stellten die Kämpfe ein und begannen die feindlichen Zelte zu plündern. Mahmud, der die Kämpfe von einem Elefanten im Zentrum aus beobachtete, zeigte sich durchaus besorgt. Angeblich ließ er bereits seine schnellsten Dromedare bereithalten, um das Schlachtfeld zu verlassen.

Inzwischen hatte Athemat Doulet auch den linken persischen Flügel zum Angriff vorgeführt. Dieser geriet aber bald in das Feuer der afghanischen Zamburaks, die zunächst hinter den Aufstellungen der Reiterei verborgen geblieben waren, nun aber große Verheerungen in den Reihen der Perser anrichteten. Die Afghanen nutzten das Momentum und gingen ihrerseits zum Gegenangriff über. Der persische Widerstand brach zusammen und die afghanische Reiterei schwenkte auf das gegnerische Zentrum ein, wo sie die ungedeckten persischen Geschütze nehmen und die Bedienungsmannschaften niedermachen konnten. Die Geschütze wurden umgedreht und begannen nun, die persische Infanterie zu beschießen, die ebenfalls vom Schlachtfeld floh.

Auch der persische rechte Flügel zog sich nun vom Schlachtfeld zurück und führte dabei eine durchaus reiche Beute mit sich, unter anderem Teile von Mahmuds Kriegskasse. Die Afghanen verzichteten auf eine Verfolgung, sondern begannen ihrerseits mit der Plünderung des reichen safawidischen Lagers.

Bedeutung

Die Schlacht von Gulnabad leitete das Ende der Safawiden ein. Mahmuds Heer zog weiter nach Isfahan. Bei der Belagerung der Stadt zeigten sich jedoch die gleichen Probleme, wie zuvor bei der von Kerman und Yazd. Den Afghanen fehlte schwere Artillerie, um die dicken Stadtmauern aufzubrechen. Daher zog sich die Belagerung von Mai bis Ende Oktober und wäre wohl gescheitert, wenn es den Safawiden gelungen wäre, rechtzeitig ein Entsatzheer auf die Beine zu stellen. Dass dies nicht gelang, ist ein weiterer Ausdruck der Schwäche des Reiches. Am 23. Oktober 1722 kapitulierte Hosein und dankte als Schah zugunsten von Mahmud ab, der zwei Tage später im Triumphzug in der Stadt einzog. In der Folge wurden die meisten safawidischen Prinzen getötet. Russland und das Osmanische Reich machten sich die persische Krise zunutze, erklärten den Krieg und eroberten in den folgenden zwei Jahren wichtige Provinzen im Westen und Nordwesten des Reiches. Erst 1729 gelang es dem neuen Schah Tahmasp II., einem Sohn Hoseins, dank der Führung seines Generals Tahmasp Qoli Khan, die Afghanen bei Khorasan zu schlagen und die safawidische Herrschaft wieder zu festigen. Qoli Khan errang weitere militärische Erfolge, die vor allem seinen Ruf festigten. 1732 zwang er Tahmasp nach einem gescheiterten Feldzug gegen die Türken zur Abdankung zugunsten seines minderjährigen Sohn Abbas III. Tatsächlich regierte Qoli Khan mehr oder weniger selbst, beseitige 1740 den alten und neuen Schah und krönte sich selbst als Nader Schah. Unter ihm erlebte das persische Reich eine letzte, kurze militärische Blüte, die in dem Sieg über das Mogulreich in der Schlacht bei Karnal und der anschließenden Plünderung Delhis mündete. Allerdings gelang es ihm nicht, eine neue Dynastie zu etablieren. 1747 wurde Nader ermordet, woraufhin Persien erneut in inneren Konflikten versank.

Beteiligte Streitkräfte

Afghanen (Mahmud Hotak)

Stärke: 10.000 bis 20.000 Mann, etwa 100 Zamburaks

Verluste: angeblich nur leichte Verluste

Persien (Schah Hosein Soltan)

Stärke: ca. 40.000 Mann, 24 Geschütze

Verluste: je nach Schätzung 5.000 bis 15.000 Mann

Lobositz, 1. Oktober 1756

„Itzt avanzierten wir bis unter die Kanonen, wo wir mit dem ersten Treffen abwechseln mußten. Potz Himmel! wie sausten da die Eisenbrocken ob unsern Köpfen weg – fuhren bald vor bald hinter uns in die Erde, daß Stein und Rasen hoch in die Luft sprang – bald mitten ein, und spickten uns die Leuthe aus den Gliedern weg, als wenn's Strohhälme wären. Dicht vor uns sahen wir nichts als feindliche Cavallerie, die allerhand Bewegungen machte; sich bald in die Länge ausdehnte, bald in einem halben Mond, dann in ein Drey- und Viereck sich wieder zusammenzog. Nun rückte auch unsre Kavallerie an; wir machten Lücke, und liessen sie vor, auf die feindliche losgalloppieren. Das war ein Gehagel, das knarrte und blinkerte, als sie nun einhieben!"

Ulrich Bräker „Lebensgeschichte und natürliche Abentheuer des Armen Mannes im Tockenburg"

In seinen vier Kriegen gegen Österreich (1740-1742, 1744-1745, 1756-1763, 1778-1779) schlug Friedrich der Große fast zwei Dutzend größere Schlachten, errang bedeutende Siege, etwa bei Hohenfriedberg (1745), Prag, Roßbach und Leuthen (1757) sowie Zorndorf (1758) und Torgau (1760), musste aber auch schwere Niederlagen einstecken, so etwa bei Kolin (1757), Hochkirch (1758) und Kunersdorf (1759). Die vielen Schlachten des Siebenjährigen Krieges änderten nichts daran, dass Preußen und Österreich 1763 erschöpft in den Frieden von Hubertusburg einwilligten, der den Status quo ante wiederherstellte. Dass der lange, teure und verlustreiche Krieg keine territorialen Änderungen mit sich brachte, wird oft als Beleg angeführt, dass die Schlachten jener Zeit einen unentschiedenen Charakter gehabt hätten. Doch eine solche Einschätzung ist zweifelhaft, denn während Österreich sein Kriegsziel – die Rückgewinnung Schlesiens – klar verfehlte, hatte Friedrich II. einen Abwehrerfolg gegen eine übermächtige Koalition erzielt und Preußens Status als eine – wenn auch im Vergleich schwache – europäische Großmacht zementiert.

Der Entscheidungscharakter einer Schlacht lässt sich nicht allein daran festmachen, dass sie einen Krieg beendete, obwohl die friderizianischen Kriege durchaus eine solche Schlacht erlebten. Im Dezember 1745 schlug Leopold von Anhalt-Dessau eine sächsische Armee bei Kesselsdorf vor den Toren Dresdens, woraufhin sowohl Sachsen als auch Österreich in den Frieden von Dresden einwilligten, der den Zweiten Schlesischen Krieg beendete. Kesselsdorf steht somit zu Unrecht im Schatten viel namhafterer Schlachten des Preußenkönigs, was vermutlich darauf zurückzuführen ist, dass Friedrich nicht selbst daran beteiligt war. Auch die erste Schlacht des Siebenjährigen Krieges gehört heute zu den weniger bekannten Waffengängen ihrer Zeit, verdeutlich aber sehr anschaulich, dass Schlachten auf ganz unterschiedlichen Ebenen – taktisch, operativ oder strategisch – „entscheidend“ wirken konnten.

Der Feldzug

Nachdem er von geheimen Verträgen zur Bildung einer antipreußischen Allianz erfahren hatte, marschierte Friedrich II. am 29. August 1756 in Kursachsen ein. Die sächsische Armee zog sich mit 20.000 Mann in ein befestigtes Lager auf dem Hochplateau zwischen Pirna und der Festung Königstein zurück und erwartete Entsatz durch die Österreicher. Ein preußisches Korps unter Feldmarschall Keith passierte derweil das Erzgebirge und besetzte die nordböhmische Stadt Aussig, von wo aus Friedrich noch im selben Jahr einen schnellen Vorstoß auf Prag plante. Der Fall der Stadt sollte Österreich zu einem Friedensschluss zwingen. Allerdings wurden die preußischen Truppen unerwartet lang vor dem sächsischen Lager festgehalten. Der Widerstand der Sachsen ermöglichte es Österreich, ein 35.000 Mann starkes Entsatzkorps unter Feldmarschall Ulysses Maximilian Browne nach Norden zu senden. Am 28. September begab sich Friedrich selbst zur böhmischen Armee, um den Angriff Brownes abzuwehren.

Die beteiligten Armeen

Die preußische Armee hatte sich in den ersten beiden Schlesischen Kriegen den Ruf als eine der besten in Europa erarbeitet. Die präzisen Manöver und das schnelle Feuer der Infanterie, deren Musketen mit dem eisernen Ladestock ausgestattet waren, hatte militärische Experten und ihre österreichischen Gegner beeindruckt. Auch die Kavallerie war im Zuge der ersten Konflikte reorganisiert worden und zeichnete sich durch ihren Angriffselan aus. Friedrich selbst hatte die Lehren aus den vorangegangenen Konflikten in verschiedenen Anweisungen an seine Generale, wie den *General Principia vom Kriege* (1753), niedergelegt.

Aber auch die österreichische Armee war nach dem Erbfolgekrieg (1740-1748) umfassend reorganisiert worden. Die Exerzierreglements für die Infanterie wurden vereinheitlicht. Unter der Leitung von Josef Wenzel, Fürst von Liechtenstein, wurde die Artillerie vollständig reorganisiert. Liechtenstein steckte beträchtliche eigene Mittel in die Reformen und führte neues standardisiertes Geschützmaterial ein, welches die österreichische Artillerie zu einer der besten in Europa machte. Aus den Grenzgebieten zum Osmanischen Reich auf dem Balkan und aus Ungarn bezog die österreichische Armee zudem leistungsfähige leichte Kavallerie und Infanterie. Diese wurden überwiegend im Kleinen Krieg eingesetzt und eher selten in die reguläre Schlachtordnung mit einbezogen. Lobositz bildet hierbei eine prominente Ausnahme.

Die Schlacht

Am 1. Oktober 1756 trafen die beiden Armeen aufeinander. Browne verfügte über 35.000 Mann, Friedrich über 28.000. Die Österreicher waren sowohl an Infanterie als auch an Kavallerie überlegen, die Preußen verfügten über einen leichten zahlenmäßigen Vorteil hinsichtlich der Artillerie mit 102 zu 98 Geschützen. Die preußische Armee entfaltete sich entlang der Teplitzer Straße zwischen dem Lobosch-Berg im Osten und dem Homolka-Berg südwestlich davon. Der Schwerpunkt der Kavallerie lag auf dem rechten Flügel, wo diese bessere Entfaltungsmöglichkeiten besaß und die Österreicher zur Elbe drängen sollte. Browne hatte seine Truppen zunächst auf den Höhen südlich von Lobositz hinter dem Modl- und Morellenbach aufgestellt.

Die Schlacht entwickelte sich aus der Bewegung heraus. Friedrich hatte Mühe, den Kampfverlauf zu koordinieren, nicht zuletzt, da morgendlicher Herbstnebel die Aufklärung erschwert hatte. Auf dem linken Flügel drängte preußische Infanterie leichte österreichische Truppen sukzessive vom Lobosch-Berg. Auf dem rechten Flügel stieß die preußische Kavallerie unerwartet auf den Feind und startete einen Angriff, der jedoch von der österreichischen Reiterei gestoppt und zurückgeworfen werden konnte. Browne nutzte die sich bietende Gelegenheit und schickte frische Infanterie zum Lobosch-Berg, wo die Preußen ebenfalls zunehmend in Bedrängnis gerieten.

Gegen 13 Uhr war die Lage der Preußen derart kritisch, dass Friedrich – wie bereits in seiner ersten Schlacht bei Mollwitz (1741) – das Schlachtfeld verließ. Dann setzte jedoch überraschend die Wende ein, als die preußischen Infanterieregimenter auf dem Lobosch-Berg, nachdem sie ihre Munition verschossen hatten, eine Bajonettattacke unternahmen und die Österreicher wieder auf Lobositz zurückdrängten. Friedrich kehrte auf das Schlachtfeld zurück, stabilisierte den rechten Flügel und verstärkte die Angriffe auf Lobositz. Das preußische Zentrum und der linke Flügel standen in heftigen Feuergefechten. Bis 15 Uhr war das Dorf genommen.

Beide Armeen biwakierten zunächst auf dem Schlachtfeld, doch am folgenden Morgen zog sich Browne nach Budin zurück. Österreicher und Preußen verloren je etwa 2.900 Soldaten.

Bedeutung

Trotz des österreichischen Rückzugs kann Lobositz eher als taktisches Unentschieden gewertet werden. Beide Seiten reklamierten für sich einen Erfolg, was in Hinblick auf die operative Bedeutung der Schlacht durchaus nicht unberechtigt ist. Die Österreicher verhinderten einen weiteren Vorstoß der Preußen nach Böhmen und damit die von Friedrich geplante schnelle Beendigung des Krieges. Hierzu trug jedoch auch das weitere Ausharren der sächsischen Truppen bei, die erst am 13. Oktober nach einem gescheiterten Ausbruchversuch die Waffen streckten. Browne hatte nach Lobositz nochmals erfolglos versucht, den preußischen Belagerungsring mit einem kleinen Korps zu durchbrechen. In dieser Hinsicht kann Lobositz als operativer, ja sogar strategischer Erfolg der Preußen gewertet werden, denn die Rettung der sächsischen Truppen wurde verhindert und die Besetzung des Kurfürstentums war von kriegsentscheidender Bedeutung, da Friedrich 42 Prozent seiner Kriegskosten aus dem Land presste. Ohne dieses Geld hätte Preußen keine sieben Jahre Widerstand leisten können.

In taktischer Hinsicht erlebte der Siebenjährige Krieg bedeutende innovative Entwicklungen. Friedrich II. versuchte wiederholt, seine Idee einer „schiefen Schlachtordnung", bei der der Gegner mit einem verstärkten Flügel angegriffen werden sollte, zur Anwendung zu bringen. Die Schlacht bei Leuthen gilt schließlich als Paradebeispiel für dieses taktische Konzept, tatsächlich wurde die österreichische Armee hier jedoch eher durch einen erfolgreichen Flankenmarsch der Preußen ausgehebelt. Viel innovativer war der Einsatz mobiler Kolonnen, die eine flexiblere Truppenkoordination ermöglichte. Prinz Ferdinand von Braunschweig, der bei Lobositz den rechten preußischen Infanterieflügel kommandiert hatte, wandte dieses Konzept auf dem westlichen Kriegsschauplatz, beispielsweise bei der Schlacht bei Krefeld (1758), an. Auch die österreichische Armee setzte bei Hochkirch (1758) und Maxen (1759) erfolgreich auf Kolonnen, während Friedrich sie bei Burkersdorf (1762) und sein Bruder Heinrich bei Freiberg (1762) anwandte, was verdeutlicht, dass die Kriegsführung der Zeit nicht auf die Lineartaktik reduziert werden darf. Auch die Artillerie gewann im Zuge des Konflikts immer mehr an Bedeutung. Friedrich zeigte sich beeindruckt vom Masseneinsatz von Geschützen durch die russische Armee bei Zorndorf (1758), hatte aber ebenfalls bereits Maßnahmen eingeleitet, nicht nur die Zahl, sondern auch das Kaliber seiner eigenen Artillerie zu erhöhen. In der Schlacht bei Lobositz (1756) verfügten die Preußen über 3,6 Geschütze pro 1.000 Mann, die Österreicher 2,8 pro 1 000 Mann. Bei Torgau (1760) führte die 50.000 Mann starke preußische Armee dagegen bereits 309 Kanonen mit sich (6,1 pro 1.000 Mann) und die Österreicher immerhin 275 Kanonen für

53.400 Mann (5,1 pro 1.000 Mann). Diese Geschützdichte wurde selbst in napoleonischer Zeit selten erreicht, was allerdings an der noch drastischer gestiegenen Zahl der Infanterie lag.

All dies verdeutlich die Rolle taktischer und technischer Entwicklungen in dieser Zeit, was es schwer macht, eine einzelne Schlacht dieses langen Krieges als beispielhaft herauszustreichen. Lobositz war jedoch trotz allem ein bedeutsamer Waffengang, dessen Ausgang den weiteren Verlauf des Krieges maßgeblich beeinflusste.

Beteiligte Armeen

Preußen (Friedrich II.)

Stärke: ca. 28.000 Mann in 26 Bataillonen 61 Schwadronen mit 102 Geschützen

Verluste: 2.906 Mann

Österreich (Ulysses Maximilian Browne)

Stärke: ca. 35.000 Mann in 52 Bataillonen und 72 Schwadronen mit 98 Geschützen

Verluste: 2.863 Mann

Ayutthaya, Januar 1766 – 7. April 1767

„Zu dieser Zeit war Ayutthaya frei von allem Unglück, gelassen und froh, wunderschön wie eine himmlische Stadt, satt von Nahrung und mit allen Notwendigkeiten im Überfluss, und ohne jegliche Feinde, die Böses im Schilde führten.“

Phra Phonnarat, Mönch und Chronist über die siamesische Hauptstadt vor der Belagerung.

Die Mitte des 18. Jahrhunderts war von bedeutenden kriegerisch bedingten Umverteilungsprozessen in der ganzen Welt bestimmt. In Europa eroberte das Preußen Friedrichs II. Schlesien und fand Anschluss an die Riege der Großmächte, in Nordamerika entriss Großbritannien Frankreich seine kanadischen Besitzungen, nur um später seine ökonomisch bedeutenderen dreizehn Kolonien in einem Aufstand zu verlieren. Gleichzeitig begann es in Indien mit dem Ausbau eines Kolonialreiches, welches ein Jahrhundert später nahezu den gesamten Subkontinent umfassen sollte und in Zentralasien unterwarf China nach einer Reihe langer Konflikte das Dschungaren-Khanat.

Diese militärischen Auseinandersetzungen dominieren die Militärgeschichte der Zeit, ebenso wie die Konflikträume generell einen breiteren Raum in der westlichen und internationalen Militärgeschichte einnehmen. Wenig Beachtung finden dagegen Ereignisse in Südostasien. In Indo-China standen sich seit Mitte des 16. Jahrhunderts das Königreich Ayutthaya (Vorgänger des modernen Siam) und das burmesische Toungoo-Reich in einer Reihe von Konflikten gegenüber. Das Toungoo-Reich war tendenziell stärker, befand sich aber auch in einer geopolitisch schwierigeren Lage, da es an China grenzte. Ayutthaya geriet 1569 in Abhängigkeit des Toungoo-Reiches, doch bereits 1584 erklärte Prinz Naresuan erneut die Unabhängigkeit und führte mehrere Feldzüge auf burmesisches Territorium. Die Heere der Region erreichten beachtliche Größen von mehreren zehntausend Mann und verfügten auch über Schusswaffen. Zwar war Indochina für europäische Kaufleute weniger interessant, als Indien, China oder der malaysische Raum, allerdings waren jesuitische Missionare hier sehr aktiv. Das militärische Potential Ayutthayas offenbarte sich auch bei der Belagerung der französischen Festung in Bangkok 1688, die nach mehr als vier Monaten zur Kapitulation gezwungen wurde, woraufhin Ludwig XIV. seine Missionierungsversuche in diesem Raum aufgab. Das Königreich begann sich daraufhin gegenüber den Europäern mit Ausnahme einiger holländischer Händler, zunehmend zu isolieren. Dafür intensivierte sich der Handel mit China und das Land erlebte im frühen 18. Jahrhundert eine kulturelle Blüte und Phase der inneren, wie äußeren Stabilität. Burma hingegen wurde durch interne Konflikte zerrüttet, die im Zerfall des Toungoo-Reiches und der Etablierung der Konbaung-Dynastie mündeten, die die Einheit des Reiches 1752 wiederherstellte. Zu diesem Zeitpunkt befand sich wiederum das Ayutthaya Reich im Niedergang. 1759/60 kam es zu einem weiteren Krieg zwischen beiden Ländern, der beinahe zum Fall der Stadt Ayutthaya geführt hätte. Die Burmesen brachen die Belagerung im letzten Moment ab, da ihr König schwer erkrankte.

Doch schon fünf Jahre später brach der Krieg erneut aus. Ayutthaya unterstützte burmesische Rebellen in der Grenzregion und drängte auf die Rückgewinnung der zuvor verlorenen Tenasserim-Küste mit der wichtigen Hafenstadt Dawei. Im August 1765 drangen drei burmesische Armeen in Ayutthaya ein, eine vom Norden und zwei von Westen. Das siamesische Reich war diesem Angriff nicht gewachsen. Thronfolgekonflikte hatten zu Säuberungen am Hof und im Militär geführt, die das Land schwächten. Der Widerstand war schwach und so marschierten die drei burmesischen Armeen ein weiteres Mal auf die Hauptstadt. Entlastung für das siamesische Königreich kam durch eine noch Ende 1765 gegen Burma vorgetragene Invasion des chinesischen Kaisers Qianlong, die wichtige burmesische Kräfte im Norden des Landes band. Es stellte sich jedoch bald heraus, dass China nur ein kleines Expeditionskorps von wenigen tausend Mann entsandt hatte, weswegen sich Burma ganz auf die Niederwerfung des südlichen Nachbarn konzentrierte. Ende Januar 1766 vereinigten sich die drei burmesischen Armeen vor Siams Hauptstadt.

Die beteiligten Streitkräfte

Beide Parteien konnten für die bevorstehende Belagerung etwa 50.000 Mann mobilisieren. Ayutthayas Militär bestand aus einer Palastgarde und einem kleinen stehenden Kontingent zur Verteidigung der Hauptstadt, welches im Kriegsfall durch weitere Truppenaushebungen ergänzt wurde. Das burmesische Heer war ähnlich aufgebaut und bestand ebenfalls aus einer Palastwache und einigen stehenden Regimentern, die aus wehrpflichtigen Bauern bestanden, wofür jedes Dorf eine bestimmte Quote an Rekruten zu stellen hatte (Ahmudan-System). Im Kriegsfall wurde dieser Nukleus durch weitere Werbungen ergänzt. Im Krieg 1765-67 hoben die Burmesen auch siamesische Rekruten aus.

Das Rückgrat beider Heere bildeten Fußtruppen. In Burma wurde ein etwa 1.000 Mann zählendes Ahmudan-Regiment zusätzlich durch 100 Reiter und 10 Kriegselefanten ergänzt. Siamesische Regimenter besaßen eine vergleichbare Struktur. Sowohl Siam als auch Burma hatten bereits im 16. Jahrhundert Artillerie und Handfeuerwaffen in ihre Streitkräfte integriert. Wurden hierfür ursprünglich europäische Söldner angeheuert, verzichteten beide Reiche seit dem 17. Jahrhundert zunehmend auf den Dienst von Fremden. Wie in weiten Teilen Asiens bestanden die Handfeuerwaffen der Infanterie überwiegend aus Luntenschlossmusketen. Darüber hinaus war ein großer Teil der Truppen aber auch mit traditionellen Nahkampfwaffen ausgestattet.

Da Flüsse wichtige Heeresstraßen darstellten, verfügten beide Seiten zudem über Flussflottillen, die aus geruderten Booten mit kleinen Geschützen bestanden. Ayutthaya hatte sogar einige kleinere europäische Kriegsschiffe erworben.

Die Belagerung

Im Januar 1766 unternahmen siamesische Truppen einen letzten Versuch, die burmesischen Truppen vor der Hauptstadt abzuwehren und trugen einen Angriff gegen die Armee des Generals Maha Nawratha nahe der Bayinnaung Pagode vor. Die Vorhut drängte die Burmesen zunächst zurück, ehe die zweite burmesische Armee unter General Thihapate in ihrer Flanke auftauchte und ihnen den Rückzug abschnitt. Der Großteil der siamesischen Kämpfer wurde niedergemacht, woraufhin sich der Rest der Armee in die Hauptstadt zurückzog. Diese lag auf einer Insel am Zusammenfluss der Flüsse Chao Phraya and Pa Sak und wurde durch einen mächtigen Ziegelwall gesichert, die mit schweren Kanonen bestückt waren, teilweise 100 Pfünder von sechs Metern Länge. Im Vorfeld des Walls befanden sich mehrere kleine hölzerne Forts, die eine Annäherung erschwerten. Die Verteidiger hofften, sich hinter diesen Anlagen bis zur Regenzeit halten zu können, die im Mai einsetzte und das Ufer der Flüsse anschwellen ließ, sodass das Gelände vor den Stadtmauern weitgehend geflutet wurde.

Die Burmesen zogen einen Ring um die Hauptstadt und trugen einige zaghafte Angriffe auf die Mauern vor, die aber im Kreuzfeuer zwischen den Forts und dem Hauptwall zusammenbrachen. Maha Nawratha, der die Belagerung leitete, hoffte die Garnison durch Aushungern zur Kapitulation zu zwingen. Als dies keinen Erfolg zeitigte, bereitete er sich auf das einsetzende Hochwasser vor, legte entsprechende Befestigungen an und requirierte Boote.

Mit dem Einsetzen der Regenzeit wurde ein Großteil der burmesischen Gräben geflutet. Die steigenden Flüsse splitteten das Belagerungsheer in eine Reihe kleiner Korps auf, die auf neu entstandenen Inseln rings um Ayutthaya verteilt waren. Die Siamesen versuchten ihre Flussflotille einzusetzen und diese Korps einzeln anzugreifen und aufzureiben, aber da Maha

Nawratha eine eigene Flottille aufgebaut hatte, kam es lediglich zu einer Reihe teils schwerer Seegefechte, ohne dass die Belagerten einen entscheidenden Erfolg für sich verbuchen konnten. Stattdessen verhinderte die burmesische Flotte, dass Nachschub auf dem Weg über die Flüsse die Hauptstadt erreichte, während burmesische Soldaten im Hinterland ihren eigenen Reis anbauten.

Im Oktober endete die Regenzeit und mit fallenden Flusspegeln besetzten die Burmesen ihre alten Stellungen und erweiterten sie. Dabei entstand eine Reihe künstlicher Hügel, die die Mauern der Stadt überragten und als Artillerieplattformen dienten, von wo aus die Häuser und der königliche Palast unter Beschuss genommen werden konnten. Ein Entsatzversuch durch ein 10.000 Mann starkes siamesisches Heer im Oktober wurde durch nur 3.000 Burmesen geblockt, ebenso wie ein Vorstoß durch 160 Boote mit 6.000 Soldaten im Dezember.

Die Lebensmittel in der Hauptstadt wurden knapp und die Lager der Bevölkerung verschlechterte sich zusätzlich durch einen verheerenden Stadtbrand im Januar 1767, dem bis zu 10.000 Häuser zum Opfer gefallen sein sollen. Auch eine zweite chinesische Invasion mit wesentlich stärkeren Kräften im Norden Burmas 1767 führte nicht dazu, dass die Belagerer Truppen abzogen. König Ekkathat bot seine Unterwerfung an, doch Maha Nawratha forderte eine bedingungslose Kapitulation, starb aber Anfang März. Inzwischen hatten die Burmesen an einer Landverbindung mehrere Tunnel unter den Wall der Hauptstadt vorgetrieben, wo sie am Nachmittag des 7. April 1767 eine Reihe von Minen zündeten. Unterstützt durch schweres Artilleriefeuer stürmten die Burmesen die Breschen bis zum Sonnenuntergang.

Bedeutung

Über das Schicksal König Ekkathats kursieren unterschiedliche Versionen. Mal heißt es, er sei heimlich aus der Stadt geflohen, ein andernmal, der Fluchtversuch sei verhindert worden. Fest steht, dass er unmittelbar nach der Belagerung verstarb. Die Burmesen plünderten Ayutthaya, brachten große Teile der Bevölkerung um und verschleppten 30.000 Menschen nach Burma. Über 500 Kanonen, 700 Elefanten und die Bibliotheken der Stadt fielen den Siegern in die Hände. In den Tempeln wurde das Gold von Buddhastatuen gekratzt.

Die burmesische Armee konnte sich jedoch nicht lange in Siam halten, da die Chinesen ihren Druck im Norden verstärkten und schließlich doch eine rasche Verlegung der Truppen erzwangen. Dennoch bedeutete der Fall Ayutthayas das Ende des 400 Jahre alten Reiches. Siam versank in einem vierjährigen Bürgerkrieg ehe Prinz Taksin aus der Provinz Thonburi das Reich 1771 wieder unter seiner Herrschaft vereinen konnte.

Ayutthaya kam letztlich aufgrund innerer Zerrissenheit zu Fall. Seine Streitkräfte waren von vergleichbarer Stärke, wie die der Burmesen, allerdings waren die burmesischen Offiziere kriegserfahrener. Siams Offiziere agierten zu passiv und vertrauten auf die starken Befestigungsanlagen der Hauptstadt. Maha Nawratha erwies sich dagegen als General, der für jede Herausforderungen, die die wechselnden klimatischen Bedingungen während der Belagerung mit ihren dramatischen Auswirkungen auf die Topographie des Festungsvorlandes mit sich brachten, die richtige Lösung fand.

Beteiligte Streitkräfte

Ayutthaya (König Ekkathat)

Stärke: ca. 50.000 Soldaten

Verluste. Unbekannt

Konbaung-Reich (Maha Nawratha)

Stärke: ca. 50.000 Soldaten

Verluste: unbekannt

Guilford Court House, 15. März 1781

"Colonel Webster ritt entlang der Front des 23. Regiments und rief, mit mehr als seiner üblichen Kommandostimme … 'Kommt, meine braven Füsiliere!'"
Sergeant Roger Lamb

Der Amerikanische Unabhängigkeitskrieg (1775-1783) gilt bis heute als Geburtsstunde einer „modernen" amerikanischen Kriegsführung, die über die starren Lineartaktiken des Ancien Regime siegte. Insbesondere der Mythos des im Umgang mit Feuerwaffen geschulten amerikanischen Einzelkämpfers, der als Minute Man in Notsituationen zur Fahne eilte, um seine Heimat zu verteidigen, hält sich bis heute hartnäckig. Die Forschung hat dieses Bild inzwischen ebenso revidiert, wie jenes von der vermeintlich revolutionären amerikanischen Kriegsführung.

Taktisch und operativ mussten die Amerikaner nach ihren Anfangserfolgen bei Lexington und Concord (1775) und Bunker Hill (1775) einige Rückschläge hinnehmen. Die amerikanische Invasion Kanadas scheiterte in der Schlacht von Quebec (1776), während die Briten 1776 New York und 1777 Philadelphia einnahmen und die von George Washington befehligte Continental Army mehrfach schlagen konnten. Der Versuch, Neuengland – das Kernland der Revolution – von den übrigen Kolonien durch einen Vorstoß aus Richtung Kanada zu trennen, scheiterte jedoch 1777 und endete mit der Kapitulation britischer Truppen bei Saratoga, die nicht nur auf die Kampfkraft der Amerikaner, sondern logistische Probleme der Briten und die schlechte Koordination ihrer Befehlshaber zurückzuführen war. Saratoga und kleinere Erfolge Washingtons bei Trenton (1776) und Princeton (1777) trugen maßgeblich dazu bei, dass Frankreich auf amerikanischer Seite in den Krieg eintrat. Das Augenmerk der Briten richtete sich nun verstärkt auf die Karibik, denn der Schutz der dortigen Zuckerinseln genoss Vorrang vor der Rückgewinnung der amerikanischen Kolonien, weswegen Philadelphia 1778 wieder geräumt wurde. Dennoch kontrollierten sie weiterhin New York, Newport auf Rhode Island und seit 1778 auch Savannah in Georgia. 1780 plante der Oberbefehlshaber Henry Clinton, den Schwerpunkt der britischen Bemühungen in die südlichen Kolonien zu verlegen, wo die Briten auf umfangreiche Unterstützung durch Loyalistenverbände hoffen konnten. Eine Expeditionsflotte landete vor der Hafenstadt Charleston und zwang diese nach kurzer Belagerung zur Kapitulation, wobei 5.000 amerikanische Soldaten die Waffen streckten. Anschließend besetzten die Briten große Teile South Carolinas, sahen sich aber weiterhin Angriffen durch Guerillas und Partisanen ausgesetzt, die in den Sümpfen und Wäldern des Hinterlandes gute Verstecke fanden. Clinton kehrte kurz darauf nach New York zurück und betraute Charles Lord Cornwallis mit den Operationen im Süden. Der Kontinentalkongress hatte eilig eine Armee aus regulären Truppen und Milizen unter dem Befehl von Horatio Gates, einem aufgrund seines Sieges bei Saratoga überschätzten Konkurrenten Washingtons, nach Süden geschickt, der am 16. August 1780 bei Camden eine vernichtende Niederlage hinnehmen musste. Cornwallis bereitete daraufhin seinen Einmarsch in North Carolina vor, wo Major Patrick Ferguson ein Loyalistenheer versammelt hatte, welches jedoch am 7. Oktober in der Schlacht von Kings Mountain von den Rebellen vollständig aufgerieben wurde. Diese Niederlage und die anhaltenden Aktivitäten patriotischer Guerillas hielten viele Loyalisten davon ab, sich den Briten anzuschließen. Da auch seine Nachschublinien bedroht wurden, sah Cornwallis sich genötigt, den Winter in South Carolina zu verbringen.

Der Feldzug

Inzwischen hatte der Kongress mit Nathanael Greene einen engen Vertrauten Washingtons zum Nachfolger des glücklosen Gates bestimmt. Greene war ein erfahrener Organisator und wurde von Daniel Morgan begleitet, der eine Scharfschützeneinheit befehligte und sich als geschickter Taktiker erwies. Aufgrund von Versorgungsschwierigkeiten teilte Greene seine Armee und sandte Morgan nach Westen. Dabei wurde er von einer britischen Abteilung unter Banastre Tarleton verfolgt, der die British Legion, einen der bekanntesten Loyalistenverbände, kommandierte und für seine Grausamkeit gefürchtet war. Morgan stellte sich am 16. Januar 1781 bei Cowpens zur Schlacht und schlug Tarleton entscheidend. Nichtsdestotrotz entschied sich Greene für eine fabianische Strategie und zog sich sukzessive vor Cornwallis zurück, der ihm durch ganz North Carolina bis zum Dan River, dem Grenzfluss zwischen Virginia und North Carolina, folgte. Cornwallis, der unterwegs einen Großteil seiner Bagagewagen verbrannt hatte, um den Amerikanern folgen zu können und sich fast 400 Kilometer von seinem Versorgungsdepot bei Camden entfernt hatte, brach die Verfolgung ab und marschierte nach Hillsborough, in der Hoffnung, weitere Loyalisten zu rekrutieren. Allerdings meldeten sich nur wenige Freiwillige. Greene verstärkte seine Armee weiter, bis er sich stark genug fühlte, Cornwallis entgegen zu treten. Ende Februar marschierte er wieder in North Carolina ein und am 15. März trafen beide Heere bei Guilford Court House aufeinander.

Die beteiligten Heere

Die britische Armee war alles andere als eine auf starre Lineartaktik beschränkte Ansammlung von Söldnern. In den vorangegangenen Konflikten in Nordamerika hatten viele Offiziere gelernt, ihre Taktiken an den Kriegsschauplatz anzupassen. Cornwallis selbst hatte vor dem Krieg sein Regiment in leichten Infanterietaktiken geschult und bei Kriegsbeginn stellten alle Regimenter in Nordamerika entsprechende Kompanien auf, die für die Feldzüge in Bataillonen zusammengefasst wurden. Auch die Linieninfanterie agierte in aufgelockerter Ordnung und marschierte nicht Schulter an Schulter. Die Briten vertrauten auf die Schockwirkung einer eröffnenden Salve und einem anschließend energisch vorgetragenen Bajonettangriff, dem weder die regulären amerikanischen Truppen und schon gar nicht die Milizen standhalten konnten.

Cornwallis' Armee hatte bei Cowpens einen Großteil seiner leichten Infanterie und ein Highlander Bataillon verloren. Dennoch verfügte er bei Guilford Court House über erfahrene Truppen, darunter die zwei Gardebataillone, ein Grenadierbataillon sowie hessische und ansbach-bayreuther Subsidientruppen, dazu drei Geschütze. Alles in allem bestand die Armee aus etwa 2.100 Mann.

Nathanael Greene war den Briten zahlenmäßig doppelt überlegen und verfügte über 4.500 Mann. Den Kern seiner Truppen bildeten zwei Brigaden Continentals aus Maryland und Delaware. Diese Regimenter waren nach europäischem Muster rekrutiert, uniformiert und ausgebildet worden. Der preußische Freiwillige Baron Wilhelm von Steuben hatte für die Truppen ein einheitliches Exerzierreglement eingeführt und im Lager von Valley Forge eingeübt. Die Masse von Greenes Truppen bestand jedoch aus North Carolina und Virginia Milizen, denen wesentlich weniger Kampfkraft zuzutrauen war. In regulären Schlachten hatten die amerikanischen Milizen wiederholt gezeigt, dass sie sich nicht mit den britischen Rotröcken messen konnten. Greene verfügte ebenfalls über 4 Geschütze.

Kavallerie spielte in den meisten Schlachten und Feldzügen des Amerikanischen Unabhängigkeitskrieges eine eher untergeordnete Rolle. Auf dem südlichen Kriegsschauplatz kam sie trotz ihrer zahlenmäßigen Schwäche öfter zum Einsatz. So verfügte Greene über zwei schwache Regimenter Continental Dragoons – die tatsächlich nur Schwadronsstärke besaßen – und Lee´s Legion, einem gemischten Verband aus Kavallerie und Infanterie. Cornwallis konnte dagegen nur auf die dezimierten Reste der British Legion zurückgreifen.

Cornwallis hatte nur grobe Vorstellungen über die Stärke seines Gegners und besaß wenig Informationen über das vor ihm liegende Gelände. Um seine Unterlegenheit auszugleichen, ließ er seine Armee in einer einzigen Linie aufmarschieren mit Tarletons Reitern in Reserve. Greene griff dagegen auf das von Dan Morgan bei Cowpens entwickelte taktische Verfahren zurück und bildete drei weit auseinandergezogene Treffen. Die erste Linie bestand größtenteils aus Milizen, 90 Dragonern, Teilen von Lees Legion und 80 Delaware Continentals. Sie bezog Stellung an einem Zaun, der quer zu der von den Briten zu nehmenden Straße verlief. Auch einige Kompanien mit gezogenen Gewehren und zwei Geschütze waren in die erste Linie eingegliedert und sollten den Vormarsch des Gegners verzögern. Die zweite, ausschließlich aus Milizen bestehende Linie, wurde 300 Meter dahinter postiert, die dritte etwas nach rechts versetzt 500 Meter dahinter auf einem Hügel. Sie bestand aus den 1.400 Continentals und zwei Geschützen. Diese tief gestaffelte Formation sollte die Schwächen der Miliztruppen ausgleichen. Anstatt sich auf lange Feuergefechte mit den Briten einzulassen, sollten sie zwei oder drei Salven abgeben und sich dann zurückziehen, ehe der Gegner zum Bajonettangriff ansetzen konnte. Auf diese Weise wurden die Briten in Unordnung gebracht und verloren an Angriffswucht, bevor sie die Continentals erreichten. Nach dem Rückzug sollten sich die Milizen an den Flanken der Continentals sammeln und gegebenenfalls die des Gegners bedrohen.

Die Schlacht

Gegen 13.30 Uhr erreichte Cornwallis Armee das Schlachtfeld. Seine Artillerie tauschte einige Schüsse mit den Sechspfündern in Greenes vorderster Linie aus, während sich die Infanterie zur Linie entfaltete. Als die Briten auf die North Carolina Miliz zumarschierte, gab diese eine Salve ab, die durchaus Wirkung zeigte und zog sich dann wie geplant zurück. Die vorrückenden Briten gerieten unter Flankenfeuer durch die Continentals und Gewehrschützen, weswegen Cornwallis weitere Truppen vor beorderte. Auf der amerikanischen Linken zogen sich Lee‘s Legion und einige Virginia-Milizen in nordöstlicher Richtung zurück, verfolgt von den Hessen und einem Gardebataillon, die so von der britischen Hauptlinie abdrifteten.

Cornwallis führte seine Truppen persönlich gegen die zweite amerikanische Linie vor, die rasch zurückgedrängt wurde, wobei dem britischen Befehlshaber ein Pferd weggeschossen wurde. Die Briten gingen schließlich gegen die dritte amerikanische Linie vor. Als erstes stieß der linke Flügel unter General James Webster auf die Maryland Line, kassierte auf kurze Distanz eine Salve und wich zurück. Dagegen gelang es den Gardebataillonen, das relativ unerfahrene 2nd Maryland Regiment in die Flucht zu schlagen und die amerikanischen Geschütze zu erbeuten. Die Briten setzten nach, wurden nun aber ihrerseits von der 1st Maryland in der Flanke angegriffen, während die Continental Dragoons in ihren Rücken vorstießen. Schwere Nahkämpfe waren die Folge. Als die Garden zurückzuweichen drohten, befahl Cornwallis seinem Artillerieoffizier, in die Massen zu feuern, wodurch die Amerikaner zurückgedrängt wurden. Anschließend führte der bereits verwundete britische General Charles O´Hara einen weiteren Angriff in die Lücke, die das 2nd Maryland hinterlassen hatte, woraufhin Greene zwischen 15.30 und 16 Uhr den Rückzug befahl. Cornwallis wollte die Amerikaner verfolgen lassen, sah jedoch aufgrund des erschöpften Zustands seiner Truppen davon ab.

Bedeutung

Guilford Courthouse war ein britischer Pyrrhussieg im besten Sinne dieses Wortes. Während Greene knapp 100 Tote, 200 Verwundete und 1.000 Vermisste einbüßte, von denen die meisten jedoch später wieder zur Armee zurückkehrten, verlor Cornwallis 93 Tote, 408 Verwundete und 25 Vermisste, beinahe ein Viertel seiner Armee. Diese Truppen waren nahezu unmöglich zu ersetzen. Cornwallis zog sich nach Hillsborough zurück, war jedoch weniger als zuvor in der Lage, Freiwillige unter den Loyalisten zu gewinnen. Da er in den Carolinas keine Entscheidung erzwingen konnte, entschied er sich schließlich, nach Virginia vorzurücken, wo er seine Truppen besser versorgen konnte. Dieser Feldzug endete mit der Kapitulation seiner Armee bei Yorktown, die – wie bereits zuvor die britische Niederlage bei Saratoga – auf mangelnde Koordination und fehlende Unterstützung seitens des britischen Oberbefehlshabers Clinton zurückzuführen war.

Greene führte seine Armee nach South Carolina. In einem bemerkenswerten Feldzug musste er weitere taktische Niederlagen bei Hobkirk‘s Hill und Eutaw Springs (wo er seine tiefe Ordnung erstmals offensiv einsetzte) hinnehmen. Die Briten behaupteten jedes Mal das Schlachtfeld, erlitten aber jeweils so große Verluste, dass sie sich schließlich zurückziehen mussten, wodurch Greene trotz taktischer Niederlagen operative Erfolge erzielte. Diese Schlachten unterstreichen, dass die zeitgenössische Ansicht, wonach der, der das Schlachtfeld behauptet, auch der Sieger des Kampfes ist, wenig aussagekräftig ist. Allerdings konnten die Briten Charleston bis zum Ende des Krieges halten und räumten die Stadt erst, als die Friedensverhandlungen bereits im Gange waren.

Beteilige Armeen

<u>Briten (Lieutenant-General Charles Lord Cornwallis)</u>

Stärke: ca. 2.100 Mann, 3-4 Geschütze

Verluste: ca. 93 Tote, 408 Verwundete, 25 Vermisste

<u>Amerikaner (Major-General Nathanael Greene)</u>

Stärke: ca. 4.500 Mann, 4 Geschütze

Verluste: ca. 94 Tote, 211 Verwundete, 1.046 Vermisste

Chesapeake Bay, 5. September 1781

> *„Gestern hatte eine britische Flotte eine reiche und glorreichste Ernte des Ruhms in Reichweite, aber die Möglichkeiten sie einzubringen, wurden in mehr als einer Hinsicht verspielt.“*
>
> Admiral Samuel Hood, 6. September 1781

Nachdem sich in den Carolinas ein strategisches Patt zu entwickeln drohte, verlegte sich das Augenmerk der Briten in Nordamerika zunehmend auf Virginia. Dank ihrer Überlegenheit zur See konnten sie im Frühjahr 1781 immer wieder Truppen anlanden, die Streifzüge ins Landesinnere vortrugen. Im Mai rückte die Armee von Cornwallis von North Carolina aus in Virginia ein. Hier erhielt er Instruktionen durch den Oberbefehlshaber der Nordamerikastation, Sir Henry Clinton, einen geeigneten Tiefwasserhafen zu sichern, da er einen Großteil der Truppen und der Flotte aus New York in die Chesapeake Bay verlegen wollte. Den einzigen geeigneten Hafen konnte Cornwallis in Yorktown ausmachen. Dieser war zwar groß genug, um auch Linienschiffen ausreichenden Schutz zu bieten, allerdings ließ sich der Lagerplatz der Landtruppen nur schwer verteidigen. Cornwallis drängte Clinton daher darauf, seine Truppen möglichst rasch zu verlegen, da seine eigene Armee sich in Yorktown nicht lange gegen eine Übermacht würde verteidigen können. Clinton erneuerte seine Order, weswegen Cornwallis Ende Juli ein befestigtes Lager in Yorktown errichten ließ.

In der Zwischenzeit hatten der amerikanische Oberbefehlshaber George Washington und der Kommandeur des französischen Expeditionskorps Jean Baptiste de Rochambeau ihre Optionen für das Feldzugsjahr 1781 erwogen. Sie konnten entweder den britischen Stützpunkt in New York oder den sich neu herausbildenden Kräfteschwerpunkt in Virginia angreifen. Für beide Optionen war es notwendig, dass die französische Flotte die Seeherrschaft errang, um die Briten von ihrem Nachschub abzuschneiden. Bereits in den beiden Jahren davor hatten die Verbündeten solche kombinierten Operationen unternommen, waren aber sowohl vor Rhode Island (1778) als auch Savannah (1779) gescheitert, wofür die Amerikaner nicht zuletzt die mangelnde Kooperationsbereitschaft des französischen Admirals Charles d'Estaing verantwortlich machten. 1781 schickten die Franzosen ein neues Geschwader unter Francois Joseph Paul de Grasse in die Karibik, von wo es außerhalb der Hurricansaison die Feldzüge in Nordamerika unterstützen sollte. Während Washington zunächst einen Angriff auf New York bevorzugte, informierte Rochambeau de Grasse, dass er lieber gegen die britischen Truppen in Virginia operieren würde.

Der Feldzug

De Grasses Flotte traf am 15. August vor Haiti ein, von wo der Admiral Rochambeau umgehend informierte, dass er mit all seinen 28 Linienschiffen zur Chesapeake Bay vorstoßen wolle. Washington, der nach wie vor New York präferierte, blieb nun keine andere Möglichkeit mehr, als sich dem französischen Vorhaben anzuschließen.

Innerhalb von zwei Wochen erreichte die französische Flotte die Chesapeake Bay und landete ein 3.200 Mann starkes Korps an, um mit den vor Ort befindlichen Truppen der Continental Army und lokalen Milizen Cornwallis' Truppen einzuschließen. Zudem konnte de Grasses Geschwader zwei in der Chesapeake kreuzende britische Fregatten abfangen, die eigentlich die Verbindung nach New York aufrechterhalten sollten, weswegen Clinton zunächst über das Eintreffen der Franzosen im Unklaren blieb.

Auch der britische Oberbefehlshaber in der Karibik, Admiral George Rodney, spielte in der sich langsam anbahnenden Katastrophe eine unrühmliche Rolle. Rodney hatte sich zwar wiederholt als geschickter Taktiker erwiese, gleichzeitig eilte ihm aber auch der Ruf voraus, persönliche Interessen über militärische Operationen zu stellen. Kritiker warfen ihm später vor, Teile seiner Flotte für die Jagd auf französische Handelsschiffe verzettelt zu haben, um Prisengelder zu gewinnen, mit dem er seinem Sohn ein Offizierspatent kaufen und seiner Tochter eine reiche Mitgift zur Verfügung stellen wollte. Daher habe er Admiral Samuel Hood mit nur 16 Schiffen nach New York geschickt, um das Nordamerikageschwader unter Admiral Thomas Graves zu verstärken. Andererseits verfügte Rodney nur über 21 Linienschiffe, von denen er drei als Konvoischutz abstellte – was ebenfalls zu seinen Aufgaben zählte – , während zwei reparaturbedürftig waren. Zudem ging Rodney – fälschlicherweise, wie sich herausstellen sollte – davon aus, dass de Grasse selbst nur einen Teil seines Geschwaders nach Nordamerika verlegen und einen Teil zum Schutz von Handelsschiffen abstellen würde. Diese Aufgabe vertraute de Grasse jedoch dem spanischen Verbündeten an.

Hood war de Grasse umgehend gefolgt und hatte einen Kurs näher an der Küste eingeschlagen, weswegen er fünf Tage vor den Franzosen in der Chesapeake eintraf, diese aber verlassen vorfand, woraufhin er nach New York weitersegelte. Hier fand er das britische Nordamerikageschwader unter Graves mit gerade einmal fünf einsatzbereiten Linienschiffen.

Inzwischen hatte die französisch-amerikanische Armee ihre Stellungen westlich von New York verlassen und war nach Süden marschiert, während ein zweites französisches Geschwader unter Admiral Jaques-Melchior Barras, welches in New Port ankerte, mit weiteren Truppen am 27. August zur Chesapeake segelte. Die Nachricht vom Auslaufen dieses Geschwaders lieferte Clinton und Graves schließlich den Hinweis, dass der Gegner sich tatsächlich auf Virginia konzentrieren könnte. Am 31. August – also einen Tag bevor de Grasse die Chesapeake erreichte – lief Graves daher aus New York aus und segelte mit 19 Schiffen nach Süden.

Die beteiligten Flotten

Die Flotten, die sich in der Chesapeake Bay gegenüberstanden ähnelten sich in vielerlei Hinsicht bezüglich Konstruktion und Bewaffnung der Schiffe. Auch der Ausbildungsstand der französischen Seeleute war durchaus mit dem der englischen vergleichbar, denn dank der jährlichen Vorstöße in die Karibik und nach Nordamerika konnten die Mannschaften See- und Kampferfahrung sammeln.

Im letzten Drittel des 18. Jahrhunderts entwickelte sich das Linienschiff mit 74 Geschützen zum Standardschlachtschiff fast aller größeren europäischen Marinen. In England entwarf Sir Thomas Slade zwischen 1755 und 1774 eine Reihe solcher Zweidecker, deren Konstruktion auf dem Design französischer und spanischer Linienschiffe beruhte, die die Royal Navy in den 1740er-Jahren gekapert hatte. 12 von 19 Schiffen in Graves Geschwader und 17 von 24 Schiffen in der französischen Flotte gehörten diesem Typ an. Die stärksten Schiffe der britischen Flotte waren die beiden Dreidecker *Barfleur* und *London* mit jeweils 98 Geschützen, die Hood und Graves als Flaggschiffe dienten. De Grasses Flaggschiff *Ville de Paris* führte sogar 104 Geschütze mit sich. Hydrodynamische Experimente führten zur Verbesserung der Konstruktion von Schiffsrümpfen. Die Takelage änderte sich ebenfalls. Das Lateinersegel am Besanmast wurde durch ein Gaffelsegel abgelöst und die unter dem Bugspriet angebrachte rechteckige Blinde und die auf einem kleinen am Bugspriet aufgesetzten Mast geführte Toppblinde durch dreieckige Stagsegel und Klüver ersetzt, wodurch das seitliche Abdriften der Schiffe verhindert und diese manövrierbarer wurden. Die Einführung kupferbeplankter Rümpfe machte die Schiffe zudem weniger anfällig gegenüber dem Schiffsbohrwurm und verzögerte einen schnellen Bewuchs des Rumpfes, wodurch ihre Seetüchtigkeit länger erhalten blieb. Allerdings waren die Schiffe in Hoods Geschwader bereits längere Zeit nicht mehr überholt worden, was sich im Laufe der Schlacht negativ bemerkbar machen sollte. 1778 stattete ein Kapitän der Royal Navy die Geschütze seines Schiffes erstmalig mit Steinschlossbatterien aus. Diese ermöglichten ein schnelleres und präziseres Feuer gegenüber der alten Luntenzündung. Zur selben Zeit führte die Royal Navy die Karronade ein, kurze, dünnwandige Geschütze, die Sprenggeschosse auf Nahdistanz abfeuern konnten.

Die Schlacht

In den Vormittagsstunden des 5. September sichteten britische Fregatten zwei französische Schiffe, die am Eingang der Chesapeake Bay patrouillierten. Graves ging zunächst davon aus, dass er es nur mit dem Geschwader unter Barras zu tun hatte und bildete eine Linie. Tatsächlich handelte es sich um die vereinte französische Flotte. Auch de Grasse befahl seinen Kapitänen, die Ankertaue zu slippen (kappen) und auszulaufen, was in Anbetracht der steigenden Tide und des Windes alles andere als einfach war. Viele französische Schiffe waren zudem unterbemannt, da große Teile der Besatzungen sich noch an Land befanden. De Grasse verzichtete daher darauf, die vorgegebene Schlachtordnung einzunehmen, sondern beorderte seine Schiffe, sich je nach Standort in die Linie einzufügen. Gegen 13 Uhr standen sich die beiden Flotten auf gegenläufigen Kursen gegenüber. Da die britische Linie jedoch auf die Küste steuerte, befahl Graves eine Kehrtwende, die beide Flotten auf Parallelkurs brachte. Dieser führte sie in nordöstlicher Richtung von der Küste weg. Die Flotten näherten sich nun in einem spitzen Winkel. Die Franzosen profitierten dabei von ihrer Leeposition, die die Schiffe so neigte, dass ihre dem Feind zugewandten Breitseiten höher über dem Wasser lagen, während die der Briten in die See gedrückt wurden. Daher konnten sie mit ihren ohnehin schwereren Geschützen den Kampf eröffnen.

Derweil war eine Lücke zwischen der französischen Vorhut und der Mitte entstanden, die Graves jedoch nicht angriff, weil er dafür höher hätte an den Wind gehen müssen, wodurch seine Schiffe noch stärker in ihren Feuermöglichkeiten eingeschränkt worden wären. Die Franzosen konnten daher ihre Lücke schließen, während die britische Vorhut unter Graves ihrerseits den langsameren Schiffen unter Hood zu enteilen drohte.

Erst gegen 16 Uhr näherte sich die britische Linie dem Gegner an und bald entwickelte sich ein allgemeines Duell Schiff gegen Schiff. Die Franzosen konzentrierten ihr Feuer dabei auf die Takelage des Gegners, um dessen Manövrierfähigkeit einzuschränken und tatsächlich mussten bald darauf die beiden Spitzenschiffe der britischen Linie ausscheren. Doch auch die französischen Spitzenschiffe nahmen hohe Verluste hin. Nach einer Stunde drehte der Wind und de Grasse befahl die Vorhut weiter vor, damit er mit seinem Zentrum angreifen konnte. Die schwer beschädigten Schiffe waren dazu allerdings nicht mehr in der Lage, sodass die Briten sich zurückziehen konnten. Das Artillerieduell dauerte noch bis zum Einbruch der Dunkelheit an.

In der Nacht belauerten sich die Flotten, bereit, den Kampf am nächsten Tag wieder aufzunehmen. Graves schien jedoch in Anbetracht der schweren Schäden, die seine Schiffe hatten hinnehmen müssen, zum Rückzug bereit. Er beriet sich mit den Admiralen Hood und Drake. Hood riet zu einem Kurswechsel, um vor den Franzosen in die Chesapeake einzulaufen, was Graves als zu riskant ablehnte. Die Flotten belauerten sich drei Tage, ohne dass es zu größeren Gefechtshandlungen kam, ehe de Grasse Nachricht vom Eintreffen Barras erhielt. Am 12. September ankerte die französische Flotte wieder in der Chesapeake. Graves hatte am Tag zuvor ein schwer beschädigtes Linienschiff aufgegeben und entschied sich am 13. September zum Rückzug nach New York, wo seine Flotte am 20. September eintraf.

Bedeutung

Die Schlacht in der Chesapeake Bay ist weniger bekannt als die anschließende Belagerung von Yorktown, die am 19. Oktober 1781 mit der Kapitulation von Cornwallis endete. Die militärischen Verluste dieser Niederlage wären womöglich, wie zuvor jene von Saratoga, zu verschmerzen gewesen. Allerdings hatte sich der militärische Fokus der Briten längst auf den Krieg gegen Frankreich verlagert, der in der Karibik und im Indischen Ozean tobte. Gleichzeitig führte die Niederlage zu einem Misstrauensvotum im britischen Parlament und der Abdankung des Premierministers Lord North.

Die Schlacht in der Chesapeake Bay bildete die Grundlage für diesen franko-amerikanischen Erfolg. Cornwallis war sich der prekären Lage von Yorktown von Beginn an bewusst und hielt seine Stellung nur aufgrund der Zusagen Clintons und in der Hoffnung auf Unterstützung über See. Doch eben diese Verbindung konnte de Grasse kappen. Gerade zu Beginn der Schlacht bewies er Entscheidungsfreude und seine Besatzungen gute Seemannschaft. Während der Schlacht agierte de Grasse weniger aggressiv, weil er nicht gezwungen war, Initiative zu zeigen. Seinem begrenzten taktischen Erfolg kam somit eine überragende strategische Bedeutung zu. In Hinblick auf die britisch-französische Rivalität zur See steht die Schlacht im Schatten von Rodneys Sieg über de Grass bei den Saints 1782, durch den Großbritannien die Kämpfe in der Karibik zu seinen Gunsten entscheiden konnte.

Beteiligte Flotten

Frankreich (Admiral Francois Joseph Paul de Grasse)

Stärke: 24 Linienschiffe, 1.542 Geschütze

Verluste: ca. 220 Tote und Verwundete

Großbritannien (Admiral Thomas Graves)

Stäre: 19 Linienschiffe, 1.410 Geschütze

Verluste: 1 Linienschiff (später aufgegeben), 90 Tote, 246 Verwundete

Erste Schlacht bei Kaiserslautern, 28. – 30. November 1793

„Der Herzog von Braunschweig, der seinen linken Flügel hergestellt sah, begab sich rasch mit dem Herzog von Weimar nach seinem rechten Flügel, welcher kaum die Angriffe Hoche's und Ambert's gegen die Abhänge von Moorlautern abzuhalten vermochte. Zwei Mal siegreich und zwei Mal zurückgewiesen, überwand die feindliche Reiterei endlich den Widerstand der Franzosen, und der General Hoche, von dieser Reserve überwältigt, verlor die eroberten Stellungen zum Theil wieder.“

Jean Pons Guillaume Viennet „Die Revolutionsfeldzüge im Norden und Osten von Frankreich“

In der populären und lange Zeit auch akademischen Wahrnehmung stellte die Französische Revolution eine Zäsur der Militärgeschichte dar. Durch Prügelkultur zusammengehaltene Söldnerheere des Ancien Regime wurden überwunden durch hochmotivierte wehrpflichtige Bürger in Uniform, die in Schützenschwärmen und massiven Kolonnen kämpften. Der Zäsurcharakter der Zeit wurde zwar auch von Zeitgenossen wahrgenommen, etwa Johann Wolfgang von Goethe, der eine preußisch-österreichische Armee unter Befehl des Herzogs von Braunschweig 1792 nach Frankreich begleitete und Zeuge der Kanonade von Valmy wurde, worüber er schrieb: „Von hier und heute geht eine neue Epoche der Weltgeschichte aus, und ihr könnt sagen, ihr seid dabei gewesen.“ Dennoch hat die moderne Forschung inzwischen ein etwas differenziertes Bild sowohl des Ancien Regime als auch der Französischen Revolution entworfen. Tatsächlich lässt sich die europäische Kriegsführung im 18. Jahrhundert mitnichten auf eine starre Lineartaktik reduzieren. Kolonnen, Schützentaktik und die Bildung militärischer Großverbände, zunächst Divisionen, erörterten französische Militärtheoretiker bereits nach dem Siebenjährigen Krieg. Die Französische Revolution brachte diese Ideen also nicht hervor, sondern nur in Anwendung und dies geschah durchaus nicht ohne Probleme. Der Enthusiasmus der Revolutionstruppen, den man ebenso wenig über- wie man die Moral der alteuropäischen Truppen unterschätzen sollte, war nur ein mäßiger Ausgleich für Professionalität. Zwar konnten Kolonnen auf dem Schlachtfeld durchaus eine gewisse Stoßkraft entfalten, aber nur, wenn sie nicht vorher im Feuer linearer Formationen zusammenbrachen. Die spektakulären Erfolge der Revolutionstruppen, etwa über die Österreicher bei Jemappes (1792) und Fleurus (1794), fußten vor allem auf einer bedeutenden zahlenmäßigen Überlegenheit und standen einer Serie von Misserfolgen in Schlachten gegenüber, in denen die Kräfteverhältnisse ausgeglichen waren, wie etwa Neerwinden (1793).

Wie bereits in den letzten Kriegen Ludwigs XIV. sah sich Frankreich ab 1792/93 einer Koalition der europäischen Mächte gegenüber, die das Land in einen Mehrfrontenkrieg zwangen, der in den südlichen Niederlanden, entlang des Rheins, in Norditalien und in den Pyrenäen ausgefochten wurde. Frankreich profitierte dabei bedeutend von dem Umstand, dass sich die anderen kontinentalen Großmächte Österreich, Preußen und Russland selbst in Ostmitteleuropa lauernd gegenüberstanden und die zweite (1793) und dritte (1795) Teilung Polens vorbereiteten. Zu diesem Zweck hielten die drei Mächte bedeutende Kräfte zurück. So setzte Preußen nur ein Viertel seiner Armee am Rhein ein und auch Österreich stellte 1792 weniger Soldaten an das Korps des Herzogs von Braunschweig ab, als zugesagt, weswegen dieser bei Valmy nur über halb so viele Truppen verfügte wie geplant.

Diese mangelnde Fokussierung auf Frankreich ermöglichte es den Revolutionären wiederholt, in die Offensive zu gehen. Nach Valmy wurden die preußischen und österreichischen Truppen an den Rhein zurückgedrängt und Mainz besetzt, wo eine deutsche Tochterrepublik entstand. Doch im Frühjahr 1793 schlugen die Verbündeten zurück. Mainz fiel nach langer Belagerung am 23. Juli 1793. Anschließend rückten die Verbündeten erneut gegen die französische Grenze vor.

Der Feldzug

Die Kriegführung der Verbündeten litt vor allem an einer fehlenden zentralen Koordination. Während eine österreichische Armee unter dem erfahrenen General Dagobert von Wurmser in das Elsass einfiel, stellte der Herzog von Braunschweig seinen Feldzug bald darauf erneut wegen Nachschubproblemen ein und marschierte an die Saar zurück. Dabei wurde er von der französischen Moselarmee unter dem neu ernannten Divisionsgeneral Lazare Hoche verfolgt. Der Herzog zog sich in ein befestigtes Lager bei Kaiserslautern zurück und stellte ein Korps zur Belagerung der Festung Landau ab. Hoche wollte zunächst die preußische Hauptarmee schlagen und dann Landau entsetzen. Nachdem er fälschlicherweise das nach Landau abgestellte Korps verfolgt hatte, traf er am 27. November in der Nähe des preußischen Lagers bei Kaiserslautern ein. Die Preußen hatten zwei Erhebungen nördlich der Stadt, den Kaiserberg und den Moorlauterberg, besetzt, die durch eine sumpfige Niederung getrennt wurden. Im Süden und Westen deckte das Tal der Lauter die Stellungen, im Norden der Otterbacher Grund.

Die beteiligten Armeen

Als Hoche wenige Wochen zuvor das Kommando über die Moselarmee übernommen hatte, beklagte er sich, dass diese schlecht bewaffnet, gekleidet und vollkommen undiszipliniert sei. Tatsächlich hatte die am 23. August 1793 auf Betreiben des Kriegsministers Lazare Carnot (1753-1823) erlassene Anordnung zur Levée en masse, die jeden männlichen Franzosen zwischen 18 und 25 zum Kriegsdienst verpflichtete, eine enorme Vergrößerung der französischen Armeen ermöglicht. Doch trotz enormer Steigerungen in der Waffenproduktion bereitete deren Ausrüstung nach wie vor Schwierigkeiten.

Die Vergrößerung der französischen Armee machte auch eine administrative Reform notwendig. Erstmals wurden die Truppen in permanenten Divisionen zusammengefasst. Eine Division verfügte über zwei Infanteriebrigaden mit drei Regimentern, die als „demi-brigades" bezeichnet wurden, einem Kavallerieregiment und 32 Kanonen. Diese Organisation erhöhte die taktische und operative Flexibilität der französischen Armeen, da Divisionen eigenständig Teilaufgaben übernehmen konnten, für die bisher ad hoc-Formationen gebildet worden waren. Die schnelle Rekrutierung neuer Truppen machte eine vereinfachte Ausbildung notwendig. Die nach wie vor effiziente, aber komplexe Lineartaktik war daher kaum noch anwendbar. Kolonnen- und Schützentaktik fußten zwar auf längst vorhandenen Theorien, entsprangen aber zum Teil auch der Notwendigkeit. Der massive Einsatz ganzer Regimenter in offener Gefechtsordnung durch die Franzosen erreichte neue Dimensionen. Ihr Feuer erschütterte gegnerische Formationen und deckte gleichzeitig den Vormarsch der eigenen Angriffskolonnen, die sonst selbst dem Abwehrfeuer des Gegners ausgesetzt gewesen wären.

Die preußische Armee unter Ferdinand von Braunschweig, einem Veteranen des Siebenjährigen Krieges, zählte dagegen immer noch zu den bestausgebildeten in Europa. Zwar meldeten sich erste kritische Stimmen, die die durch Friedrich den Großen geprägte Taktik kritisierten, dennoch hatte die Armee bei der Niederschlagung eines Aufstands in den Niederlanden (1787), der Belagerung von Mainz oder der Schlacht bei Pirmasens im August 1793 weiterhin ihre Schlagkraft unter Beweis gestellt. Auch die preußische Armee öffnete sich vorsichtig taktischen Neuerungen und hatte nach dem Tod Friedrichs Regimentsschützen eingeführt. Doch während die Franzosen etwa ein Viertel ihrer Infanterie in aufgelöster Formation einsetzten, war es bei den Preußen nicht einmal jeder zehnte Soldat. Zur Armee des Herzogs gehörte auch ein sächsischer Verband, über den sich der preußische Offizier Georg Wilhelm von Valentini lobend als „Preußen in weißen Röcken" äußerte.

Wie so oft schwanken die Stärkeangaben für beide Armeen stark. Während für die preußisch-sächsische Armee lange Zeit eine Stärke von 21.000 und für die Moselarmee von 40.000 Mann überliefert wurde, haben jüngere Schätzungen die Verhältnisse angeglichen und gehen von 26.000 preußisch-sächsischen gegenüber 32.000 französischen Soldaten aus.

Die Schlacht

Am 27. November beschloss Hoche, eine ganze Division nach Kaiserslautern zu senden, um die Aufmerksamkeit der Preußen zu binden. Mit seiner Hauptmacht umging er zunächst die preußischen Stellungen und vertrieb einige Vorposten von einer den eigentlichen Stellungen vorgelagerten Höhe, dem Galgenberg.

Am 28. November entspann sich ein heftiges Artillerieduell zwischen beiden Seiten. Am nächsten Tag schickte Hoche die Masse seiner Armee gegen den Ottergrund vor, um die preußische rechte Flanke zu bedrohen. Preußische Truppen unter General Friedrich Adolph von Kalkreuth rückten ihnen vom Moorlauterberg entgegen, wurden aber zurückgedrängt.

Der Herzog von Braunschweig erkannte, dass Hoche ihn umgehen und seine Truppen auf dem Kaiserberg einkreisen wollte. Daher ließ er Kalkreuths Flanke verstärken und ritt persönlich zum Moorlauterberg. Kalkreuth formte seine Linie neu, als Hoche eine Division gegen die Höhe vorschickte. Allerdings war die französische Attacke schlecht koordiniert. Die Truppen hielten keine Formation ein und gerieten in heftiges Abwehrfeuer der diszipliniert stehenden Preußen. Die Franzosen flohen panisch vom Schlachtfeld und wurden umgehend verfolgt. Nahe dem Dorf Erlenbach gelang es den Preußen, ein gegnerisches Karree zu sprengen. Anschließend zogen sich beide Truppen auf ihre Ausgangspositionen zurück.

Am 30. November erneuerte Hoche seinen Vorstoß gegen die Moorlauterberg, während Artilleriefeuer preußische Truppen am Kaiserberg niederhielt. Der Herzog von Braunschweig hatte jedoch seinen rechten Flügel weiter verstärkt, sodass die Franzosen ein weiteres Mal zurückgeschlagen wurden. Hoche befahl den Rückzug. Die preußische Kavallerie ging zur Verfolgung über, konnte den Sieg allerdings nicht vollständig ausnutzen, auch weil die Preußen einen französischen Entlastungsangriff am Galgenberg zurückweisen mussten.

Bedeutung

Obwohl der Herzog von Braunschweig einen klaren Sieg erringen konnte, blieben die operativen Auswirkungen von Kaiserslautern gering. Hoche verstärkte die französische Rheinarmee, die im Dezember Wurmsers Österreicher wieder über den Rhein zurückdrängte. 1794 nahmen preußische Unterhändler bereits Verhandlungen mit den Franzosen auf. Ein Jahr später folgte der Abschluss des Friedens von Basel, in dem Preußen seine Neutralität erklärte, um sich ungestört der dritten polnischen Teilung widmen zu können.

Die taktischen Erfolge gegen die Franzosen im Ersten Koalitionskrieg nahmen Preußen den Druck für militärische Reformen, obwohl aufgeklärte Militärs durchaus umfassende Vorschläge erarbeiteten. General Ernst von Rüchel wollte eine Landmiliz errichten, um Linientruppen für den Feldeinsatz freizustellen, Oberst Karl von Massenbach entwickelte daraus die Idee einer Nationalreserve, die gleichberechtigt neben dem Feldherr kämpfen sollte und große Ähnlichkeit mit der später errichteten Landwehr trug. Letztendlich scheiterten viele dieser Ideen an den Sonderrechten des Ständestaates, an denen ein Großteil der Elite nicht rütteln möchte. Erst die Schlacht bei Jena sollte diesbezüglich zu einem Umdenken führen.

Die französische Armee sollte bis dahin einen weiteren Modernisierungs- und Professionalisierungsprozess durchlaufen. Dass sie Niederlagen wie Kaiserslautern problemlos wegstecken konnte, lag nicht zuletzt an der Levée en masse, die den raschen Nachschub an Soldaten sicherstellte, ein Umstand, den auch Rüchel und Massenbach anerkannten. Es waren aber erst die Friedensjahre zwischen 1801 und 1805, die es Napoleon Bonaparte erlaubten, aus den kampferfahrenen Truppen der Revolution die Grande Armée zu schmieden.

Beteiligte Armeen

Preußen (Generalfeldmarschall Ferdinand Herzog von Braunschweig)

Stärke: 35 Bataillone, 54 Eskadronen, ca. 26.000 Mann, 80 Geschütze

Verluste: ca. 900 Tote, Verwundete und Vermisste

Frankreich (Divisionsgeneral Lazare Hoche)

Stärke: ca. 29.000 Mann Infanterie, 3.000 Mann Kavallerie

Verluste: ca. 2.400 Tote und Verwundete, 700 Gefangene

Jena & Auerstedt, 14. Oktober 1806

> *„Die Unerschrockenheit und der Muth, den die Mannschaft des Bataillons zu Anfange des Gefechtes und insbesondere in der ersten Stellung zeigte, stand mit dem innern Zustande bei dem Abzuge aus dem Isserstedter Forste in auffallendem Widerspruche.*
>
> *Es ist Seiten der Offiziere kein Mittel unversucht geblieben um neuen Muth zu erwecken, allein die Wirkung war nicht ausdauernd. Die physischen Kräfte konnten durch nichts unterstützt werden, und daß sie bei den spärlichen Nahrungsmitteln unterliegen mußten, liegt in der Natur der Dinge. Aber auch der Mangel an Munition in den letzten Gefechtsmomenten und die Unmöglichkeit, Etwas gegen das verheerende Feuer der feindlichen Tirailleurs zu thun, brachte die Mannschaft aus der Fassung.“*
>
> Karl Christian Erdmann Edler LeCoq, Kommandeur eines sächsischen Grenadierbataillons

Mit seinem Sieg bei Austerlitz am Jahrestag seiner Kaiserkrönung, dem 2. Dezember 1805, festigte Napoleon seine Herrschaft. Österreich war schwer geschlagen. Preußen, das sich seit dem Basler Frieden 1795 in einem Zustand der Neutralität befand, hatte lange gewankt, im Spätsommer 1805 überraschend seine Armee mobilisiert, nachdem französische Truppen durch seine fränkischen Territorien marschiert waren, war aber letztlich nicht in den Krieg eingetreten. Stattdessen schloss Preußen im Februar 1806 zunächst einen Bündnisvertrag mit Napoleon und erhielt dafür den Besitz von Hannover bestätigt. Dies hatte jedoch auch eine Erneuerung des Krieges mit England zur Folge, was massive Schäden für die preußische Handelsmarine mit sich brachte. Da immer wieder Gerüchte in Berlin kursierten, Napoleon wolle die Rückgabe Hannovers als Verhandlungsbasis für einen Frieden mit England anbieten und da französische Truppen nach wie vor die fränkischen Besitzungen Preußens besetzt hielten, kippte die Stimmung im Land zunehmend.

Am 26. August 1806 forderte Berlin von Frankreich den Abzug seiner Truppen über den Rhein bis zum 8. Oktober. Nachdem dieses Ultimatum verstrichen war, erklärte Preußen Frankreich am 9. Oktober den Krieg. Der einzige nennenswerte Verbündete Preußens war das Kurfürstentum Sachsen, das sich nach dem Basler Frieden ins Kielwasser der Berliner Politik begeben hatte.

Der Feldzug

Napoleon hatte den September genutzt, um seine Truppen entlang des Maintals aufmarschieren zu lassen. Er plante eine rasche Überquerung des Thüringer Waldes und einen anschließenden Vormarsch auf Berlin, in der Annahme, dass sich die preußisch-sächsische Armee zuvor zur Schlacht stellen würde.

Die preußisch-sächsische Armee hatte sich zunächst westlich der Saale versammelt und mehrere Detachements zum Schutz der Pässe über den Thüringer Wald vorgeschoben. Kommandiert wurde die Armee von Generalfeldmarschall Ferdinand Herzog von Braunschweig, einem erfahrenen General, der bereits im Siebenjährigen Krieg gekämpft hatte, und General Friedrich Ludwig Fürst zu Hohenlohe-Ingelfingen. Beide waren sich jedoch uneins, ob sich der französische Schlag gegen Thüringen und die wichtige preußische Festung Erfurt richten oder über das Vogtland direkt auf Dresden und Berlin führen würde, wodurch die Armee von ihren Verbindungslinien abgeschnitten werden konnte. Am 9. Oktober kam es bei Schleiz zu einem ersten Gefecht und am 10. zu einem weiteren bei Saalfeld, wobei der preußische Hoffnungsträger Prinz Louis Ferdinand fiel.

Anschließend brach der Kontakt der Franzosen zu den verbündeten Truppen ab. Diese entschlossen sich zu einem Rückzug in Richtung auf Halle, um Berlin besser zu schützen und ließen eine Armee unter den preußischen Generalen Rüchel und Hohenlohe und die sächsische Armee bei Jena zurück. In der Stadt herrschte Chaos. Die preußischen Intendanten, die mit einem weiteren Rückzug gerechnet hatten, vernichteten große Mengen an Vorräten. Was der sächsische Train an Verpflegung heranzuschaffen vermochte, wurde teilweise von den preußischen Offizieren beschlagnahmt. So kam es, dass die Kontingente, die in Jena eintrafen, unter Hunger, Kälte und Ermüdung litten. Der sächsische Befehlshaber General Hans Gottlob von Zezschwitz drohte sogar damit, sein Korps nach Sachsen zurückzuziehen und konnte durch Hohenlohe nur mit viel Mühe zum Bleiben überredet werden.

Am 13. Oktober entdeckten die Franzosen diesen Verband. Davon ausgehend, dass es sich um die verbündete Hauptarmee handelte, konzentrierte Napoleon seine Truppen in Jena, besetzte den taktisch wichtigen Landgrafenberg und den Windknolln und griff am 14. Oktober an.

Die beteiligten Armeen

Im Jahre 1806 befand sich die Grande Armée auf dem Zenit ihrer Leistungsfähigkeit. Seit dem Ausbruch des Englisch-Französischen Krieges

1803 war diese Armee in den Lagern bei Bologne intensiv ausgebildet worden. Im Zuge der Französischen Revolution hatte die französische Armee die Division als Großverband eingeführt. Napoleon schuf als übergeordnete Kommandoebene die Korps, die aus zwei bis fünf Divisionen sowie eigener Kavallerie und Artillerie bestanden und somit eigenständig operieren konnten. Jedes Korps verfügte über einen eigenen Generalstab, der allerdings für die Bewältigung administrativer Aufgaben zu klein war. Dies führte dazu, dass im Zuge von Napoleons schnell auf sich neu ergebende Situationen reagierender, intuitiver Kriegsführung ganze Korps regelrecht zwischen den Schauplätzen „verloren" gingen. Im Fall von Jena-Auerstedt traf dies auf das I. Korps des Marschalls Bernadotte zu, das aufgrund des Linksschwenks, den die Armee nach dem 10. Oktober vollzog, in eine Position hinter dem III. Korps geriet und letztlich an keiner der beiden Schlachten beteiligt war.

Taktisch operierte die französische Armee äußerst flexibel. Leichte Infanterie ging in dichten Schützenschwärmen vor, um mit gezieltem Feuer die Reihen des Gegners in Unordnung zu bringen. Dahinter folgte die Linieninfanterie, die flexibel sowohl in Kolonnenformation zum Durchbruch gegnerischer Formationen, aber auch in der klassischen linearen Aufstellung kämpfen konnte. Als gelernter Artillerist vertraute Napoleon auf einen massierten, gleichzeitig aber flexiblen, die Infanterie begleitenden Einsatz seiner Artillerie. Um eine einmal geschlagene Armee vollends zu vernichten, standen Reservekavalleriekorps bereit.

Die preußische Armee von 1806 wird in der Forschung vielfach als ein Schatten ihrer selbst bezeichnet. Diesem Urteil ist nur bedingt zuzustimmen. Bis zum Baseler Frieden hatte die preußische Armee auch gegenüber der französischen Armee mehrfach ihre Schlagkraft bewiesen und war unter anderem in den Schlachten bei Pirmasens und Kaiserslautern (beide 1793) siegreich geblieben. Die Ausbildung und Feuerkraft ihrer Infanterie waren nach wie vor hoch, während die Forschung das Bild vom vermeintlich weniger motivierten Söldnerheer inzwischen in Zweifel zieht. Dagegen litt das Heer unter einigen strukturellen Problemen. Das Offizierskorps war, auch dank einer zehnjährigen Friedensperiode nach zuvor eher limitierten Kriegseinsätzen, überaltert. Trotz seiner Größe erwies sich das Heer zudem als schwer manövrierbar, da es keine permanente Korpsstruktur gab. Stattdessen wurden nach Kriegsausbruch ad hoc Brigaden und Divisionen gebildet, denen aber die Kohäsion ihrer französischen Pendants fehlte. Zwar hatten sowohl die preußische als auch die sächsische Armee leichte Truppen aufgestellt, indem pro Kompanie die besten Schützen herausgezogen wurden, doch diese waren allein zahlenmäßig den französischen Tirailleuren weit unterlegen.

Die Schlachten

Anders als von Napoleon angenommen, stand ihm bei Jena lediglich die 38.000 Mann starke Armee des Generals Hohenlohe gegenüber, die auf den Höhen jenseits der Stadt zwischen den Dörfern Vierzehnheiligen und Dornburg aufmarschiert war. Die Masse der sächsischen Truppen stand westlich davon zwischen Lützeroda und dem Isserstädter Forst und deckte ein Tal, das von Jena auf die Höhen führte. Aus Weimar erwartete Hohenlohe noch ein 15.000 Mann starkes preußisches Korps unter General von Rüchel.

Napoleon verfügte über 56.000 Soldaten und wurde bis zum Mittag noch durch zwei Korps verstärkt. Diese standen dicht gedrängt vor dem Landgrafenberg und hätten der preußischen Artillerie wohl ein gutes Ziel geboten, wenn die Sicht besser gewesen wäre. Nach einigem Vorgeplänkel eröffnete das V. Korps des Marschalls Lannes den Angriff auf eine preußische Division unter General Tauentzien auf der Ebene zwischen Dornburg und Vierzehnheiligen. Teile des VII. Korps unter Marschall Augereau gingen links davon durch den Isserstaedter Forst gegen die Sachsen vor. Das IV. Korps unter Marschall Soult entfaltete sich entlang des rechten Flügels. Im nach wie vor dichten Nebel kam es zu langanhaltenden Feuergefechten, wobei allein die dichten Tirailleurschwärme der Franzosen den Gegner in schwere Bedrängnis brachten. Die preußisch-sächsische Linie wurde an mehreren Stellen aufgerissen. Ein von Hohenlohe befohlener Gegenangriff gegen 9.30 Uhr führte zur Rückeroberung von Isserstaedt, wo die preußisch-sächsischen Truppen eine neue Verteidigungslinie bildeten und auf das Eintreffen des Korps Rüchels warteten. Nach heftigem Beschuss brach diese Linie aber ebenfalls auseinander. Die sich zurückziehenden Truppen wurden anschließend von der französischen Kavallerie zerstreut. Rüchels Korps erreichte das weiter westlich gelegene Kapellendorf, versuchte eine Auffangstellung zu bilden, wurde aber ebenfalls von den nachrückenden Franzosen auseinandergesprengt, wobei der General schwer verwundet wurde.

Weiter nordöstlich war derweil das III. französische Korps unter Marschall Davout bei Hassenhausen auf die preußische Hauptarmee unter dem Herzog von Braunschweig gestoßen. Die Preußen waren doppelt überlegen, an Artillerie fast fünffach, an Kavallerie mehr als sechsfach. Die Franzosen profitierten auch hier vom Nebel. Sie verdrängten eine preußische Avantgarde aus Hassenhausen und wehrten anschließend mehrere schlecht koordinierte Gegenangriffe auf den Ort ab. Die preußische Kavallerie wurde in

Frontalangriffen aufgerieben, der Herzog von Braunschweig verwundet. Am Nachmittag ordnete König Friedrich Wilhelm III den Rückzug seiner Truppen an, der bald in eine wilde Flucht durch das Dörfchen Auerstedt ausartete.

Bedeutung

In beiden Schlachten hatte die preußisch-sächsische Armee 33.000 Tote, Verwundete und Gefangene verloren. Die Reste der preußischen Armee zogen sich hastig über die Elbe zurück. Die meisten großen Festungen, wie beispielsweise Magdeburg, Erfurt und Spandau, ergaben sich kampflos. Am 27. Oktober zog Napoleon feierlich in Berlin ein. Einen Tag später kapitulierten 10.000 preußische Soldaten unter General Hohenlohe bei Prenzlau, General Blücher mit weiteren 8.000 am 7. November bei Ratzekau nahe Lübeck.

Sachsen wurde von den Franzosen besetzt und wechselte die Seiten. Im Frieden von Posen wurde der Kurfürst dafür zum König von Napoleons Gnaden erhoben.

Die Schlachten bei Jena und Auerstedt verdeutlichen in beeindruckender Weise die Stärke der Grande Armée. Bei Auerstedt zeigte sich die Leistungsfähigkeit des Korps als zur selbstständigen Gefechtsführung fähigem Truppenkörper. Jena war vor allem ein Sieg der leichten Infanteriemassen, über deren effektives Feuer sich preußische und sächsische Offiziere im Nachhinein beklagten. Gleichzeitig zeigen die Schlacht und die anschließende Verfolgung der preußischen Truppen die Bedeutung der Kavallerie in der Napoleonischen Kriegsführung.

Diese ist oft als „Krieg-als Ereignis“ beschrieben wurden, in dem Sinne, dass eine einzelne Schlacht über den Ausgang eines Krieges entschied. Tatsächlich zeigt der Vierte Koalitionskrieg jedoch, dass diese Einschätzung nicht stimmt. Denn obwohl die preußische Niederlage die der Österreicher im Vorjahr noch übertraf, die Hauptstadt gefallen, die Armee vernichtet und weite Teile des Landes besetzt waren, war Preußen nicht bereit, in einen Frieden einzuwilligen, so wie es Österreich 1805 und bei wesentlich besseren militärischen Voraussetzungen 1809 (und 1866) getan hatte. Sicherlich hing diese Bereitschaft zur Fortführung entscheidend von der Beteiligung Russlands ab, sie verdeutlicht aber auch die Grenzen dessen, was eine Schlacht zu leisten vermag.

Die beteiligten Armeen

<u>Jena</u>

<u>Frankreich (Napoleon I.)</u>

Stärke: 107.256 Infanteristen, 27.671 Kavalleristen, 295 Geschütze

Verluste: ca. 7.500 Tote, Verwundete und Vermisste

<u>Preußen & Sachsen (General Friedrich Ludwig Fürst zu Hohenlohe-Ingelfingen)</u>

Stärke: 31.280 Infanteristen, 11.050 Kavalleristen, 174 Geschütze

Verluste: ca. 10.000 Tote und Verwundete, 10.000 Gefangene.

<u>Auerstedt</u>

<u>Frankreich (Marschall Nicolas Davout)</u>

Stärke: 27.314 Infanteristen, 1.622 Kavalleristen, 46 Geschütze

Verluste: ca. 7.420 Tote, Verwundete und Vermisste

<u>Preußen (Generalfeldmarschall Ferdinand Herzog von Braunschweig)</u>

Stärke: 41.000 Infanteristen, 10.880 Kavalleristen, 216 Geschütze

Verluste: ca. 13.000 Tote, Verwundete und Gefangene.

San Jacinto, 21. April 1836

„*Da wir keine Bajonette hatten, nutzten wir die Kolben unserer Musketen und Gewehre wie die Kriegskeulen von Indianern.*“

Ein mexikanischer Freiwilliger über den Sturm des mexikanischen Lagers.

Bereits im Zuge der Mexikanischen Revolution (1810-1821) gab es Versuche, die Provinz Texas von dem um Selbstständigkeit ringenden spanischen Vizekönigreich Neuspanien abzutrennen. Ausländische Mächte hielten die revolutionäre Bewegung durch verdeckte Unterstützung am Leben. So unternahm Francisco Javier Mina, ein Veteran des Spanienkrieges, mit Hilfe des amerikanischen Präsidenten Monroe und finanzieller Unterstützung britischer Bankiers einen erfolglosen Feldzug nach Texas. In der schon unter den Spaniern nur dünn besiedelten Provinz wurden in den 1820er Jahren amerikanische Einwanderer rund um den gescheiterten Geschäftsmann Moses Austin und seinen Sohn Stephen Austin ansässig. Den Siedlern erhielten zunächst die Erlaubnis, Sklaven halten zu dürfen, obwohl Sklaverei durch die mexikanische Verfassung von 1824 verboten worden war. Nachdem die USA Mexiko mehrfach den Kauf der Provinz vorgeschlagen hatte, beschloss die mexikanische Regierung 1830 schließlich, den Zustrom neuer Siedler zu begrenzen. Forderungen nach vor allem religiöser Assimilation – jeder Siedler musste zum katholischen Glauben konvertieren – und eine staatlich gelenkte Wirtschaftspolitik – alle Waren sollten zuerst in Mexiko angeboten werden – führten zu wachsendem Unmut unter den Siedlern. Derartige Maßnahmen verschärften sich, als Präsident Santa Anna 1833 von einem ursprünglich liberalen auf einen konservativen Kurs einschwenkte, die Verfassung von 1824 aufhob und sich anschickte, alle nicht zugelassenen Siedler aus Texas zu vertreiben. Santa Anas politischer Kurswechsel führte in etlichen mexikanischen Provinzen zu Aufständen, die von ihm teils brutal niedergeschlagen wurden. So gab er die Stadt Zacatecas 1835 zwei Tage zur Plünderung frei, wobei tausende Zivilisten ums Leben kamen.

Das harte Vorgehen Santa Annas führte schließlich auch zum bewaffneten Aufstand der Texaner, die sich dem Vordringen einer kleinen mexikanischen Expeditionsarmee widersetzten, diese in San Antonio de Bexar einschlossen und zur Kapitulation zwangen. Die Texaner profitierten von der vollständigen Isolation der Mexikaner, doch ihre rasch organisierten Freiwilligenverbände zeigten sich wenig kampfkräftig und schmolzen im Laufe der

Belagerung um ein Viertel zusammen. Die kleine mexikanische Besatzung konnte nur ausgehungert werden.

Der Feldzug

Die Texaner versuchten nun ihrerseits, die Initiative zu ergreifen, doch zwei Expeditionen nach Matamoros und Tampico schlugen fehl. Derweil hatte Santa Anna 6.000 Mann in San Luis Potosí versammelt und führte sie nach Norden. Die Mexikaner erlitten aufgrund schlechter Logistik in dem kaum erschlossenen Land und wegen des heftigen Winters hohe Verluste, erreichten aber Ende Februar San Antonio de Bexar, dessen texanische Besatzung sich in der zur Festung umfunktionierten ehemaligen Mission Alamo verschanzte und dreizehn Tage lang erbitterten Widerstand leistete. Santa Anna wartete das Eintreffen seiner schweren Artillerie nicht ab, sondern befahl einen kostspieligen Sturmangriff. Die Belagerung des Alamo zeigt eindrücklich, dass die Verteidigung fester Punkte von mehr Faktoren abhängig ist als der Qualität der Wehranlagen. Die Mission war lediglich von einer Mauer gebrannter Ziegel und hastig errichteten Palisaden umgeben, die den Verteidigern dennoch ausreichend Deckung gaben, um den Angriffen einer wesentlich größeren Zahl Angreifer standzuhalten, da diesen die notwendige Belagerungsartillerie fehlte. Letztlich erwies sich die zahlenmäßige Überlegenheit der Mexikaner aber als entscheidend, da die Texaner keine Verstärkung erhielten. Eine zweite texanische Armee unter James Fannin wurde bei Goliad eingeschlossen und zur Kapitulation gezwungen, die Texaner später auf Santa Annas Befehl hin exekutiert. Die texanische Hauptarmee unter Sam Houston zog sich derweil weiter nach Osten zurück, um ihre Reihen zu verstärken. Die Texaner erhielten Zuzug von Freiwilligen aus den USA, wie den Kentucky Rifles und den New Orleans Greys, die zu den besser ausgerüsteten und bewaffneten Truppenverbänden der Armee gehörten. Über Houstons Rückzug spaltete sich jedoch die militärische und politische Führung von Texas. Der Präsident der provisorischen Regierung David G. Burnett zog mit seinem Kabinett nach Galveston an den Golf von Mexiko. Dies hatteunerwartete operative Vorteile. Santa Anna splittete seine Armee in drei Kolonnen auf – möglicherweise auch aufgrund logistischer Probleme – und dirigierte eine nach Galveston. Eine zweite Kolonne sollte die Versorgungslinien der Armee sichern, während die dritte, von Santa Anna selbst geführte Kolonne die Verfolgung Houstons übernahm. Mit 1.400 Mann war dieser Verband den 800 Texanern Houstons weiterhin deutlich überlegen. Doch Houston machte kehrt und überraschte Santa Anna am 20. April am San Jacinto.

Die beteiligten Streitkräfte

Die beiden Armeen am San Jacinto unterschieden sich in vielerlei Hinsicht beträchtlich voneinander. Bei den mexikanischen Truppen handelte es sich um reguläres Militär. Die Armee war nach französischem Vorbild uniformiert und mit britischen Steinschlossmusketen bewaffnet. Santa Annas Korps bestand aus vier regulären und einem Miliz-Bataillon, wobei die Grenadiere und leichten Kompanien jedes Bataillons ausgesondert und in eigenen Bataillonen zusammengefasst wurden. Hierzu kam eine Schwadron Dragoner als Leibwache des Präsidenten sowie ein Geschütz. Um die Moral der Truppen war es schlecht bestellt. Mexikanische Soldaten wurden meist zwangsverpflichtet und waren schlecht bezahlt und verpflegt. Logistische Probleme und Gewaltmärsche hatten die Moral von Santa Annas Armee zusätzlich untergraben.

Während sich die Mexikaner an europäischen Vorbildern orientierten, baute die junge texanische Armee auf einer US-amerikanischen Militärtradition auf und rekrutierte zudem eine bedeutende Zahl US-amerikanischer Freiwilliger. Ursprünglich war der Aufbau eines Infanterie- und eines Artillerieregiments zu je 560 Mann geplant. Darüber hinaus kam es aber zur Bildung weiterer Milizverbände. Auch Houstons Armee zog Freiwillige aus allen Teilen von Texas und den Vereinigten Staaten an, die schließlich in ein Bataillon „Regulärer“ und zwei „Freiwilligen“-Bataillone eingeteilt wurden, wobei die Regulären mit zwei Kompanien der 1st Texas Volunteers aufgefüllt werden mussten. Das kleine Kavalleriedetachements unterstand den 2nd Texas Volunteers. Zusätzlich verfügte die Armee über zwei Geschütze, die „Twin Sisters“, deren genaue Herkunft unbekannt ist, die aber sehr wahrscheinlich auch aus den USA gesponsort wurden. Die Truppen waren bunt uniformiert, viele Männer trugen zivile Kleidung, einige Kompanien selbst beschaffte Uniformen, eine erstaunlich hohe Anzahl von Deserteuren aus der US-Armee sogar ihre alten Uniformen. Auch die Bewaffnung bestand aus einer Vielzahl ziviler und militärischer Steinschlossmusketen.

Die Schlacht

Das Schlachtfeld erstreckte sich entlang der sumpfigen Ufer am Zusammenfluss des Buffalo Creek und dem San Jacinto. Die Texaner trafen in den Morgenstunden des 20. April nahe der kleinen Siedlung Lynchs Ferry am San Jacinto ein und bezogen in den ufernahen Wäldern ein Lager. Die mexikanische Armee folgte mit 700 Mann wenige Stunden später. Santa Ana entschloss sich gegen den Protest einiger seiner Generale, sein Lager auf einer Ebene aufzuschlagen, rechts gedeckt durch den San Jacinto, links durch ein kleines Wäldchen.

Es kam zu ersten Gefechten zwischen den Vorposten beider Seiten, wobei es den Texanern unter Einsatz der Twin Sisters gelang, die Mexikaner zurückzutreiben, ehe diese ihre Dragoner vorschickten, um die Situation zu bereinigen. Schließlich wurden immer mehr Texaner von dem Feuergefecht angezogen und eilten auf das Schlachtfeld. Erst die einbrechende Dunkelheit beendete die Kämpfe.

In der Nacht errichteten die Mexikaner provisorische Brustwehren, ehe sie in den Morgenstunden Verstärkung durch weitere 540 Mann unter General Martin Perfecto de Cós erhielten.

Houston schickte derweil eine Abteilung Texas Ranger aus, um die Vince's Bridge zu zerstören, über die die wichtigste Rückzugsroute der Mexikaner führen musste. Dann stellte er seine Infanterie zur Schlacht. Die Texaner bildeten eine Linie, die im Wesentlichen aus vier unterschiedlich starken Bataillonen bestand, mit den Twin Sisters im Zentrum. Das verbliebene 61 Mann starke Kavallerieregiment stand auf dem rechten Flügel.

Die Texaner näherten sich den mexikanischen Brustwehren bis auf weniger als 200 Meter, gaben eine Salve ab und stürmten unter den Rufen „Remember the Alamo! Remember Gloiad!“ vorwärts. Die mexikanischen Stellungen wurden vollkommen überrannt. Es gelang Santa Anna und seinen Offizieren nicht, ihre demotivierten und teilweise erschöpften Soldaten – Cós' Abteilung hatte einen 24-Stunden-Gewaltmarsch hinter sich – zum Widerstand zu bewegen. Innerhalb von 18 Minuten war das Camp gestürmt, während die texanische Kavallerie in Flanke und Rückraum der mexikanischen Armee fiel und diese so in den San Jacinto abdrängte. Hier kam es zu einem fürchterlichen Gemetzel, als sich die Texaner am Flussufer aufreihten und auf die verzweifelt fliehenden Mexikaner feuerten, die den Fluss zu durchschwimmen versuchten. Selbst Houston konnte der Wut seiner Truppen keinen Einhalt gebieten, weswegen es zu einer deutlichen Diskrepanz zwischen getöteten und verwundeten Mexikanern kam. Dieses Vorgehen war typisch für lateinamerikanische Konflikte dieser Zeit. Bereits in den Unabhängigkeitskriegen gegen die Spanier waren diese mit großer Brutalität gegen gefangene Rebellen vorgegangen, was zu entsprechenden Gegenmaßnahmen führte. 1836 hatten die Mexikaner gefangene Texaner nach der Einnahme des Alamo und bei Goliad als Rebellen hingerichtet. Die Ereignisse am San Jacinto waren eine direkte Reaktion darauf, was auch die Schlachtrufe der Texaner belegen.

Bedeutung

Santa Anna entkam zunächst zur Vince's Bridge, wo er am nächsten Tag gefangen genommen wurde. Während die meisten texanischen Soldaten die umgehende Hinrichtung des Diktators forderten, erreichte Houston, dass dieser in den Frieden von Velasco einwilligte, der die Unabhängigkeit der Republik Texas anerkannte. Der mexikanische Kongress erkannte den Vertrag jedoch nicht an und erklärte Santa Anna für abgesetzt, weswegen der Konflikt zwischen beiden Ländern weitere zehn Jahre andauerte, ehe Texas 1845 um Aufnahme in die USA bat. In dieser Zeit profitierten die Texaner von dem Umstand, dass sich weitere mexikanische Provinzen gegen die Zentralregierung erhoben und somit militärische Ressourcen banden, denn die Streitkräfte der Republik allein wären wohl zu schwach gewesen, um sich der mexikanischen Armee zu widersetzen.

Der Schlacht am San Jacinto kommt eine wichtige Rolle in der Geschichte von Texas zu, da die Gefangennahme Santa Annas und der Vertrag von Velasco den Rebellen die Atempause verschaffte, die notwendig war, um den eigenen Staatsbildungsprozess voranzutreiben und ihre Armee zu konsolidieren. Ohne den Abzug der Mexikaner hätte sich dieser Prozess wesentlich schwieriger gestaltet, zumal Houstons Truppen auch nach der Schlacht den in Texas verbliebenen mexikanischen Verbänden weiterhin deutlich unterlegen waren.

Beteiligte Streitkräfte

Texas (General Sam Houston)

Stärke. 910 Mann, zwei Geschütze

Verluste: 11 Tote, 30 Verwundete

Mexiko (General Antonio López de Santa Anna)

Stärke: 1.360 Mann, ein Geschütz

Verluste: 650 Tote, 208 Verwundete, 300 Gefangene

Stones River / Murfreesboro, 31. Dezember 1862 – 2. Januar 1863

„General Preston, diese Attacke wird gegen meinen Rat auf besonderen Befehl von General Bragg durchgeführt. Falls sie in einem Desaster endet und ich mich unter den Hingeschlachteten befinde, wünsche ich, […] dass sie dem Volk erklären, dass ich diese Attacke für unweise gehalten und zu verhindern versucht habe.“

General John Breckinridge gegenüber General William Preston am 2. Januar 1863

Der Amerikanische Bürgerkrieg ist bis heute der blutigste Konflikt der amerikanischen Geschichte. In dutzenden größerer Schlachten und hunderter Gefechte fielen mehr Amerikaner als in allen anderen Kriegen der USA zusammen. Nach vier Jahren blieben die Nordstaaten siegreich, womit die Union bewahrt und die Sklaverei letztlich abgeschafft wurde. Kontrafaktische Spekulationen über den Konflikt drehen sich immer wieder um die Frage, ob, wann und wie der Süden den Krieg hätte gewinnen können. Zwei Szenarien schälen sich dabei deutlich heraus. Entweder hätte der Süden in der Frühphase des Konflikts die Anerkennung europäischer Länder – allen voran Großbritanniens – erreichen oder Lincoln 1864 seine Wiederwahl gegen einen kompromissbereiten Gegenkandidaten verlieren müssen. Die Chancen einer Anerkennung durch Großbritannien standen 1862 wesentlich besser als 1863 während des Gettysburg-Feldzuges. Zwischen Großbritannien und den USA herrschten latente Spannungen hinsichtlich der kanadischen Grenze. Die Trent-Affäre, als ein US-Kriegsschiff ein britisches Schiff mit konföderierten Diplomaten angehalten hatte, verärgerte die britische Öffentlichkeit, während der Bau konföderierter Kaperschiffe in Großbritannien Washington ein Dorn im Auge war. Nach Robert E. Lees spektakulären Erfolgen in der Sieben-Tage-Schlacht und bei 2nd Manassass im Sommer 1862 erwog der britische Premier Palmerston, in den Konflikt einzugreifen. Zwar dachte er dabei eher an eine diplomatische Vermittlung, allerdings verstärkten die Briten auch ihre Truppen in Kanada und verlegten ihre modernen Panzerfregatten zu den Azoren. Nach Lees gescheiterter Maryland-Invasion kühlte Palmerstons Interesse jedoch ab. 1863 lag das Hauptaugenmerk der europäischen Mächte auf dem Polnischen Aufstand und nicht in Amerika. Bezeichnenderweise verlegten die britischen Panzerschiffe in diesem Jahr nach Kopenhagen.

Dennoch zeichnete sich Ende 1862 noch eine dritte Möglichkeit für den Süden ab, den Krieg zu gewinnen. Obwohl die Offensiven von zwei Südstaatenarmeen nach Maryland und Kentucky im Herbst 1862 erfolglos geblieben waren, machte sich im Norden eine wachsende Kriegsmüdigkeit bemerkbar. Die Mittelweststaaten drohten Lincoln mit einer Beendigung des Krieges und notfalls einem eigenen Austritt aus der Union. Dieses weitere Auseinanderbrechen der Nordstaaten stellte für Lincoln die womöglich größte Bedrohung im Laufe des Krieges dar.

Der Feldzug

Nach seiner Niederlage in der Schlacht bei Perryville (8. Oktober 1862) sah sich der konföderierte General Braxton Bragg gezwungen, seinen Kentuckyfeldzug abzubrechen. Er zog sich auf den Eisenbahnknotenpunkt Murfreesboro südöstlich von Nashville, der Hauptstadt von Tennessee, zurück, wo er sich mit einer zweiten konföderierten Armee unter Edmund Kirby Smith vereinte. Die unter seinem Kommando stehenden Truppen erhielten die Bezeichnung Army of Tennessee.

Auf Unionsseite griff Lincoln energisch durch. Der zögerliche Kommandeur der US-Streitkräfte im mittleren Westen Don Carlos Buell wurde ebenso ersetzt wie sein Pendant im Osten George B. McClellan. Beide hatten es aus Sicht des Präsidenten verpasst, die sich zurückziehenden Konföderierten energisch zu verfolgen. Buells Nachfolger wurde William S. Rosecrans, dem von Washington umgehend mitgeteilt wurde, dass auch er seinen Hut nehmen müsse, wenn er Bragg nicht energisch verfolgen würde. Rosecrans nahm sich dennoch die Zeit, seine Truppen zu reorganisieren. Er schickte ein Korps zur Sicherung nach Nashville.

Die konföderierte Kavallerie operierte derweil gegen die Nachschublinien von Rosecrans Army of the Cumberland. Eisenbahnen ermöglichten es im Bürgerkrieg, große Truppenkörper im Feld effizient zu versorgen – weswegen Bragg sein Lager bei Murfreesboro aufgeschlagen hatte – allerdings boten Schienenstränge auch ein ideales Angriffsziel für Kavallerie. Rosecrans schickte ebenfalls eine Abteilung Kavallerie ins östliche Tennessee, wo die Unionstruppen Brücken und Nachschubdepots zerstörten.

Am 26. Dezember 1862 marschierte Rosecrans Armee schließlich in drei Kolonnen auf Murfreesboro zu. Auf dem Marsch wurden sie von der konföderierten Kavallerie unter General Joseph Wheeler beobachtet und gestört. Nach drei Tagen trafen die Unionstruppen vor Murfreesboro ein und bereiteten sich auf die Schlacht vor.

Die beteiligten Armeen

Bei den Armeen des Bürgerkrieges handelte es sich um Massenheere. Sowohl Nord- als auch Südstaaten vertrauten zu Beginn des Krieges auf die Aufstellung von Freiwilligenregimentern durch die einzelnen Staaten, die jedoch dem Kommando der Zentralregierung unterstellt wurden. Der Süden musste aufgrund von Personalengpässen 1862 die Wehrpflicht einführen, der Norden folgte 1863. Während beide Seiten über einen kleinen Kern professioneller Offiziere verfügten, die überwiegend die höheren Ränge einnahmen, wurde auch die Masse der subalternen Offiziere durch unerfahrene Freiwillige gebildet. Die Bewaffnung der Armeen ähnelte sich. Die Masse der Infanterie war mit gezogenen Vorderladermusketen bewaffnet, wobei gerade im Westen auch noch längere Zeit glattläufige Musketen zum Einsatz kamen. Insbesondere die Unionskavallerie verfügte dagegen in zunehmendem Maße auch über Hinter- und Mehrladekarabiner. Das Rückgrat der Artillerie bildeten glattläufige Zwölfpfünder-Haubitzen des Modells Napoleon (benannt nach Napoleon III., der dieses Geschütz für die französische Armee entwickelt hatte), allerdings fanden auch verschiedene gezogene Vorderladermodelle Verwendung. Die Konföderierten verfügten über 106 Geschütze, die meisten davon glattläufige Vorderlader. Rosecrans Armee besaß 244 Kanonen, die Hälfte davon gezogen. Auch strukturell war die Unionsartillerie überlegen, da die meisten der 26 Batterien über sechs Geschütze verfügten, die 24 der Konföderierten nur über vier.

Die Exerzierreglements der Zeit orientierten sich stark an französischen Vorbildern und bevorzugten eine geschlossene zweigliedrige Aufstellung für die Infanterie, die hinter einem Schützenschleier gegen den Feind vorging. Zwar hatten die gezogenen Musketen mit den konischen Miniegeschossen eine effektive Reichweite von bis zu 400 Metern, bedurften aber einer entsprechend guten Ausbildung der Schützen, da die Kugel bei Direktanschlag nach etwa 100 Metern über einen Mann hinwegstieg, um erst nach etwa 380 Metern wieder abzufallen. Dies und das meist waldige Gelände führten dazu, dass viele Feuergefechte im Bürgerkrieg auf Distanzen von maximal 100 Metern ausgetragen wurden.

Das Gelände bei Mufreesboro war allerdings relativ offen, da es hier viele Farmen gab, was einen weiteren Grund bildete, warum sich Bragg für diese Stellung entschieden hatte. Dagegen bot die konföderierte Stellung einige Nachteile, weil der rechte Flügel unter General Hardee durch den Stones River vom übrigen Heer getrennt war. Ursprünglich war lediglich das konföderierte Korps unter Leonidas Polk westlich des Stones River platziert. Insgesamt verfügte Bragg über etwa 35.000 Mann. Rosecrans Armee zählte 41.000 Mann und war in drei Flügel eingeteilt. Alexander McCook kommandierte den rechten Flügel, der gebürtige Virginier George H. Thomas das Zentrum und Thomas L. Crittenden den linken Flügel.

Am 30. Dezember marschierte die Cumberlandarmee vorsichtig näher an die Konföderierten heran. Die effektive Abschirmung durch die konföderierte Kavallerie verhinderte, dass Rosecrans die exponierte Lage von Polks Korps erkannte. Stattdessen plante er, am kommenden Tag die konföderierte Rechte zu umgehen und die Bahnverbindung nach Murfreesboro zu kappen. Bragg entwickelte einen ähnlichen Plan und wollte den Großteil von Hardees Korps, abzüglich der Division von General Breckinridge, auf die Westseite des Stones River verlegen und McCooks Korps umfassen.

Die Schlacht

Die Konföderierten eröffneten die Schlacht in den Morgenstunden des 31. Dezember, als Hardees Divisionen McCooks Männer noch beim Frühstück überraschten. Hardee trieb die Nordstaatler mehr als fünf Kilometer zurück, weswegen Rosecrans sich genötigt sah, den geplanten Angriff Crittendens auf den konföderierten rechten Flügel abzusagen. Schließlich ging auch Polks Korps zum Angriff vor, wurde aber durch eine Nordstaatendivision unter General Phil Sheridan aufgehalten. Rosecrans Armee befand sich in einer kritischen Lage, da er rasch Truppen von seinem linken auf den rechten Flügel umdisponieren musste. Ein energischer Angriff Breckinridges hätte den Konföderierten womöglich den Sieg bringen können, doch der General hielt seine Stellung auf dem Ostufer des Stones River. Als Bragg ihn am Nachmittag nach vorn beorderte, wurde Breckinridges zögerlicher Angriff von einer einzelnen Unionsbrigade abgewiesen. Dennoch endete der Tag mit einem Erfolg der Konföderierten, denn sie hatten 3.000 Gefangene eingebracht und 28 Geschütze erbeutet. Allerdings verloren sie selbst in den schweren Kämpfen 9.000 Mann.

In der Nacht berief Rosecrans einen Kriegsrat ein. Während sich mehrere Generale für einen Rückzug aussprachen, stärkte Crittenden seine Überzeugung, die verbliebenen Stellungen zu halten, denn noch beherrschten die Nordstaatler die Straße nach Nashville. Bragg schickte dagegen seine überlegene Kavallerie unter Wheeler aus, um diese Versorgungslinien zu kappen. Rosecrans entsandte eine Division unter General Beatty von Crittendens Flügel auf das Ostufer des Stones River, wo diese eine günstige Höhenstellung besetzte, welche ein exzellentes Schussfeld für die eigene Artillerie bot.

Bragg erkannte die Gefahr, die von dieser Stellung ausging und befahl Breckinridge am 2. Januar, die Unionsdivision anzugreifen. Der General protestierte, da das zu überquerende Gelände zu offen und seine Truppen dem Feuer der feindlichen Artillerie ausgesetzt waren. Doch am frühen Nachmittag ging seine Division zum Angriff vor. Breckinridge verfügte über 5.000 Soldaten, es war die zweitgrößte Infanterieattacke des Krieges nach dem berühmten Pickett's Charge bei Gettysburg. Auf ihrem Vormarsch wurden die Südstaatler nicht nur von der Unionsartillerie auf dem Hügel, sondern auch etlichen Batterien auf dem Westufer des Stones River beschossen. Insgesamt 57 Geschütze brachten den konföderierten Angriff mit massiven Verlusten zum Stehen, nachdem dieser Beattys Division zunächst zurückdrängen konnte. Ein Gegenangriff der US-Division General Negleys trieb die Konföderierten schließlich zurück. Breckinridge verlor 1.800 Männer.

Am Morgen des 3. Januar wurde Wheeler beim Versuch, einen US-Nachschubkonvoi anzugreifen, abgewiesen. Bragg erkannte, dass Rosecrans weitere Verstärkungen erhalten und sich nicht zurückziehen würde. Steigendes Wasser im Stones River, der die beiden konföderierten Flügel immer noch teilte, seine hohen Verluste in den vorangegangenen Tagen und übertriebene Aufklärungsberichte, die Rosecrans Stärke auf bis zu 70.000 Mann bezifferten, führten schließlich dazu, dass Bragg sich nach einer kurzen Absprache mit Polk und Hardee dafür entschied, seine Truppen zurückzuziehen.

Bedeutung

Die meisten Feldzüge und Schlachten des sogenannten Mittleren Kriegsschauplatzes des Bürgerkrieges stehen zu Unrecht im Schatten der Auseinandersetzungen in Virginia. Dies gilt insbesondere für die Schlacht bei Stones River / Murfreesboro, denn diese hatte eine nicht zu unterschätzende strategische Bedeutung. Die drohende Abspaltung der Nordweststaaten und damit ein Sieg der Konföderierten wurde durch den Abwehrerfolg von Rosecrans verhindert. Dieser igelte sich im kommenden halben Jahr in Murfreesboro ein. Das Hauptaugenmerk im mittleren Westen richtete sich nun vermehrt auf Grants Vicksburgfeldzug. Bragg erhielt somit Gelegenheit, seine angeschlagene Armee zu reorganisieren.

Beteiligte Armeen

Union

Army of the Cumberland (MajorGeneral William S. Rosecrans)

Stärke: ca. 41.400 Mann, 244 Geschütze

Verluste: ca. 1.700 Tote, 7.800 Verwundete, 3.700 Vermisste

Konföderierte

Army of Tennessee (General Braxton Bragg)

Stärke: ca. 35.000 Mann, 106 Geschütze

Verluste: ca. 1.300 Tote, 7.900 Verwundete, 1.000 Vermisste

Belagerung von Petersburg, 9. Juni 1864 – 2. April 1865

„Die Menge an Munition, die bei Dutch Gap verbraucht wurde, wenn sie genau bekannt wäre, wäre erstaunlich. Selbst für unsere kleinen Mörser erstaunte mich der Verbrauch, der mir von Zeit zu Zeit von meinem Waffenoffizier gemeldet wurde. Von den Notizen, die ich aus dieser Zeit bewahrt habe, schätze ich das Gewicht des ins Dutch Gap abgefeuerten Metalls auf mehrere hunderttausend Pfund. Wenigstens zehn Mal so viel wurde auf uns gefeuert. In den gesamten fünf Monaten intensiven Feuerns erlitten wir gerade einmal zwei Verluste, einen Gefallenen und einen Verwundeten. Dies erscheint nahezu unglaublich. Unsere Männer wurden durch starke Wälle und bombensichere Unterstände geschützt. Von dem, was wir damals aus ihren Berichten erfuhren, litt der Feind erheblich, da seine Arbeitstrupps notwendigerweise entblößt waren.“

Lieutenant Colonel William Pogue, Kommandeur eines konföderierten Artilleriebataillons

Der Amerikanische Sezessionskrieg gilt in vielerlei Hinsicht als der erste moderne Krieg der Geschichte. In seinem Verlauf nahm die Art der Kriegsführung immer mehr Ähnlichkeit mit dem Stellungskampf des 1. Weltkrieges an. Doch trotz aller zukunftsweisenden Tendenzen erinnern Waffentechnik (Vorderlader) und Taktiken (geschlossene Linie) eher an die Napoleonische Zeit 50 Jahre zuvor als an die Westfront 50 Jahre später. Dass amerikanische Armeen ab 1864 vermehrt dazu übergingen, sich einzugraben, war auch nur bedingt auf die Effizienz gezogener Waffen zurückzuführen.

Das Jahr 1863 begann für die Konföderierten zunächst verheißungsvoll. Im Osten konnte Lee bei Chancellorsville sein strategisches Meisterstück vollbringen, wurde aber anschließend während seiner zweiten Invasion bei Gettysburg geschlagen. Im Westen gelang es den Konföderierten, den Verlust der strategisch wichtigen Stadt Vicksburg durch ihren überwältigenden Sieg bei Chickamauga wett zu machen. Bragg belagerte Chattanooga im Südosten Tennessees, wo er jedoch im November von Ulysses S. Grant schwer geschlagen wurde. Gettysburg und Chattanooga waren bedeutende Niederlagen, unter der die Schlagkraft der konföderierten Hauptverbände, der Nordvirginia- und Tennessee-Armee, schwer gelitten hatte. Die hohen Verluste brachen das offensive Potential beider Heere. 1864 ging die strategische Initiative endgültig auf die Union über.

Mit Ulysses S. Grant hatte US-Präsident Abraham Lincoln endlich einen Befehlshaber gefunden, der den Krieg aggressiv gegen den Süden vortragen und sich nicht, wie alle seine Vorgänger, von taktischen Rückschlägen beeindrucken lassen sollte. Dies zeigte sich im Frühjahr 1864, als Grant persönlich den Vorstoß der Potomac-Armee nach Virginia leitete. Zwar wurden seine Angriffe in der Wilderness, bei Spotsylvania, am North Anna und bei Cold Harbour von den Konföderierten zurückgewiesen, doch Grant setzte den Feldzug fort, versuchte Lees rechte Flanke zu umgehen und sich so zwischen den konföderierten General und die feindliche Hauptstadt Richmond zu schieben. Im Juni 1864 überschritt die Potomac-Armee den James River und marschierte in Richtung des strategisch wichtigen Eisenbahnknotenpunktes Petersburg, südlich von Richmond. Obwohl Lee diesmal von Grants Manöver überrascht wurde, konnte er sich rechtzeitig zwischen die Stadt und die vereinigten Unionsarmeen werfen und rund um Petersburg eingraben. Resigniert beschloss Grant, eine Belagerung der Stadt aufzunehmen.

Die beteiligten Armeen

Ein Hauptproblem der Konföderierten bestand 1864 darin, die Verluste des Vorjahres zu ersetzen. Das Konskriptionsgesetz vom 17. Februar 1864 verlängertedie Dienstzeiten aller Freiwilligen bis Kriegsende. Zusätzlich unterstanden alle diensttauglichen Männer zwischen 17 und 45 der Wehrpflicht. Doch trotz aller Anstrengungen Lees gelang es ihm nicht, die Nordvirginia-Armee auf den gleichen qualitativen Stand wie zum Beginn des Vorjahres zu heben. Es herrschte vor allem ein großer Mangel an erfahrenen Kompanieoffizieren, die nicht ersetzt werden konnten. Auch die Desertionsraten stiegen drastisch an. Schätzungsweise einer von sieben Soldaten der Armee sollte im Laufe des Feldzugs desertieren. Weniger als zehn Prozent der Deserteure würdenwieder zurückkehren. Die langgedienten Freiwilligen der Jahre 1861/62 neigten dabei weniger zu Desertation als die Rekruten der Jahre 1863/64. Analysen ergaben, dass die Masse der Deserteure aus den ärmeren Rekruten bestand und der Anteil der Familienväter über dem Schnitt in der Armee lag. Diese Männer sahen sich also gezwungen, als Ernährer ihrer Familie dem Krieg den Rücken zu kehren. Das quantitative und qualitative Rückgrat der konföderierten Armeen bildeten auch 1864 nach wie vor die Freiwilligen von 1861/62.

Doch auch die Unionstruppen litten, trotz des wesentlich größeren Rekrutenpools der Nordstaaten und der 1863 einsetzenden Rekrutierung von Afroamerikanern, zunehmend unter Truppenmangel. Nach den horrenden Verlusten in den ersten Schlachten 1864 sah sich Ulysses S. Grant daher dazu gezwungen, schwere Artillerieregimenter aus den Verteidigungsstellungen um Washington abzuziehen und bei Petersburg als Infanterie einzusetzen.

Der logistische Aufwand der Belagerung war enorm und hier konnten die US-Truppen ihre volle Überlegenheit zum Tragen bringen. Die Versorgung über See durch die Chesapeake Bay erwies sich als wesentlich leichter als über Eisenbahnstrecken an Land. Bei City Point, nur acht Meilen von Petersburg entfernt, entstand ein gewaltiges Depot der Unionstruppen.

Beide Seiten nutzten ähnliche Waffensysteme. Das Rückgrat der Infanteriebewaffnung bildeten gezogene Vorderladermusketen, vor allem importierte britische P1953 Enfield Musketen und die M1855 und M1861 Springfield der Nordstaaten. Hinter- und Mehrladewaffen wurden vor allem von der Kavallerie der Nordstaaten eingesetzt. Die Artillerie verwendete glatte Zwölfpfünder-Feldhaubitzen vom Typ „Napoleon“ und eine breite Palette gezogener Vorderlader, wobei die industrielle Überlegenheit des Nordens dazu führte, dass mehr und in der Regel qualitativ bessere Waffen an seine Truppen geliefert werden konnten. Die Potomac-Armee erhielt neue glattläufige Geschütze der Marke Rodman, die 500 Kilogramm schwere Granaten verfeuerten, und gezogene Parrotkanonen mit einer Reichweite von über sieben Kilometern. Die konföderierten Tredegar-Gießereien in Richmond versuchten, diese Modelle zu kopieren, konnten aber qualitativ mit den Originalen nicht mithalten. Lees Artilleristen verfügten dafür über moderne Armstrong- und Withword-Geschütze aus England.

Da Feldbefestigungen für die Landkriegsführung immer wichtiger wurden, gewannen auch die Pioniertruppen an Bedeutung. Auf Seiten der Union stellten die Potomac- und die Cumberland-Armee 1863 größere Pioniertrupps auf. Die Konföderierten hatten bereits 1861 vier Engineer Regimenter aufgestellt. Eines war im Trans-Mississippi Departement eingesetzt, eines bei der Tennessee-Armee und zwei bei der Nordvirginia-Armee (wobei das 2. nur aus zwei Kompanien bestand). Da diese Truppen nicht ausreichten, gingen Generale 1864 eigenständig dazu über, auf Korps-, Division- oder auch Brigadeebene Pionierverbände aufzustellen. Allerdings sah sich Lee im Oktober 1864 aus akuter Personalnot gezwungen, diese Gruppen wieder aufzulösen und die Pioniere zu ihren jeweiligen Regimentern zurückzubeordern. Stattdessen sollte pro Kompanie ein Mann zum Pionier erklärt werden. Dieser war vom Wachdienst befreit und sollte bei Bedarf mit den übrigen Pionieren des Regiments, der Brigade oder der Division vereint werden. Tatsächlich hatte die Kriegsführung 1864 dazu geführt, dass die meisten Kompanien um die Ausgabe von Schaufeln, Haken und Äxten baten oder diese auf eigene Kosten anschafften.

Die Schlacht

Anders als im Ersten Weltkrieg wurde der Auswurf der Gräben vor Petersburg meist als vorgelagerte Brustwehr genutzt. Um den Verteidigungsstellungen Tiefe zu verleihen, entstanden Vorfeldhindernisse, wofür schließlich auch erstmals Drahtverhaue und einfache Landminen – Torpedos genannt – zum Einsatz kamen. Gelegentlich wurden auch rückwärtige Verteidigungsstellungen in Form einer zweiten Grabenlinie oder eines gedeckten Weges angelegt. Allerdings lag der Schwerpunkt der Verteidigung, anders als in späteren Phasen des Ersten Weltkriegs, stets auf der vorderen Linie. Stattdessen wurden ganze Brigaden in Reservestellung positioniert, die regelmäßig mit den Truppen in den Schützengräben ausgewechselt wurden. Zusätzlich zu den Gräben entstanden Forts und Schanzen für die Artillerie. Feste Stellungen führten dazu, dass das Feuer der Artillerie zur Vorbereitung eines Angriffes planbarer wurde, weswegen beide Seiten dazu übergingen, Schusstabellen anzulegen und die Pulverladung und Zünderlänge für einzelne Geschütze in Notizbüchern festzuhalten. Hier deuten sich bereits Ansätze wissenschaftlicher Schießverfahren an, wie sie im Ersten Weltkrieg zum Einsatz kamen.

Da die Stellungen bei Petersburg nur schwer frontal durchbrochen werden konnten, versuchte Grant permanent, die Konföderierten zu überflügeln. Der Versuch, einen Teil der Stellungen durch die Sprengung einer Mine zu zerstören, scheiterte am 30. Juli, da der dadurch entstandene Krater so tief war, dass die nachrückenden Unionstruppen keinen Durchbruch erzielen konnten. In der Schlacht am Krater wurden auch Farbigenformationen eingesetzt. Die Konföderierten ermordeten nach der Schlacht nachweislich mehrere afroamerikanische Gefangene. Grant tastete die konföderierten Stellungen mit vorsichtigen Schlägen ab, musste aber weiterhin taktische Rückschläge hinnehmen. Verglichen zu den horrenden Verlusten im Mai und Juni 1864 hielten sich seine Ausfälle nun jedoch in Grenzen. Vom Juli 1864 bis zum März 1865 verlor die Potomac-Armee schätzungsweise 45.000 Soldaten.

Im Frühjahr 1865, als die Unionstruppen über den Hatcher‘s Rund vorstießen, wurde die Anlage einer zweiten Verteidigungsstellung aufgegeben, da Grant davon ausging, dass die Konföderierten inzwischen zu schwach für einen Angriff auf seine Stellungen wären. Dieses Urteil bestätigte sich Ende März, als das II. Korps der Nordvirginia-Armee unter John Gordon einen vergeblichen Angriff auf Fort Stedman vortrug. Die Konföderierten setzten dabei eine hohe Zahl an Scharfschützen und Pionieren ein, die die gegnerischen Vorposten und Geländehindernisse beseitigen sollten. Zwar gelang ihnen ein erster Einbruch in die gegnerische Linie, allerdings konnten rasch herangeführte Reserven der Union die Konföderierten schließlich zurückdrängen.

Als die schlammigen Straßen im Frühjahr langsam wieder fester wurden, begann Grant seine neue Offensive. Am 1. April gelang es General Philip Sheridan, eine konföderierte Division bei Five Forks zu schlagen. Nun war die linke Flanke der Nordvirginia-Armee endgültig aufgebrochen. Lee blieb nichts anderes übrig, als Petersburg und Richmond zu räumen. In diesen Rückzug hinein griffen die Unionstruppen am 2. April mit überlegenen Kräften an. Das Feuer aus 150 Geschützen bereitete den Angriff vor. Die ausgedünnten Truppen der Konföderierten waren nicht in der Lage, noch länger Widerstand zu leisten. Allein bei diesem letzten Angriff verloren die Konföderierten 5.000 Mann und den Befehlshaber des II. Korps, General A. P. Hill.

Bedeutung

Die Unionstruppen setzten der Nordvirginia-Armee aggressiv nach und kreisten Lee bei Appomattox Court House ein, wo der von seinen Soldaten so geschätzte General schließlich am 9. April 1865 in die Kapitulation seiner Truppen einwilligte. Damit war das Schicksal der Konföderierten Staaten besiegelt. Richmond war beim Rückzug Lees bereits in Flammen aufgegangen, Präsident Davis auf der Flucht. Am 26. April kapitulierte mit der Tennessee-Armee der letzte konföderierte Großverband bei Durham Station in North Carolina vor Sherman.

Die Kämpfe um Petersburg wurden lange Zeit als ein Vorzeichen des Ersten Weltkriegs gedeutet. Grabensysteme mit Vorfeldhindernissen in Kombination mit moderner Waffentechnik hätten demnach klassische Feldschlachten obsolet wirken lassen. Inzwischen hat die Forschung jedoch herausgearbeitet, dass die Grabensysteme weniger Ausdruck einer neuen Kriegsführung als vielmehr wachsender personeller Erschöpfung waren. Während des gesamten Krieges machten beide Seiten intensiven Gebrauch von Feldbefestigungen. Insbesondere nach Schlachten, wenn Armeen durch die hohen Verluste geschwächt waren, begannen sie sich einzugraben. So begegneten sich auch die Nordvirginia- und die Potomac-Armee 1864 in der Wilderness in einer offenen Feldschlacht, ehe zuerst die Südstaatler und – spätestens nach Cold Harbour – auch die Unionstruppen zum Stellungskrieg übergingen. Von Anfang an hoffte Grant jedoch, zum Bewegungskrieg zurückzukehren, indem er entweder die konföderierten Linien so überdehnte, dass er sie durchbrechen konnte, oder indem es ihm gelang, diese zu überflügeln, wie es schließlich im April 1865 geschah. Der letzte Feldzug der Nordvirginiaarmee war wieder vornehmlich durch den Bewegungskrieg gekennzeichnet, wobei die zahlenmäßig starke, mobile und waffentechnisch überlegene Unionskavallerie unter Sheridan eine entscheidende Rolle spielte.

Die beteiligten Streitkräfte

Union (Lieutenant General Ulysses S. Grant)

Stärke: ca. 125.000 Mann

Verluste: ca. 45.000 Mann

Konföderation (General Robert E. Lee)

Stärke: ca. 60.000 Mann

Verluste: ca. 28.000 Tote und Verwundete, 25.000 Deserteure

Riachuelo, 11. Juni 1865

> *„In diesem Moment erdachte sich der Chef-Pilot, ein gewisser Bernardino Costavino, ein Correntiner, Sohn eines Italieners, der wahrscheinlich nie etwas von den Athenern und Peleponnesiern bei Naupactus oder der* Kearsage *vor Cherbourg, aber vielleicht von Tegetthoff bei Lissa gehört hatte, ein Manöver, welches die Wende an diesem Tag brachte. Er führte die* Amazonas *zur* Paranaiba, *fegte ihre Decks mit Kartätschen leer, traf die* Parguarí *mittschiffs und bohrte sie in den Grund. Die Kessel der* Salto *und der* Marques de Olinda *wurden durchlöchert, und die* Jejui *wurde mit Kanonenfeuer versenkt.“*
>
> Richard Francis Burton, “Letters from the Battlefields of Paraguay” (1870)

Der wahrscheinlich größte Konflikt, der Lateinamerika im 19. Jahrhundert erschütterte, war der sogenannte Krieg der Triple-Allianz gegen Paraguay (1864-1870). Wie viele Konflikte der Region war auch dieser das Resultat eines eskalierenden Bürgerkrieges in einem Nachbarstaat. 1863 kam es zu einer liberalen Erhebung in Uruguay, die sowohl von Brasilien als auch Argentinien unterstützt wurde, weswegen sich die Konservativen hilfesuchend an den Präsidenten von Paraguay, Francisco Solano López (1827-1862), wandten. López forderte Brasilien auf, sich aus den inneruruguayischen Angelegenheiten herauszuhalten. Als sein Ultimatum ablief und Brasilien stattdessen sogar Truppen in Montevideo anlandete, erklärte López dem Kaiserreich im Dezember 1864 den Krieg. Die Paraguayer gingen sofort in die Offensive und drangen in die brasilianischen Provinzen Matto Grosso und Grande do Sul ein. Obwohl erfolgreich, erwiesen sich diese Operationen aus strategischer Sicht als Fehler, denn die Paraguayer errangen ihre Erfolge vor allem deswegen, weil Brasilien die Masse seiner kleinen Armee nach Uruguay geschickt hatte, wo sie Montevideo einnahm und den liberalen Blancos um Bartolomé Mitre (1821-1906) zur Macht verhalfen. Der casus belli und ein wichtiger potentieller Verbündeter waren damit für Paraguay verloren.

Am 1. Mai 1865 schlossen sich Brasilien, Argentinien und Uruguay in der Triple-Allianz zusammen. Bis zum Ende des Jahres gelang es den zahlenmäßig überlegenen Allianztruppen, die Paraguayer aus Rio Grande do Sul zu vertreiben. Gleichzeitig begannen sie eine Offensive auf Corrientes, das die Paraguayer zuvor erobert hatten. Die Stadt lag südlich des Zusammenflusses des Paraná und des Paraguay, der beiden wichtigsten schiffbaren Flüsse der Region, die zugleich bedeutende Heerstraßen für einen weiteren Vormarsch nach Paraguay bilden konnten, sollte es den Alliierten gelingen, ihre Seeherrschaft über die Binnengewässer zu sichern.

Die beteiligten Streitkräfte

Die Voraussetzungen hierfür waren vergleichsweise günstig, denn im Gegensatz zur Landmacht Paraguay verfügte Brasilien als der wichtigste der drei Bündnispartner über eine bedeutende Marine und vor allem die nötige industrielle Basis, um auch ein eigenes Flusskriegsgeschwader aufzustellen. Die Brasilianer ließen mehrere Monitore und Flusskanonenboote nach amerikanischem Muster auf der Werft des Arsenal de Marinha da Côrte in Rio de Janeiro bauen oder im Ausland ankaufen. Tatsächlich lassen sich die Feldzüge entlang des la Plata und Paranà mit denen auf dem Mississippi, Tennessee oder Cumberland im Amerikanischen Bürgerkrieg 1861-1865 vergleichen. Zu Beginn des Krieges befanden sich die meisten dieser Schiffe jedoch noch im Bau, weswegen auf herkömmliche Hochseeschiffe und kleinere Kanonenboote zurückgegriffen werden musste. Das Flaggschiff der Flotte war die in Großbritannien gebaute Radfregatte *Amazonas*, die noch über eine Segeltakelage verfügte und mit sechs 68-Pfünder Bombenkanonen bewaffnet war. Hierzu kamen vier kleine Segelkorvetten, jeweils mit sechs bis acht 68- und 32-Pfündern bestückt, sowie vier kleinere Kanonenboote, bei denen es sich ebenfalls um schaufelradbetriebene Dampfer handelte, die fünf bis sieben Geschütze führten. Die Entwicklung von dampfgetriebenen Schiffen im mittleren Drittel des 19. Jahrhunderts hatte eine ausgeprägte Flusskriegsführung, wie sie sowohl im Amerikanischen Bürgerkrieg als auch im Triple-Allianzkrieg beobachtet werden konnte, erst möglich gemacht. Insgesamt verfügte die von Admiral Francisco Manuel Barroso kommandierte Flotte über 58 Geschütze.

Obwohl es über keinen direkten Zugang zum Meer verfügte, besaß auch Paraguay eine kleine Flotte. Das Rückgrat bildeten die beiden in Großbritannien gebauten Dampfkorvetten *Tacuarí* und *Parugarí*, die jeweils mit zwei 68-Pfündern und vier 32-Pfündern bewaffnet waren. Diese wurden durch sieben kleinere und provisorische bewaffnete Flussdampfer sowie sieben chatas verstärkt. Dabei handelte es sich um Barken, die von den Dampfern gezogen werden mussten und mit jeweils einem Geschütz bewaffnet waren. Das Geschwader verfügte über 44 Geschütze. López selbst schiffte sich auf der *Tacuarí* ein, überließ die Führung der Schlacht jedoch Kommodore Pedro Inácio Meza.

Der Plan

Die Alliierten errichteten nach einem ersten erfolglosen Rückeroberungsversuch im Juni 1865 einen Stützpunkt in einem Bogen des Paraná südlich von Corrientes. Hier sammelten sie ihre Streitkräfte und richteten Magazine ein, aus denen die Truppen im folgenden Feldzug versorgt werden sollten. Gleichzeitig sperrten sie so den Zugang Paraguays zum Meer und schnitten das Land von ausländischen Waffenimporten ab.

López versammelte die paraguayische Flotte am 8. Juni bei der Hauptstadt Asunción und dampfte anschließend zur Festung Humaitá, die an der Mündung des Paraguay lag. Er beabsichtigte, das brasilianische Geschwader am Morgengrauen anzugreifen. Seine artilleristische Unterlegenheit hoffte er durch das Überraschungsmoment wett zu machen, da die Paraguayer die ankernden und somit unbeweglichen Schiffe der Brasilianer nacheinander angreifen konnten. Da davon auszugehen war, dass sich ein Großteil der brasilianischen Besatzungen an Land aufhalten würde, hoffte López, die feindlichen Schiffe entern zu können. Dies würde nicht nur die brasilianische Marine erheblich schwächen, sondern die paraguayische bedeutend stärken. Sollten die Enterversuche abgewehrt werden, würden die Paraguayer den Gegner flussaufwärts vor die Mündungen eigener Batterien ziehen. Hierfür wurde eine Abteilung der paraguayischen Armee abgestellt, die über die modernsten Geschütze – gezogene 12-Pfünder – verfügte.

Die Schlacht

Die Umsetzung des ambitionierten Plans erforderte ein exaktes Timing. Die paraguayische Flotte verließ Humaitá am 11. Juni um 2 Uhr morgens. Maschinenprobleme auf dem Raddampfer *Yporá* sorgten jedoch für gravierende Verzögerungen, sodass die paraguayische Flotte den brasilianischen Ankerplatz erst nach dem Morgengrauen erreichte. Doch zu diesem Zeitpunkt lag dichter Nebel über dem Fluss, sodass sich Meza dazu entschied, die brasilianische Flotte zu passieren und dann von Süden anzugreifen, was es im Notfall leichter gemacht hätte, diese auf die eigenen, nördlich gelegenen Batterien zu treiben.

Die brasilianische Flotte ankerte in einer Linie in einer Biegung des Paraná, der hier durch acht unterschiedlich große Inseln in mehrere Arme geteilt wurde. Trotz der vorangeschrittenen Tageszeit wurden die Brasilianer von dem Angriff überrascht. Kommodore Meza glaubte jedoch, das Überraschungsmoment nicht mehr auf seiner Seite zu haben und begann, die gegnerischen Schiffe unter Feuer zunehmen, anstatt wie geplant aufzuschließen und zum Entern überzugehen, was womöglich immer noch Aussichten auf

Erfolg gehabt hätte. Das Feuer der Paraguayer verpuffte weitgehend wirkungslos, doch als die Brasilianer den Kampf aufnahmen, richteten sie schwere Schäden auf dem Dampfer *Jejui* und dem von ihr gezogenen chata an. Meza entschloss sich daher, die Schlacht abzubrechen und die brasilianischen Schiffe in den Feuerbereich der eigenen Landbatterien zu ziehen.

Seine Flotte zog sich flussaufwärts zurück, erreichte die Mündung des Riachuelo und ankerte vor einer Sandbank, die sich in der Mündung des Flusses gebildet hatte. Die Brasilianer nahmen die Verfolgung auf. Als sie das Mündungsgebiet erreichten, gerieten ihre Spitzenschiffe unter schweres, gut gezieltes Feuer. Die Dampfkorvette *Belmonte* wurde schwer beschädigt, woraufhin das zweite Schiff in der Linie, die Dampfkorvette *Jequitinhonha,* wendete und flussabwärts dampfte. Dabei lief sie jedoch auf eine Sandbank und wurde durch die paraguayischen Batterien versenkt. Die übrigen brasilianischen Schiffe waren zunächst der *Jequitinhonha* gefolgt, doch Admiral Borroso befahl eine erneute Wende. Mit der *Amazonas* und vier Dampfern nahm er den Kampf wieder auf. Meza machte daraufhin seinen zweiten gravierenden Fehler und entschied sich, den Brasilianern entgegen zu gehen. Als die Brasilianer in den schmalen Kanal dampften, der durch die Insel Cabral gebildet wurde, versuchten einige paraguayische Schiffe, zum Entern überzugehen. Die brasilianische Dampfkorvette *Parnaíba*, die bei der *Jequitinhonha* Halt gemacht hatte, um die Besatzung zu bergen, wurde von drei gegnerischen Schiffen angegriffen, geentert und geriet in schwere Bedrängnis, doch Kartätschfeuer des herbeieilenden Flaggschiffes trieb die Paraguayer zurück. Anschließend rammte die *Amazonas* die paraguayische Korvette *Paraguarí* und beschädigte sie schwer. Das Schiff wurde später von der eigenen Besatzung auf einer nahen Sandbank auf Grund gesetzt und angezündet, doch da der Rumpf größtenteils aus Stahl gefertigt war, brannte er nicht. Die *Amazonas* rammte und versenkte kurz darauf den Flussdampfer *Marqués de Olinda* und nahm mit ihren schweren Geschützen die *Salto Guairá* und mehrere chatas unter Feuer. Kommodore Meza wurde schwer verwundet, sodass die Schlacht in eine Reihe unkoordinierter Einzelkämpfe zerfiel. Nach vier Stunden versuchten sich die noch schwimmfähigen paraguaischen Schiffe nach Norden zu retten. Der bereits schwer beschädigte Dampfer *Pirabebé* wurde von zwei brasilianischen Kanonenbooten eingeholt und versenkte sich selbst. Ein weiterer Dampfer wurde von der Flotte getrennt und versenkte sich ebenfalls selbst, nachdem er von den Brasilianern gestellt worden war. Die Verluste der Paraguayer waren beträchtlich. Neben der modernen Dampfkorvette *Paraguarí* verloren sie vier Dampfer und alle chatas. Die *Taquarí* war schwer beschädigt. Die Brasilianer hatten dagegen nur die *Jequitinhonha* verloren, während sich die Schäden auf der *Belmonte* und der *Parnaíba* als reparabel erwiesen.

Bedeutung

Die Schlacht bei Riachuelo hatte entscheidende Auswirkungen auf den Verlauf des Tripelallianzkrieges. Paraguays einzige Chance, die brasilianische Seeüberlegenheit zu brechen und den Konflikt offen zu halten, war vertan. Zwar gelang es einige Tage nach der Schlacht, die *Paraguarí* zu bergen und wieder instand zu setzen, 1868 wurde die Korvette jedoch als Blockschiff im Paraguay versenkt. Die *Taquarí* und einer der letzten paraguayischen Dampfer waren zuvor in einem Gefecht von brasilianischen Schiffen gestellt und vernichtet worden.

Die Paraguayer versuchten in der Folge, durch Raids kleinerer chatas immer wieder einzelne brasilianische Schiffe zu entern, doch diese Aktionen blieben erfolglos. Die alliierten Armeen marschierten systematisch den Paraná und den Paraguay hinauf, gestützt auf einen beeindruckenden, an diese Flüsse gebundenen logistischen Apparat. Der Krieg sollte dennoch noch weitere fünf Jahre dauern und endete erst mit dem Tod von López im Jahr 1870.

Die Schlacht bei Riachuelo nimmt daher eine besondere Rolle in der Militärgeschichte ein, denn obwohl Flüsse als Transportwege wiederholt von großer Bedeutung gewesen sind, waren größere Schlachten auf Binnengewässern eher selten. Nur wenige Konflikte wurden so entscheidend durch den Ausgang einer Flussschlacht geprägt wie der Tripelallianzkrieg.

Die beteiligten Streitkräfte

Brasilien (Admiral Francisco Manuel Barroso)

Stärke: 1 Dampffregatte, 4 Dampfkorvetten, 4 Kanonenboote

Verluste: 1 Korvette, drei Schiffe schwer beschädigt, 104 Tote, 123 Verwundete, 20 Vermisste

Paraguay (Pedro Inácio Meza)

Stärke: 2 Dampfkorvetten, 7 Hilfsdampfer, 7 chatas, dazu landgestützte Batterien mit 22 Geschützen und zwei Congreve-Raketenbatterien

Verluste: 1 Korvette, 4 Dampfer, 7 chatas, ca. 750 Mann

Isandhlwana, 23. Januar 1879

„*Ein assegai* [Lanze] *wurde in den Bauch der Nation gestoßen*“
Cetshwayo über die großen Verluste, die die Zulu in der Schlacht erlitten.

Das 19. Jahrhundert, insbesondere die zweite Hälfte, gilt als das Jahrhundert der Europäer, in welchem sie sich weite Teile der Welt unterwarfen. Dies galt insbesondere für Afrika. Kontrollierten Europäer noch bis zum Berliner Kongress 1876 nur etwa 10 Prozent des Kontinents, waren es zur Jahrhundertwende 90 Prozent. Moderne Hinter- und Mehrlade- sowie Maschinenwaffen, vor allem aber auch verbesserte Logistik und Kommunikation bildeten die Grundlagen dieser Erfolge in Afrika, Asien und Amerika. Nichts desto trotz war der Weg zur europäischen oder besser westlichen Dominanz von einer Reihe spektakulärer taktischer Rückschläge geprägt. Die Schlachten von Little Bighorn (1876), Maiwand (1880), Majuba Hill (1881) und Adua (1896) verdeutlichten, das westliche technologische Überlegenheit kein Siegesgarant war. Dies lag aber auch daran, dass westliche Nationen nur schwer ein Monopol auf moderne Waffen aufrechterhalten konnten. Über Handelsbeziehungen gelangten diese auch in die Hände indigener Völker und so sahen sich westliche Armeen in den genannten Schlachten zahlenmäßig überlegenen, aber auch gleich- oder gar höherwertig bewaffneten Gegnern gegenüber.

Die Schlacht bei Isandhlwana bildet dahingehend eine Ausnahme. Zwar verfügten die siegreichen Zulus auch hier über eine bedeutende – letztlich entscheidende – zahlenmäßige Überlegenheit, bessere Geländekenntnisse und das Überraschungsmoment – alles auch bedeutende Faktoren in den anderen genannten Schlachten – , doch ihre Bewaffnung bestand aus einfachen Schilden und kurzen Stoßlanzen.

Das Zulukönigreich war eines der vielen afrikanischen Reiche, die sich erst zu Beginn des 19. Jahrhunderts entwickelten und deren dynamischer Expansionsdrang die europäische Kolonisation jenseits der Küstenstreifen teilweise erst anstachelte. Unter ihrem König Shaka dehnte sich das Gebiet des ursprünglich nur etwa 1.500 Menschen zählenden Zulustammes über weite Teile Natals aus und umfasste bald eine Viertel Million Einwohner. Als die niederländischstämmige Bevölkerung (Buren) der seit 1815 zu Großbritannien gehörenden Kapkolonie in den 1830er Jahren nach Natal vordrang, kam es zu ersten Konflikten. Die Buren wurden aus Natal vertrieben, die erste unabhängige Burenrepublik jedoch bald von Großbritannien annektiert. Als im immer noch nicht festgeschriebenen Grenzgebiet Diamanten gefunden wurden, eskalierte der Konflikt erneut. Zwar wollte Großbritannien einen Krieg in Südafrika vermeiden, weil es sich bereits in einem kräftezehrenden Konflikt mit Afghanistan befand, die lokalen Kolonialbehörden drängten jedoch auf eine gewaltsame Lösung. Da es noch keine modernen Telegrafenverbindungen nach London gab und die Kommunikation per Schiff Wochen in Anspruch nahm, eröffnete sich dem örtlichen Kommissar Henry Bartle Frere und dem Kommandeur der britischen Truppen Majorgeneral Frederic Augustus Thesiger, Lord Chelmsford, ein Zeitfenster, die Zulus in einem schnellen Feldzug zu vernichten.

Der Feldzug

Ende 1878 ließ Frere den Großteil der in Südafrika stationierten britischen Truppen unter Chemslfords Befehl in Natal zusammenziehen. Kleine Grenzzusammenstöße zwischen weißen Siedlern und Zulus dienten Frere als Vorwand für ein am 11. Dezember 1878 gestelltes Ultimatum, dessen wichtigster Punkt die Forderung nach der Abdankung der Zuluarmee bildete. Da diese jedoch ein zentrales Element des ganzen Zulu-Staates darstellte, hätte das eine Abkehr von der Kultur der Zulus bedeutet. Als das Ultimatum nach einem Monat auslief, marschierte Chelmsfords 18.000 Mann starke Armee im Zululand ein. Weniger als ein Drittel hiervon bestand aus britischen Truppen, der Rest aus Burenmilizen, vor allem aber afrikanischen Truppen des Natal Native Contingent. Chelmsford hatte bereits im Vorjahr im Neunten Kaffirkrieg gegen die südafrikanischen Xhosa Erfahrungen mit der Mobilität südafrikanischer Truppen gemacht. Um die für ihre schnellen Märsche bekannten Zulus rasch zu stellen, bildete er drei Kolonnen, die die Zulus zur Aufteilung ihrer Kräfte zwingen und sich schließlich zur Entscheidungsschlacht vor der Hauptstadt Ulundi vereinigen sollten. Chelmsford selbst kommandierte das Zentrum. Die nördliche und südliche Kolonne gerieten am 22. Januar in erste Gefechte mit den Zulus, konnten diese aber zurückschlagen.

Chelmsford besaß nur ungenaue Informationen über die Position der feindlichen Armee. Am 21. Januar erhielt er Nachricht, dass seine Kolonne von feindlichen Spähern beobachtet wurde und entschied sich einen Tag später, die Verfolgung aufzunehmen. Zur Sicherung seiner rückwärtigen Verbindung ließ er am Fuß des Berges Isandhlwana 1.700 Mann unter Colonel Henry Pulleine und dem Befehlshaber des Natal Native Contingent, Colonel Anthony Durnford, zurück.

Aufgrund seines Mangels an Kavallerie hatte Chelmsford nicht feststellen können, dass sich die Hauptarmee der Zulus wesentlich näher an diesem

Lager befand, als er gedacht hatte. Als er die Verfolgung der Späher aufnahm, entfernte er sich immer weiter vom Lager. Allerdings entdeckten Späher aus Pulleines Kommando die Zulus am Morgen des 23. Januar, woraufhin sich diese zum sofortigen Angriff entschieden und ihre gefürchtete Büffelkopfformation einnahmen.

Die beteiligten Armeen

Die Zulu-Armee war in den 1820er Jahren durch König Shaka geschaffen worden. Sie bestand aus regimentsähnlichen Formationen und war in eigenen Unterkünften untergebracht. Neue Rekruten wurden je nach Alter diesen Regimentern zugeteilt. Erfahrene Krieger stellten die Anführer der Formationen. Zuluarmeen wurden intensiv gedrillt, sowohl im Umgang mit ihren Waffen als auch in taktischen Manövern. Die bevorzugte Zulutaktik bestand in der Einnahme des „Büffelkopfes", wobei das Zentrum den Gegner angriff und frontal band, während die beiden Hörner dessen Flanke und Rückraum attackieren sollten.

Zulukrieger waren körperlich gut ausgebildet. Sie konnten Märsche von bis zu 80 Kilometern am Tag zurücklegen und marschierten nicht in die Schlacht, sondern rannten in einem leichten Joggingtempo. Ihre Waffen bestanden aus großen, versteiften Kuhhautschilden, die sie auch geschickt einsetzten, um Gegner niederzuschleudern, und kurzen Stoßlanzen (Iklwa), die Shaka selbst eingeführt hatte, da ihm die bis dahin üblichen Wurflanzen (assigei) nicht effektiv genug erschienen. Unmittelbar vor Ausbruch des Krieges hatten die Zulus auch große Mengen moderner Schusswaffen importiert, diese kamen aber im Krieg von 1879 kaum zum Einsatz.

Pulleines Truppen bestanden aus dem zweiten Bataillon des 24th Regiment (2nd Warwickshires), einer Abteilung der Natal Native Horse und dem Natal Native Contingent. Die britische Infanterie war mit dem einschüssigen Martini-Henry Hinterladergewehr bewaffnet, das über eine hohe Reichweite und Treffsicherheit verfügte, wegen seines starken Rückstoßes jedoch nicht sonderlich beliebt war.

Die Schlacht

Trotz eingegangener Meldungen über die Annäherung der Zulus wurde Pulleine von dem Angriff überrascht. Er ließ hastig eine Linie vor seinem Lager bilden, indem er zwei Native Kompanien in sein Zentrum beorderte und jeweils drei britische Kompanien in einem zurückgezogenen Winkel davon. Die Masse von Durnfords Natives befand sich isoliert auf dem rechten Flügel und geriet unter Bedrängnis des linken Büffelhorns.

Im Zentrum konnte das Feuer der Briten den Zulus zunächst schwere Verluste beibringen. Doch den Native Kompanien mangelte es an Gewehren – nur jeder Zehnte besaß eine alte Muskete – und bald auch an Munition, da die britischen Versorgungsoffiziere sich weigerten, ihnen Nachschub zukommen zu lassen. Bald begannen die Natives zurückzuweichen. Die Briten zogen sich langsam auf ihr Lager zurück und hielten das Zentrum der Zulus auf Distanz, wobei sie durch das Feuer von zwei Siebenpfündern unterstützt wurden.

Das linke Büffelhorn drängte Durnfords Truppen jedoch immer weiter zurück und drohte in den Rückraum des Lagers vorzustoßen. Der Rückzug der Natives exponierte schließlich die Flanke der rechten Flügelkompanie in Pulleines Linie, die von den Zulus angegriffen und vollständig aufgerieben wurde.

Auch das rechte Büffelhorn arbeitete sich um das Massiv des Isandhlwana herum und so drohten die Briten, vollständig abgeschnitten zu werden. Die sechs Kompanien des 24th Regiment zogen sich in das Lager zurück, wo es zu schweren Nahkämpfen kam, bei denen sich die zahlenmäßige Überlegenheit der Zulus schließlich bemerkbar machte. Einige Soldaten bildeten nach Zuluberichten ein Karree am Fuß des Berges, wurden aber ebenfalls überrannt. Auch Pulleine und Durnford kamen in den verzweifelten Kämpfen ums Leben.

Bedeutung

Nahezu 1.300 britische und afrikanische Soldaten wurden in der Schlacht getötet. Für die Zulus liegen nur Schätzungen vor, die von 2.000 bis 5.000 Mann reichten. Viele schwer verwundete Krieger sollen einfach zum Sterben im Grasland liegen geblieben sein.

Noch am selben Tag marschierte die Reserve der Zulu-Armee weitere 18 Kilometer, um einen britischen Militärposten am Rorke“s Drift zu überfallen, der die Attacken jedoch von provisorischen Barrikaden aus abwehren konnte. Die „Schlacht“ bei Rorke“s Drift deutet an, was aus britischer Sicht möglich gewesen wäre, hätten Chelmsford oder Pulleine das Lager am Isandhlwana befestigen lassen. Elf Verteidiger von Rorke´s Drift erhielten das Victoria Kreuz. Nie wieder sollten so viele Soldaten für einen bestimmten Einsatz mit der höchsten Auszeichnung des Empires dekoriert werden. Dies ist vermutlich auch auf den Schock zurückzuführen, den Isandhlwana in der britischen Öffentlichkeit hervorrief und der umgehend durch einen heroisierten Erfolg überdeckt werden musste.

Angst vor einem Gesichtsverlust bewegte die Regierung nun auch dazu, Chelmsford mehr Truppen zu schicken, doch Ende März errangen die Zulus bei Hlobane einen zweiten spektakulären Erfolg über die Briten. Chelmsford wurde daraufhin durch Sir Garnett Wolesley ersetzt, der sich im Krieg gegen die Aschanti einen Namen gemacht hatte. Noch bevor Wolesley in Natal eintraf, war es Chelmsford jedoch gelungen, seinen ursprünglichen Plan umzusetzen und am 4. Juli 1879 die Zulus bei Ulundi zu schlagen. 5.000 britische Soldaten marschierten im Karree auf die Zulus zu und wurden vom Feuer moderner Gatlingkanonen unterstützt. Dauerhaft konnten sich die Zulus mit ihren veralteten Taktiken und Bewaffnungen ebenso wenig gegen die Briten behaupten wie die nordamerikanischen Indianer gegen die USA, auch weil das Gelände in Südafrika kein entscheidendes Hindernis für die britische Kriegsführung darstellte wie das bergige Afghanistan. Zululand wurde zunächst in dreizehn Fürstentümer unterteilt, die sich gegenseitig bekriegten und so weiter schwächten. 1897 wurde das Gebiet der Provinz Natal einverleibt.

Beteiligte Armeen

Zulus (Ntshingwayo kaMahole Khoza)

Stärke: ca. 20.000 Mann

Verluste: ca. 2.000 bis 5.000 Mann

Briten (Brev. Lt.Col. Henry Pulleine)

Stärke: ca. 1.800 Mann, zwei Geschütze, eine Raketenbatterie

Verluste: 52 Offiziere, 727 britische Soldaten, 476 Mann Kolonialtruppen

Angamos, 8. Oktober 1879

„Alle Hoffnung starb, als Chile die eindeutige Seeüberlegenheit gewann. Ein schlechtes Ergebnis wird erwartet. Nichts wird von irgendjemandem erwartet.“

L. Quiñones, peruanischer Außenminister in La Paz, 7. November 1879

1879 eskalierte der Streit zwischen Bolivien und Peru mit Chile über den Besitz der nitratreichen Atacamawüste. Die Erlangung der Seeherrschaft spielte für den Ausgang des Konflikts eine wichtige Rolle. Da die Anden mit ihren vielen von West nach Ost verlaufenden Tälern nur schwer passierbar sind, war Chile für eine Offensive gen Norden auf amphibische Operationen angewiesen. Um diese ungefährdet durchführen zu können, musste die chilenische Marine zuvor die peruanische Flotte niederringen.

Die beteiligten Flotten

Die Seestreitkräfte beider Nationen waren von vergleichbarer Größe und verfügten neben kleineren Segel- und Dampfkriegsschiffen über je zwei Panzerschiffe. Neben dem Kassemattschiff *Independencia* besaß Peru das alte Turmschiff *Huáscar*. Dieses war 1865 in England gebaut worden. Die Entwürfe stammten von dem britischen Schiffbauingenieur Cowper Phipps Coles, der bereits das dänische Turmschiff *Rolf Krake* entworfen und den Umbau der HMS *Royal Sovereign* geleitet hatte. Ein Problem beim Bau derartiger Schiffe bestand darin, dass das hohe Gewicht gepanzerter Geschütztürme die Stabilität des Rumpfes aus dem Gleichgewicht zu bringen drohte. Viele frühe Turmschiffe wie beispielsweise die amerikanischen Monitore besaßen daher ein sehr niedriges Freibord und waren nur begrenzt hochseetauglich.

Die *Huáscar* stellte Coles‘ ersten Versuch dar, ein hochseetaugliches Turmschiff zu bauen. Sie verfügte über ein höheres Freibord, dafür aber auch nur über einen Geschützturm mit zwei 254mm Armstrong-Vorderladerkanonen, die außerhalb des Turms geladen wurden. Der Turm musste von Hand gedreht werden. Eine hundertachtzig-Grad Drehung benötigte zwei Minuten. Die mit 1.745 Tonnen relativ kleine *Huáscar* erreichte eine Spitzengeschwindigkeit von über 12 Knoten.

Bei Ausbruch des Krieges mit Chile war das Schiff beinahe 15 Jahre alt. Dagegen verfügte die chilenische Marine mit den beiden Panzerfregatten *Almirante Cochrane* und *Blanco Encalada* über modernere, größere und besser bewaffnete Schiffe. Diese befanden sich allerdings nicht im besten Zustand.

Insbesondere die Maschinen bedurften der Überholung, wofür die Schiffe eigentlich nach Europa geschickt werden mussten, während Peru im Hafen von Callao sogar über ein eigenes Trockendock verfügte. Dafür war das chilenische Offizierskorps besser ausgebildet.

Der Feldzug

Die Chilenen bemühten sich zu Beginn des Krieges, die peruanische Flotte zu vernichten, um Truppen über See nach Norden verlegen zu können. Daher stieß der chilenische Flottenkommandeur Juan Williams Rebolledo mit dem Großteil der Flotte zum peruanischen Marinestützpunkt Callao vor. Die kleine Korvette *Esmeralda* und der Schoner *Covadonga* blockierten den Hafen von Iquique. Hier wurden sie von der peruanischen Flotte, die unbemerkt an Rebolledos Geschwader vorbeigesegelt war, gesichtet und am 21. Mai angegriffen. Während es der *Huáscar* gelang, die *Esmeralda* durch Artilleriefeuer und mehrere Rammstöße zu versenken, nahm die *Independenciá* die Verfolgung der *Covadonga* und eines chilenischen Truppentransporters auf. Der chilenische Schoner zog sich geschickt in flache Gewässer zurück und das schwerere Panzerschiff lief beim Versuch, ihn zu rammen, auf ein Riff. Die *Covadonga* machte kehrt und nahm das nun wehrlose Schiff unter Beschuss, bis es die Flagge strich. Erst durch die heraneilende *Huáscar* konnte die *Covadonga* vertrieben werden. Doch die *Independenciá* war nicht mehr zu retten. So kam es, dass die peruanische Marine in einem Gefecht, in dem sie eine klare Überlegenheit genoss, nahezu die Hälfte ihrer Kampfkraft einbüßte. Doch unter dem Befehl des nach der Schlacht von Iquique zum Konteradmiral beförderten Miguel Grau gelang es der *Huáscar*, der Verfolgung durch die Chilenen zu entkommen und dem Gegner einige empfindliche Nadelstiche zu versetzen. Die *Huáscar* griff chilenische Häfen an und versenkte 14 Versorgungs- und Truppentransporter, von denen einer ein komplettes Kavallerieregiment an Bord hatte.

Dies führte zu einer wachsenden Kritik an der risikoscheuen Kommandoführung Rebolledos, der schließlich auch an politischer Unterstützung verlor und durch José Galvarino Riveros Cárdenas, den Kommandanten des Panzerschiffes *Blanco Encalada,* ersetzt wurde. Riveros musste jedoch zunächst seine Schiffe überholen, deren Maschinen kaum noch nutzbar waren.

Am 1. Oktober lief die chilenische Flotte mit Kurs auf den peruanischen Hafen von Arica aus. Riveros oberste Priorität bestand darin, die *Huáscar* aufzubringen oder zu versenken. Hierfür teilte er seine kleine Flotte in zwei Geschwader, die jeweils aus einem Panzerschiff, einem älteren Kriegsschiff und einem bewaffneten Transporter bestanden. Am 7. Oktober erhielt Riveros Meldungen über eine Sichtung der *Huáscar* und der Korvette *Uníon* nördlich von Valparaiso bei Coquimbo. Erneut hatten sich beide Geschwader verfehlt, da die Chilenen dicht unter der Küste und die Peruaner weiter auf See kreuzen. Riveros entschloss sich nun dazu, die Peruaner bei ihrer Rückkehr nahe Antofagasta abzufangen. Mit einem Geschwader wartete er unter der Küste, während das zweite auf See blieb, um den Peruanern den Rückzug abzuschneiden.

Die Schlacht

Derweil wollte Admiral Grau mit der *Huáscar* und der *Unión* die auf der Reede von Arica vor Anker liegenden Schiffe angreifen, fand den Hafen jedoch verlassen und dampfte wieder nach Norden. Am 8. Oktober um 3 Uhr machten die peruanischen Ausgucke die Rauchsäulen der Schiffe von Cárdenas Geschwader aus. Grau wich nach Süden aus, doch vier Stunden später bemerkten die Peruaner weitere Rauchsäulen, die zum zweiten chilenischen Geschwader gehörten. In der Überzeugung, dass seine beiden Schiffe schneller waren als die der Chilenen, reagierte Grau vorerst nicht. Erst nach einer Stunde, als sich das zweite chilenische Geschwader immer weiter genähert hatte, ließ er Volldampf geben. Doch auf ihren vielen Raids hatte der Rumpf der *Huáscar* einen starken Muschelbewuchs angesetzt, sodass es ihr nun nicht mehr möglich war, den chilenischen Panzerschiffen zu entkommen. Da die Korvette *Unión* mit 13 Knoten gute Chancen besaß, die langsameren chilenischen Schiffe hinter sich zu lassen, befahl Grau ihr durchzubrechen und stellte sich anschließend allein mit der *Huáscar* zum Kampf. Als erstes näherte er sich dem Flaggschiff des zweiten Geschwaders, der *Almirante Cochrane* und feuerte zwei Salven ab, von denen die zweite traf, aber keine bedeutenden Schäden anrichtete. Der chilenische Kommandant Juan José Latorre erwies sich jedoch als sehr geschickter Seemann, der die Stärken und Schwächen beider Schiffe gut einschätzte. Er brachte die *Almirante Cochrane* auf einen Parallelkurs mit der *Huáscar*, sodass diese ihren Rammsporn nicht einsetzen konnte. Gleichzeit hielt er sich leicht achteraus. Auf diese Weise konnte *die Almirante Cochrane* ihre eigenen Kasemattgeschütze zum Tragen bringen, blieb aber außerhalb des Feuerbereichs des Geschützturms der *Huáscar*, der durch die achteren Aufbauten des peruanischen Panzerschiffes eingeschränkt wurde. Gegen 9:40 Uhr hatte sich die *Cochrane* der *Huáscar* weit genug genähert, um das Feuer zu eröffnen. Gleich die ersten Schüsse blockierten den Drehmechanismus des Turms, sodass dieser für den Rest des Gefechts nicht nutzbar war. Eine weitere Granate beschädigte die Ruderanlage des Schiffes. Die *Huáscar* driftete nach Steuerbord. Latorre ließ den Kurs seines Schiffes korrigieren und feuerte eine weitere Salve ab, von der Admiral Grau regelrecht zerfetzt wurde. Nur die

Füße des peruanischen Seehelden blieben an Bord seines Schiffes zurück. Die Granate traf anschließend den Turm und tötete sowohl Teile der Geschützbedienungen als auch der Matrosen, die die Ruderanlage reparieren wollten. Die *Almirante Cochrane* hielt ihren tödlichen Beschuss aufrecht und setzte ihrerseits zu zwei erfolglosen Rammstößen an. Inzwischen war Rivero mit der *Blanco Encalada* eingetroffen und versuchte seinerseits, die *Huáscar* zu rammen, was jedoch ebenfalls fehlschlug. Da sich die *Blanco Encalada* zwischen die *Almirante Cochrane* und die *Huáscar* schob, verschaffte er dem peruanischen Panzerschiff eine Atempause. Latorre war sogar gezwungen, etwas von seinem Kurs abzufallen, um dem Rammsporn der *Blanco Encalada* zu entgehen. Er ließ wenden, brachte die *Almirante Cochrane* erneut auf einen Parallelkurs und setzte den Beschuss auf das bereits brennende Turmschiff fort. Auch die *Blanco Encalada* nahm die Verfolgung wieder auf und feuerte auf die Backbordseite der *Huáscar*. Gegen 10:20 ging die peruanische Flagge nieder, woraufhin die Chilenen das Feuer einstellten. Als sie gleich darauf wieder gehisst wurde, setzten sie den Angriff fort. Inzwischen hatten sich die beiden Panzerschiffe der *Huáscar* bis auf wenige Meter genähert. Die Verluste unter den Peruanern stiegen rapide an, sodass Leutnant Pedro Gárezon, der das Kommando übernommen hatte, schließlich doch befahl, die Flagge zu streichen. Damit die *Huáscar* dem Feind nicht in die Hände fallen konnte, ließ er die Seeventile öffnen. Gleichzeitig warfen die überlebenden peruanischen Offiziere ihre Säbel über Bord. Die *Almirante Cochrane* schickte ein Enterkommando auf das schwer mitgenommene Schiff, dem es rechtzeitig gelang, die Ventile wieder zu schließen und auch die Brände zu löschen.

Auswirkungen

Die *Blanco Encalada* war in dem Gefecht kaum beschädigt worden. Die *Almirante Cochrane* musste fünf Treffer hinnehmen, die einen Seemann töteten und neun verwundeten. 107 Granaten waren auf die *Huáscar* abgefeuert worden, von denen 19 ihr Ziel fanden. 35 Mann der Besatzung starben im Kampf, 171 gerieten in Gefangenschaft, darunter 27 Verwundete. Obwohl die Panzerung, der Geschützturm und die Ruderanlage des Schiffes schwere Schäden davongetragen hatten, blieb die Maschine intakt. Die Chilenen brachten die *Huáscar* nach Valparaiso und integrierten sie in ihre eigene Flotte, die noch im selben Jahr eine erfolgreiche amphibische Landungsoperation bei Pisagua durchführte und die chilenische Armee auch 1881 bei ihrem Vorstoß auf Lima effektiv unterstützte. Obwohl nach europäischen Maßstäben eher ein Gefecht als eine wirkliche Seeschlacht, verdeutlicht Angamos somit die Bedeutung von Seeherrschaft für kleinere militärische Mächte in regional begrenzten Auseinandersetzungen. Gleichzeitig liefert die Schlacht eines der wenigen Beispiele für den Einsatz früher Panzerschiffe und unterstreicht anschaulich die Unzulänglichkeiten moderner Artillerie. Bereits der erste Waffengang zwischen mastlosen Panzerschiffen bei Hampton Roads (1862) zwischen der konföderierten CSS *Virginia* und der USS *Monitor* war auf äußerst kurze Distanz ausgefochten worden, ohne dass die beiden Schiffe sich mit ihrer Artillerie großen Schaden zufügen konnten. Gleiches galt für die Seeschlacht bei Lissa (1866), die als Triumph der Rammtaktik angesehen wird, obwohl von etlichen Versuchen nur zwei Rammangriffe erfolgreich waren. Auch die Schlacht bei Angamos erlebte mehrere erfolglose Rammversuche. Trotz der enormen technischen Entwicklungen aufgrund derder Einführung von dampfbetriebenen Schraubenantrieben, Eisenpanzerungen und schwerer gezogener Artillerie mit Sprenggranaten erinnern diese Schlachten somit mehr an Trafalgar (1805) als Tsushima (1905). Tatsächlich sollte die Entwicklung moderner Schlachtschiffe zwischen 1879 und 1900 nochmals einen enormen qualitativen Sprung erleben. Die *Huáscar* liegt noch heute als Museumsschiff und Symbol des chilenischen Triumphs im Hafen von Talcahuano.

Die beteiligten Geschwader

Peru (Admiral Miguel Grau Seminario)

Stärke: Turmpanzerschiff Huáscar, Korvette Unίon

Verluste: Huáscar gekapert, 35 Tote, 171 Gefangene, darunter 27 Verwundete)

Chile (Kapitän José Galvarino Riveros Cárdenas)

Stärke: 2 Kasemattpanzerschiffe, 1 Korvette, 1 bewaffneter Schoner, 2 bewaffnete Transporter

Verluste: 1 Toter, 9 Verwundete

Tsushima, 27. Mai 1905

> *„Obwohl nur noch die Hälfte des Schiffes von Menschen besetzt sein konnte, führte es den Kampf weiter. Dann wurde der vorderste Turm durch eine 304-Millimeter-Granate getroffen. Der Explosion folgte ein gewaltiger Flammenausbruch, der die Bordwand über 15 Meter weit aufriss. Durch den Riss konnte man das in Brand geratene Innere des Schiffes sehen (…) Weitere Geschosse trafen das Schiff. Großmast und Vormarsstenge wurden weggeschossen. Eine starke Explosion im Achterschiff schien das Ende zu bringen, aber das Schiff hielt dem ungleichen Kampf immer noch stand.“*
>
> Captain William C. Packenham, britischer Beobachter über den Untergang der *Knjas Suworow*

Mitte des 19. Jahrhunderts konnte Japan seine Isolation nicht mehr aufrechterhalten, sondern wurde von westlichen Mächten zum Abschluss mehrerer Handelsverträge gezwungen. Das Land begann daraufhin einen Modernisierungsprozess und stieg wenig später selbst zu einer kolonialen Macht auf. Der Sieg über China 1894 steigerte das neugewonnene japanische Selbstbewusstsein und schien die Bestätigung für den seit der Meji-Restauration eingeschlagenen Modernisierungsprozess zu liefern. Gleichzeitig bewirkte er eine nochmalige massive Aufrüstung. Die Armee wurde bis 1903 auf dreizehn Divisionen verstärkt, während für die Marine ein eigener ZZehn-Jahresplan entworfen wurde, der nun auch den Bau von Schlachtschiffen vorsah. Noch reichten japanische Werftkapazitäten nicht aus, um das „Sechs-Sechs-Programm“ (sechs Linienschiffe,sechs Panzerkreuzer) umzusetzen, sodass alle Linienschiffe in Großbritannien geordert wurden, die Panzerkreuzer in Großbritannien, Frankreich, Deutschland und später zwei weitere in Italien. Nur Kleine Kreuzer wurden in Japan gebaut. Während des Boxer-Aufstandes reihte sich Japan endgültig in die westlichen Imperialmächte ein. Es stellte nahezu 20 Prozent der vereinten Truppen (18 von 50 Kriegsschiffen, 20.840 von 54.000 Soldaten).

Der Sieg Japans über Russland im Krieg 1904/05 kam dennoch für viele Zeitgenossen überraschend, denn trotz aller Aufrüstungsbemühungen war Japan dem Zarenreich massiv unterlegen. Es bedurfte der Anstrengung aller Kräfte, um wenigstens eine lokale Überlegenheit über die russischen Kräfte in Ostasien zu erzielen und diese zu schlagen, bevor sie durch europäische Truppen verstärkt werden konnten. Japan setzte daher auf das Überraschungsmoment und griff in der Nacht vom 8. auf den 9. Februar 1904 die russische Flotte im Hafen von Port Arthur mit Torpedobooten an. Die offizielle Kriegserklärung erfolgte erst am 10. Februar. Der Angriff auf Port Arthur erwies sich als Fehlschlag und es gelang den Torpedobooten nicht, eines der russischen Linienschiffe auszuschalten. Erst der Tagesangriff der japanischen Schlachtflotte am 9. Februar führte zu schweren Schäden auf mehreren russischen Schiffen. Die Flotte blieb daher im Hafen, stellte aber weiterhin eine Bedrohung für die japanischen Verbindungslinien über See dar. Die Japaner versuchten, den Hafen durch Blockschiffe zu schließen, hatten aber auch damit keinen Erfolg und verloren ihrerseits zwei Linienschiffe durch russische Minen. Trotz der ungeklärten Lage zur See war bereits am 9. Februar die 1. Japanische Armee in der Bucht von Chemulpo (heute Incheon) an Land gegangen und nach Norden marschiert. In der Folge drängten die Japaner die russischen Hauptstreitkräfte vom Yalu nach Norden und schlossen den Hafen von Port Arthur ein.

Die russische Pazifikflotte unternahm im August einen weiteren Ausbruchversuch, wurde jedoch von der japanischen Flotte in der Schlacht im Gelben Meer geschlagen. Dieser Sieg war durchaus wichtig, denn hätte die russische Flotte gesiegt, hätte sie die japanischen Landtruppen von ihren Nachschublinien abschneiden können. Stattdessen wurde die Belagerung Port Arthurs ungehindert fortgesetzt. Anfang Dezember hatten die Japaner die strategisch wichtige Höhe 203 gestürmt und besetzten sie mit Artilleriebeobachtern, die das Feuer der schweren Artillerie leiteten. Ein Großteil der russischen Pazifikflotte wurde versenkt und am 2. Januar kapitulierte Port Arthur. Japan hatte bis dahin zwar eine Reihe beeindruckender Siege errungen, doch der sich hinziehende Krieg strapazierte das schwache Finanzsystem des Landes. Erst dank der Auftakterfolge war es überhaupt möglich geworden, umfangreichere Kredite aus dem Ausland zu beziehen. Anschließend konzentrierten die Japaner ihre Angriffe auf die russische Hauptarmee bei Mukden und errangen im März 1905 einen taktischen Sieg.

Der Feldzug

Im Herbst 1904 entschloss sich Russland, die Baltische Flotte als zweites Pazifikgeschwader in den fernen Osten zu entsenden. Am 15. Oktober verließen die Schiffe unter dem Befehl von Sinowi P. Roschestwenski den Hafen von Libau. Die Nervosität der Russen war von Anfang an spürbar. Bereits in der Ostsee wurden vermeintliche japanische Torpedoboote gesichtet, auf der Doggerbank schließlich fälschlicherweise britische Fischerboote beschossen, wobei mehrere britische Staatsbürger verletzt wurden. Aus Angst vor einer militärischen Intervention Großbritanniens willigte Russland im November 1904 ein, den Vorfall von einer internationalen Kommission aufarbeiten zu lassen. Die vom 9. Januar bis 25. Februar in

Paris tagende Kommission sprach den kommandierenden russischen Admiral Roschestwenski von jeder Schuld frei und deklarierte das Ereignis als Unfall. Russland erklärte sich zu einer freiwilligen Entschädigung von 66.000 Pfund für die britischen Fischer bereit. Obwohl letztlich politische und nicht kriegsrechtliche Erwägungen zur Entscheidungfür die Durchführung einer Untersuchung geführt und diese wohl auch das Urteil beeinflusst hatten, war die Aufarbeitung eines vermeintlichen Kriegsverbrechens durch eine neutrale, internationale Kommission ein Novum.

Die Flotte dampfte anschließend auf dem langen Weg um das Kap der Guten Hoffnung in den Pazifik, wobei sie durch 60 Dampfer der deutschen HAPAG mit Kohle versorgt wurde, weil neutrale Häfen nach geltendem Recht keine Kohle an ein Geschwader im Kriegseinsatz abgeben durften. Der Suezkanal war damals für die Passage der großen Linienschiffe noch zu klein. Nur die älteren Schlachtschiffe und die kleinen Kreuzer nahmen diese Route und vereinigten sich vor Madagaskar wieder mit der Hauptflotte. Auf die Nachricht vom Fall Port Arthurs und dem Verlust der Pazifikflotte wurde im Februar 1905 noch ein Drittes Pazifisches Geschwader unter dem Befehl von Admiral Nikolai Nebogatov in Marsch gesetzt, das jedoch nur aus einem alten Linienschiff und mehreren Küstenpanzerschiffen bestand. Das Geschwader nahm die Route durch den Suezkanal und vereinte sich in Französisch-Indochina mit der Flotte Roschestwenskis, der sich lange gesträubt hatte, auf die Schiffe zu warten. Nach dem Fall Port Arthurs sollte die vereinte Flotte nun zum Hafen von Wladiwostok durchbrechen. Dafür gab es drei mögliche Routen, entweder nördlich um die japanischen Inseln herum, um dann durch die La Pérouse oder die Tsugaro-Straße zu fahren oder durch die südlich gelegene Tsushimastraße. Roschestwenski entschied sich für die letzte Option, da sie die kürzeste Route darstellte.

Die beteiligten Flotten

Auf dem Papier standen sich bei Tsushima zwei durchaus ebenbürtige Flotten gegenüber. Die Russen besaßen mehr Linienschiffe als die Japaner (7 gegen 4), diese dafür mehr Panzerkreuzer (3 gegen 8) und Kreuzer (8 gegen 17). Dennoch führten die russischen Schiffe mehr schwere Geschütze (Verhältnis 305 mm 26:16, 254 mm 15:1). Dafür verfügten die Japaner über einen technologischen Vorsprung, denn sie besaßen elektrische Feuerleitsysteme, bessere Munition und Zielfernrohre. Beide Flotten waren in drei Divisionen gegliedert worden, wobei die russischen Divisionen die Linien- und Küstenpanzerschiffe umfassten, die japanischen die Linienschiffe und Kreuzer, die von den Flottillen kleinerer Verbände unterstützt wurden.

Den Kern der russischen Flotte bildeten die vier modernen Linienschiffe der *Borodino*-Klasse, die knapp 14.500 Tonnen verdrängten und vier 305mm Geschütze als Hauptbewaffnung führten. Diese bildeten eine geschlossene Division unter Roschestwenskis persönlichem Kommando. Die übrigen Schlachtschiffe waren dagegen meist älterer Bauart. Nebugatows Flaggschiff *Imperator Nikolai I* war 1886 auf Kiel gelegt worden, verdrängte knapp 10.000 Tonnen und besaß nur einen Zwillingsturm als Hauptbewaffnung, weswegen es eigentlich kaum noch als Schlachtschiff klassifiziert werden konnte. Darüber hinaus verfügte er über drei kleine Küstenpanzerschiffe der Admiral *Uschakow*-Klasse, die eigentlich nur für den Einsatz in der Ostsee konzipiert waren. Die vier japanischen Schlachtschiffe waren zwarunterschiedlicher Bauart, entsprachen aber in Größe und Bewaffnung im Wesentlichen der *Borodino*-Klasse. Die russischen Schiffe befanden sich allerdings nach dem Anmarsch von 18.000 Seemeilen in einem schlechten Zustand. Dicker Bewuchs verlangsamte ihre Fahrt erheblich, weswegen die Japaner, deren Schiffe in den eigenen nahen Häfen regelmäßig überholt wurden, einen nicht zu unterschätzenden Geschwindigkeitsvorteil genossen.

Bedeutende Unterschiede bestanden vor allem in der Besatzung. Das japanische Offizierskorps war hoch motiviert und nach britischem Vorbild ausgebildet worden. An Bord der Schiffe wurde regelmäßig exerziert. Russland zählte dagegen zwar zu einer der führenden Seemächte der Welt, besaß aber kaum eine ausgeprägte seemännische Tradition. Der Dienst in der Marine war gegenüber dem im Heer weniger attraktiv. Soziale Spannungen zwischen den meist adligen Offizieren und den Mannschaften waren am Vorabend der Revolution von 1905 zudem kaum übersehbar. An Bord mehrerer Schiffe zirkulierten revolutionäre Abhandlungen. Die Baltische Flotte war unterbemannt und hatte in Vorbereitung auf die Fahrt Matrosen aus der Handelsmarine rekrutieren müssen. Auch Matrosen des in der Schlacht im Gelben Meer außer Gefecht gesetzten Pazifikgeschwaders wurden zur Auffüllung der Besatzungen herangezogen.

Die nervenzerrende Überfahrt mit ständigen Phantomsichtungen japanischer Torpedoboote hatten sich zudem nachteilig auf die Moral von Mannschaften und auch dem Offizierskorps ausgewirkt. Selbst unter dem Admiralskorps herrschte eine defätistische Stimmung.

Die Schlacht

Am 27. Mai dampfte die russische Flotte in die Tsushima Straße und wurde gegen 4.45 Uhr morgens durch einen japanischen Hilfskreuzer entdeckt. Per Funk wurde die in der Masampobucht an der Südspitze Koreas ankernde japanische Flotte unter dem Befehl von Admiral Tōgō Heihachirō informiert. Tōgō nahm unverzüglich Fahrt nach Osten auf, passierte die russische Flotte jedoch, ohne Sichtkontakt zu haben, da der Hilfskreuzer die Geschwindigkeit zu hoch eingeschätzt hatte. Er ließ wenden und steuerte nun die Koreastraße westlich der Insel Tsushima an.

Roschestwenski ließ seine vier modernen Linienschiffe in einer zweiten Linie parallel zur Hauptflotte abschwenken, was sich aber als Fehler erwies, da sich die Japaner nun von der Backbordseite näherten. Der Versuch, die ursprüngliche Formation wieder herzustellen, brachte einige Unordnung in die russische Flotte.

Um 14.05 Uhr eröffnete Roschestwenskis Flaggschiff *Knjas Suworow* auf die seinerzeit unglaublich hohe Distanz von 9.000 Metern das Gefecht. Das russische Feuer erwies sich als erstaunlich präzise und das japanische Flaggschiff *Mikasa* musste mehrere Treffer hinnehmen. Die Japaner nahmen das Gefecht sofort auf und konzentrierten ihr Feuer auf das russische Flaggschiff und das Linienschiff *Osljabja,* auf der immer noch die Admiralsstandarte von Dmitri Gustawowitsch von Fölkersahm wehte, der zwar nominell Roschestwenskis Stellvertreter, allerdings schon am 11. Mai verstorben war. Die *Osljabja* hatte aufgrund der Umstrukturierung der russischen Linie ihre Fahrt stoppen müssen und bildete daher ein leichtes Ziel. Nach einer Stunde kenterte das Schiff.

Die russische Flotte setzte ihren Weg fort, erreichte allerdings auch wegen ihrer langsamen Trossschiffe nur neun Knoten, sodass sich Tōgō mit seinen schnelleren Schiffen quer vor ihren Marschweg legen und so das gefürchtete „Crossing the T" vollziehen konnte, wobei die japanischen Schiffe ihre Breitseiten voll auf die Spitzenschiffe der russischen Linie konzentrierten, ohne dass diese ihre ganze Artillerie zum Tragen bringen konnten. Dabei verringerten die Japaner die Gefechtsentfernung auf 3.500 Meter, um auch die 203mm Geschütze der Kreuzer und die Mittelartillerie effektiv zum Tragen zu bringen. Die *Knjas Suworow* musste schwer beschädigt aus der russischen Linie ausscheren, wodurch Roschestwenski gezwungen wurde, sein Flaggschiff zu wechseln. Die hierfür ausgewählte *Alexander III.* musste dafür ihre Fahrt stoppen, nahm mehrere Treffer hin und fiel ebenfalls aus. Beide Schiffe sanken, ebenso wie die *Borodino.* Der Admiral stieg verwundet auf ein Torpedoboot um.

Nebugatow übernahm das Kommando und musste sich in der Nacht dem Angriff japanischer Torpedoboote erwehren. Am folgenden Morgen wurde ein Großteil der verbliebenen russischen Flotte versenkt. Bis zum Mittag hatten sich Roschestwenski und Nebugatow den Japanern ergeben.

Bedeutung

Die Schlacht endete mit einem vollständigen japanischen Sieg. 21 russische Schiffe, darunter vier Linienschiffe, wurden versenkt, während die Japaner nur drei Torpedoboote verloren.

Tsushima erschütterte das Vertrauen Russlands noch stärker als die Niederlagen an Land. Das Zarenreich wurde zudem durch die Revolution 1904/05, die teilweise durch japanische Agenten und japanisches Geld angeheizt worden war, zusätzlich geschwächt. Unter Vermittlung des amerikanischen Präsidenten Theodore Roosevelt – der eine weitere Stärkung Japans im Pazifik befürchtete – wurde am 5. September der Frieden von Portsmouth abgeschlossen, der Japan das ehemalige russische Kwantung-Pachtgebiet einschließlich des Hafens von Port Arthur sowie die Konzessionen der südmandschurischen Eisenbahn zusprach. Für Japan lieferte der Russisch-japanische Krieg eine gefährliche historische Referenz: Ein militärisch überlegener Gegner war nach einem Überraschungsangriff durch Aufbietung aller eigenen Kräfte geschlagen worden.

Dank ihres Sieges behielten die Japaner die uneingeschränkte Seeherrschaft im Gelben Meer, was ihnen die Versorgung ihrer Truppen in Korea ermöglichte. Tsushima hatte damit durchaus operative, aber keine strategischen Auswirkungen.

Die Schlacht bestätigte jedoch den Trend zum Großkampfschiff, das seine Artillerie auf große Distanz zum Tragen bringen konnte. Die Gefechtsdistanzen waren im Vergleich zu früheren Schlachten zwischen Panzerschiffen, etwa Angamos (1879) oder Santiago de Cuba (1898), ungeheuer groß. Großbritannien hatte bereits mit der Planung der HMS *Dreadnought* begonnen, die am 10. Februar 1906 vom Stapel lief und schon am 3. Dezember desselben Jahres in Dienst gestellt wurde. Die *Dreadnought* verfügte über zehn 305mm Kanonen, von denen sechs in drei Türmen auf der Mittelachse und vier in zwei Türmen seitlich auf dem vorderen Drittel des Schiffs platziert waren. In der Skaggerakschlacht (1916) sollten britische Schlachtschiffe mit 380mm Geschützen schließlich das Feuer auf 17.500 Meter eröffnen.

Mit dem Übergang zum Dreadnought-Schlachtschiff (*Satsuma*-Klasse) wurden auch in Japan moderne Großkampfschiffe selbst hergestellt. Nach dem Russisch-Japanischen Krieg (1904/05) verfügte Japan somit über eine vollkommen eigenständige, von ausländischen Importen unabhängige Waffenindustrie.

Beteiligte Flotten

Japan (Admiral Tōgō Heihachirō)

Stärke: 4 Schlachtschiffe, 1 Panzerschiff, 8 Große Kreuzer, 17 Kleine Kreuzer, 51 Torpedoboote und Zerstörer, 7 Hilfskreuzer

Verluste

Schiffe: 3 Torpedoboote

Mannschaften: 117 Gefallene, 583 Verwundete.

Russland (Sinowi P. Roschestwenski)

Stärke: 7 Schlachtschiffe, 1 Panzerschiff, 3 Küstenpanzerschiffe, 3 Panzerkreuzer, 8 Kreuzer, 1 Hilfskreuzer, 9 Torpedoboot-Zerstörer

Verluste:

Schiffe: 6 Schlachtschiffe, 1 Küstenpanzerschiff, 14 weitere Schiffe versenkt, 2 Schlachtschiffe, 2 Küstenpanzerschiffe, 1 Zerstörer gekapert

Mannschaften: 216 Offiziere 4,614 Mann gefallen; 278 Offiziere 5,629 Gefangene, 79 Offiziere, 1783 Mann in neutralen Häfen interniert.

Lüleburgaz, 2. November 1912

„Selbst die heroischsten Bemühungen durch Mahmouds bisher unbesiegte Infanterie konnten den Feind nicht zurücktreiben, der mit unvergleichlicher Entschlossenheit und Vehemenz kämpfte, das eigene Leben auf japanische Art und Weise verachtend, wo immer ein Punkt genommen oder gewonnen werden musste.“

Ellis Ashmead-Bartlet, britischer Korrespondent

Die Balkankriege gelten neben dem Russisch-Japanischen und dem Zweiten Burenkrieg als der wichtigste Fingerzeig auf die Kämpfe des Ersten Weltkrieges. Die territorialen Interessen der jungen Balkanstaaten Serbien, Montenegro, Albanien, Griechenland und vor allem Bulgarien waren nach dem Berliner Kongress 1878 nicht befriedigt und alle drängten auf eine Änderung des etablierten Status quo. Dabei profitierten sie von einer vorübergehenden inneren Schwächung des Osmanischen Reiches, die rasch von anderen europäischen Mächten ausgenutzt wurde. Um einen weiteren Verfall des Reiches aufzuhalten, rebellierten 1908 die Jungtürken und ersetzten Sultan Abdülhamid durch Mehmed V. Österreich nutzte die Krise, um das bereits besetzte Bosnien-Herzegowina endgültig zu annektieren, was einen eindeutigen Verstoß gegen das Abkommen des Berliner Kongresses bedeutete, aber auch eine klare Provokation Serbiens darstellte. Die hieraus entstehende internationale Krise eskalierte jedoch nicht gewaltsam, da Russland im Zuge des Krieges mit Japan noch immer zu geschwächt war und Deutschland sich klar hinter seinen Zweibundpartner stellte. Die Bosnienkrise lieferte somit einen gefährlichen Vergleichsrahmen für die sechs Jahre später entstehende Julikrise. Bulgarien nutzte die Krise ebenfalls, um seine vollständige Unabhängigkeit zu proklamieren.

1911 ergriff Italien die Chance, die osmanischen Besitzungen in Nordafrika anzugreifen. Truppen landeten in Libyen und annektierten die Provinz am 5. November. Der Krieg gegen das Osmanische Reich ging jedoch weiter. Italienische Marineeinheiten griffen Anfang Januar 1912 erfolgreich türkische Schiffe im Roten Meer und im östlichen Mittelmeer an. Ende April sperrten sie die Dardanellen und beschossen türkische Küstenbatterien und im Mai wurde ein Großteil der Dodekanes, einschließlich Rhodos, besetzt. Am 18. Oktober 1912 unterzeichnete Konstantinopel einen Frieden, in dem die italienische Annektierung Libyens anerkannt wurde. Die von den Italienern besetzten ägäischen Inseln wurden zurückgegeben. Die Türken willigten in den Frieden ein, da sich mittlerweile auf dem Balkan eine wesentlich bedrohlichere Lage herauszukristallisieren begann.

Die slavischen Balkanstaaten und Griechenland hatten sich in einer als „Balkanbund“ bezeichneten Bündniskonstellation zusammengefunden, bei der es sich tatsächlich um eine Reihe meist bilateraler Verträge und mündlicher Garantien handelte. Das Kernstück war ein Bündnis zwischen Bulgarien und Serbien, in dem beide sich auch auf eine Aufteilung des noch zum Osmanischen Reich gehörenden Mazedonien einigten. Bulgarien schloss ein weiteres Bündnis mit Griechenland und Montenegro, welches wiederum ein Bündnis mit Serbien schloss. Griechenland seinerseits traf mündliche Vereinbarungen mit Montenegro und Serbien.

Inzwischen hatten die militärischen Rückschläge gegen Italien die jungtürkische Regierung zu Fall gebracht. Bulgarien forderte nun von Konstantinopel die Anerkennung des autonomen Status von Makedonien, in der Hoffnung, dieses werde sich einem großbulgarischen Reich anschließen. Der Krieg begann am 8. Oktober mit einem montenegrinischen Angriff auf osmanische Grenzstellungen.

Der Feldzug

Als militärisch stärkster der drei Balkanstaaten stellte Bulgarien drei Armeen auf. Die erste sollte mit drei Divisionen zum Thundza-Fluss vorstoßen, die zweite mit zwei Divisionen und einer Brigade die bedeutende Festung Adrianopel einnehmen. Die dritte Armee mit drei Divisionen bildete die operative Reserve. Es zeichnete sich allerdings schnell ab, dass diese die erste Armee gegen die osmanische Ostarmee verstärken sollte. Am 24. Oktober wurden die Osmanen bei Kirk Kilisse geschlagen und nach Osten abgedrängt. Adrianopel war nun abgeschnitten.

Die 1. und 3. bulgarische Armee setzten den Osmanen nicht energisch genug nach, sodass diese zwischen Lüleburgaz und Bunar Hisar eine neue Auffangstellung bilden konnten. Unter dem neuen Oberbefehlshaber Abdullah Pascha verstärkten die Osmanen ihre Truppen auf 130.000 Mann, während die beiden bulgarischen Armeen 108.000 ins Feld führen konnten. General Radko Dimitriev drängte sein Oberkommando auf eine schnelle Verfolgung und einen erneuten Angriff. Doch dieses zögerte in Anbetracht der zahlenmäßigen Überlegenheit des Gegners. Dimitriev hatte daher zunächst allein die Verfolgung aufgenommen, weswegen seine 3. Armee der 1. enteilt war. Die Osmanen hatten ihre Ost- oder Thrakische Armee neu organisiert und ihrerseits in zwei Armeen geteilt, die 1. bei Lüleburgaz mit dem 1. und 4. Korps und die 2. mit drei Korps bei Buni Hisar. Am 28. Oktober, vier Tage nach Kirk Kilisse, trafen die Spitzen der 3. Bulgarischen Armee unter Dimitriev vor diesen Stellungen ein.

Die beteiligten Armeen

Von allen beteiligten Armeen des Balkankrieges galt die bulgarische als die modernste und am besten ausgebildete. Mit 350.000 Mann war es die stärkste der Balkanstaaten. Die Artillerie war effizient und die Infanterie vertraute nach französischem Vorbild auf Angriffe mit dem Bajonett, die vor allem in der Morgen- oder Abenddämmerung vorgetragen wurden. Die Bewaffnung der Infanterie bestand überwiegend aus österreichischen Mannlicher-Gewehren, die der Artillerie aus französischen 75mm Schneider-Creusot Schnellfeuergeschützen. Jede Infanteriedivision verfügte über ein Artillerieregiment mit neun Batterien zu je vier Geschützen sowie vier MG-Sektionen mit jeweils vier Maschinengewehren.

Auch die osmanischen Truppen hatten im ausgehenden 19. und zu Beginn des 20. Jahrhunderts wiederholt ihre Kampfkraft an den Tag gelegt und unter anderem 1897 die Griechen schwer geschlagen. Zwei wesentliche Probleme beeinträchtigten das militärische Potential des Reiches. Zum einen erlebte der Nahe Osten keine Bevölkerungsexplosion wie Europa, weswegen das Land seine demografische Überlegenheit einbüßte. Zum anderen machte der Nationalismus auch vor dem Osmanischen Reich nicht halt. Daher wurden bevorzugt „Nationaltürken“ für die Armee rekrutiert, während das Potential von Nichttürken, die über Jahrhunderte wichtige Hilfstruppen für die Armee gestellt hatten, ungenutzt blieb. Die Moral der Truppen wurde jedoch selbst von bulgarischen Offizieren als gut eingeschätzt. Zur Ausbildung der Armee befand sich seit 1882 eine deutsche Militärmission unter Oberst Colmar Freiherr von der Goltz im Land. Auch in Bezug auf ihre Ausrüstung vertrauten die Türken auf deutsche Krupp-Kanonen und Mausergewehre.

Die Schlacht

Dimitriev plante, die osmanischen Stellungen frontal mit seiner frischen 3. Armee anzugreifen, während die 1. die türkische linke Flanke umgehen sollte. Die Kavallerie hatte die rechte Flanke zu sichern. Am 29. Oktober griff die 3. Armee auf breiter Front bei Lüleburgaz und Buni Hisar an. Aufgrund des regnerischen Wetters traf die 1. Armee jedoch erst am folgenden Tag auf dem Schlachtfeld ein. Im effizienten Feuer der türkischen Artillerie nahmen die Bulgaren schwere Verluste hin und wurden am 30. Oktober zunächst zurückgewiesen. Allerdings ging die türkische Munition rasch zur Neige und konnte aufgrund logistischer Probleme nicht schnell genug aufgefüllt werden – ein typisches Problem, sobald moderne Schnellfeuerwaffen auf veraltete logistische Systeme trafen.

Dimitriev gruppierte seine Truppen um und erneuerte seinen Angriff mit allen Kräften, ohne Reserven zurückzubehalten. Diesmal versuchte er, den rechten osmanischen Flügel zu umgehen und die Thrakische Armee von ihrem Rückzug nach Konstantinopel abzuschneiden. Die Bulgaren konzentrierten ihre Angriffe auf die Nacht- und frühen Morgenstunden, wobei sie effektiven Gebrauch von Suchscheinwerfern und Bajonettattacken machten. Am 31. Oktober brach die 1. Armee in die linke Flanke der Osmanen ein. Gleichzeitig wurde das türkische Zentrum durchstoßen und die gegnerische Armee in zwei Teile gespalten, die sich beide am 2. November ungeordnet zurückzogen. Der größte Kritikpunkt, der von westlichen Beobachtern später vorgebracht werden sollte, bestand darin, dass die Bulgaren in dieser letzten Phase ihre Kavallerie nicht einsetzten, um den Türken noch größere Verluste zuzufügen.

Bedeutung

Die Osmanen konnten zwanzig Kilometer vor der Hauptstadt bei Catalca eine letzte Verteidigungsstellung aufbauen, die die bisher geschickt gegen die Flanken ihrer Gegner operierenden Bulgaren nicht mehr umgehen konnten. Obwohl die Bulgaren unter logistischen Problemen litten, ihre Truppen noch nicht vollständig vor den türkischen Stellungen aufmarschiert waren und eine Typhusepidemie in ihren Reihen ausbrach, entschlossen sie sich dazu, die tief gestaffelte türkische Linie anzugreifen. Dieses Mal erwies sich das Feuer ihrer Artillerie jedoch als ungenügend. Der bulgarische Thrakienfeldzug veranschaulichte aus Sicht vieler westlicher Journalisten und Militärbeobachter die Möglichkeiten moderner Kriegsführung. Kirk Kilisse und Lüleburgaz schienen zu bestätigen, dass eine mobile Operationsführung nach wie vor möglich, dass Kavallerie weiterhin wichtig für die Verfolgung eines Gegners war – was in beiden Schlachten unterlassen worden war – und dass die Schlachten des 20. Jahrhunderts sich in ihrem Verlauf scheinbar immer noch wenig von Austerlitz oder Sedan unterschieden. Der Angriffselan der Bulgaren, der immer wieder gern mit dem der Japaner verglichen wurde, schien die französische Doktrin der „attaque all outrance“ zu bestätigen. Weniger Aufmerksamkeit erhielt dagegen die Schlacht bei Catalca und der Umstand, dass das Kraft-Raum-Verhältnis hier keinen Platz für Flankenmanöver mehr zuließ und stattdessen zu verlustreichen Frontalangriffen zwang, die im Abwehrfeuer der Verteidiger abgeschmettert werden konnten. Zwei Jahre vor Ausbruch des Ersten Weltkriegs schien es, trotz des im Voraus bekannten Mobilisierungspotentials Deutschlands, Frankreichs und Großbritanniens kaum denkbar, dass auch in einem künftigen deutsch-französischen Krieg das Kraft-Raum-Verhältnis zu einer durchgehenden Front zwischen Ärmelkanal und Schweizer Grenze führen wurde, die in viel größerem Maßstab zu einer Wiederholung der Schlacht von Catalca führen würde. Stattdessen gingen deutsche und französische Militärs davon aus, das Kirk Kilisse und Lüleburgaz die Blaupause für ihre eigenen künftigen Schlachten vorgeben würden, was sich 1914 an der Marne oder bei Tannenberg zunächst auch zu bestätigen schien.

Der am 30. Mai 1913 in London unterzeichnete Friedensvertrag beendete den Ersten Balkankrieg. Das Osmanische Reich verzichtete auf all seine europäischen Besitzungen, bis auf einen kleinen Teil Thrakiens und Gallipoli. Albaniens Unabhängigkeit wurde anerkannt, ein serbischer Adriazugang auf Intervention Österreich-Ungarns jedoch verhindert, was die Spannungen zwischen diesen beiden Ländern vergrößerte. Der Frieden führte aber auch zu einer Sprengung des Balkanbundes, da Griechenland und Serbien Kompensation auf Kosten Bulgariens forderten und die griechisch-bulgarischen Differenzen über den Besitz von Saloniki ohnehin nicht beigelegt waren. Auch Rumänien, das sich als die eigentliche regionale slawische Großmacht betrachtete, forderte plötzlich Kompensation für den relativen Bedeutungsgewinn Bulgariens. Konkret ging es um die von beiden Ländern beanspruchte Dobdruscha. Das Osmanische Reich sah in dem Auseinanderbrechen des alten Bündnissystems die Gelegenheit, einen Teil seiner verloren gegangenen Gebiete zurückzuerobern. Der Zweite Balkankrieg (1913) endete schließlich in einer bulgarischen Niederlage.

Die beiden Balkankriege veränderten die geopolitische Lage in Südosteuropa fundamental. Das Osmanische Reich wurde fast vollständig aus Europa verdrängt. Serbien löste Bulgarien als stärksten Staat südlich der Donau ab und wurde nun zum wichtigsten Verbündeten Russlands, da sich Bulgarien enttäuscht von seinem ehemaligen Protektor abwandte. Der starke bulgarische Wunsch nach Revanche bedeutete, dass die Region auch weiterhin instabil bleiben sollte.

Beteiligte Armeen

Bulgarien (Radko Dimitriev)

Stärke: 108.000 Mann, 360 Geschütze

Verluste: 2.534 Tote, 17.268 Verwundete und Vermisste

Osmanisches Reich (Abdullah Pascha)

Stärke: 130.000 Mann, 300 Geschütze

Verluste: ca. 22.000 Tote und Verwundete, 2.800 Gefangene, 50 Geschütze

Celaya, 6. – 15. April 1915

„Sie begannen schnell wie der Blitz und verringerten ganz allmählich ihre Geschwindigkeit, bis sie anhielten. Als dies geschah, betrug die Distanz, die sie von unseren Gräben trennte, 200 bis 300 Meter, also die effektive Reichweite unserer Mauser. Unsere Soldaten feuerten ihre Waffen ab, zielten, während sie eingegraben waren und begannen, sie zu töten, was sie allmählich veranlasste, ihre Pferde, die ein besseres Ziel boten, zu wenden und bald vollständig kehrtzumachen, auf dem Feld eine Vielzahl an Toten zurücklassend, ohne uns mehr als kleinen Schaden zugefügt zu haben.“

General Gabriel Gavira (1867-1956)

Die 1910 ausgebrochene Mexikanische Revolution war einer der verheerendsten Konflikte der lateinamerikanischen Geschichte im 20. Jahrhundert. Unter Präsident Porfirio Díaz hatte Mexiko zwar einen bescheidenen wirtschaftlichen Aufschwung erlebt, der aber vor allem auf Kosten der arbeitenden Landbevölkerung ging. Das Land befand sich in den Händen weniger Großgrundbesitzer, Kapital floss überwiegend an ausländische Investoren ab. Als Díaz 1910 entgegen anders lautender vorheriger Zusagen zur Wiederwahl antrat, kam es im Land zu mehreren Aufständen. Der wichtigsten Bewegung unter dem Haciendero Francisco Madero, der sich für umfassende Landreformen aussprach, gelang es schließlich 1911, Díaz zur stürzen. Als Präsident war Madero jedoch weiterhin auf die Unterstützung der alten Eliten und vor allem der Armee angewiesen, weswegen er seine Reformversprechungen nicht halten konnte. Viele seiner ehemaligen Anhänger, allen voran Francesco „Pancho“ Villa aus der Provinz Chihuahua und Emiliano Zapata aus der Provinz Morelos, wandten sich daraufhin von Madero ab und führten die Revolution fort. Madero wurde 1912 durch einen von General Victoriano Huerta geführten Armeeputsch gestürzt und ermordet. Villa war bereits in Gefangenschaft geraten, konnte aber in die USA fliehen. 1913 kehrte er nach Chihuahua zurück und begann mit der Aufstellung von Truppen, aus denen bald die berühmte División del Norte hervorgehen sollte. Auch andere führende Politiker, wie der Gouverneur von Coahuila Venustiano Carranza lehnten die Huerta-Diktatur ab. Während Zapata in Morelos einen eigenständigen Krieg führte, drangen zwei Revolutionsarmeen unter Villa und Álvaro Obregón langsam auf Mexiko-Stadt vor. Bereits während dieses Feldzuges waren die Spannungen zwischen den Revolutionären unübersehbar. Als die beiden Armeen immer weiter auf Mexiko-Stadt vorrückten, floh Huerta schließlich nach Europa. Sein designierter Nachfolger übergab die Hauptstadt an Obregón, während sowohl Villa als auch Zapata am Einmarsch gehindert wurden, was beide Revolutionsführer nur noch mehr gegen die Gruppe um Carranza einnahm. Die Koalition zerbrach. Carranza und seine Anhänger nahmen für sich in Anspruch, die Verfassung zu verteidigen, Villa und Zapata schlossen sich während der Konvention von Aguascalientes im Oktober 1914 zu einem losen Bund zusammen (Konventionisten). Die konstitutionalistischen Truppen wurden nun von Obregón befehligt, der sich als erstes gegen Villa als seinen gefährlichsten Gegner wandte. Ihre beiden Armeen belauerten sich über mehrere Wochen, bis sich Obregón Anfang April 1915 dazu entschied, Villa bei Celaya, einem kleinen Ort nördlich von Mexiko-Stadt, entgegen zu treten. Die Konstitutionalisten profitierten hierbei von den inneren Linien, die es ihnen erlaubten, Truppen per Bahn vom politischen und wirtschaftlichen Zentrum des Landes an die aufständische Peripherie zu verlegen. Wie schwach das Bündnis zwischen Villa und Zapata war, zeigte sich daran, dass der General aus Morelos seine vorteilhafte Stellung nahe Veracruz nicht ausnutzte, um Obregóns Nachschublinien anzugreifen.

Die beteiligten Armeen

In den zwei Jahren seit ihrem Aufbau 1913 hatte sich Villas División del Norte einen exzellenten Ruf erworben. Es war die Armee des pferdereichen Bundesstaates Chihuahua, weswegen sie auch ausschließlich aus Kavallerie bestand, die Villa ab etwa 1914 durch Batterien aus eroberten Geschützen ergänzte. Infanterie besaß für ihn dagegen taktisch nur eine geringe Bedeutung. Die wenigen Infanterieverbände, über die er verfügte, versuchte er ebenfalls mit Pferden zu versehen, um ihre Mobilität zu erhöhen. Die Elite der Divison del Norte bildete Villas Leibwache, die „Dorados" (die „Goldenen", benannt nach ihren Abzeichen), die schließlich in drei Schwadronen zu je hundert Mann organisiert waren. Jeder Mann verfügte über ein Gewehr, zwei Pistolen und zwei Pferde und sollte in der Lage sein, vom Pferderücken aus gezielte Gewehrschüsse abzugeben.

Beide Armeen waren durchgehend mit Schusswaffen verschiedener Herkunft bewaffnet, deutschen Mausergewehren, amerikanischen Winchester-Repetierern, die sich allerdings im militärischen Einsatz nicht bewehrten, da sie zu schnell überhitzten, und diversen Handfeuerwaffen. Der Geschützpark der verschiedenen revolutionären Armeen bestand überwiegend aus Beutematerial aus Bundesbeständen. So fielen Villa bei der Eroberung von Torreón (1913) große Mengen an Geschützen in die Hände. Die Beschaffung erwies sich als ein Problem, Wartung und Munitionsversorgung als ein noch viel schwierigeres. So ließ Villa zwar eigene Produktionsstätten für Granaten einrichten, bei denen jedoch oft die Zünder versagten. Im Feldzug von 1915 waren die meisten seiner Geschützrohre derartig ausgeleiert, dass selbst bei einer besseren Ausbildung der Mannschaften ein genaues Zielen nur schwer möglich gewesen wäre. Auf jeden Fall bot die mexikanische Artillerie im Bürgerkrieg keinen Vergleich zur europäischen Schießkunst im Ersten Weltkrieg, die intensive Berechnungen auf Basis von Wetterdaten durchführte und dem Geschützverschleiß regelmäßig durch Neukalibrierungen entgegenzuwirken versuchte.

Villas Taktik erwies sich als einfach, aber effektiv. Nachdem die Artillerie durch ein vorbereitendes Bombardement den Gegner erschütterte, sollte die Reiterei den Hauptstoß ausführen. Die Revolutionäre aus Chihuaha profitierten dabei vor allem aus der ineffektiven Defensivdoktrin der Regierungstruppen, die MGs von erhöhten Stellungen anstatt im Flachfeuer einsetzte, und Städte – um die die meisten Schlachten entbrannten – mit zu weit ausgedehnten Sicherungslinien umgaben. Dadurch fehlte es den Verteidigern an der nötigen Feuerkraft und -dichte, um Villas Kavallerieattacken zu stoppen.

Der Aufbau von Obregóns Truppen unterschied sich nicht wesentlich von der der División del Norte. Wie Villa war Obregón ein militärischer Laie. Der Sohn eines Viehzüchters hatte sich jedoch im Laufe der Revolution rasch den Ruf eines fähigen Autodidakten erworben. Anders als der impulsive Villa ging Obregón äußerst systematisch vor. Er hatte bereits die Kämpfe im – immer noch jungen – Ersten Weltkrieg genau studiert und den Wert sorgsam angelegter Grabensysteme erkannt. Unterstützt wurde er in seiner Planung nicht zuletzt durch seinen deutschen Adjutanten Oberst Maximilian Kloss.

Da er das Schlachtfeld ausgesucht und zuerst besetzt hatte, konnte Obregón sich intensiv auf die kommenden Kämpfe vorbereiten. Seine Truppen hoben Schützengräben aus, legten Stacheldrahthindernisse an und bereiteten versteckte Artilleriestellungen vor.

Über die genaue Stärke beider Armeen liegen nur grobe Angaben vor. Obregón verfügte über etwa 6.000 Kavalleristen, 5.000 Infanteristen, 13 Geschütze und 86 Maschinengewehre. Andere Schätzungen geben die Stärke seiner Armee mit bis zu 15.000 Mann an. Villa war deutlich überlegen und verfügte über etwa 22.000 Mann. Sein Plan bestand darin, nach einer kurzen Artillerievorbereitung die gegnerischen Stellungen zu stürmen. Genau das erwartete Obregón von ihm. Er plante, den Angriff mit seiner Infanterie zu stoppen und anschließend mit seiner eigenen Reiterei, die an beiden Flanken und einer Reserveposition aufmarschiert war, einen Gegenschlag zu führen.

Die Schlacht

Obregóns Armee hatte Celaya am 4. April erreicht und umgehend mit der Befestigung des Geländes begonnen. Die División del Norte näherte sich einen Tag später. Villa hielt einen Kriegsrat ab, auf dem ihm Meldungen vorgelegt wurden, dass Obregóns noch unterlegene Truppen regelmäßig aus Veracruz verstärkt wurden, weswegen er nicht auf das Eintreffen seiner Artillerie warten, sondern sofort angreifen wollte.

Am Morgen des 6. April traf Villas Vorhut bei El Guaje auf einen 1.500 Mann starken Verband der Konstitutionalisten, den Obregón hier postiert hatte, um gegen Villas Eisenbahnlinien vorzugehen. Die Villistas griffen an und trieben ihre Gegner rasch nach Celaya zurück. Anschließend nahmen sie die Verfolgung auf und rannten direkt in Obregóns vorbereitete Stellungen hinein, von denen ihnen ein mörderisches Feuer aus Geschützen, MGs und Infanteriewaffen entgegenschlug. Obregón befahl einen sofortigen Gegenangriff seiner Kavallerie von beiden Flanken, doch die Reiter waren zu weit vom Schlachtfeld entfernt. Aber auch Villa setzte seine Kavallerie schlecht ein. Anstatt Obregóns Flanken auszuhebeln, soll er angeblich an beiden Schlachttagen bis zu 40 Sturmangriffe befohlen haben. Die meisten wurden im intensiven Abwehrfeuer abgewiesen. Als die Villistas tatsächlich einmal in die Stellungen der Konstitutionalisten einbrachen, ließ Obregón zum Rückzug blasen. Die Villistas dachten, das Signal gelte für sie und aufgrund ihrer Erschöpfung und horrenden Verluste räumten sie die Stellung.

Obregón befahl nun einen Gegenstoß seiner Infanterie im Zentrum und einen Angriff seiner nördlich aufmarschierten Kavallerie. Diese war jedoch nach zwei Tagen Gewaltmarsch zu erschöpft. Die Infanterie trieb die Villistas in ihre Ausgangsstellungen zurück, von wo diese sich aufgrund von Munitionsmangel bald weiter absetzten.

Celaya hatte der Aura Villas einen schweren Schlag zugefügt. Nach knapp einer Woche griff er Obregón am 13. April ein weiteres Mal bei Celaya an. Wieder stürmte seine Kavallerie gegen die Gräben und wurde mehrfach abgewiesen. Dieses Mal stand Obregóns Kavalleriereserve jedoch parat und führte einen verheerenden Gegenangriff, der die División del Norte beinahe vollständig vernichtete.

Bedeutung

Zwar konnte Villa über den Sommer noch einmal eine beachtliche Streitmacht aufbauen, dennoch gelten die beiden Schlachten von Celaya als sein persönliches Waterloo. Anders als Napoleon setzte er seinen Kampf jedoch bis zuletzt als Guerillaführer fort.

Obregóns Prestige hatte durch den Sieg weiter zugenommen, was ihn bald in Konflikt mit Carranza bringen sollte. Anders als viele Revolutionsführer war sich Obregón jedoch darüber im Klaren, dass die Befriedung des Landes nur auf einem verfassungsmäßigen Weg und unter Ausschaltung von Warlords wie Villa und Zapata erfolgen konnte. 1920 putschte Obregón gegen Carranza, als offenbar wurde, dass dieser einen ihn genehmen Nachfolger zum Präsidenten wählen lassen wollte. Carranza wurde bei seiner Flucht aus Mexiko-Stadt ermordet und Obregón noch im selben Jahr gewählt. Villa ergab sich nun der Regierung, fiel aber 1923 ebenfalls einem Mordanschlag zum Opfer. Im Zuge seiner Präsidentschaft gelang es Obregon, das Land weitgehend zu befrieden.

Die Schlacht von Celaya steht stellvertretend für die vielen Gefechte und Schlachten der Mexikanischen Revolution, die sich erheblich von den Kämpfen an der Westfront des Ersten Weltkrieges unterscheiden. Dies ist nicht immer Ausdruck einer militärischen Rückständigkeit, sondern der Anpassung der Taktik an militärische Ressourcen. Die Schlacht ist auch kein zwingender Beweis für die Obsolenz von Kavallerie im frühen 20. Jahrhundert, wie sie vermeintlich durch die Kämpfe an der europäischen Westfront bestätigt wird. Sie ist vielmehr Beleg eines verfehlten Kavallerieeinsatzes, denn auch ohne moderne Artillerie, Maschinengewehre und Stacheldraht war ein Frontalangriff von Reiterei auf feststehende Infanterie wenig erfolgversprechend. Der Einsatz von Reiterei für einen gezielten Gegenstoß, wie er Obregón in der zweiten Schlacht gelang, ist ausreichender Beleg für ihre anhaltende Bedeutung.

Die beteiligten Armeen

Konstitutionalisten (Álvaro Obregón)

Stärke: ca. 5.000 Mann Infanterie, 6.000 Mann Kavallerie, 13 Geschütze, 86 Maschinengewehre

Verluste: 695 Tote, 641 Verwundete

Konventionisten (Francisco „Pancho“ Villa)

Stärke: ca. 22.000 Mann

Verluste: ca. 6.000 Tote, 5.000 Verwundete, 6.500 Gefangene

Verdun 1916

„Aber ich habe in der gesamten Geschichte nichts gesehen, nichts gelesen, nichts gekannt, was mit der Leistung der Infanteristen hier vergleichbar wäre. Wie winzig ist im Vergleich die Schlacht der Thermophylen! Diese kollektive Beständigkeit, diese für immer zerstörten Nerven, diese Männer, die flach auf dem Bauch liegend in diesem Vulkangebiet durchhalten, dort, wo die meisten deutschen Geschosse landen, die ‚Marmites', die Kleinholz aus ihnen machen werden – es ist unvorstellbar, es ist unbeschreiblich."

Robert Rey, deutscher Artillerist

Zwei Schlachten des Ersten Weltkrieges stehen geradezu symbolhaft für den neuen Typus der Materialschlacht. Beide wurden 1916 ausgefochten, die eine an der Somme, die eine zentrale Rolle in der britischen Memoria spielt, die andere bei Verdun, der Hauptschlacht zwischen Franzosen und Deutschen.

Der schnelle Erfolg Deutschlands über Frankreich, wie ihn der Schlieffenplan gefordert hatte, war 1914 ausgeblieben. Stattdessen hatte die Neutralitätsverletzung Belgiens auch zum englischen Kriegseintritt geführt. Die ersten Kriegswochen waren noch von einer Manöverkriegsführung geprägt gewesen, wie sie die Planer beider Seiten vorhergesehen hatten. Nachdem jedoch der deutsche Umfassungsversuch in der Schlacht an der Marne gescheitert und gegenseitige Flankierungsmanöver in einem „Wettlauf zum Kanal" ausgeartet waren, entstand eine durchgehende Front von der Schweizer Grenze bis zur Nordseeküste, die keiner Armee mehr den notwendigen Raum zum Manövrieren gab. Statt offener Flanken gab es nur noch Front und an dieser gruben sich die Soldaten ein. Vorkriegsplaner hatten, insbesondere in Deutschland, auch mit dieser Variante gerechnet und daher die Zahl schwerer Geschütze im Heer erhöht, um die gegnerische Stellung zu erschüttern und anschließend mit der Infanterie zu durchstoßen. Angesichts rasch effizienter werdender Verteidigungssysteme erwies sich die Umsetzung dieses Konzepts jedoch als schwierig.

Die Deutschen bauten ihr Grabensystem im Laufe des Winters 1914/15 immer weiter aus, wobei sie natürliche Geländehindernisse miteinbezogen. Im Gegensatz dazu folgte die anglo-französische Grabenlinie meist dem Verlauf der gegnerischen Front. Die Alliierten versuchten in einer Reihe von Offensiven, zu einer dynamischen Kriegsführung zurückzukehren oder einen entscheidenden Durchbruch durch die deutschen Linien zu erzielen, die Briten bei Neuve Chapelle und Lois, die Franzosen bei Artois und in der

Champagne. Abgesehen vom vorherrschenden Munitionsmangel war allerdings auch die materielle Ausstattung beider Armeen für das Führen eines Grabenkrieges mangelhaft. Die mehrheitlich verwendeten Geschütze, der britische 18 Pfünder und die französische 75mm Kanone, besaßen zu flache Flugbahnen, um Erdbunker und Gräben wirkungsvoll unter Beschuss zu nehmen, während die Industrie beider Seiten noch nicht auf die Produktion ausreichender Mengen kleiner Mörser, Gewehr- und Handgranaten vorbereitet war. Auf deutscher Seite konnten die alten leichten Feldgeschütze durchaus wirkungsvoll gegen die über das Niemandsland vorrückende feindliche Infanterie eingesetzt werden.

Die Mittelmächte konzentrierten ihr Hauptaugenmerk 1915 auf die Ostfront, wo die russischen Truppen um Warschau durch eine gemeinsame deutsch-österreichische Offensive umfasst werden sollten. Im Zuge dessen gelang den Deutschen in der Schlacht bei Tarnow-Gorlice ein taktisch wichtiger Durchbruch. Die deutsche Artillerievorbereitung war kurz, aber intensiv, mit der größten bis dato verwendeten Geschützkonzentration des Krieges, 334 schweren und 1.272 Feldgeschützen. Nachdem die Artillerie ihren Beschuss ins Hinterland verlegte – wobei sie durch den Einsatz von Flugzeugen unterstützt wurde – ging die Infanterie zum Angriff vor. Der Durchbruch bei Tarnow-Gorlice führte zur Rückeroberung Przemysls und der anschließend Räumung Polens durch die russische Armee, um einer Umklammerung zu entgehen.

Die Erfolge der deutschen Armee im Osten, die mit der Pattsituation im Westen kontrastierten, führten zu einem wachsenden Zerwürfnis zwischen dem Oberbefehlshaber Ost Paul von Hindenburg sowie dessen Stabschef Erich Ludendorff einerseits und dem Leiter der Zweiten Obersten Heeresleitung, Erich von Falkenhayn, andererseits. Während Hindenburg und Ludendorff darauf plädierten, den operativen Schwerpunkt auf den Osten zu verlegen, um Russland aus dem Feld zu schlagen, wollte Falkenhayn weiterhin im Westen offensiv vorgehen. Im Winter 1915/16 konnte sich der Chef der OHL schließlich durchsetzen.

Pläne und Schlachtfeld

Fast einhundert Jahre lang folgte die Forschung der Darstellung in Falkenhayns eigenen Memoiren, wonach er Kaiser Wilhelm II. im Dezember 1915 die später so genannte „Weihnachtsdenkschrift“ vorgelegt habe. Diese sah einen raschen Vorstoß der 5. Armee auf die Festung Verdun vor, die sich in einem Frontvorsprung befand und deren Besitz für die Franzosen derart prestigeträchtig war, dass sie alle Kräfte zu ihrer Rückeroberung aufbieten würden. Diese Gegenangriffe, so Falkenhayn später, wolle er aus der Defensive heraus abwehren und die französische Armee sich auf diese Weise selbst „weißbluten“ lassen.

Diese Darstellung konnte die jüngere Forschung inzwischen gründlich widerlegen. Es finden sich keine Abschriften einer derartigen Denkschrift noch wird ein derartiger Plan in Selbstzeugnissen der Beteiligten diskutiert. Stattdessen war es sehr wohl Falkenhayns Absicht, nach der Einnahme Verduns wieder zum Bewegungskrieg überzugehen und in das französische Hinterland vorzustoßen.

Die Vorrausetzungen für die deutsche Offensive waren günstig, denn die Stadt war von mehreren Höhen umgeben, die die Deutschen bereits besetzt hielten und von wo aus die französischen Kommunikationslinien effizient unter Beschuss genommen werden konnten. Auch waren die deutschen Nachschublinien in diesem Frontabschnitt ausreichend gut ausgebaut, um eine größere Offensive zu unterstützen.

Die Festungswerke von Verdun waren vor dem Krieg massiv ausgebaut worden. Ein Ring von 60 vorgelagerten Forts schützte einen Bogen der Meuse und die Zugänge nach Paris. 1914 hatte die Festung den deutschen Angriffen widerstanden. Allerdings besaß Verdun 1916 bei weitem nicht mehr dieselbe Bedeutung wie vor dem Krieg. Ein Großteil der 4.000 schweren Festungsgeschütze war entfernt und an andere Frontabschnitte abgegeben worden.

Zum Jahreswechsel 1915/16 erhielt der französische Oberbefehlshaber Joseph Joffre beunruhigende Nachrichten über deutsche Truppenkonzentrationen vor Verdun, weswegen er auf Druck des französischen Parlaments General Edouard de Castelnau zur Festung sandte. Castelnau bestätigte die Befürchtungen französischer Offiziere vor Ort, sowohl was die deutschen Konzentrationen anbelangte, als auch die Schwäche der französischen Verteidigungsstellungen.

Die Schlacht

Die aufgrund des schlechten Wetters auf den 21. Februar verlegte Offensive wurde durch den Beschuss aus 1.220 Geschützen – der bisher größten Artilleriekonzentration an der Westfront – eingeleitet. Zwei Millionen Granaten wurden verfeuert, davon allein 120.000 auf das taktisch wichtige Fort Douaumont. Anschließend rückte die deutsche Infanterie mit sechs Divisionen östlich der Meuse vor. An der Spitze der Verbände befanden sich bereits die ersten Sturmbataillone, die mit Extramunition und Handgranaten ausgestattet waren, um in gegnerische Verteidigungsstellungen einzubrechen. Unter großen Verlusten gelang bis zum 25. Februar die Einnahme des weitgehend geräumten Forts Douaumont. Einen Tag später übernahm Philippe Pétain den Befehl über die französischen Truppen. Pétain erkannte die Notwendigkeit gesicherten Nachschubs, um den in seinen Flanken bedrohten Abschnitt zu halten, und des koordinierten Einsatzes der Artillerie, um die deutschen Angriffe zu verlangsamen. Persönlich überwachte er die Aufstellung von Batterien, die auf die von den Deutschen eroberten Stellungen einhämmerten. Da von Verdun aus nur eine einzige Straße zum sicheren Bar le Duc führte, befahl er diese für die Lastwagen freizuhalten. Die Infanterie musste in den Straßengräben marschieren. Eine komplette Division wurde zur Sicherung der bald als voie sacrée bekannten Straße eingesetzt. Blieb ein LKW liegen, wurde er einfach in den Straßengraben geschoben. In ganz Frankreich wurden Fahrzeuge zusammengekratzt. Brachten zu Beginn der Schlacht etwa 3.500 LKW die täglich benötigten 2.000 Tonnen Nachschub in die Festung, so waren es bald 12.000. Auf diese Weise konnten auch die arg beanspruchten Divisionen im Rhythmus von 10 bis 14 Tagen abgelöst werden. Die Franzosen bezeichneten diesen regelmäßigen Zu- und Abfluss von Kampfverbänden als Noria-System, die deutschen als Pater Noster.

Die für den Angriff eingeteilte 5. Armee erwies sich derweil als zu schwach und der Angriffsabschnitt als zu schmal, sodass die deutschen Truppen unter französisches Flankenfeuer gerieten. Anstatt eines schnellen Vorstoßes in die Tiefe, mussten die Deutschen einzelne Stellungen unter großem Materialaufwand und horrenden Verlusten stürmen. Schließlich beschloss Falkenhayn, auch auf dem Westufer der Meuse aktiv zu werden und den Höhenzug Morte Homme (Toter Mann) zu nehmen, was bis Mitte März gelang.

Im April gingen die Franzosen jedoch sukzessive zur Gegenoffensive über. Sie profitierten dabei von den im Sommer vorgetragenen Offensiven an der Somme und der Ostfront (Brussilow-Offensive), die weitere deutsche Kräfte banden und zur Einstellung der Offensive bei Verdun führten.

Stattdessen begannen die Franzosen mit der langsamen Rückeroberung des verlorenen Geländes. Hierbei spielte eine effektive Koordinierung von Artillerie und Infanterie eine wichtige Rolle. Die französische Infanterie rückte in weniger als hundert Meter Abstand hinter den Einschlägen der Artillerie vor, was es den Deutschen nicht erlaubte, ihre Verteidigungsstellungen rechtzeitig wieder zu besetzen. Am 24. Oktober nahmen die Franzosen Douaumont und Anfang November hatten die Frontlinien wieder nahezu ihre Ausgangsstellungen erreicht. Im Dezember wurden die Kämpfe endgültig eingestellt.

Bedeutung

Die Verluste der Schlacht waren gewaltig. Schätzungen gehen von 61.000 Toten, 101.000 Vermissten und 216.000 Verwundeten auf Seiten der Franzosen und 142.000 Toten und Vermissten sowie 187.000 Verwundeten auf deutscher Seite aus. Dabei gilt es aber zu bedenken, dass die Gesamtverluste beider Seiten – also auch einschließlich aller anderen Frontabschnitte – 1916 geringer waren als 1914, was die Effizienz der Verteidigungsmaßnahmen verdeutlicht.

Zu diesem Zeitpunkt hatte bereits der zweite und letzte Wechsel in der deutschen OHL stattgefunden. Hierzu trugen neben dem Scheitern der Verdun- vor allem die Anfangserfolge der Brussilow-Offensive im Osten bei. Sie spaltete die deutsche politisch-militärische Führung und war letztlich mitverantwortlich für Falkenhayns Entlassung. Hatte dieser in seiner Position als Chef der OHL dafür plädiert, die russischen Angriffe weitestgehend zu ignorieren und sich auf die eigenen Operationen an der Westfront zu konzentrieren, so untergrub die Entscheidung des Dreigestirns Bethmann-Hollweg – Hindenburg – Ludendorff nicht nur seine Autorität, sondern unterminierte seine strategische Planung.

1917 sollte die deutsche Armee daher im Westen eine operativ wichtige Frontbegradigung durchführen und erneut an der Ostfront aktiv werden, wo letztlich die Ausschaltung Russlands und die Beendigung des Zweifrontenkrieges gelang. Dadurch wurden für das Frühjahr 1918 neue Kräfte im Westen frei, die jedoch in einer Reihe wenig zielgerichteter Operationen verheizt wurden, ehe die Westalliierten, zu denen jetzt auch die Amerikaner gehörten, ihrerseits zur Hundert-Tage-Offensive übergingen. Materielle Überlegenheit, aber auch deren effiziente Anwendung an der Front brachten den Alliierten den Sieg. Dabei wird rückblickend die Wirkung neuer Waffen wie beispielsweise dem Flugzeug und dem Panzer zugunsten koordinierter Artillerie- und Infanterieangriffe, wie sie die französische Armee in der zweiten Phase der Schlacht von Verdun angewendet hatte, unterschätzt. Insbesondere die britische Armee beherrschte dieses planvolle Vorgehen.

Das Schlachtfeld von Verdun bildet nach wie vor einen zentralen Ort in der Erinnerungskultur des Ersten Weltkrieges, allerdings mehr für die französische, als die deutsche Seite. Noch immer ist die Stadt vom Gürtel der alten Sperrforts umgeben. Einige wurden mittlerweile wieder von der Natur zurückerobert. Schlüsselstellungen wie Fort Douaumont werden dagegen gut gepflegt und sind der Öffentlichkeit nach wie vor zugänglich. 1932 wurde das auf Initiative des Bischofs von Verdun errichtete Beinhaus von Douaumont nach zwölf Jahren Bauzeit feierlich eingeweiht. Das Monument besteht aus einer 137 m langen tonnenförmigen Krypta und einem 47 m hohen Glockenturm. Dieser ist in 22 Abteilungen mit 46 Gräbern geteilt, in denen die Gebeine von Gefallen aus allen Gefechtsabschnitten der Schlacht beigesetzt sind. Auf dem vor dem Beinhaus angelegten Friedhof sind 15.000 französische Soldaten beigesetzt. Jedes Grab wird durch ein eigenes weißes Kreuz markiert. In den Kellergewölben des Beinhauses liegen die unidentifizierten Überreste von weiteren schätzungsweise 130.000 Gefallenen. Hier reichten sich 1963 der französische Präsident Charles de Gaulle und der deutsche Bundeskanzler Konrad Adenauer feierlich die Hand als Zeichen dafür, dass die „Erbfeindschaft“ überwunden sei, eine Geste, die 1984 von Francois Mitterand und Helmuth Kohl wiederholt wurde.

Die beteiligten Armeen

Frankreich (Henri Philippe Pétain)

Stärke: Heeresgruppe Mitte, 75 verschiedene Divisionen, 500.000 Mann, bis zu 1.300 Geschütze

Verluste: 61.000 Tote, 101.000 Vermisste, 216.000 Verwundete

Deutsches Reich (Kronprinz Wilhelm)

Stärke: 5. Armee, 50 verschiedene Divisionen, 1.200.000 Mann, ca. 1.300 Geschütze

Verluste: 142.000 Tote und Vermisste, 187.000 Verwundete

Shanghai, 13. August 1937 – 26. November 1937

„Man sollte verstehen, dass Armee und Marine des Feindes in enger Zusammenarbeit agieren. Auch wenn seine landgestützte Artillerie noch immer schwach ist, wird dies durch die starke Marineartillerie und schiffgestützte Flugzeuge kompensiert."

General Alexander von Falkenhausen an Chiang Kai-shek, August 1937

Am 25. Dezember 1926 wurde Hirohito neuer Tennō von Japan. Unter ihm begann die Shōwa-Periode, die als Hochphase des japanischen Imperialismus gilt. Dieser reflektierte dabei Grundideen, die auch das wilhelminische Deutschland zum Aufbau eines Kolonialreiches bewogen hatten. Kolonien sollten als Absatzmärkte für heimische Industrieprodukte dienen und diese gleichzeitig mit Rohstoffen versorgen. Auf letztere war Japan in erheblichem Maße angewiesen, da es dem Land an vielen Ressourcen für moderne Industrien, vor allem Metalle, Kohle und Öl, fehlte.

Außenpolitisch trat der Gegensatz zu China immer stärker zu Tage, das seit der Revolution 1910 innenpolitisch destabilisiert war. Unter den verschiedenen Warlords gewann Chiang Kai-shek zunehmend an Einfluss, während die Kommunistische Partei Chinas eine schwache, aber dennoch nicht zu unterschätzende Rolle in dem Konflikt spielte. 1927 führte Kai-shek seine Guomindang aus ihrer Machtbasis in Südchina nach Norden in die Provinz Jinan und nach Peking. Japan intervenierte und besetzte Jinan. In dieser Phase zeigte sich die starke Rolle der japanischen Armeeführung auch als politischer Korpus.

Im Zuge der Weltwirtschaftskrise, die Japan heftig traf, gewannen politische Hardliner, nicht zuletzt innerhalb der Armee, immer stärker an Einfluss. Gleichzeitig bildeten sich Geheimbünde, die Mordanschläge gegen gemäßigte Politiker unternahmen und die fragile Demokratie weiter aushöhlen. Eine dieser Gruppen inszenierte 1931 einen Anschlag auf die südmandschurische Eisenbahn, den sogenannten Mukden-Zwischenfall, der erfolgreich den Chinesen zugeschoben werden konnte. Japan verstärkte daraufhin seine militärische Präsenz auf dem Kontinent, was zur Mandschurei-Krise führte. Da China immer noch im Bürgerkrieg versunken war, konnte die japanische Kwangtung-Armee ohne größere Schwierigkeiten die verbliebene Mandschurei besetzen, wo der Marionettenstaat Mandschukuo entstand, als dessen Herrscher die Japaner den letzten chinesischen Kaiser Puyi einsetzten. Der Besitz der Mandschurei war für Japan von enormer Bedeutung. Das

Land war reich an Kohle und Erzen. Innerhalb kurzer Zeit bauten die Japaner eine Reihe industrieller Betriebe auf, die vor allem Waffen und Munition für die Armee produzierten. Diese Anlagen wurden meist direkt von der Kwangtungarmee betrieben und standen außerhalb jeglicher zivilen Kontrolle.

Ermittlungen des Völkerbundes führten 1933 zum Austritt Japans. Zwar wurde Mandschukuo von keiner größeren Nation der Welt anerkannt, dennoch offenbarte dieser Vorfall vor allem die Schwäche des Völkerbundes, dem jegliche Sanktionsmöglichkeiten gegenüber den Japanern fehlte. China belegte jedoch japanische Waren erneut mit einem Boykott, was zu einem massiven Rückgang der japanischen Exporte führte und das Land wirtschaftlich weiter unter Druck setzte.

Die japanische Armeeführung beäugte sowohl die in den dreißiger Jahren einsetzende Verstärkung der Roten Armee als auch die Festigung des Guomindang Regimes in China mit Argwohn. Die Heeresleitung sah sich, ähnlich wie Deutschland vor dem Ersten Weltkrieg, von einer Welt von Feinden umgeben und rechnete jederzeit mit der Möglichkeit eines offenen Krieges mit China, der Sowjetunion oder den USA. Keiner der Hardliner erkannte, dass es Japans aggressives Auftreten selbst war, welches diese Ängste jederzeit zur selbsterfüllenden Prophezeiung werden lassen konnte. Die aggressive Haltung fand breite Unterstützung in einer überwiegend noch bäuerlich geprägten Gesellschaft, die sich mit imperialistischen Missions- und Missionierungskonzepten von Teilen der gesellschaftlichen Elite verband, die wiederum eng mit einem radikalen Shintō-Ultranationalismus verflochten war.

In der politischen Realität zeigte sich Kai-shek allerdings durchaus kompromissbereit gegenüber den Japanern. Er brauchte äußeren Frieden, um seine Stellung in China weiter abzusichern, insbesondere da in den dreißiger Jahren die chinesische kommunistische Partei langsam, aber spürbar an Stärke gewann.

Am 7. Juli 1937 kam es an der Marco Polo Brücke nahe Peking zu einem Feuergefecht zwischen japanischen Soldaten und Verbänden der chinesischen Nationalarmee, deren Ursachen nie aufgeklärt wurden. Eine mögliche Erklärung besteht darin, dass der Vorfall ähnlich wie der Mukden-Zwischenfall von Offizieren der Kwantung-Armee selbst inszeniert wurde. In diesem Fall wäre die Verschwörung wohl aber von einer kleinen und isolierten Gruppe ausgegangen. Denn während die Armeeführung zwar bereit war, den Vorfall als Provokation zu nutzen, kam ihr der Zeitpunkt ungelegen, denn statt einer Intervention in China bereitete man sich 1937 auf einen möglichen Konflikt mit der kommunistischen Sowjetunion vor.

Mit dem Ausbruch des Zweiten Sino-Japanischen Krieges kam es auch umgehend zu Kampfhandlungen in Shanghai. Hier hatten die Japaner in Folge der Mandschurei-Krise eine eigene Garnison stationiert, die am 9. August in ein Feuergefecht mit chinesischen Truppen verwickelt wurde, wobei ein japanischer Leutnant ums Leben kam.

Die beteiligten Armeen

Die chinesischen Truppen waren der 4.000 Mann starken japanischen Garnison deutlich überlegen. Hierzu zählte die 88. Division, die mit deutschen Uniformen und Waffen ausgerüstet war. 1933 diente der ehemalige Reichswehrchef Hans von Seeckt als Kai-sheks militärischer Berater, dem 1934 General Alexander von Falkenhausen folgte. Dieser setzte sich für die Aufstellung nationalchinesischer Verbände nach deutschem Vorbild ein und übernahm ab September 1937 auch die Führung der chinesischen Streitkräfte. Die chinesische Infanterie war vergleichsweise gut ausgerüstet und ausgebildet, allerdings fehlte es für eine moderne Kriegsführung an militärischem Großgerät wie Artillerie, Flugzeugen und Panzern.

Japan war dagegen seit dem Russisch-Japanischen Krieg weitgehend militärisch autark und stellte Waffen und Großgerät für den eigenen Bedarf selbst her. Die Erfolge gegen Russland, Deutschland im Ersten Weltkrieg und China 1931/32 verdeckten jedoch vielfach, dass Japan das wirtschaftliche Potential für eine lange Kriegsführung oder zur Ausrüstung der dafür notwendigen Truppen fehlte. Erst 1936 war ein Plan für eine mittelfristige Vergrößerung des Heeres auf 55 Divisionen vorgelegt worden, die 1937 aber noch keineswegs abgeschlossen war. Tatsächlich umfasste das Heer in diesem Jahr gerade einmal 17 Divisionen und vier Panzerregimenter. Im Verlauf des Krieges wurde die Aufrüstung enorm vorangetrieben und so kamen schließlich allein bei Shanghai neun Divisionen, 500 Flugzeuge und 300 Panzer zum Einsatz. Im Zuge der Reform wurden die japanischen Divisionen neu strukturiert und umfassten statt zwei nur noch eine Infanteriebrigade zuzüglich Spezialabteilungen, schwerer Artillerie und eigener logistischer Abteilungen, wodurch sie besser an die Herausforderungen moderner Kriegsführung – einschließlich urbaner Kämpfe – angepasst waren. Chinesische Divisionen waren nach deutschem Vorbild ähnlich aufgebaut.

Die Schlacht

Am 13. August 1937 drangen japanische Truppen über die Bazi-Brücke ins Zentrum von Shanghai vor, wobei sie durch das Feuer japanischer Schiffe auf dem Jangtse unterstützt wurden. Am nächsten Tag trugen chinesische Streitkräfte unter General Zhang Zhizhong einen Gegenangriff vor, um die Japaner über den Huangpu zurückzutreiben, der die Halbinsel, auf der Shanghai lag, teilte. Ihre 150mm Haubitzen waren jedoch nicht in der Lage, die japanischen Bunkerstellungen zu zerstören, während die Infanterie massive Verluste hinnahm. Die Chinesen beschlossen daraufhin, die japanischen Stützpunkte zu umgehen und einzukreisen, was zunächst erfolgreich war, bis die Japaner sich entschieden, Panzergegenstöße entlang der breiteren Hauptstraßen durchzuführen. Massierte chinesische Angriffe, die ihrerseits mit Panzern vorgetragen wurden, drangen schließlich bis zu den Hueishan-Docks vor. Erneut erlitten die Chinesen schwere Verluste, weil die Angriffe der Infanterie und der Einsatz der Panzer schlecht koordiniert waren. Auch der Einsatz von Selbstmordbombern wurde beobachtet.

Am 22. August landeten die Japaner frische Divisionen im Nordosten Shanghais an und zwangen die Chinesen so zu einer Umgruppierung ihrer Kräfte. Die japanischen Truppen wurden inzwischen in einer Expeditionsarmee unter General Iwane Matsui zusammengefasst. Noch während die Kämpfe um Shanghai andauerten, begannen die Japaner von neu errichteten Flugplätzen rings um die Stadt eine Bombenoffensive gegen zentralchinesische Städte wie Nanjing.

Ende August landeten die Japaner immer mehr Verstärkungen in und um Shanghai an und begannen, die Chinesen sukzessive aus der Stadt zurückzudrängen. Die Kämpfe verliefen zunächst äußerst wechselhaft. Konnten die Japaner am Tag dank massiver Luft- und Seeunterstützung Geländegewinne erzielen, mussten diese oftmals in der Nacht angesichts energischer chinesischer Infanterieangriffe wieder preisgegeben werden. Anfang September eroberten die Japaner die wichtige Küstenstadt Baoshan im Nordosten Shanghais, die zuvor von ihrer Artillerie eingeebnet worden war. Lediglich ein Soldat des hier stationierten chinesischen Bataillons überlebte die mörderischen Kämpfe.

Die Chinesen zogen sich daraufhin in das weiter landeinwärts gelegene Transportzentrum Luodian zurück. Hier konzentrierten sie auf Empfehlung Falkenhausens, der die strategische Bedeutung des Ortes erkannte, 300.000 Soldaten. Die Japaner griffen mit etwa 100.000 Mann an, profitierten aber von überlegener Feuerunterstützung, sodass Luodian nach dreiwöchigen Kämpfen am 30. September fiel.

Die Japaner rückten anschließend nach Süden auf Dachang vor, um die verbliebenen Verteidiger in Shanghai abzuschneiden. Mitte Oktober trafen frische chinesische Truppen vor Shanghai ein und trugen eine Gegenoffensive vor, um die Lage bei Dachang zu stabilisieren. Diese war jedoch schlecht koordiniert und scheiterte in Anbetracht japanischer Feuerüberlegenheit. Die Überreste von Dachang fielen am 25. Oktober in japanische Hände, woraufhin die Chinesen sich sukzessive aus Shanghai zurückziehen mussten.

Hierbei kam es zu heftigen Kämpfen um das massiv gebaute Sihang-Warenhaus, das von einem chinesischen Bataillon sieben Tage lang gegen heftige japanische Angriffe verteidigt wurde. Derweil hatten die Japaner frische Truppen bei Jinshanwei südlich von Shanghai angelandet und drohten nun, die Verteidiger von zwei Seiten einzukreisen. Während große Teile der japanischen Armee bereits auf Nanjing vorstießen, säuberten die verbliebenen Verbände Shanghai bis zum 27. November vom letzten chinesischen Widerstand.

Bedeutung

Die Eroberung von Shanghai sicherte den Japanern eine wichtige Operationsbasis, von wo aus sie entlang des Jangtse ins Landesinnere vorstoßen konnten. Noch im selben Jahr eroberten sie die alte chinesische Hauptstadt Nanjing, wo es zu einem Massaker an der Zivilbevölkerung kam, das je nach Schätzung bis zu 300.000 Opfer forderte.

Die Schlacht um Shanghai verdeutlicht die Veränderungen urbaner Kriegsführung im 20. Jahrhundert. Bis dahin stellte ein Kampf um eine Stadt vor allem ein Kampf vor den Stadtbefestigungen dar, der höchstens nach deren Fall in Plünderungen und Massakern endete. Moderne Artillerie und Flugzeuge hatten derartige Befestigungen jedoch obsolet werden lassen. Stattdessen wurde der urbane Raum selbst immer öfter zur Kampfzone, in der auch technisch unterlegene Verteidiger einen Angreifer lange Zeit mit relativ einfachen Mitteln aufhalten konnten, wie es am Beispiel des Sihang-Warenhauses deutlich wurde. Shanghai wurde daher oft als „Stalingrad des Ostens“ bezeichnet. Beide Schlachten sind insofern vergleichbar, als sie sich in zwei Segmente teilen lassen: den Kampf um das eigentliche Stadtgebiet sowie die Operationen an der städtischen Peripherie, die schließlich eine Partei von ihren Verbindungswegen abschneiden sollten.

Die chinesische Erinnerung um die Schlacht bei Shanghai ist gespalten, nicht zuletzt, weil die Verteidiger Nationalisten und keine Kommunisten waren. Allein drei Filme wurden bisher über die Kämpfe um das Sihang-Warenhaus gedreht, welches noch heute als Erinnerungsort erhalten ist. Der erste erschien bereits am 2. April 1938, der zweite 1976 im nationalistischen Taiwan und der letzte 2020 nach einigen Kontroversen, da China die Großproduktion im letzten Moment zurückziehen wollte, weil die Regierung Nationalisten nicht als Verteidiger des Vaterlandes porträtieren wollte. Die darüber in China entbrennende akademische Debatte verdeutlicht, wie sehr Erinnerungskultur und Geschichte in vielen Ländern der Welt aktiv geformt werden.

Beteiligte Streitkräfte

Japan (Iwane Matsui)

Stärke: 9 Divisionen, 1 Brigade, ca. 300.000 Mann, 500 Flugzeuge, 300 Panzer

Verluste: ca. 18.000 Tote, 40.000 Verwundete, 40.000 Kranke

China (Chiang Kai-shek)

Stärke: 70 Divisionen, 7 unabhängige Brigaden, ca. 750.000 Mann, 180 Flugzeuge, 40 Panzer

Verluste: 187.200 Tote, 83.500 Verwundete

Luftschlacht um England, Herbst 1941

> *„Was General Weygand die Schlacht um Frankreich nannte, ist vorbei. Ich erwarte, dass die Schlacht um England dabei ist, zu beginnen. Von dieser Schlacht hängt das Überleben der christlichen Zivilisation ab.* [...] *Die gesamte Wut und Macht des Feindes wird sich sehr bald gegen uns wenden.“*
>
> Winston Churchill

Nach dem Fall Frankreichs war zunächst nicht klar, ob sich Hitler gegen England wenden würde. Tatsächlich hatte der „Führer“ seinen Fokus bereits auf sein Hauptziel, den möglichen Angriff auf die Sowjetunion, gerichtet, da viele deutsche Planer davon ausgingen, England werde einen Kompromissfrieden eingehen. Teile des britischen Kabinetts um den neu ernannten Premierminister Winston Churchill waren für eine solche Lösung durchaus offen.

Am 30. Juni legte Alfred Jodl einen Plan vor, wie Deutschland den militärischen Druck auf Großbritannien schnell erhöhen könnte. Dieser sah verstärkte Angriffe auf Flugplätze in Südengland vor. Die Luftwaffe sollte die Lufthoheit über dem Kanal erringen, um eine Invasion zu ermöglichen oder zumindest anzudrohen. Der Hauptfokus lag jedoch auf Angriffen auf britische Konvois. Die deutschen Stäbe wussten um die Importabhängigkeit Englands und hofften, das Inselkönigreich so von seiner Zufuhr an Rohstoffen und Lebensmitteln abzuschneiden. Jodls Eingabe folgte am 16. Juli die Führerdirektive 16, die für Mitte August eine potentielle Landung in England anvisierte. Dabei handelte es sich um ein phantastisches und unrealistisches Vorhaben, vor allem, da es der Wehrmacht an den notwendigen Landungsbooten fehlte.

Seit dem 4. Juli konzentrierte sich die Luftwaffe auf den sogenannten „Kanalkampf“. Auf die Konvoibekämpfung war sie jedoch nur unzureichend vorbereitet. Ihren Flugzeugen fehlte es an Abwurfvorrichtungen für Torpedos. Diese konnten zwar schrittweise nachgerüstet werden, allerdings besaßen die Bomberpiloten keine Ausbildung im Einsatz dieser Waffe. Nur die Stukas bewährten sich. Die Verluste der britischen Handelsmarine stiegen schließlich derart dramatisch an, dass Konvois direkt in die westenglischen und walisischen Häfen umgeleitet wurden.

Neben den Konvois begann die Luftwaffe auch britische Hafenstädte und vereinzelt Ziele im britischen Hinterland anzugreifen, um die Stärke der gegnerischen Luftabwehr zu testen. Der dabei angerichtete Schaden war jedoch gering, während das Fighter Command in diesen Tagen die Gelegenheit erhielt, seine Taktik zu verbessern. „Adlertag“, der Beginn der allgemeinen deutschen Luftoffensive, wurde schließlich auf den 13. August festgelegt.

Die beteiligten Streitkräfte

Für einen Angriff auf England war die Luftwaffe nicht optimal vorbereitet. Im Zuge der deutschen Wiederaufrüstung war sie Mitte der dreißiger Jahre in großer Eile aufgebaut worden. Dabei wurde der Fokus rasch auf Quantität statt Qualität gelegt. Zwar verfügte sie mit der Me109 über einen der besten einsitzigen Jäger ihrer Zeit, doch hatte die Maschine eine begrenzte Reichweite, die ihr nur eine kurze Einsatzzeit über der südenglischen Küste erlaubte. Der als Langstreckenjäger konzipierte „Zerstörer“ Me110 erwies sich dagegen im Luftkampf als nicht wendig genug. Der Aufbau einer strategischen Bomberwaffe mit viermotorigen Maschinen war bald zugunsten kostengünstiger und schnell zu produzierender zweimotoriger Maschinen wie der He111, Do17 und Ju88 aufgegeben worden. Zur Zeit ihrer Entwicklung handelte es sich um Bomber, die schnell genug waren, um den meisten Jagdflugzeugen zu entkommen. Doch zu Beginn der 40er Jahre traf dies nicht mehr zu. Zusammen mit dem Sturzkampfbomber Ju87 handelte es sich eher um taktische Bomber, die die Luftwaffe auch bereits mit Erfolg gegen Städte wie Warschau und Rotterdam eingesetzt hatte. Für einen Großangriff auf England waren ihre Gesamtzahl und Bombentraglast zu gering.

Großbritannien hatte sich seit Ende der dreißiger Jahre auf diesen Angriff vorbereitet. Lag der Fokus der Luftrüstung in den zwanziger und frühen dreißiger Jahren auf dem Aufbau einer starken Bomberwaffe, so hatten deutsche Luftangriffe im Spanischen Bürgerkrieg die Furcht vor ähnlichen Vorstößen gegen britische Städte geweckt und zu einer Stärkung des Fighter Command geführt. Dieses verfügte mit der Hawker Hurricane und der Supermarine Spitfire ebenfalls über zwei moderne Jagdflieger, wobei sich die Hurricane als etwas robuster, die Spitfire als wendiger erwies. Großbritannien hatte zudem bereits im Ersten Weltkrieg zur Abwehr deutscher Zeppelin- und Gothaangriffe ein zentral geleitetes System aus Luftbeobachtern aufgebaut, welches Ende der dreißiger Jahre durch mehrere neuartige Radaranlagen ergänzt wurde. Die begrenzten technischen Möglichkeiten des Radars machten eine Unterscheidung zwischen Jägergeschwadern und Bomberströmen schwierig, erlaubten aber dennoch eine Ortung in bis zu 200 Kilometer Entfernung. Das Fightercommand bildete zur Abwehr vier Gruppen. Der Schwerpunkt mit den meisten Staffeln lag bei Gruppe 11 in Südostengland. Gruppe 10 deckte den Südwesten und Wales, Gruppe 12

Mittelengland und Gruppe 13 Schottland. Die Luftwaffe setzte aus Frankreich die beiden Luftflotten 2 und 3 und aus Norwegen die Luftflotte 5 ein, deren Bomber aufgrund der großen Anflugzeit außerhalb der Reichweite des Jagdschutzes operieren mussten.

Einen wichtigen Faktor jenseits der Front bildeten die Produktionszahlen von Flugzeugen. Die Verluste beider Seiten sollten beinahe die Ausgangsstärken erreichen. Großbritannien produzierte jedoch zwischen dem 1. Juni und dem 1. November 1941 1.367 Hurricanes und 724 Spitfire und steigerte auch die Anzahl einsatzbereiter Piloten im Fighter Command durch neue Ausbildungsprogramme von 1.482 Piloten Ende Juni auf 1.727 Anfang November. Deutschland produzierte dagegen in den Monaten Juni bis September nur 775 Me109 und die Zahl einsatzfähiger Jagdpiloten ging zwischen 1. Juni und 1. November von 906 auf 673 zurück.

Die Schlacht

Am 12. August griff eine 200 Maschinen starke deutsche Bombergruppe die Radaranlagen bei Dover und Portland an. Zwar attackierte die Luftwaffe auch in den Folgetagen vereinzelt Radaranlagen, diese genossen aber keine Priorität, sodass das britische Frühwarnsystem während der gesamten Schlacht ohne größere Störungen arbeiten konnte und dem Fighter Command einen wichtigen Vorteil gab.

Der 13. August markierte eine neue Phase der Luftkämpfe. Kesselrings Luftflotte 2 kam hierbei der entscheidende Part in der deutschen Offensive zu, denn ihr oblag der Angriff auf die Flughäfen im Südosten Englands, wo das Fighter Command die meisten seiner Jägerstaffeln in der Gruppe 11 unter Vize-Luftmarschall Keith Park versammelt hatte.

Zunächst konzentrierten sich die Angriffe auf die küstennahen Landeplätze, einschließlich der beiden Basen Manston und Hawkinge. Im Laufe der ersten Woche drangen die deutschen Bombengeschwader immer tiefer ins Hinterland vor. Der 15. August sah den vorerst größten Einsatz an Flugzeugen seitens der Luftwaffe. Die deutschen Nachrichtendienste vermeldeten fälschlicherweise bedeutende Erfolge und behaupten am 17. August, die RAF verfüge nur noch über 300 einsatzbereite Maschinen, während es in Wahrheit drei Mal so viele waren. Allerdings mussten auch die Luftwaffenverbände schwere Verluste hinnehmen. Am 18. August erfolgte eine weitere große Offensive gegen die nahe bei London gelegenen Flugplätze Kenley, Biggin Hill, Hornhuch und North Weald. Die deutschen Jagdgeschwader sollten vor den Bomberströmen herfliegen und in freier Jagd möglichst viele britische Abfangjäger niederkämpfen. Den ganzen Tag über kam es zu heftigen Kämpfen. Die Luftwaffe flog insgesamt 970 Einsätze und verlor 70

Maschinen gegenüber 34 britischen Verlusten. In der Folge wurden die Stukaverbände aufgrund hoher Verluste aus dem Kampf gezogen und die Einsatzkonzeptionen für die Me 110, die sich als Langstreckenjäger nicht bewährte, abgeändert. Dies hatte schwerwiegende Auswirkungen für die deutschen Planer, denn die Luftwaffe musste sich darüber klar werden, dass ihr sowohl Langstreckenjäger als auch Präzisionsbomber fehlen. Die Erfolge der deutschen Angriffe blieben daher begrenzt. Um die hohen deutschen Bomberverluste zu reduzieren, ordnete Göring schließlich an, dass die Me 109 engen Begleitschutz fliegen sollen, was jedoch deren Piloten den Vorteil von Höhe und Geschwindigkeit raubte.

In der folgenden Woche ließ der deutsche Druck auf die britischen Flugplätze nach, da Geheimdienstmeldungen die fast vollständige Zerstörung der RAF und von mindestens acht Flugplätzen verkündeten. Göring ließ deshalb Industriestandorte in britischen Städten bombardieren. Es fielen Bomben auf Aberdeen, Bristol, Birmingham, Portsmouth und einige Londoner Vororte. Die meisten dieser Angriffe wurden nachts geflogen. Es zeigte sich jedoch, dass die britische Jagdabwehr nach wie vor stark war, weswegen ab dem 24. August auch wieder verstärkt Flugplätze angegriffen wurden.

Aufgrund der anhaltenden deutschen Bombardements drohte tatsächlich zwischenzeitlich der Ausfall einzelner Flugplätze, allerdings musste nur Biggin Hill für zwei Stunden seinen Betrieb einstellen. Und obwohl das Fighter Command teilweise hohe Verluste erlitt, führten Steigerungen in der Flugzeugproduktion und Pilotenausbildung dazu, dass es sogar an Stärke gewann. Inzwischen wurden die Aufgaben zwischen den beiden wichtigsten Jägertypen des Fighter Command klar verteilt. Während die robusten Hurricanes die deutschen Bombergeschwader attackierten, sollten die etwas schnelleren Spitfires die Jäger niederkämpfen. Außerdem ordnete Park an, feindliche Flugzeuge nur über Großbritannien und nicht über dem Kanal anzugreifen, wo oftmals große deutsche Jägerschwärme darauf warteten, die zurückkehrenden Bomber in Empfang zu nehmen. Während über England abgesprungene britische Piloten dadurch schnell wieder einsatzfähig waren, gingen deutsche Besatzungen dauerhaft verloren. Zudem waren weder die deutsche Luftfahrtindustrie noch die Ausbildungsprogramme der Luftwaffe in der Lage, die steigenden Verluste zu ersetzen. Darüber hinaus führten die hohe physische und psychische Belastung der Luftwaffenpiloten zu stressbedingten Ausfällen, die allgemein als „Kanalkrankheit“ bekannt wurden.

Anfang September machten sich auf beiden Seiten immer mehr Erschöpfungserscheinungen bemerkbar. Park meldete an Dowding, dass die Luftangriffe zwischen dem 28. August und 5. September zu so großen Schäden an den Flugplätzen geführt hätten, dass diese nur noch mit improvisierten Reparaturen in Betrieb gehalten werden konnten. In dieser Druckphase wechselte Hitler den operativen Schwerpunkt von Angriffen auf die Flugplätze des Figther Command hin zu Bombardements der Städte.

Das Moral- oder Terrorbombing stellte die einzige Alternative zum Kampf um die Luftherrschaft dar. Hitler war aus verschiedenen Gründen zunächst gegen diese Strategie. Zum einen wusste er um die Stärke des Bombercommand und fürchtete britische Vergeltungsangriffe auf deutsche Städte. Zum anderen war er gegenüber den westlichen Großmächten zurückhaltender bei der Überschreitung kriegsrechtlicher Grenzen. Allerdings handelte es sich bei den Luftangriffen auf Städte um eine rechtliche Grauzone. In der Zwischenkriegszeit hatten alle westlichen Mächte Konzepte zum strategischen Bombenkrieg entwickelt und entsprechende Flugzeugtypen konstruiert. Gleichzeitig wurde jedoch versucht, eine neue Barbarisierung des Krieges zu verhindern. Entsprechende Modifikationen des Kriegsrechtes wurden allerdings nie rechtlich bindend kodifiziert.

Hitler ließ Angriffe auf London zunächst ausdrücklich verbieten. Lediglich die ausgedehnten Hafenanlagen der Stadt wurden in den ersten Wochen bombardiert, wobei es bereits zu zivilen Verlusten kam, da diese in der Nähe dicht bewohnter Siedlungsgebiete lagen. Sie wurden allerdings von beiden Seiten als „Kollateralschäden" akzeptiert, da der Fokus der Angriffe auf industriellen Zielen lag, ebenso wie bei deutschen Angriffen auf Portsmouth, Bristol Birmingham oder die bereits seit 1939 vorgetragenen britischen Luftangriffe auf westdeutsche Industriestädte. Die Luftwaffe verlegte ihre Angriffsschwerpunkte aufgrund zu optimistischer Nachrichtendienstmeldungen bereits Ende August/Anfang September zunehmend auf Industriezentren wie Bristol, Liverpool und Birmingham. Bereits am 2. September setzte Göring auch ausgewählte Produktionsstätten innerhalb Londons auf die Zielliste.

Am 4. September änderte der „Führer" jedoch seine Haltung und verlegte die Priorität der deutschen Angriffe generell auf britische Städte. Drei Tage später wurde London zum Hauptziel bestimmt. Als Gründe hierfür wird oftmals ein britischer Bombenangriff auf Berlin in der Nacht vom 26. zum 27. August verantwortlich gemacht, der die NS-Führung überrascht und erschüttert hatte. Die Briten sahen darin wiederum selbst eine Vergeltungsaktion, nachdem in der Nacht zuvor einige vom Kurs abgekommene deutsche Bomber ihre Fracht versehentlich direkt über der britischen Hauptstadt abgeworfen hatten.

Doch erst mit dem 7. September begann jene Angriffsserie, die im britischen Volksmund schlicht als „The Blitz" bekannt ist. An diesem Tag flogen 300 Bomber, geschützt von 600 Jägern, Angriffe auf die Londoner Hafenanlagen und das East End. Die deutschen Jäger operierten dabei trotz Zusatztanks am äußersten Rand ihrer Reichweite. In der Nacht folgte eine zweite Angriffswelle aus 180 Bombern. Die Deutschen profitierten von einer noch ineffektiv organisierten Flugabwehr. 436 Menschen verloren an diesem ersten Angriffstag ihr Leben. In den kommenden zwei Monaten bis zum 15. November wurde die britische Hauptstadt Nacht für Nacht angegriffen, wobei die Deutschen bis zu 200 Bomber je Einsatz bereitstellten.

Während der Bombardierung Londons änderte auch das Fighter Command seine Taktik. Auf Initiative des britischen Jägerasses Douglas Bader entwickelte die Jägergruppe 12 die Taktik des „Big Wing", um möglichst viele Jagdstaffeln für einen massierten Schlag gegen feindliche Bombergeschwader zu vereinen. Vizeluftmarschall Leigh-Mallory, der Kommandeur der Gruppe 12, unterstützte Baders Konzept. Keith Park von der Gruppe 11 erwies sich dagegen als hartnäckiger Gegner der „Big Wings". Er verwies auf die Schwierigkeiten und den Zeitaufwand, die mit der Vereinigung der Geschwader verbunden waren. Außerdem würde der gleichzeitige Einsatz so großer Mengen an Jagdflugzeugen dazu führen, dass diese im Anschluss gleichzeitig aufgetankt und aufmunitioniert werden müssen, sodass nachfolgende deutsche Bombergruppen ungehindert ihre Ziele anfliegen konnten. Aus Leigh-Mallorys Sicht war der Einsatz der „Big Wings" sinnvoll, da er die deutschen Bomber meist dann traf, wenn ihr Jagdschutz zur Umkehr gezwungen war. Parks südlich von London stationierte Gruppe musste dagegen vor allem diesen Jagdschutz bekämpfen. Wie er jedoch Luftmarschall Dowding überzeugend nachwies, hatte Gruppe 12 enorme Probleme bei der Koordination der Big Wings. Im September kamen derart große Formationen gerade fünf Mal zusammen, im Oktober zehn Mal. Dabei wurde jedoch nur ein einziger Bomber abgeschossen.

Die erste Woche der Angriffe auf London wendete das Blatt im Luftkrieg endgültig zu Gunsten der Briten. Zwar führten die Jäger einen Kampf auf Augenhöhe – 120 britische Verluste stehen 99 Deutschen gegenüber – , doch die Luftwaffe verlor allein 199 Bomber mit ihren Besatzungen. Die größten Verluste entstanden den Deutschen am sogenannten „Battle of Britain"-Tag am 15. September, an welchem mehr als 200 Bomber,eskortiert von dichten Jägerschwärmen, London angriffen. Sie trafen auf über 300 Spitfires und Hurricanes. Schlechtes Wetter führte dazu, dass die 158 Bomber, die die Hauptstadt erreichten, ihre Bombenlast weit verstreut abwarfen. Auf dem Rückflug wurden sie von den Briten teilweise bis über den Kanal verfolgt. Die Verluste an diesem Tag beliefen sich auf 34 abgeschossene und 20 schwer beschädigte Bomber – mehr als ein Viertel der eingesetzten Verbände – und 26 Jagdmaschinen. Diese Verlustrate übertraf alles, was die Alliierten in den schlimmsten Kämpfen über Deutschland 1943/44 hinnehmen mussten. Nach einem letzten Tagesangriff am 18. September, bei dem nur noch 70 Bomber zum Einsatz kamen, verlegte sich die Luftwaffe schließlich auf Nachteinsätze. Am Tag wurden die Angriffe fast ausschließlich von Jagdbombern fortgesetzt.

Einen Tag zuvor verschob Hitler die Operation Seelöwe auf unbestimmte Zeit, da nun auch der deutsche Nachrichtendienst eingestehen musste, dass die bisherige Lageeinschätzung zu optimistisch ausgefallen war. Unabhängig davon wies er die Luftwaffe an, ihre Angriffe fortzusetzen. Hans Jeschonnek, der Stabschef der Luftwaffe, bat den „Führer" daraufhin, die Angriffe auf bewohnte Gebiete ausdehnen zu dürfen, um eine Massenpanik in der britischen Bevölkerung hervorzurufen und somit öffentlichen Druck auf die Regierung auszuüben. Hitler lehnte allerdings ab. Dennoch wurden die Angriffe Mitte September ausgeweitet. Die britische Home Security verzeichnete in dieser Zeit tatsächlich vereinzelte Anzeichen für eine Panik, was eventuell auch damit zusammenhing, dass der 14. und 15. September aufgrund des Wetters und der Tidenverhältnisse als mögliches „Invasionweekend" proklamiert worden war. Doch bis Ende des Monats nahm der Widerstandswille der Bevölkerung wieder zu. Der zunehmende Fokus der Angriffe auf London, der Einsatz von Luftminen und Brandbomben und der Tod von 40.000 Zivilisten während der Luftschlacht um England ließen den Begriff vom „Kollateralschaden" jedoch immer weiter zur Farce verkommen.

So wenig wie es für die Luftschlacht von England einen klar definierbaren Beginn gibt, so wenig gibt es ein eindeutiges Ende. Am 14. Oktober flogen nochmals 380 Bomber einen Angriff auf London und verloren nur zwei Maschinen, während ein Angriff in der Nacht zum 30. Oktober einen schweren Feuersturm verursachte. Dennoch gilt der späte Oktober meist als Ende der eigentlichen Luftschlacht um England. Deutsche Luftangriffe, „the Blitz", wurden jedoch fast bis Kriegsende fortgeführt. In der Nacht zum 14. November griffen mehr als 500 Maschinen das mittelenglische Coventry an und richteten schwere Schäden in der Stadt an. Mindestens 568 Menschen kamen bei dem Einsatz ums Leben.

Bedeutung

Der britische Sieg in der Luftschlacht um England gab der Nation nach den Rückschlägen des Jahres 1940 einen dringend benötigten moralischen Schub. Inwiefern er tatsächlich dazu beigetragen hat, eine deutsche Invasion zu verhindern, bleibt hingegen spekulativ. Vergleicht man die improvisierten

Maßnahmen der Wehrmacht 1940 mit den zeitaufwendigen, detailversessenen und vor allem materialintensiven Vorbereitungen der Anglo-Amerikaner 1944, so wird deutlich, wie unrealistisch die Aussichten auf eine erfolgreiche deutsche Landung in England 1940 gewesen sind. Allerdings hatte die Wehrmachtsführung vermutlich eher das Beispiel der erfolgreichen, aber ebenfalls improvisierten Landung in Norwegen vor Augen, wo sie sich allerdings mit einer wesentlich schwächeren feindlichen Armee konfrontiert sah. Hitlers strategischer Fokus lag längst auf der Vorbereitung eines Angriffs auf die UdSSR, andererseits konnte der „Führer" nach seinen Erfolgen in der Frühphase des Krieges immer schlechter Prioritäten setzen. Dass er sich bei einem besseren Ausgang der Luftschlacht um England nicht doch umentschieden und das zwar ungenügend, aber dennoch mit nicht unerheblichem Aufwand betriebene Projekt einer Invasion umgesetzt haben würde, ist daher nicht ganz auszuschließen. Für die Geschichte des Krieges ist die Luftschlacht von England daher bedeutend, weil sie das erste Mal ausschließlich in der dritten Dimension geführt und entschieden wurde, was Winston Churchill zu seinem berühmten, am 20. August 1940 vor dem Parlament vorgebrachten Ausspruch veranlasste: „Niemals in der Geschichte menschlicher Konflikte standen so viele wegen so viel in der Schuld von so wenigen."

Die beteiligten Luftstreitkräfte

Großbritannien (Luftmarschall Hugh Dowding als Kommandeur des Fighter Command)

Streitkräfte: Anfang August 754 einmotorige, 149 zweimotorige Jäger

Verluste: 1. Juli bis 31. Oktober: 1.056 einmotorige, 113 zweimotorige Jäger

Deutsches Reich (Reichsmarschall Hermann Göring als Befehlshaber der Luftwaffe)

Streitkräfte: Anfang August 998 mittlere Bomber, 261 Stukas, 151 Aufklärer, 805 einmotoriger Jäger, 224 Zerstörer.

Verluste: 1. Juli bis 31. Oktober: 693 mittlere Bomber, 72 Stukas, 600 einmotorige Jäger, 235 Zerstörer

Midway, 4. – 7. Juni 1942

„Ich schaute auf und sah drei schwarze feindliche Flugzeuge auf uns zukommen. Einige unserer Maschinengewehre konnten ein paar verzweifelte Salven auf sie feuern, aber es war zu spät. Die plumpen Silhouetten der amerikanischen „Dauntless" Sturzkampfbomber wurden schnell größer und dann löste sich plötzlich eine Reihe schwarzer Objekte von ihren Flügeln. Bomben!"

Kapitän Mitsuo Fushida, Kommandeur der Trägerflugzeuge auf der *Akagi*

Nach dem japanischen Überfall auf den US-Flottenstützpunkt Pearl Harbor am 7. Dezember 1941 führte das Land der aufgehenden Sonne eine Reihe bemerkenswerter triphibischer (Luft – Land – See) Operationen im südostasiatischen Raum durch. Sie besetzten die Philippinen, einen Großteil der thailändischen Halbinsel, Malaysia und Neuguinea. Am 15. Februar 1942 zwangen sie die britische Garnison von Singapur zur Kapitulation. Es war Großbritanniens bis dahin schwerste Niederlage in diesem Krieg und das gegen einen Gegner, der ihnen zahlenmäßig unterlegen war. Auch zur See errangen die japanische Marine und Luftwaffe spektakuläre Erfolge. Unmittelbar nach Kriegsbeginn gelang die Versenkung zweier britischer Schlachtschiffe durch landgestützte Bomber und Ende Februar 1942 wurde ein amerikanisch-australisch-englisch-niederländisches Geschwader in der Javasee vernichtet und so der Weg zur Landung auf der gleichnamigen Insel eröffnet. Im April stieß eine japanische Trägergruppe in den Indischen Ozean vor und griff Ziele auf Sri Lanka und in Indien an. Dabei wurden ein britischer Flugzeugträger, zwei schwere Kreuzer und etliche kleinere Schiffe versenkt. Kurzeitig entstand in London die Furcht, japanische und deutsch-italienische Verbände könnten versuchen, sich im Mittleren Osten zu vereinigen.

Doch so spektakulär die japanischen Erfolge waren, letztendlich fehlte diesen Operationen ein in sich stringenter strategischer Plan. Hatte sich das Heer ohnehin gegen eine Expansion im Pazifik ausgesprochen, da es den strategischen Schwerpunkt in China sah, so schien die Marine nach Pearl Harbor Probleme zu haben, sich auf einen Hauptgegner zu fokussieren. Der Angriff auf die USA brach, abgesehen vom Feldzug auf den Philippinen, ab und auch der Druck auf die britische Position im Indischen Ozean ließ nach, als sich die japanische Flotte am 9. April nach Singapur zurückzog. Anfang Mai wandte sich das Augenmerk der Japaner gegen Australien. Beim Versuch, einen Angriff auf das an der Südostspitze Neuguineas gelegene

Port Moresby vorzutragen, stieß ein japanischer Trägerverband im Korallenmeer auf eine amerikanische Task Force mit zwei Trägern. Es war die erste Seeschlacht der Geschichte, in der beide Flotten keinen Sichtkontakt hatten. Die Japaner versenkten einen amerikanischen Träger und beschädigten den zweiten – die USS *Yorktown* – schwer. Sie selbst verloren einen leichten Träger. Der Flottenträger *Shokaku* wurde schwer beschädigt, die *Zuikaku* verlor die Masse ihrer Flugzeuge. Beide waren somit über einen längeren Zeitraum nicht einsatzfähig, was sich negativ auf die Durchführung der bereits in Planung befindlichen Operation gegen die von den Amerikanern gehaltenen Midwayinseln auswirken sollte.

Der Feldzug

Am 18. April 1942 hatten amerikanische Mittelstreckenbomber, die vom Träger USS *Yorktown* gestartet waren, einen Angriff auf Tokio durchgeführt. Der „Doolittle Raid" war mehr eine Propagandaaktion, doch er rief der japanischen Führung die Verwundbarkeit ihrer Heimat in Erinnerung und führte dazu, dass die Vernichtung der amerikanischen Pazifikflotte neue Priorität gewann. In Verkennung des seit Pearl Harbor entfachten Siegeswillens der USA hofften die Japaner immer noch, einen Kompromissfrieden in ihrem Sinne erzielen zu können, wenn sie den eigenen Verteidigungsgürtel möglichst weit ausdehnen und die US-Flotte entscheidend schwächen würden.

Um die Amerikaner zur Schlacht zu stellen, wurde ein Angriff auf die Midway Inseln ins Auge gefasst. Diese gehören zur Hawaiigruppe und liegen mehr als 2.000 Kilometer westlich von Pearl Harbour. Als Flottenstützpunkt war das Atoll zu klein. Dieses diente lediglich als U-Boot-Stützpunkt und vorgeschobener Flugplatz. Aus diesem Grund waren ältere Pläne der Japaner zur Einnahme der Inseln auch wieder fallengelassen worden.

Der neue Plan sah vor, die Inseln doch zu besetzen, um die Amerikaner zu einem Gegenschlag zu veranlassen. Dabei sollten die Trägerverbände die amerikanischen Flugzeugträger in Reichweite der Schlachtflotte locken, die dann die amerikanischen Träger versenken würde. Hierfür wurde eine Flotte aus den vier Flottenträgern *Akagi*, *Kaga*, *Hiryu* und *Soryu*, zwei Schlachtschiffen, zwei schweren Kreuzern, einem leichten Kreuzer sowie einem Unterstützungsverband mit zwei leichten Trägern, 4 Schlachtschiffen, 8 schweren und drei leichten Kreuzern gebildet. Gleichzeitig sollte ein weiterer Flottenverband einen Ablenkungsangriff gegen die Aleuten vortragen. Anders als bei allen anderen japanischen Flottenoperationen in diesem Krieg wurde die Midwayoperation direkt durch Admiral Isoroku Yamamoto begleitet, der seine Flagge auf dem Superschlachtschiff *Yamato* gesetzt hatte. Der Trägerverband unterstand Vizeadmiral Nagumo.

Die Amerikaner waren über die japanischen Pläne voll und ganz im Bilde, da sie den japanischen Funkverkehr abhören konnten. Und während die Japaner noch davon ausgingen, im Korallenmeer zwei US-Träger versenkt zu haben, gelang es in Rekordzeit, die schwer beschädigte *Yorktown* – die erst am 27. Mai in Pearl Harbor ins Trockendock gegangen war – zu reparieren, sodass dem Oberbefehlshaber im Pazifik, Admiral Chester Nimitz, drei statt nur zwei Träger zur Verfügung standen: die USS *Yorktown,* USS *Hornet* und USS *Enterprise.* Diese positionierten sich in zwei Task Forces eingeteilt 300 Kilometer nordöstlich von Midway. Zur Stärkung der eigenen Luftstreitkräfte wurden zudem zusätzliche Bomber und Jagdflugzeuge auf Midway positioniert.

Die beteiligten Flotten

Den Kern der japanischen wie auch der amerikanischen Flotte bestand aus Flugzeugträgern. Die amerikanischen Träger hatten jeweils zwischen 80 und 90 Flugzeuge an Bord, die japanischen nur etwa 60 bis 70. Diese bestanden aus einer Mischung aus Sturzkampfbombern, Torpedobombern und Jagdkampfflugzeugen. Aufgrund der unterschiedlichen Kapazitäten waren die Amerikaner an trägergestützten Flugzeugen nur leicht unterlegen – 233 gegenüber 248. Sie konnten aber zusätzlich 127 auf Midway stationierte Sturzkampfbomber, Mittelstreckenbomber und Torpedoflugzeuge in den Kampf werfen.

Das japanische Standardjagdflugzeug bildete die Mitsubishi A6M „Zero Zen“, ein leichter und wendiger Jäger, der jedoch nur schlecht gepanzert war. Demgegenüber war die amerikanische Grumman F4F „Wildcat“ technisch unterlegen. Allerdings war die Maschine stärker gepanzert und in den Luftkämpfen zeigten sich die amerikanischen Piloten als taktisch besser geschult. Ein entscheidendes Problem der japanischen Trägerflotte bestand darin, dass Pilot und Schiff eine untrennbare Einheit bildeten. Dies stärkte zwar die Moral, wirkte sich aber letztlich bei Verlusten negativ auf die Einsatzfähigkeit eines Trägers aus, da Piloten nur schwer zu ersetzen waren, wie der Fall der *Zuikaku* zeigte.

Die Schlacht

Die Japaner erreichten Midway am Morgen des 4. Juni und eröffneten den Angriff um 4.30 Uhr, als Nagumo 108 seiner 234 Flugzeuge gegen die Inseln vorschickte. Diese erste Welle geriet zwei Stunden später in schweres

Abwehrfeuer der Luftverteidigung auf der Insel, die 67 der Flugzeuge abschoss und somit mehr als ein Viertel von Nagumos Luftstreitkräften erledigte. Gleichzeitig griffen die auf der Insel stationierten Bomber die japanische Trägerflotte an, erlitten aber ebenfalls schwere Verluste.

Inzwischen näherten sich die beiden amerikanischen Task Forces und starteten zwischen 7 und 8 Uhr ihre erste Angriffswelle. Japanische Aufklärer hatten inzwischen Teile der amerikanischen Flotte entdeckt, weshalb Nagumo zögerte, ob er seine zweite Angriffswelle mit Bomben für einen weiteren Angriff auf Midway oder Torpedos für den Angriff auf die amerikanische Flotte ausrüsten sollte. Die US-Träger hatten die Aufklärer zu diesem Zeitpunkt noch nicht ausmachen können.

Auch die amerikanischen Torpedo- und Stuka-Staffeln hatten Probleme, die japanische Trägerflotte in der Weite des Pazifiks zu finden. Die Torpedobomber entdeckten ihr Ziel als erstes, wurden jedoch von den japanischen Abfangjägern dezimiert. Die Sturzkampfbomber erreichten den Kampfplatz nur durch Zufall, als sie einen japanischen Zerstörer entdeckten, der ein amerikanisches U-Boot verfolgt, die Jagd aber abgebrochen hatte und zur Flotte zurückkehrte. Dieser Zerstörer führte die Amerikaner zu den japanischen Trägern. Die Zeros waren im Zuge ihres Kampfes gegen die Torpedobomber in niedrige Höhen vorgestoßen und somit nicht in der Lage, die Stukas abzufangen. Innerhalb von sechs Minuten gelang es ihnen, die *Akagi*, *Kaga* und *Soryu* schwer zu treffen, sodass sie von den Japanern aufgegeben werden mussten und sanken. Nur die etwas weiter nördlich stehende *Hiryu* blieb unbeschädigt und trug zwei Angriffe gegen die *Yorktown* vor, die schwer beschädigt wurde.

Inzwischen hatten amerikanische Flugzeuge die *Hiryu* entdeckt, die gegen 17 Uhr von den verbliebenen Flugzeugen der *Enterprise* und *Hornet* angetroffen wurde. Vier Bomben trafen das Schiff, das am folgenden Morgen sank. Yamamoto hatte zuvor bereits angeordnet, den Angriff auf Midway abzubrechen. In der Dunkelheit kollidierten die beiden schweren Kreuzer *Mikuma* und *Mogami*, wobei die *Mikuma* schwer beschädigt wurde. Im Laufe des 6. Juni entdeckten amerikanische Trägerschiffe die beiden beschädigten Kreuzer und griffen sie an. Die *Mikuma* wurde versenkt, die *Mogami* weiter beschädigt. Den Schlusspunkt setzte schließlich ein japanisches U-Boot, welches die schwer beschädigte *Yorktown* am 7. Juni entdeckte und versenkte.

Bedeutung

Der japanische Ablenkungsangriff auf die Aleuten war weitgehend erfolgreich und führte zur Besetzung der Inseln Attu (5. Juni) und Kiska (7. Juni).

Dies wog die Niederlage bei Midway jedoch nicht auf. Die Japaner hatten vier Träger und nahezu deren komplette Flugmannschaften verloren, die nur schwer zu ersetzen waren. Denn ab 1942 machte sich die amerikanische Überlegenheit in der Schiffsproduktion zunehmend bemerkbar. Am 31. Dezember wurde die USS *Essex* in Dienst gestellt, Typschiff einer Reihe, von der bis 1945 weitere 13 Träger gebaut wurden. Hierzu kamen 14 leichte Träger und 104 Begleitträger. Japan stellte dagegen nur noch je 5 Flottenflugzeugträger, Leichte und Begleitträger fertig.

Midway stellte somit einen Wendepunkt im Pazifikkrieg dar. Kontrafaktische Spekulationen drehten sich in der Folge darum, was passiert wäre, wenn die Japaner die Schlacht gewonnen hätten und münden meist in Szenarien eines Angriffs auf die amerikanische Westküste. Dies scheint jedoch in mehrfacher Hinsicht zweifelhaft. Schon vor Midway hatte Japan kein eigentliches Interesse, seinen Verteidigungsgürtel über Hawaii hinaus vorzuschieben. Für einen Angriff auf die Westküste fehlte es schlicht an Transportschiffen und ein bloßer Raid auf die großen Hafenstärke stellte immer noch ein viel zu großes Risiko dar. Wahrscheinlicher ist hingegen ein stärkeres Engagement gegen Australien. Selbst für eine Landung auf diesem Kontinent waren die japanischen Bodentruppen vermutlich nicht stark genug, während es gleichzeitig denkbar ist, dass Briten und Amerikaner Personal und Material über den Indischen Ozean oder den Südpazifik hierher verlegt und so ihren Angriffsschwerpunkt für die zweite Hälfte des Krieges nur verlagert hätten. Der Entscheidungscharakter Midways liegt also wohl nur darin, dass er – ähnlich wie bei Waterloo – den Erfolg des Siegers beschleunigte, anstatt ihn im gegensätzlichen Verfall zu verzögern.

Die beteiligten Flotten

<u>USA (Admiral Chester Nimitz)</u>

Streitkräfte: 3 Flugzeugträger, 7 schwere, 3 leichte Kreuzer, 17 Zerstörer, 19 U-Boote und kleinere Einheiten, 127 landgestützte Flugzeuge auf Midway, 233 Trägerflugzeuge

Verluste: 307 Tote, ein Flugzeugträger, ein Zerstörer, 98 Flugzeuge

<u>Japan (Admiral Isoroku Yamamoto)</u>

Streitkräfte: 4 Flugzeugträger, 2 leichte Träger, 6 Schlachtschiffe, 10 schwere Kreuzer, 4 leichte Kreuzer, 34 Zerstörer, 15 U-Boote, kleinere Einheiten (hierin sind die Verbände der 5. Flotte, die gegen die Aleuten vorging, nicht enthalten), 248 Trägerflugzeuge

Verluste: 3.057 Tote, 4 Flugzeugträger, 1 schwerer Kreuzer, 248 Flugzeuge

Leningrad, 8. September 1941 – 27. Januar 1944

„Hier muß man zu antiken Prinzipien übergehen, die Stadt muß total dem Erdboden gleichgemacht werden.“
Adolf Hitler, 8.8.1942

Ein wichtiges strategisches Ziel, das Hitler mit der Weisung Nr. 21. am 18. Dezember 1940 ausgab, stellte die Einnahme von Leningrad dar. Die Stadt an der Newa war zu diesem Zeitpunkt ein bedeutender sowjetischer Verkehrsknotenpunkt, Industriezentrum, aber auch Handels- und Kriegshafen. Vor der Festung Kronstadt lagen einige der größten sowjetischen Schlachtschiffe vor Anker. Aber Leningrad war mehr. Die 1703 von Zar Peter gegründete Stadt war der Schlüssel für eine Westöffnung Russlands und 1919 symbolträchtiger Ausgangsort der Oktoberrevolution. Daher spielte die Eroberung und Vernichtung Leningrads in Hitlers Plänen zeitweise eine größere Rolle, als die Einnahme Moskaus, die das vorrangige Ziel der Wehrmachtsführung darstellte.

Diese unterschiedlichen Prioritäten führten in Vorbereitung auf das Unternehmen Barbarossa wiederholt zu Konflikten zwischen Hitler und dem OKH-Stabschef Franz Halder, die letztlich nicht gelöst werden konnten. Halder vertraute schließlich darauf, dass die Wehrmacht die Masse der Roten Armee im Grenzbereich schlagen könnte, sodass erst danach der eigentliche Schwerpunkt des weiteren Vormarsches festgelegt werden müsse. Anders als im Bereich der Heeresgruppen Mitte und Süd zogen sich die Sowjets vor der Heeresgruppe Nord jedoch zurück, sodass die ihr unterstellte Panzergruppe 4 in zweieinhalb Wochen nahezu 450 Kilometer tief auf sowjetisches Gelände vorstoßen konnte. Am 25. Juni erklärte auch Finnland der UdSSR den Krieg. Den Vorwand lieferten angebliche sowjetische Luftangriffe auf finnisches Gebiet. Tatsächlich hoffte man in Helsinki die Situation nutzen und die im Winterkrieg 1939/40 verlorenen Gebiete zurückerobern zu können. 16 finnische Divisionen bildeten nun eine zusätzliche Bedrohung für Leningrad.

Anfang Juli erreichen die Wehrmachtsverbände die ehemalige lettisch-russische Grenze. Inzwischen mobilisierte der Rat von Leningrad tausende von Menschen, um vor der Stadt Verteidigungsanlagen einzurichten. Es entstanden drei Linien im Norden, Süden und Südwesten der Stadt mit Balkensperren, Stacheldrahtverhauen, Panzergräben, 5.000 Erdbunkern und betonierten Artilleriestellungen und 25.000 Kilometer Schützengräben. Außerdem wurden die Versorgungswege zum Ladogasee weiter ausgebaut.

Mitte Juli unternahm die russische Nordwestfront einen Gegenangriff auf die der eigenen Infanterie weit enteilten Panzerspitzen der Heeresgruppe Nord, wodurch der deutsche Angriff vorerst zum Stehen kam. Hitler, der in Leningrad nach wie vor ein Primärziel sah, drängte Halder nun sogar, Panzer von der Heeresgruppe Mitte abzuziehen. Der OKH-Chef sah dagegen im Baltikum nur einen Nebenschauplatz. Das Problem wurde vertagt, da sich der Fokus beider Männer Ende Juli zunächst auf die Ukraine verlegte. Mitte August hatte sich die Lage an der Ostsee wieder stabilisiert und die Heeresgruppe Nord nahm ihre Offensive auf wieder auf. Am 8. September erreichte die Panzergruppe 4 den Stadtrand von Leningrad. Vier Tage zuvor hatten die finnischen Truppen ihre Offensive eingestellt, nachdem sie die Sowjets bis zur ehemaligen Grenze von 1939 zurückgedrängt hatten. Deutsche Forderungen nach einem weiteren Vorstoß auf Leningrad wiesen sie rundweg ab.

Die beteiligten Armeen

Die Heeresgruppe Nord unter dem Befehl von Generalfeldmarschall Ritter von Leeb bestand aus der 16. Armee (Ernst Busch) und 18. Armee (Georg von Küchler) sowie der Panzergruppe 4 unter Erich Hoepner. Insgesamt verfügte sie über 26 Infanterie-, drei Panzer- und drei motorisierte Divisionen, alles in allem 600.000 Mann. Zur Überraschung Leebs und Hoepners wurde die Panzergruppe 4 aber kurz nach Erreichen Leningrads der Heeresgruppe Mitte für den weiteren Angriff auf Moskau zur Verfügung gestellt. Zu diesem Zeitpunkt hatte Hitler seine Haltung geändert und der alten russischen Hauptstadt plötzlich oberste Priorität eingeräumt. Auch VIII. Fliegerkorps wurde aus dem Bereich der Heeresgruppe abgezogen, sodass Leeb Mitte September nur noch über zwei Infanteriearmeen verfügte, die zudem seit Beginn des Krieges bereits ein Sechstel ihrer Ausgangsstärke eingebüßt hatten.

Leebs Verbänden stand zunächst sowjetische Nordwestfront unter Generaloberst Kliment Woroschilow, dem ehemaligen sowjetischen Verteidigungsminister, gegenüber. Die Rotarmisten in diesen Frontabschnitten waren zum Teil sehr erfahrene Soldaten, die in den Vorjahren den Krieg gegen Finnland mitgemacht hatten. Allerdings war Woroschilows Großverband mit 369.000 Soldaten auch der mit Abstand schwächste der Roten Armee.

Die Belagerung

Mit Beginn der Operation Taifun, dem Angriff auf Moskau, ließ Hitler die Idee einer schnellen Einnahme Leningrads fallen. Die Stadt sollte nach Auffassung des Führers nicht mehr erobert, sondern als „Hort des Bolschewismus“ durch stetige Bombardierung und Artilleriebeschuss dem Erdboden gleichgemacht werden. Diese Aufgabe fiel Küchlers Armee zu, die somit die nächsten drei Jahre an der Newa gebunden blieb, während Buschs Verbände sich durch das sumpfige Mündungsdelta der Lovat nach Osten vorkämpften. Anfang September notierte Leeb in seinem Tagebuch, er könne nur noch hoffen, dass Leningrad „letzten Endes durch Aushungern zur Übergabe gezwungen wird.“

Kurz vor Abzug der Panzergruppe 4 gelang es der Heeresgruppe allerdings noch, den Ring um die Stadt enger zuzuschnüren und die Verteidiger im Westen bis zur Kronstädter Bucht und im Osten bis zum Ladogasee zurückzudrängen. Hoepners Panzer konnten am 8. September Schlüsselburg einnehmen und Leningrad abschneiden. Gleichzeitig erreichten deutsche Truppen Peterhof am Finnischen Meerbusen und teilten den Kessel in zwei Teile. Die Masse der sowjetischen Truppen befand sich in Leningrad. Fünf Divisionen und zwei Marinebrigaden lagen im Brückenkopf Oranienbaum mit der Insel Kronstadt. Hier lag auch die Baltische Flotte vor Anker und beteiligte sich an den Landkämpfen. Am 17. September übergab die Panzergruppe 4 ihre Infanterieverbände der 18. Armee und rückte anschließend zur Heeresgruppe Mitte ab. Küchlers Armee beschränkte sich vornehmlich auf einen Beschuss Leningrads. Bis Ende Februar 1942 schlugen über 16.000 Granaten in der Stadt ein. An einigen Tagen feuerten die deutschen Geschütze achtzehn Stunden lang ununterbrochen. Allerdings waren die Feuerstellungen für den Großteil der Artillerie zu weit vom Stadtzentrum entfernt, um größere Zerstörungen anzurichten. Am 9. September begann die Luftflotte 1 mit gezielten, rollenden Angriffen auf Leningrad, Kronstadt und Oranienbaum. Die Luftwaffe warf während der gesamten Belagerung etwa 110.000 Bomben auf die Stadt. 16.000 Menschen fielen den Angriffen zum Opfer.

Viel drastischer wirkte sich die Einkesselung der Stadt auf die Versorgung der Zivilbevölkerung aus. Hitler erinnerte Leeb, dass die Bekämpfung der Eisenbahnlinien und Schifffahrtsrouten am Ladogasee große Bedeutung besaß. Ende September bat die Heeresgruppenleitung daher die Luftflotte 1, sich besonders auf diese Ziele zu konzentrieren.

Stalin erkannte die bedrohliche Lage Leningrads und ernannte am 14. September seinen Feuerwehrmann, General Georgi Schukow, zum Befehlshaber der „Leningrader Front“, die aus insgesamt vier Armeen bestand. Schukow organisierte die Verteidigung der Stadt, wobei er sich sogar gegen einige von Stalins Befehlen stellte. So hob er den Selbstversenkungsbefehl für die Schiffe der Baltischen Flotte auf. Nach seiner Ansicht sollten die Schiffe kämpfend untergehen. Die Kriegsmarine stellte für diesen Kampf bereits eine eigene baltische Flotte zusammen, der auch das neue Schlachtschiff *Tirpitz* angehörte. Aber die russischen Schiffe gerieten zu einem bevorzugten Angriffsziel der Luftwaffe. Am 16. September wurde der schwere Kreuzer *Petropalowsk* so schwer getroffen, dass nur eine nahe Kaimauer ihn vor dem Kentern bewahrte. Eine Woche später versenkte eine Ju 87 das Schlachtschiff *Marat* mit einem einzigen Bombentreffer. Auf diese Weise errang Deutschland die Seeherrschaft in der Ostsee, die es bis zum Kriegsende nicht verlor. Bei der Evakuierung Ostpreußens 1945 sollte sich diese maritime Oberhoheit für viele tausend Menschen als lebensrettend erweisen.

Derweil wurden auf deutscher Seite Befürchtungen laut, die sowjetischen Verteidiger könnten durch eine Ausweisung der Zivilbevölkerung versuchen, ihre Versorgung zu strecken. Immer mehr Leningrader tauchten vor den Frontlinien der 18. Armee auf. General Jodl erklärte daraufhin, dass diese Menschen mit Waffengewalt in die Stadt zurückgedrängt werden sollten, es aber legitim sei, ihnen Fluchtrouten nach Innerrussland offen zu halten. Der massenhafte Hungertod war Ende 1941 noch nicht Teil einer deutschen Gesamtstrategie. Womöglich um die eigenen Soldaten nicht in moralische Verlegenheit zu bringen, schlug Generalfeldmarschall von Brauchitsch sogar vor, vor den eigenen Stellungen Minenfelder anzulegen, damit sich die Zivilisten gar nicht erst den Gräben nähern könnten.

Obwohl die deutschen Kräfte stark zersplittert waren, begann das XXXIX. Korps am 16. Oktober mit einem Vorstoß auf die südöstlich des Ladogasees gelegene Stadt Tichwin, die bis zum 8. November eingenommen werden konnte. Der einsetzende Winter und zunehmende Nachschubschwierigkeiten führten zum Ende des Angriffs. Im Gegenzug stellte die Rote Armee Armeen mit 186.000 Soldaten für eine Gegenoffensive bereit. Am 10. November begannen die Angriffe auf den deutschen Frontvorsprung. Die Rote Armee drang teilweise über hundert Kilometer nach Westen vor, eroberte Tichwin und drängte das XXXIX. Korps über den Fluss Wolchow zurück. Die 18. Armee sandte mehrere Divisionen, um die Lage zu stabilisieren, wodurch jedoch der Blockadering um Leningrad geschwächt wurde.

Am 7. Januar 1942 unternahm die Rote Armee eine weitere Offensive über den Wolchow hinweg. Nach anfänglichen Erfolgen wurden die Sowjets unter empfindlichen Verlusten zurückgeschlagen.

Die Hoffnungen der Wehrmachtsführung lagen mittlerweile darin, die Stadt durch die Blockade im Winter 1941/42 zu Fall zu bringen. Auch die Wehrmachtsführung teilte nun das Konzept der Hungerblockade, wie aus einem Bericht des Oberquartiermeisters der 18. Armee vom 14. November deutlich wird: „Abwehr der Flüchtlinge aus Oranienbaum und Petersburg durch

Feuer notwendig (auf weite Entfernung), da Ernährung nicht in Frage kommt. In Frage steht nur wo, nicht ob Zivilisten verhungern." Die Versorgungslage nahm zwischenzeitlich tatsächlich bedenkliche Ausmaße an. Sowjetische Ärzte verglichen den körperlichen Zustand der Leningrader nach dem Krieg sogar mit dem von befreiten KZ-Häftlingen.

Doch die Stadt hielt durch. Im Frühjahr 1942 musste Hitler umdisponieren, da die Kräfte der Wehrmacht nicht mehr für einen Vorstoß an allen Fronten ausreichten. Die Einnahme Leningrads wurde unter dem Decknamen „Nordlicht" auf September vertagt. Allerdings musste dieser Plan im Sommer zugunsten einer engeren Blockade aufgegeben werden. Als die Rote Armee am 27. August 1942 südlich des Ladogasees eine neue Offensive startete, war die 18. Armee gezwungen, wertvolle Verbände zur Stabilisierung dieser Front abzugeben, sodass „Nordlicht" schließlich abgesagt wurde. Im Winter 1942/43 stabilisierte sich die Versorgungslage Leningrads, weil die Effektivität der deutschen Angriffe auf die Versorgungsrouten am Ladogasee nachließ.

Im Januar 1943 gelang es der Roten Armee schließlich bei Schlüsselburg den Belagerungsring zu durchbrechen. Die Heeresgruppe Nord plante daher für den Sommer die Großoffensive „Parkplatz". Damit sollte zum einen der Kessel von Pogostć befreit und zum anderen der Belagerungsring um Leningrad wieder geschlossen werden. General Küchler hoffte sogar, die Stadt endgültig zu Fall zu bringen. Doch der Mangel an schweren Waffen und Truppen, die längst an anderen, für wichtiger erachteten Frontabschnitten benötigt wurden, ließ auch dieses Unternehmen scheitern. Im Mai 1943 wurde die Lieferung von Artilleriegeschossen an die 18. Armee halbiert. Das Feuer konzentrierte sich nun vor allem auf die militärisch wichtigen Rüstungsbetriebe und Werften. Leningrad verlor in der Planung der Deutschen allerdings zunehmend an Bedeutung.

Im Winter 1944 ging die Rote Armee erneut in die Offensive. Ihre materielle Überlegenheit war enorm und so brach die Front der Heeresgruppe Nord vor Leningrad innerhalb weniger Tage zusammen. Am 27. Januar feierte die Stadt ihre Befreiung.

Bedeutung

Außerhalb der Sowjetunion steht die Blockade von Leningrad etwas im Schatten anderer Schlachten des Zweiten Weltkrieges, was zum Teil daran liegen mag, dass diese für ein militärgeschichtlich interessiertes Publikum aufgrund des Einsatzes von Panzern und Flugzeugen taktisch „interessanter" sind, während sich die Leningrader Blockade durch lange Phasen der Immobilität und Passivität auszeichnet und der Einnahme der Stadt seit dem Spätsommer 1941 – anders als noch zu Beginn der Operation Barbarossa – auch aus Sicht der NS-Führung nur eine nachrangige Bedeutung zukam.

Dennoch verdeutlicht die Blockade von Leningrad mehr als die meisten anderen konventionellen Schlachten des Weltkrieges, dass der Vernichtungsgedanke einen zentralen Bestandteil der NS-Kriegsführung bildete. Zwar war es auch zuvor bei Belagerungen üblich gewesen, Zivilisten, die eine Stadt verließen, zurückzutreiben und eine Hungerkrise unter den Verteidigern auszulösen. Dies diente jedoch stets dazu, den Verteidiger zur Aufgabe zu zwingen. Im Falle Leningrads wurden Hunger, Artilleriebeschuss und Luftbombardements Mittel zur Vernichtung der Stadt und ihrer Bevölkerung, nicht zum Erzwingen einer Kapitulation, auch wenn dies zwischenzeitlich in den Überlegungen Küchlers wieder eine Rolle gespielt haben mag.

Beteiligte Streitkräfte

UdSSR (wechselnde Kommandeure)

Stärke: im Zuge der Belagerung durchliefen verschiedene Verbände die „Leningrader Front“, insgesamt wohl etwa 930.000 Mann

Verluste: Militär: unbekannt, ca. 16.500 Zivilisten durch Bombenangriffe, 1 Million durch Unterernährung

Deutschland (Georg von Küchler)

Stärke: 18. Armee mit schwankender Stärke, selten über 150.000 Mann

Verluste: unbekannt

D-Day, 6. Juni 1944

> *„Gebannt starrten wir aufs Meer. Und dann, gegen fünf Uhr, kamen sie: erst nur eine Kette kleiner Punkte am sich erhellenden Horizont, unwirklich. Bis daraus Schiffe wurden. Nie werde ich das dumpfe Grollen der Bordkanonen vergessen, als das Bombardement der Küste begann. Links und rechts von uns knallten Detonationen, der Lärm war furchtbar - und die Angst, getroffen zu werden. Mit schlotternden Knien spähten wir hinaus aufs Meer, auf die kleinen Punkte neben den schwimmenden Riesen: Landungsboote.“*
>
> Gotthard Neubert, Artillerieregiment 352.

Mit dem Eintritt der USA in den Zweiten Weltkrieg am 7. Dezember 1941 und der anschließenden deutschen und italienischen Kriegserklärung an Washington wurden die Grundlagen für die Anti-Hitler-Koalition gelegt. Der sowjetische Diktator Josef Stalin drängte Großbritannien und die USA auf die rasche Eröffnung einer zweiten Front, um die zu Beginn des Jahres 1942 immer noch unter starkem Druck stehende UdSSR zu entlasten.

Eine Invasion Frankreichs gestaltete sich allerdings schwierig. Die britische Armee allein war hierfür zu schwach und zudem bereits mit starken Kräften in Nordafrika und Südostasien gebunden. Die US-Armee musste ihrerseits erst einmal bedeutend verstärkt werden. Zwar war bereits vor dem japanischen Angriff auf Pearl Harbor die Grundlage für eine Umstellung der Wirtschaft und eine Vergrößerung des Heeres gelegt worden, dennoch benötigte dies weiter Zeit.

Darüber hinaus mussten zwei weitere entscheidende Grundlagen für eine Invasion erfüllt werden. Bereits 1941 zeichnete sich ab, dass die USA das wirtschaftliche Rückgrat der Anti-Hitler-Koalition bilden würde. Sowohl Großbritannien als auch die UdSSR rüsteten einen erheblichen Teil ihrer Streitkräfte mit amerikanischen Panzern, Flugzeugen, LKW und Jeeps aus. Um diese sicher über den Atlantik zu transferieren, musste zunächst der U-Boot-Krieg gewonnen werden. 1942 waren deutsche U-Boote jedoch mit acht Millionen BRT versenkten Schiffsraum so erfolgreich wie nie.Erst der zeitintensive Bau von Geleitschiffen, verbesserter Abwehrtechnik, sowie die Schließung der Luftlücke durch die Stationierung von Langstreckenflugzeugen auf den Azoren führten zu einem drastischen Rückgang der Versenkungszahlen auf 3,5 Millionen BRT 1943 und 1,5 Millionen 1944 und 1945.

Die zweite wichtige Voraussetzung bestand in der Erringung der Luftherrschaft über der Landezone. Dies war zum einen wichtig, um deutsche Jagdbomber von den eigenen Schiffen und Truppen fernzuhalten, zum anderen, um eine effiziente taktische Luftunterstützung zu gewährleisten. Die Ausweitung des Bombenkrieges führte dazu, dass immer größere Teile der deutschen Jagdwaffe über dem Reich gebunden blieben und die Ostfront und erst recht der Atlantikwall vernachlässigt wurden. Dennoch war der Gesamtbestand der Luftwaffe an Jagdflugzeugen im April 1944 größer als 1943. Allerdings verfügten allein die für die Bodenunterstützung bereitgestellte britische 2nd Tactical Air Force und die amerikanische 9th Air Force über mehr Flugzeuge als die gesamte deutsche Luftwaffe. Für die Durchführung eines Landeunternehmens wurden auch strategische Bomber bereitgestellt.

Unklar war zunächst auch die Frage, wo genau die Landung stattfinden sollte. In der bisherigen Kriegsgeschichte war eine Invasionsarmee stets darauf angewiesen, einen ausreichend großen Hafen einzunehmen, über den die Versorgung der Invasionstruppen sichergestellt werden konnte. Doch kaum einer der französischen Kanalhäfen verfügte über entsprechende Kapazitäten. Zudem hatte die erfolglose Landung in Dieppe im August 1942 nicht nur gezeigt, dass die Vorbereitung der Invasion noch weitere Zeit in Anspruch nehmen würde, sondern dass ein direkter Angriff auf einen Hafen wahrscheinlich auch mit dessen Zerstörung einher gehen würde. Die Alliierten lösten dieses Problem schließlich durch die Entwicklung künstlicher „Mullberry“ Häfen. Außerdem bereiteten sie die Verlegung einer Pipeline durch den Kanal vor, um so Truppenverbände auch ohne einen größeren Hafen versorgen zu können.

Um die erwartete alliierte Landung zurückzuschlagen, begann Deutschland mit dem Aufbau des „Atlantikwalls“. Bereits unmittelbar nach der Besetzung Frankreichs erkannte die Wehrmacht die besondere operative Bedeutung der französischen Atlantikküsten und erklärte diese zum Sperrgebiet. Da Unklarheit über den genauen Landungsort herrschte, erstreckte sich dieser von Norwegen bis an die spanische Grenze.

An seiner schmalsten Stelle, der Straße von Dover oder Pas-de-Calais, ist der Ärmelkanal weniger als 30 Kilometer breit. Von Cap Gris-Nez auf der französischen Seite sind die Kreidefelsen von Dover sehr gut zu erkennen. Frühzeitig ging die Wehrmachtsführung davon aus, dass hier eine alliierte Landung erfolgen würde, nicht nur, weil der Kanal an dieser Stelle schmal war, sondern auch, weil die langen flachen Strände bessere Anlandungsmöglichkeiten boten als viele weiter südlich gelegenen Küstenabschnitte. Historisch betrachtet war dies die Küste, von der aus viele Invasionen nach England geplant wurden, etwa die Einschiffung der spanischen Flandernarmee 1588 durch die berühmte spanische Armada oder später Napoleons Invasionsarmee, deren wichtiger Einschiffungshafen sich in Boulogne-sur-mer befand. Auch das Unternehmen Seelöwe sollte 1940 vor allem aus dieser Richtung gestartet werden. Hier wurden daher die stärksten Befestigungen errichtet. Dagegen war die Küste der Normandie weniger gut ausgebaut. Viele Strände waren durch einfache Hemmbalken mit Minen gesichert, bei den Bunkern handelte es sich in der Mehrzahl um MG-Unterstände.

Neben dem kurzen Seeweg und den günstigen Küstenverhältnissen schienen auch die weiteren operativen Optionen eine Landung zwischen der Seine- und Scheldemündung nahezulegen. Von hier war der Weg nach Paris kürzer als von weiter südwestlich gelegenen Landeabschnitten. Auch Ostende und Antwerpen lagen in Schlagdistanz. Die Wehrmacht ging bis zum Schluss davon aus, dass die Alliierten schnell einen dieser Tiefwasserhäfen in ihre Hände bekommen müssten, um eine entsprechend große Landungsarmee zu versorgen. Le Havre, Cherbourg, Brest oder gar La Rochelle waren dafür zu klein. Nicht zuletzt bot eine Landung in Nordfrankreich die Möglichkeit zu einem raschen Vorstoß an die deutsche Grenze, womit das Reich und vor allem die kriegswichtigen Industriegebiete im Ruhrgebiet bedroht und der Süden Frankreichs weitgehend hätte isoliert werden können.

Inzwischen hatten die Alliierten Möglichkeiten gehabt, das komplexe Zusammenspiel amphibischer Kräfte zu erproben, vor allem während der Operation „Husky", der Landung auf Sizilien 1943. Diese verlief zwar letztlich erfolgreich, deckte aber auch einige Probleme auf, unter anderem beim Einsatz der Fallschirmjäger.

Beteiligte Streitkräfte

Die angloamerikanischen Armeen des Jahres 1944 waren hochtechnisierte, modern ausgerüstete Verbände. Eine Elite innerhalb dieser Truppen bildeten die Fallschirmjäger, denen auch für die geplante Operation Overlord eine wichtige Rolle zukam, denn sie sollten in der Nacht vor der Invasion hinter den deutschen Linien abspringen und taktisch wichtige Punkte besetzen, um schnelle Gegenangriffe zu unterbinden, wobei sie durch die französische Resistance unterstützt wurden. Die anschließende Landung sollte unter massierten Feuerschutz einer Flotte an fünf Strandabschnitten erfolgen. Die amerikanische 1. Armee übernahm die Abschnitte Utah und Omaha, die britische 2. Armee bei Gold und Sword und ein kanadisches Korps bei Juno. Letzteres verdeutlicht die große Rolle von Commonwealthtruppen für die britische Armee.

Für die Landung hatten die Amerikaner im Laufe des Krieges eine große Anzahl amphibischer Schiffe konstruiert, die eine schnelle Anlandung der

Truppen direkt am Strand ermöglichte. Zur Unterstützung der Infanterie wurden diverse Amphibienpanzer konstruiert.

Die Truppen waren zuvor in Großbritannien intensiv ausgebildet worden, wobei einzelne Landeabschnitte exakt nachgebaut wurden. Jeder Soldat kannte daher seine Angriffsziele.

Auf deutscher Seite entstand 1944 eine Grundsatzdiskussion über das strategische Verteidigungskonzept, die sogenannte Panzerkontroverse. Während Generalfeldmarschall Erwin Rommel die Panzertruppen an der Küste stationieren wollte, um einen gegnerischen Angriff schnell zurückzuschlagen, vertraten der OB West und der Chef der Panzergruppe West General Leo Geyer von Schweppendorf die Ansicht, dass es besser sei, eine große operative Reserve zu bilden und den Alliierten auf ihrem Vorstoß ins Landesinnere einen schweren Schlag zu versetzen. Beide Konzepte hatten ihre Nachteile. Rommel, der die Effizienz der angloamerikanischen taktischen Luftunterstützung in Afrika erlebt hatte, argumentierte nicht zu Unrecht, dass eine solche operative Reserve es niemals an die Front schaffen würde, Geyer von Schweppenburg hielt dagegen, das küstennah eingesetzte Panzer durch die weitreichende angloamerikanische Schiffsartillerie zerschlagen werden würden. Letztendlich wurde die Panzerreserve geteilt, vier Divisionen Rommel unterstellt und vier in Reserve gehalten. Da aber immer noch Unklarheit über den Ort der Landung herrschte, wurden diese letztlich in zwei parallelen Linien von Holland bis Südfrankreich verteilt, sodass eine Schwerpunktbildung von Vornherein unmöglich war. Im Bereich der Normandie stand mit der 21. Panzerdivision nur ein ausgebrannter Verband zur Verfügung, der kaum noch über Panzer verfügte. Auch die eingesetzten Wehrmachtstruppen waren von zweitrangiger Qualität, darunter viele Polen, die mit Gewalt bei der Stange gehalten werden mussten. So bestand die 716. Division nur zu 40 Prozent aus „Volksdeutschen“, während die 352. Division erst im Frühjahr aus Resten zerschlagener Verbände und neuen Rekruten zusammengestellt worden war.

Zur deutschen Verwirrung trug auch die Operation „Fortitude“ bei, die einen Angriff über den Doverkanal durch eine fiktive Armee unter US-General George S. Patton vortäuschte.

Die Schlacht

Nachdem die Eröffnung der Zweiten Front auf der Konferenz von Teheran zunächst für den Mai 1944 angekündigt worden war, wurde sie auf Grund von schlechtem Wetter mehrmals verschoben und der Termin schließlich auf den 6. Juni festgelegt.

In der Nacht zuvor wurden die Landungsabschnitte durch etwa 2.200 Bomber angegriffen. Anschließend folgte der Absprung von zwei amerikanischen und einer britischen Fallschirmjägerdivision. Wie schon in Sizilien endete das Unternehmen im Chaos und die einzelnen Fallschirmjäger wurden weit verstreut. Dennoch gelang es der amerikanischen 82. Division, den taktisch wichtigen Ort St. Mère Église einzunehmen, während die Briten eine Brücke über den Orne-Caen-Kanal besetzen.

In den weiteren Morgenstunden erschien eine Flotte von fast 7.000 Schiffen, darunter sieben Schlachtschiffe (allesamt ältere Typen aus dem Ersten Weltkrieg), unterstützt von 4.190 Jagdflugzeugen, 3.440 schweren Bombern sowie 930 mittleren und leichten Bombern, vor der Küste. Die Alliierten genossen das Überraschungsmoment, sowie die vollständige Luft- und Seeherrschaft. Während die Luftwaffe nur zwei Einsätze flog, kamen die Kleinkampfmittel der Marine – Ein-Mann-U-Boote, Schnellboote – gar nicht zum Einsatz, sodass die Anlandung der Truppen ungehindert vonstattengehen konnte. Nur vier Torpedoboote führten einen Angriff auf die Eastern Task Force durch, konnten aber lediglich einen norwegischen Zerstörer versenken. Während die Briten bei Gold und Sword auf geringen Widerstand trafen, nahmen die ersten kanadischen Wellen bei Juno fünfzig Prozent Verluste hin. Dennoch gelang es den Kanadiern, sich bis Mittag am Strand festzusetzen und ins Landesinnere vorzustoßen, wobei das 6. Kanadische Panzerregiment der einzige alliierte Verband war, der an diesem Tag überhaupt seine Angriffsziele erreichen sollte. Auf Utah trafen die Amerikaner nur auf wenig Widerstand, während auf Omaha die schwersten Kämpfe des Tages stattfanden. Es war der am besten verteidigte Strandabschnitt. Die Amerikaner litten unter mangelnder taktischer Feuerunterstützung, da die meisten Amphibienpanzer im Seegang verloren gegangen waren. Es dauerte bis zum Abend, bis die letzten deutschen Widerstandsnester ausgeräumt waren. Am folgenden Morgen mussten die GIs schließlich einen deutschen Gegenangriff abwehren.

Zwar konnten die weitgesteckten operativen Ziele – die Eroberung der Städte Carentan, Saint-Lô, Caen und Bayeux – nicht erreicht und die einzelnen Landungsabschnitte verbunden werden, dennoch waren bis zum Abend bereits 150.000 alliierte Soldaten in Frankreich an Land gegangen.

Bedeutung

Während die Ausweitung des Brückenkopfes in den Folgetagen langsamer vonstattenging als geplant, waren andererseits die alliierten Verluste nicht so hoch wie befürchtet. Statt 10.000 Mann fielen am ersten Tag nur etwa 6.000, davon allein 4.200 am Omaha Beach. Dies sind dennoch beachtliche Zahlen, bedenkt man, wie dünn die deutschen Linien besetzt waren. Schätzungen gehen von gerade einmal 100 Mann bei Utah, 175 bei Gold, 300 bei Juno, 375 bei Sword und selbst bei Omaha 500 Mann direkt am Strand aus. Die enorme quantitative Überlegenheit der Alliierten war also für den Erfolg der Landung entscheidend, auch weil die Luftlandungen nur bedingt erfolgreich waren.

Die Kämpfe in den folgenden Wochen gestalteten sich äußerst hart. Erst am 12. Juni waren alle Strandabschnitte miteinander verbunden. Eine schnelle Einnahme des wichtigen Hafen Cherbourgs scheiterte, während die kleine Stadt Caen heftig umkämpft blieb und erst am 21. Juli vollständig eingenommen werden konnte. Das heckendurchschnittene Gelände der „bocage" begünstigte die Verteidiger, zudem konnten die Alliierten in den ersten Wochen nicht ausreichend Nachschub anlanden. Dennoch machten sie im Kampf intensiven Gebrauch von ihrer Luft- und Feuerüberlegenheit. So wurde die deutsche Panzerlehrdivision am 24. Juli durch einen taktischen Luftangriff vernichtet, ein weiteres Novum in der Kriegsgeschichte. Die Alliierten profitierten aber auch von der am 22. Juni einsetzenden sowjetischen Operation „Bagration", die es den Deutschen unmöglich machte, operative Schwerpunkte zu setzen. Dennoch dauerte es bis Mitte August, bis die Schlacht um die Normandie zu einem erfolgreichen Abschluss gebracht werden konnte.

Die Landung am D-Day ist das bis heute größte amphibische Unternehmen der Geschichte. Die Eröffnung der Zweiten Front beschleunigte den Fall von NS-Deutschland, während die bloße Invasionsfurcht bereits vor der Landung dazu geführt hatte, dass Hitler seine strategische Aufmerksamkeit vom Osten auf den Westen gelegt hatte. Das effektive Zusammenspiel mit der Sowjetunion trug das Ihre zum langfristigen Erfolg bei. Gleichzeitig war die Landung westlicher Truppen wichtig, um den Einfluss der UdSSR in einem künftigen Europa zurückzudrängen. Zwar war bereits auf der Teheran-Konferenz eine Aufteilung Deutschlands diskutiert worden, aber zur Umsetzung entsprechender Pläne war letztlich auch die militärische Präsenz der USA und Großbritanniens in Westeuropa wichtig.

Die beteiligten Armeen

Westalliierte (General Dwight D. Eisenhower)

Stärke: ca. 150.000 amerikanische, britische, kanadische und französische Truppen am ersten Landungstag, 6.900 Schiffe, ca. 4.000 Jagdflugzeuge und 4.000 Bomber; 6.939 Schiffe: 1.213 Kriegsschiffe, 4.126 Landungsschiffe unterschiedlicher Typen, 736 Hilfsschiffe, 864 Handelsschiffe

Verluste: ca. 6.000 Mann am ersten Landungstag, 185 Panzer, 2 Zerstörer, 1 U-Bootjäger, 1 Patrouillenboot.

Deutsches Reich (Generaloberst Friedrich Dollmann, 7. Armee)

Stärke: ca. 50.000 Mann, davon nur 1.450 direkt am Strand

Verluste: ca. 1.000 Tote, Verwundete und Vermisste im gesamten Landungsbereich.

Dien Bien Puh, 20. November 1953 – 7. Mai 1954

„Der Sieg bei Diên Bin Phû war ein Sieg für das Volk. Aber natürlich sind das Konzept des Volkskrieges und der Guerillakrieg zwar nicht völlig voneinander getrennt, aber sie sind nichtsdestotrotz getrennt. In diesem Fall war es der Volkskrieg, der siegreich war. Und der Guerillakrieg war ein Aspekt dieses Volkskrieges. Es ist alles ziemlich kompliziert.... Was ist der Volkskrieg? Nun, mit einem Wort, es ist ein Krieg, der von den Menschen für die Menschen geführt wird, während der Guerillakrieg einfach eine Kampfmethode ist. Der Volkskrieg ist im Konzept globaler. Es ist ein synthetisiertes Konzept. Ein Krieg, der gleichzeitig militärisch, wirtschaftlich und politisch ist und den wir in Frankreich als „synthetisch" bezeichnen würden. Es gibt einen Guerillakrieg und einen großangelegten taktischen Krieg, der von großen Einheiten geführt wird."

General Võ Nguyên Giáp

Nach dem Ende des Zweiten Weltkrieges hofften Europas größte Kolonialmächte, Großbritannien und Frankreich, ihre Herrschaft in ehemaligen Kolonien rasch wiederherstellen zu können. In Südostasien waren die meisten Kolonien ab 1941 sukzessive in die Hände der Japaner gefallen. In dieser Übergangsphase hatten sich eigene nationale Widerstandsgruppen gebildet, die zunächst die Japaner bekämpften und später nicht mehr gewillt waren, in ein koloniales Abhängigkeitsverhältnis zurückzukehren. In Indochina brachen bereits im Dezember 1946 Kämpfe zwischen Franzosen und der vietnamesischen Nationalbewegung unter Führung des Kommunisten Ho Chi Minh aus. Dieser Krieg entwickelte sich früh zu einem Stellvertreterkonflikt des Kalten Krieges. Frankreich erhielt massive finanzielle und materielle Unterstützung aus den USA, da Washington von einer starken Einflussnahme Moskaus auf Ho Chi Minh überzeugt war. Die Vietnamesen profitierten dagegen nach Ende des Chinesischen Bürgerkrieges von der gemeinsamen Grenze mit dem kommunistischen China, von wo aus nun überzähliges Militärmaterial – darunter US-Waffen, die chinesische Kommunisten den von den Amerikanern unterstützten Nationalisten abgenommen hatten – eingeführt wurde.

Ein zentrales Problem der Franzosen bestand von Beginn an darin, dass es ihnen nicht gelang, die vietnamesische Bevölkerung, von der ein Teil dem Kommunismus durchaus kritisch gegenüberstand, auf ihre Seite zu ziehen.

Dennoch erwies es als schwierig für die Vietnamesen, vom irregulären Guerillakampf zu einer konventionellen Kriegsführung überzugehen und die Franzosen in ihren befestigten Basen entlang der großen Küstenstädte anzugreifen. Dank ihrer Luftüberlegenheit konnten die Franzosen die meisten feindlichen Angriffe zunächst abwehren. Allerdings stellte der hohe Aufwand der Kriegsführung – bis 1954 standen mehr als eine halbe Million französischer Soldaten und Kolonialtruppen in Indochina – eine bedeutende Belastung des französischen Haushalts dar. Auch in finanzieller Hinsicht wuchs die Abhängigkeit von den USA, die schließlich einen Großteil der französischen Kriegsführung bezahlten.

Im Frühjahr 1954 bereitete sich der Kommandeur der Viet Minh Truppen, General Võ Nguyên Giáp, darauf vor, in Laos einzufallen. Der französische Befehlshaber in Indochina, General Henri Navarre entwickelte daraufhin den Plan zur Operation Castor. Er wollte abseits der Küste eine befestigte Basis einrichten, die Vietnamesen so zu einem Angriff provozieren und diese dann in einer Abwehrschlacht aufreiben. Die Wahl für dieses Lager fiel auf das nordvietnamesische Dorf Dien Bien Puh, welches die Anmarschwege der Vietnamesen nach Laos blockierte. Zudem befand sich das Dorf in einem für die Mohnproduktion bedeutendem Tal. Drogenverkauf stellte damals bereits ein wichtiges Mittel der Kriegsfinanzierung für die Vietnamesen dar und die Franzosen hofften dieser somit einen schweren Schlag zu versetzen. Die Vietnamesen fühlten sich ihrerseits durch eine geplante Konferenz in Genf herausgefordert, auf der die Vietnamfrage erörtert werden sollte. Ein militärischer Erfolg würde ihre Verhandlungsbasis beträchtlich stärken.

Die beteiligten Streitkräfte

Mao Zedong publizierte bereits 1937 seine Schrift „Über Guerillakriegsführung“. Darin machte er deutlich, dass eine erfolgreiche Widerstandsbewegung in der letzten Phase ihres Kampfes den Übergang vom irregulären zum regulären Kampf schaffen müsse, um einen Gegner auch aus seinen Machtbasen – in der Regel Städte – zu vertreiben. Die Viet Minh waren diesen Weg schon 1947 mit dem Aufbau einer regulären Division gegangen. Die Masse der regulären Streitkräfte wurde als leichte Infanterie für den Dschungelkampf ausgebildet. Unterstützt wurden diese Verbände durch regional gebundene reguläre Truppen sowie milizartig organisierte Guerillaverbände. Bis 1954 stieg die Stärke dieser Verbände auf 161.000 reguläre Soldaten, 68.000 Regionaltruppen und 110.000 Guerillas. Für die Operation bei Dien Bien Puh kamen knapp 50.000 Mann zum Einsatz, die über schwere Feldartillerie und sowjetische Raketenwerfer verfügten. Der vietnamesische Oberbefehlshaber Võ Nguyên Giáp hatte die Grundzüge des Guerillakrieges in China gelernt und galt vor allem als hervorragender Logistiker. Die vietnamesischen Truppen wurden von einem großen Tross an Trägern begleitet. Das wichtigste Transportmittel stellten Fahrräder dar – viele davon aus französischer Produktion – , auf die Lasten geschnallt und die anschließend durch den Dschungel geschoben wurden, wodurch ein Mann mehr Last tragen konnte. In der Schlacht bei Dien Bien Puh sollen etwa 31.500 zivile Träger, davon zwei Drittel Frauen, zum Einsatz gekommen sein.

Die französische Armee in Indochina bestand 1954 aus 181.000 Mann des Corps Expéditionnaire Français en Extrême-Orient (Französisches Expeditionskorps im Fernen Osten) sowie 313.000 Mann Kolonialtruppen. Die Elite des CEFEO bildete die Fremdenlegion, die etwa 20.000 Mann nach Südostasien sandte, wovon mehr als die Hälfte aus deutschen Soldaten bestand. Materiell wie finanziell war die französische Armee massiv von US-amerikanischen Hilfslieferungen abhängig, die gegen Ende des Indochina-Krieges immerhin 70 Prozent des Waffenarsenals ausmachten. Hierzu gehörten zwei Flugzeugträger und über 100 weitere Schiffe, 305 Flugzeuge, 30.000 Kraftfahrzeuge, 360.000 Schusswaffen, 1.880 Panzer und gepanzerte Fahrzeuge und etwa 5.000 Artilleriegeschütze. Für die Versorgung der Truppen in Dien Bien Puh standen etwa 75 amerikanische C47 Dakotas zur Verfügung. Zur taktischen Luftunterstützung wurden 48 amerikanische B 26, 112 Grumman F6F Hellcat und F8F Bearcat sowie einige Privatflugzeuge eingesetzt.

Die Schlacht

Dien Bien Puh befindet sich in einem schmalen, von hohen Hügeln umgebenen Tal 321 Kilometer (Luftlinie) entfernt von Hanoi und verfügte über einen kleinen Luftlandeplatz, über den die Franzosen ihre Truppen verstärken und versorgen wollten. Am 20. November 1953 sprangen 2.200 Fallschirmspringer über dem Tal ab, vertrieben die schwachen Viet Minh Kräfte und richteten eine Basis ein. General Navarre ging davon aus, dass Giap zunächst höchstens eine Division gegen Dien Bien Puh ansetzen würde, sodass er seine Garnison mühelos verstärken oder gegebenenfalls evakuieren könnte.

Das Kommando über die Truppen in Dien Bien Puh übernahm Colonel Christian de Castris, der später zum Brigadegeneral befördert werden sollte. Im Laufe der nächsten Wochen stieg die Stärke seiner Truppen auf 11.000 Mann an – ein Drittel davon ethnische Vietnamesen – , die ausschließlich aus der Luft versorgt werden konnten. Zur Sicherung der französischen Stellungen in Dien Bien Puh ordnete de Castris die Errichtung mehrerer befestigter Stützpunkte an. Diese erweisen sich allerdings letztendlich als unzureichend, da sie alle im Tal lagen und von den umgebenden Hügeln leicht unter Beschuss genommen werden konnten. Die Franzosen nahmen diese Bedrohung jedoch nicht sehr ernst, da sie davon ausgingen, dass ihre eigene Artillerie und taktische Luftunterstützung feindliche Batterien rasch ausschalten könnten. Den größten Schwachpunkt bildete der Stützpunkt Isabell, der isoliert knapp fünf Kilometer südlich der eigentlichen Stellungen lag, ein Drittel der französischen Kräfte band und leicht abgeschnitten werden konnte.

Anders als erwartet, stellte Giap gleich vier Divisionen mit etwa 49.500 Mann für den Angriff auf Dien Bien Puh ab. Bis zum 13. März 1954 hatten die Vietnamesen ihren Aufmarsch beendet und eröffneten die Schlacht mit einem heftigen Bombardement. Im Laufe der Schlacht verstärkten die Franzosen ihre Truppen auf 16.544 Mann und waren den gut organisierten Viet Minh sowohl personell als auch artilleristisch deutlich unterlegen. Bereits in der ersten Nacht stürmten die Viet Minh die Stellung Béatrice im Nordosten von Dien Bien Puh. Gabrielle im Norden folgte zwei Tage später. Auch der Flugplatz geriet unter Beschuss, sodass die C 47 nur unter großem Risiko Nachschub ein- und Verwundete ausfliegen konnten. Bereits am 27. März brach diese Verbindung ab. Bis dahin hatten die Vietnamesen 16 Flugzeuge am Boden zerstört. 48 weitere wurden im Verlauf der Schlacht abgeschossen.

In den ersten Tagen der Schlacht schickten die Viet Minh dichte Angriffswellen gegen die französischen Stellungen vor. Diese Attacken waren zwar meist erfolgreich, aber auch äußerst verlustreich, weswegen Giap schließlich zu einem systematischen Stellungskrieg überging und Angriffsgräben gegen die französischen Posten vortreiben ließ. Französisches Artilleriefeuer und Luftangriffe konnten die Arbeiten verhindern, aber nicht stoppen. Da die Vietnamesen ihre Geschütze in beschusssicheren Kasematten aufgestellt hatten, waren diese vor Angriffen gut geschützt.

Im April nahm die Stärke der französischen Kräfte rapide ab und fiel auf unter 10.000 Mann. Gegen Ende des Monats gingen Lebensmittel- und Munitionsvorräte zur Neige. Gleichzeitig sammelte Giap Kräfte für einen entscheidenden Großangriff. Das französische Oberkommando stellte es de Castris frei, einen Ausbruchversuch zu unternehmen, doch der General lehnte ab. Am 6. Mai eröffneten die Viet Minh ihre neue Offensive. Der Einsatz sowjetischer Katjuscha-Raketenwerfer erzeugte Panik unter einigen französischen Soldaten. Im Laufe des 7. Mai wurden die letzten Stützpunkte in Dien Bien Puh eingenommen, nur das isolierte Isabelle hielt bis in die frühen Morgenstunden des 8. Mai aus.

Bedeutung

Die Viet Minh begannen umgehend mit der Räumung des Schlachtfeldes. Die 6.500 französischen Gefangenen wurden auf einen 800 Kilometer langen Marsch in Lager geschickt, den nur wenige überlebten. Zusätzlich wurden etwa 3.000 Verwundete abtransportiert. Nur etwa 3.900 Gefangene kehrten Ende des Jahres in ihre Heimat zurück.

In Frankreich wirkte die Nachricht vom Fall Dien Bien Puhs als Schock. Die Regierung versuchte die Niederlage ausschließlich auf die Armee abzuwälzen und stimmte einem raschen Rückzug aus Indochina zu, auch wenn sich ein Großteil des Landes, einschließlich der Städte, unter französischer Kontrolle befand. Auf der Genfer Konferenz wurde schließlich einer Teilung des Landes in einen kommunistischen Norden und einen Süden entlang des 17. Breitengrad zugestimmt. Diese Lösung ließ insbesondere die Kommunisten um Ho Chih Minh unzufrieden zurück, die umgehend an der Destabilisierung des Südens arbeiteten, was schließlich in einer US-amerikanischen Intervention und dem Vietnamkrieg münden sollte. Der Erfolg der Viet Minh hatte jedoch auch außerhalb Asiens große Wirkung und ermunterte unter anderem noch im selben Jahr algerische Nationalisten, sich gegen Frankreich zu erheben. Zum historischen Kontext gehört aber auch, dass es Großbritannien bis 1960 gelang, einen kommunistischen Aufstand in seinen ehemaligen malaysischen Besitzungen zu unterbinden, auch wenn ein Großteil davon 1957 in die Eigenstaatlichkeit entlassen worden war. Für viele westliche Nationen stellte sich in dieser Phase weniger die Frage, ob Kolonien in die Unabhängigkeit entlassen werden sollten, sondern ob dies unter einer kommunistischen Regierung erfolgen sollte oder nicht.

Die beteiligten Streitkräfte

Viet Minh (Võ Nguyên Giáp)

Stärke: 49.500 Mann Kampftruppen, 31.500 Träger und Trägerinnen, 20-24 105mm Haubitzen, 15-20 75mm Haubitzen, 20 120mm Mörser, 40 oder mehr 82mm Mörser, 80 37mm Flak mit chinesischer Bemannung, 100 Fla-MG, 12-16 Katjuscha Raketenwerfer

Verluste: ca. 7.900 Tote und 15.000 Verwundete

Frankreich (Col. Christian Marie Ferdinand de la Croix de Castries)

Stärke: ca. 16.5000 Mann, 4 155mm Haubitzen, 24 105mm Haubitzen, 4 120mm Mörser

Verluste: 2.242 Tote, 3.711 Vermisste, 6.463 Verwundete, 6.500 Gefangene

Poonglibrücke, 11. Dezember 1971

„Wir eroberten die Brücke im Angesicht leichten Widerstands, gruben uns schnell ein und erwarteten die Ankunft der pakistanischen Brigade. Die Brigade traf gegen Mitternacht ein und wurde überrascht. In der folgenden Schlacht nahmen sie schwere Verluste hin und die gesamte Pakistanibrigade fiel auseinander.“

Kapitän Nirbhay Sharma, 2. Indisches Fallschirmjägerbataillon

1947 erlangte die britische Kronkolonie Indien ihre Unabhängigkeit. Dieser Prozess war von massiven Konflikten zwischen der muslimischen und hinduistischen Bevölkerung des Landes geprägt, die schließlich zu einer Teilung in ein hinduistisches Indien und muslimisches Pakistan sowie einem Massenexodus von Muslimen nach Norden führte. Beide Länder stritten sich bald darauf um den Besitz der autonomen Kaschmirregion, dessen Fürst sich 1947 offiziell Indien anschloss. Kaschmirs gemischte muslimisch-hinduistische Bevölkerung war jedoch gespalten. Im Oktober 1947 drangen pakistanische Freischärler in der Provinz ein, woraufhin Indien eigene Truppen entsandte. Der Konflikt eskalierte, als im folgenden Sommer auch reguläres pakistanisches Militär in die Kämpfe eingriff. Dieses konnte jedoch durch eine großangelegte Gegenoffensive zurückgedrängt werden. Am 1. Januar 1949 kam durch UN-Vermittlung ein Waffenstillstand zustande. Die Kaschmirprovinz wurde geteilt, allerdings erkannte keines der beiden Länder die neue Grenze an.

Der indisch-pakistanische Gegensatz wuchs zu einem typischen Stellvertreterkonflikt des Kalten Krieges heran, in welchem die beiden globalen Supermächte ihre Waffensysteme testen lassen konnten. Indien bezog sein militärisches Gerät bevorzugt von der UdSSR, Pakistan aus den USA. Nach einer indischen Niederlage im Kampf gegen China 1962 fühlte sich Pakistan dank amerikanischer Waffenlieferungen bereit, die Kaschmirfrage erneut militärisch anzugehen. Nachdem seit Januar 1965 Mudschaheddin-Milizen in den indischen Landesteil eingedrungen waren, eskalierte der Konflikt Anfang September, als Pakistan eine Offensive startete, die die indische Armee jedoch im Punjab zum Stehen bringen konnte. China drohte mit einem erneuten Angriff auf Indien, was zu einem Flächenbrand in Südasien hätte führen können, weswegen sowohl die USA als auch die UdSSR einen weiteren Waffenstillstand vermittelten, der bereit am 23. September in Kraft trat und den status quo ante festschrieb.

In Ostpakistan, dem heutigen Bangladesch, führten die massiven Ausschreitungen der islamistisch geprägten Regierung gegenüber der säkularen Awami-Liga und der ostpakistanischen Bevölkerung im März 1971 zu einer nationalen Erhebung mit dem Ziel der Abspaltung. Indische Medien berichteten über die Ausschreitungen des pakistanischen Militärs, insbesondere gegenüber der ostpakistanischen Hindu-Bewegung, die zu massiven Fluchtbewegungen führte. In den inzwischen als Genozid anerkannten Massakern starben je nach Schätzung zwischen 300.000 und drei Millionen Menschen. Paramilitärische islamische Milizen spielten bei den Gräueltaten eine große Rolle. Die Lage der Bevölkerung verschlimmerte sich zusätzlich, da ein schwerer Zyklon im Vorjahr einen Großteil der Ernten zerstört hatte.

Die indische Regierung ließ die Grenzen öffnen und nahm schätzungsweise 10 Millionen Flüchtlinge auf. Das Schicksal der Menschen von Bangladesch erregte große internationale Aufmerksamkeit. Die Bitte der indischen Regierung um Hilfe durch die internationale Gemeinschaft blieb jedoch ungehört, weswegen Premierministerin Indira Ghandi am 27. März die Unterstützung ihres Landes für die Unabhängigkeitsbewegung Ostpakistans erklärte.

Dennoch zögerten beide Seiten zunächst einen offenen Konflikt hinaus. Der Oberbefehlshaber der indischen Armee, General Sam Manekshaw, meldete gegenüber Indira Ghandi Bedenken an, zur Monsunsaison einen Feldzug nach Bangladesch vorzutragen und verwies darauf, dass die eigenen Panzerkräfte zurzeit umgerüstet wurden. Indiens starker Partner, die UdSSR, warnte Pakistan vor einem neuen Krieg zwischen beiden Ländern, da er die innere Stabilität Pakistans gefährden würde. Dennoch gab es in beiden Ländern breiten öffentlichen Rückhalt für einen erneuten Waffengang. Am 9. August unterzeichneten die UdSSR und Indien einen Friedens- und Freundschaftsvertrag.

Um 17:40 Uhr am 3. Dezember 1971 trugen pakistanische Luftstreitkräfte einen überraschenden Angriff auf elf Flugplätze in Nordwestindien vor. Dieser Schlag war von den israelischen Luftangriffen zu Beginn des Sechs-Tage-Krieges inspiriert, verfehlte aber eine vergleichbare Wirkung. Premierministerin Ghandi ordnete daraufhin einen sofortigen Gegenschlag an.

Der Feldzug

Im Osten arbeitete das Indische Militär eng mit Mukti Bahini, den Streitkräften Bangladeschs zusammen. Bereits Ende November war die Armee mit neun Divisionen in drei Kolonnen in Ostpakistan einmarschiert und hatte Kontakt zu den Rebellen hergestellt. Vor allem in der taktischen Luftunterstützung erwiesen sich die Inder hocheffizient. Allein am 5. Dezember verloren die Pakistanis 23 T59 Panzer durch Luftangriffe. Bis zum 7. Dezember hatten indische Luftangriffe den Flughafen Tejgaon ausgeschaltet und banden somit die wenigen hier stationierten pakistanischen Luftstreitkräfte am Boden. Anschließend erfolgte der Vormarsch auf die Hauptstadt Dacca, deren Flughafen ebenfalls durch die indische Luftwaffe angegriffen wurde. Operativ gingen die indischen Truppen äußerst geschickt vor, indem sie pakistanische Verteidigungsstellungen umgingen und anschließend isolierten, unter anderem durch den Einsatz hubschraubergestützter Luftlandetruppen und Fallschirmjäger. So landeten indische Truppen am 9. Dezember jenseits des Meghna Flusses, banden die zur Verteidigung bereitgestellten pakistanischen Bodenstreitkräfte und ermöglichten so das Übersetzen schwerer indischer Waffen.

Die Masse der indischen Armee näherte sich derweil von Westen dem Fluss Jamuna, der zusammen mit anderen Wasserläufen eine Insel formte, auf der sich Dacca befand. Mit einer Breite von fast einem Kilometer stellte der Jamuna ein bedeutendes Hindernis dar, welches am besten über die Poongli-Brücke in der Nähe der Stadt Tangail überquert werden konnte. Eine schnelle Überquerung des Flusses würde es den Indern zudem ermöglichen, die in Mymensingh stationierte 93. Pakistanische Brigade von ihrem Rückzugsweg nach Dacca abzuschneiden.

Die beteiligten Armeen

Für die schnelle Einnahme der Brücke planten die Inder, das 2. Fallschirmjägerbataillon unter Lieutenant Colonel Kulwant Singh Pannu nahe Tangail abzusetzen. Dieses wurde durch eine luftgestützte Artilleriebatterie und ein leichtes Infanterieregiment unterstützt. Für die 700 Fallschirmjäger wurden fünfzig Transportflugzeuge unterschiedlicher Bauart bereitgestellt, sowjetische An-12 Antonows, amerikanische Douglas C-47 und Fairchild C-119. Ursprünglich sollte der Einsatz nachts erfolgen, doch auf Einwand der indischen Luftwaffe wurde er auf 16.30 Uhr vorverlegt. Zunächst sollten Aufklärer das Gelände sichern, anschließend leichte und danach schwere Versorgungsgüter und zuletzt die Masse der Fallschirmjäger angelandet werden.

Die Inder rechneten im Bereich der Landezone mit wenig Widerstand. Tatsächlich war Tangail vor allem deswegen ausgewählt worden, da einem Angriff auf besser befestigte Flussübergänge wenig Erfolg eingeräumt wurde. Indische Experten verwiesen auf die hohen Verluste der deutschen Fallschirmjäger bei der Landung auf Kreta 1941 und dem Scheitern des angloamerikanischen Luftlandeunternehmens „Market Garden“ in der Schlacht bei Arnheim 1944.

Zum Zeitpunkt der Landung befanden sich jedoch bereits Teile der 93. Pakistanischen Brigade auf dem Rückzug nach Dacca nahe Tangail. Die Brigade bestand aus drei Bataillonen. Pakistanische Bataillone waren zwischen 600 und 900 Mann stark. Allerdings wurde in Ost-Pakistan von jedem

Bataillon eine Kompanie zur Verstärkung stationärer Verteidigungsanlagen abgezogen und durch paramilitärische Einheiten ersetzt. Diese waren zahlenmäßig schwächer als reguläre Formationen sowie schlechter bewaffnet und ausgebildet. Des Weiteren waren der Brigade zwei „Wings“ der Westpakistan Rangers zugeteilt, einer paramilitärischen Formation, die in Friedenszeiten Polizeifunktionen wahrnahm. Die Wings hatten nominell eine Stärke von 830 Mann. Da genaue Angaben nicht vorliegen, dürfte die Brigade somit zwischen 3.400 und 5.300 Mann stark gewesen sein. Die meisten schweren Waffen mussten die in Bangladesch eingesetzten Verbände in Westpakistan zurücklassen, was die Kampfkraft der Brigade zusätzlich schwächte.

Die Schlacht

Um 14:23 Uhr starteten die Transportflugzeuge von Flugplätzen im nordostindischen Dum Dum und Kalaikunda. Die indischen Fallschirmjäger konnten ungehindert angelandet werden, da weder Tangail durch militärische Kräfte gesichert war, noch eine effiziente pakistanische Luftabwehr in diesem Bereich existierte. Als einige der Transportmaschinen Dacca passierten, verließen pakistanische Soldaten sogar ihre Stellungen und jubelten ihnen zu, da sie sie mit chinesischen Flugzeugen verwechselten und damals Gerüchte über eine chinesische Intervention aufseiten Pakistans die Runde machten.

Die Landung der Luftlandetruppen verlief erfolgreich, wenn auch nicht vollkommen problemlos, denn der Abwurf der indischen Feldgeschütze misslang. Drei fielen in den Fluss, ein viertes krachte durch das Dach eines Hauses. Die Fallschirmjäger landeten zunächst weit verteilt. Während einige Gruppen von der jubelnden Bevölkerung empfangen wurden, die den Soldaten sogar ihre Rucksäcke abnahmen, gerieten andere in das Feuer schnell herbeieilender pakistanischer Truppen.

Bis 19 Uhr hatten die Fallschirmjäger die Poonglibrücke gesichert und Verbindung zur 1st Maratha Light Infantry hergestellt. Die aus Norden heraneilende 93. Pakistanische Brigade unternahm mit einem Bataillon mehrere Gegenangriffe auf die Brücke, wurde aber unter schweren Verlusten zurückgeschlagen. Die Masse der Brigade konnte sich dennoch nach Dacca durchschlagen.

Bedeutung

Die Verluste bei der Besetzung der Poonglibrücke waren vergleichsweise gering. Die indischen Fallschirmjäger büßten drei Tote und 15 Verwundete ein. Die Pakistanis beklagten dagegen etwa 370 Tote, 100 Verwundete und 600 Gefangene. Doch die operativen Auswirkungen waren enorm, denn die Einnahme der Brücke ermöglichte es der indischen Armee, Dacca von der weniger gut verteidigten Westseite her einzuschließen. Die Stadt wurde am 16. Dezember abgeriegelt und dazu aufgefordert, sich innerhalb von dreißig Minuten zu ergeben, woraufhin der pakistanische Widerstand vollkommen zusammenbrach. General Amir Abdullah Khan Niazi und 90.000 Mann streckten die Waffen. Beim Einmarsch in Dacca marschierte das 2. Fallschirmjägerregiment an der Spitze der indischen Truppen. Als er später für die Gründe für seine rasche Kapitulation gefragt wurde, verwies General Niazi auf ein Cover der Times über den „Tangail Airdrop".

Mit der Kapitulation der pakistanischen Streitkräfte in Bangladesch endete der Dritte Indo-Pakistanische Krieg. Auch die pakistanische Westfront stand zu diesem Zeitpunkt kurz vor dem Kollaps, nachdem die indischen Truppen die Grenzschlachten für sich entscheiden und tief auf pakistanisches Territorium vorrücken konnten. Die Sowjetunion war durchaus bereit, die Unabhängigkeit Bangladeschs anzuerkennen. US-Präsident Nixon beobachtete die sowjetische Unterstützung Indiens dagegen mit Skepsis und versuchte Pakistan den Rücken zu stärken, indem er unter anderem den Iran zu Waffenlieferungen ermunterte.

Letztendlich mussten die USA die gestärkte geopolitische Stellung Indiens akzeptieren, was zu einem paradoxen Positionswechsel führte; denn während Nixon ab 1972 die Beziehungen zu Indien zu bessern suchte, wandte sich die UdSSR verstärkt Pakistan zu. Auch China sah den indischen Krieg kritisch und blockierte 1972 die Aufnahme Bangladeschs in die UNO.

Indien hatte einen klaren Sieg errungen. Qualitative und quantitative materielle Überlegenheit hatten eine wichtige Grundlage dafür geschaffen, aber entscheidend war letztendlich, dass die Inder diese Überlegenheit operativ mit großer Effizienz einsetzten. Das Zusammenspiel zwischen Luft- und Bodentruppen funktionierte sehr gut und insbesondere die Luftlandeunternehmen in Ostpakistan gehören zu den beeindruckendsten ihrer Art seit dem Zweiten Weltkrieg, verdeutlichen aber auch die Probleme beim Einsatz von Fallschirmtruppen. Die indischen Verbände wurden bei der Anlandung weiter verstreut als geplant und profitierten vor allem vom mangelnden Widerstand der Pakistanis, auch wenn die Aufgabe von Fallschirmtruppen gerade in der Landung in schwach oder nicht verteidigten Gebieten liegt.

Strategisch hatte Indien seine Position gegenüber Pakistan im Vergleich zu den vorangegangenen Konflikten erheblich verbessert. Die Gefahr eines Zweifrontenkrieges war beseitigt, das wirtschaftliche und militärische Potential Pakistans nicht zuletzt durch die mit der Abspaltung Bangladeschs einhergehenden Bevölkerungsverluste erheblich verringert. Die Spannungen zwischen beiden Ländern setzten sich jedoch fort. Indien stieg 1974 in die Reihe der Atommächte auf, Pakistan 1979. Die Grenzkonflikte im Kaschmirraum sind bis heute nicht beigelegt.

Beteiligte Armeen

Indien (Lieutenant Colonel Kulwant Singh Pannu)

Stärke: 2. Fallschirmjägerbataillon, 49. Luftgestützte Batterie, Maratha Light Infantry, ca. 1.000 Mann

Verluste: 3 Tote, 15 Verwundete bei den Fallschirmjägern

Pakistan (Brigadier Abdul Qadir Khan)

Stärke: Teile der 93. Brigade, genaue Stärke unbekannt, ca. 1.800-2.700 Mann

Verluste: unbekannt, nach indischen Angaben bis zu 370 Tote, 100 Verwundete, 600 Gefangene. Andere Angaben sind niedriger.

Mogadischu, 3. – 4. Oktober 1993

„*Von unmittelbaren Belang für uns war, dass Mogadischu eine Stadt mit über einer Million Einwohnern war, von denen viele, wenn nicht sogar die meisten schwer bewaffnet waren. Viele von uns wussten, dass der Eintritt in diese Kriegertradition, kombiniert mit einem Mangel an Hoffnung auf Stabilität oder Verbesserung des Wohlstands, und angefacht durch internationale Vernachlässigung, einen gewaltigen Feind schaffen würde. Die Somalis waren keine Kämpfer, die zur leichten Kapitulation neigten.*"

Matt Eversmann, 3rd Ranger Regiment.

Der Zusammenbruch des Ostblocks und das Ende des Kalten Krieges brachten kein Ende des Krieges per se, wie ihn einige Autoren dieser Zeit propagiert hatten. Bereits der Zweite Golfkrieg widerlegte die These. Zudem erlangten nach 1990 vermehrt postkoloniale Konflikte bzw. Folgekonflikte die Aufmerksamkeit der Öffentlichkeit, ebenso wie die Aktivitäten islamischer Fundamentalisten.

Eine Mischung all dieser Faktoren spielte im Somalischen Bürgerkrieg eine Rolle, der Ende der 1980er Jahre entbrannte, als sich verschiedene regionale, ethnische und religiöse Gruppen zusammentaten, um den seit 1969 regierenden Diktator Siad Barre zu entmachten. Barre floh 1991 nach Kenia. Der 1989 gegründete Vereinte Somalische Kongress spaltete sich daraufhin in verschiedene Clans auf, die sich vor allem auf dem Gebiet der Hauptstadt Mogadischu bekriegten. Der Bürgerkrieg hatte das Land zerrüttet und zur Entstehung etlicher eigenständig operierender Warlords beigetragen, die ihre Truppen aus dem Land heraus versorgten. Dadurch waren Ernten willkürlich aufgezerrt und vernichtet worden, was schließlich zu einer Hungerkatastrophe führte, die je nach Schätzung bis zu einer halben Million Menschen das Leben kostete. 1992 beschloss die UNO, eine Hilfsmission (UNOSOM I) nach Somalia zu schicken. Diese sollte einen Waffenstillstand zwischen den wichtigsten Warlords Ali Mahdi Mohammed und Mohammed Farah Aidid vermitteln und so die Verteilung von Hilfsgütern sicherstellen. Die Situation vor Ort blieb jedoch instabil, da Aidid eine Somalische Nationale Allianz bildete, die den Abzug der UN-Truppen forderte. US-Präsident George H. W. Bush bot daraufhin die Entsendung eines amerikanischen Militärkontingents an (Operation Restore Hope). Die UNO akzeptierte und unterstellte UNOSOM der neuen United Task Force. Die USA stellten 25.000 der 30.000 Soldaten, der Rest wurde von verschiedenen Ländern geschickt, unter anderem die BRD, die in Somalia ihren ersten Auslandseinsatz durchführen ließ.

Die United Task Force verfügte über erweiterte Kompetenzen hinsichtlich des Einsatzes militärischer Gewalt, ging allerdings nur zögerlich gegen einzelne Warlords vor. Aus Angst vor einer weiteren Eskalation und eigenen Verlusten wurden stattdessen Abkommen mit bestimmten Clans und Warlords abgeschlossen, was naturgegebenermaßen deren Gegner gegen die United Task Force aufbringen musste. Die Truppen wurden zunehmend als Besatzer wahrgenommen. Fälle von Menschenrechtsverletzung, die medial publik gemacht wurden, trugen zusätzlich dazu bei, die United Task Force zu diskreditieren. Trotz aller Probleme wurde das UN-Mandat für den Einsatz verlängert (UNOSOM II /Operation Continue Hope). Diese sah eine wesentlich kleinere UN-Truppe von lediglich 3.000 Mann vor, für die die USA eine Quick Reaction Force (QRF) von 800 Mann stellen sollten.

Aidid machte sich die antiwestliche Stimmung zunutze und ging zunehmend aggressiver gegen die UN-Truppen vor. Ein erster Versuch, die vereinzelten Warlords hinter sich zu vereinen, scheiterte im Mai, doch am 4. Juni schlossen über 200 Clanmitglieder einen Waffenstillstand und kündigten den UN-Einsatz auf. Nach einem Gefecht mit pakistanischen Blauhelmen, die eines seiner Waffenlager inspizieren wollten und bei der 24 Pakistanis ums Leben kamen, wurde Aidid zum Ziel mehrerer US-Operationen. Diese blieben jedoch erfolglos und führten nur zu weiteren Opfern unter der Zivilbevölkerung. Die USA beschossen Ziele vor allem aus der Luft. Bei der Operation Michael kamen am 12. Juli 1993 50 Menschen ums Leben.

Der Operationsplan

Am 3. Oktober 1993 planten die Amerikaner ein weiteres Mal, nach Mogadischu vorzustoßen und Aidid in seinem vermeintlichen Versteck zu ergreifen. Nach den vorliegenden Informationen wollte der Clanchef um 15 Uhr nahe dem Olympic-Hotel im Bakara-Bezirk eine Besprechung abhalten. Mitglieder der US-Spezialeinheit Delta Force sollten von Hubschraubern direkt über dem Gebäude abgesetzt werden und Aidid festnehmen. 46 Minuten später sollte ein Trupp US Army Ranger anlanden, um das Gebäude vor Gegenangriffen zu sichern. Inzwischen musste sich ein bewaffneter Konvoi durch die Stadt vorarbeiten, die Spezialteams und ihre Gefangenen aufnehmen und wieder sicher zum Stützpunkt außerhalb der Stadt eskortieren.

Im Nachgang der Schlacht wurden diverse Fehler an diesem Plan kritisiert. Demnach lagen keine verlässlichen Informationen über Aidids genauen Aufenthalt vor. Zudem war das Vorgehen der US-Truppen inzwischen ausrechenbar geworden, da sie bereits mehrere Operationen nach diesem Muster durchgeführt hatten. Schließlich wurde die ungenügende Ausrüstung der Eingreiftruppen mit schweren Waffen sowie der kurz zuvor erfolgte Abzug schwerer AC-130H Spectre Flugzeuge bemängelt, die den Bodentruppen Feuerunterstützung aus der Luft hätten geben können.

Die beteiligten Streitkräfte

Den eigentlichen Zugriff auf Aidid sollten die Mitglieder einer im August 1993 aufgestellten Task Force durchführen, die aus einem Team der Delta Force und dem 75th US Army Ranger Regiments bestanden. Die Delta Force ist eine eigens zur Terrorbekämpfung aufgestellte Spezialeinheit, die erstmals 1980 im Zuge der Geiselnahme von Teheran zum Einsatz kam und in den 1980er Jahren mehrfach in vergleichbaren Spezialoperationen in lateinamerikanischen Ländern Verwendung fand. Bei den Rangers handelt es sich um eine vergleichbare Spezialeinheit der Army. Als luftgestützte leichte Infanterie diente sie zunehmend in sogenannten Counterinsurgency (COIN) Missionen. Die Bodentruppen im Konvoi wurden von der 10th Mountain Division gestellt.

Die Spezialtruppen sollten mit leichten MH-6 Little Bird und MH-60 „Black Hawk“ Hubschraubern abgesetzt werden. Der Konvoi bestand aus einfachen Humvees und Trucks.

Über die genaue Stärke und Bewaffnung der somalischen Milizen ist nur wenig bekannt. Schätzungen reichen von 2.000 bis 4.000 Mann, die nicht nur aus den Reihen der Milizen stammten, sondern auch durch sich spontan versammelnde Freiwillige aus der Bevölkerung Mogadischus verstärkt wurden. Die Waffen stellten ein Sammelsurium der afrikanischen Arsenale des Kalten Krieges dar. Viele somalische Milizen wurden aus Kenia und Äthiopien mit Nachschub beliefert. Die sowjetische AK-47 bildete aufgrund ihrer einfachen Bedienung und Zuverlässigkeit das Standardgewehr vieler afrikanischer Armeen. Die taktische Führung hatte Oberst Sharif Hassan Giumale inne. Giumale war ein ehemaliger Offizier der somalischen Armee, der in der UdSSR und Italien ausgebildet worden war. In den vorangegangenen Jahren hatte er nicht nur Kampferfahrung gesammelt, sondern auch chinesische und vietnamesische Bücher über Guerillakriegsführung studiert. Er erkannte, dass die Luftunterstützung das wichtigste Element in den amerikanischen Raids darstellte. Deswegen mussten die Hubschrauber ausgeschaltet, die Spezialtruppen von dem Konvoi getrennt gehalten und die Amerikaner auf diese Weise vernichtet werden.

Die Schlacht

Der amerikanische Angriff verlief zunächst wie geplant. Am 3. Oktober um 15:42 landete die Delta Force über dem Zielgebäude, gefolgt von den Rangers. Allerdings war Aidid zu diesem Zeitpunkt bereits geflohen.

Giumale gab derweil seinen bereitstehenden Truppen das Signal, gegen die erwarteten Konvois aus der UNOSOM-Basis in Stellung zu gehen. Auch das Areal um das Olympic-Hotel wurde vollständig abgeriegelt. Trotz Beschusses aus Raketenwerfern, Molotowcocktails und Steinen erreichte der Konvoi zehn Minuten nach Zeitplan das Zielgebäude und nahm die Spezialteams und ihre Gefangenen auf. Auf dem Rückweg durch die Stadt verstärkte sich jedoch der Widerstand und der Konvoi musste einen Umweg nehmen.

40 Minuten nach Angriffsbeginn wurde ein Black Hawk Helikopter unter Pilot Cliff "Elvis" Wolcott von einer sowjetischen RPG-7 Panzerfaust getroffen und stürzte 270 Meter östlich des Zielgebäudes ab. Die beiden Piloten wurden getötet, doch zwei Delta Force Scharfschützen überlebten und sahen sich bald von feindlichen Milizen umzingelt. Ein Rettungsteam wurde ausgeschickt, doch während dieses über der Unfallstellte abseilte, wurde auch ihr Black Hawk von einer Panzerfaust getroffen und musste sich zurückziehen. Das Team barg die Verwundeten und schlug sich zu einem Sammelpunkt durch.

Kurz darauf wurde ein dritter Black Hawk von den Somalis angeschossen, der ebenfalls über der Stadt abstürzte. Ein neuer Konvoi wurde zusammengestellt, um die eingeschlossenen Soldaten zu retten, doch dieser hatte kaum die Basis verlassen, als er unter heftigen Beschuss geriet. Ein zweiter Konvoi der 10th Mountain Rangers wurde ebenfalls abgefangen und in ein intensives Feuergefecht verwickelt.

Letztendlich versuchte ein Black Hawk, die zwei Delta Force Scharfschützen von der zweiten Abschussstelle zu bergen. Auch dieser Helikopter wurde durch Raketen getroffen und musste abdrehen. Die beiden Scharfschützen wurden nach hinhaltendem Kampf getötet.

An der ersten Absturzstelle hatten sich etwa 90 Ranger und Delta Force Soldaten eingeigelt. Erst nach Mitternacht gelang es einem schwer bewaffneten Konvoi, unterstützt von somalischen und malaysischen UN-Streitkräften, zur Absturzstelle durchzubrechen und den Trupp zu retten. Nach der Schlacht zogen die Somalis die Leichen der Amerikaner durch die Straßen und verstümmelten diese.

Bedeutung

Auf Druck des US-Botschafters wurden die Leichen der gefallenen US-Soldaten und ein Gefangener wieder herausgegeben. Doch die Bilder aus Somalia schockten die amerikanische Öffentlichkeit. Bereits am 6. Oktober befahl US-Präsident Clinton, die Jagd auf Aidid einzustellen. Gleichzeitig kündigte er den raschen Rückzug der US-Truppen an, der sich letztlich bis zum 6. März 1995 hinzog. Die Lage in Somalia ist bis heute instabil. Das Land bot nach dem Abzug der UN-Truppen einen wichtigen Unterschlupf für die Al-Qaida. In den kommenden Jahren sollten die USA keine Truppen mehr nach Afrika schicken und lehnten daher auch ihre Unterstützung ab, als 2003 eine UN-Intervention im Kongo debattiert wurde. Diese Entscheidung muss allerdings in ihren geopolitischen Kontext gesetzt werden. Die innerafrikanischen Konflikte wurden nach dem Ende des Kalten Krieges und der Möglichkeit einer Erweiterung der sowjetischen Einflusssphäre in diesem Raum für die USA vergleichsweise uninteressant. Im Gegensatz dazu war Washington nur ein Jahr nach Mogadischu bereit, 20.000 Soldaten nach Haiti zu schicken, um den durch einen Militärputsch gestürzten Präsidenten zu reinstallieren und den Zustrom von Flüchtlingen in die USA zu stoppen.

Die Schlacht um Mogadischu verdeutlicht in vielerlei Hinsicht Perspektiven und Probleme moderner Kriegsführung. Guerillakriege wurden bis dahin mehrheitlich auf dem Land ausgefochten, das irregulären Truppen Unterschlupf bot, während reguläre Truppen vorwiegend die Kontrolle über Städte ausübten. In Mogadischu war das nicht der Fall. Die Stadt war seit Beginn des Bürgerkrieges hart umkämpft und die UNSOM-Truppen mussten ihre Lager außerhalb aufschlagen. Urbane Kriegsführung, ob zwischen regulären und irregulären Truppen wie etwa auch im Syrischen Bürgerkrieg oder nur zwischen irregulären Truppen wird in der Zukunft vermutlich einen breiteren Raum in der Kriegsführung einnehmen. Mogadischu verdeutlicht aber auch geänderte Parameter in der Kriegsführung zwischen modernen Armeen und den Gewaltgemeinschaften unterentwickelter Länder oder nichtstaatlicher Akteure. Die Asymmetrie derartiger Konflikte liegt nicht mehr unbedingt in der Struktur der Truppen, da die meisten regulären Armeen heute über Spezialtruppen verfügen, die für COIN-Einsätze ausgebildet sind. Stattdessen liegt sie in der Bereitschaft, Verluste hinzunehmen. Bis zum Zweiten Weltkrieg akzeptierten westliche Nationen enorme Verluste beim Einsatz ihrer Streitkräfte. Als Resultat des Zweiten Weltkrieges und der vielen heißen Konflikte des Kalten Krieges erodierte diese Bereitschaft aufgrund tiefgreifender sozialer und kultureller Veränderungen. Die Möglichkeit, den Krieg über das Fernsehen in all seiner Brutalität hautnah miterleben zu können, trug mit dazu bei. Heute reagieren westliche Gesellschaften sehr empfindlich auf jeden einzelnen gefallenen Soldaten. Auf der anderen Seite sind gerade islamistische Gruppen bereit, hohe Verluste hinzunehmen, da sie nur Sieg oder Tod kennen und den Tod im Kampf als Beitrag zum Sieg ansehen. Diese Asymmetrie bestimmte Konflikte wie den Irak- oder Afghanistankrieg und wird auch in Zukunft handlungsleitend für die Strategie westlicher Nationen bei COIN-Einsätzen, aber auch in regulären Interstaatenkriegen sein.

Beteiligte Armeen

USA (Majorgeneral William F. Garrison)

Streitkräfte: 160 Mann für den eigentlichen Einsatz, 3.000 für die spätere Rettungsmission

Verluste: US-Amerikaner: 19 Tote, 1 Gefangener, 73 Verwundete, Malaien 1 Toter, 7 Verwundete, Pakistanis 1 Toter, 2 Verwundete.

Somalische Nationale Allianz (Oberst Sharif Hassan Giumale)

Streitkräfte: ca. 2.000-4.000 Mann

Verluste: ca. 1.000 Tote und Verwundete

Aleppo, 19. Juli 2012 – 22. Dezember 2016

„Gewaltherrscher in aller Welt dürften Aleppo als Ermunterung verstehen. Die Schlacht um die nordsyrische Stadt macht auf fatale Art und Weise deutlich, dass Diktatoren und Despoten ungeschoren davonkommen. Anders ausgedrückt: Kriegsverbrechen sind nicht nur möglich und bleiben folgenlos, sondern sie zahlen sich sogar aus. Assads Schergen haben in Aleppo – im Kampf gegen das eigene Volk – nichts ausgelassen. Fass, Streu- und Brandbomben wurden abgeworfen, Krankenhäuser ebenso wie Schulen immer wieder gezielt attackiert. Kinder starben durch Giftgas. Hunger war ebenfalls eine willkommene, weil zermürbende Waffe. Auch deshalb hat das Regime keinerlei Hilfe von außen zugelassen. Die Menschen sollten gebrochen werden.“

Christian Böhme, Redakteur des Tagesspiegel 2016

Im Zuge liberaler Proteste in der arabischen Welt, die schnell als „Arabischer Frühling“, als vermeintliche Hinwendung zur Demokratie seitens der Masse der Bevölkerungen der Länder im Nahen Osten und Nordafrikas verstanden wurden, kam es in Syrien 2011 zum Ausbruch eines Bürgerkrieges, der sich gegen das seit 1970 regierende Assad-Regime richtete. Baschar al-Assad, der nach dem Tod seines Vaters im Jahr 2000 zunächst kurzeitig eine leichte Liberalisierung, den sogenannten Damaszener Frühling, eingeleitet, aber ab 2002 wieder zurückgenommen hatte, forderte zwar noch im Januar 2011 nach den Protesten in Ägypten ein Umdenken arabischer Machthaber und eine stärkere Liberalisierung, verweigerte aber entsprechende Reformen im eigenen Land. Entgegen seiner eigenen Erwartungen griffen die Proteste im März auch auf Syrien über, wogegen Assad mit repressiven Maßnahmen vorging. Die Protestbewegung selbst war äußerst heterogen zusammengesetzt. Den ursprünglichen Kern mochten arabische Bürgerrechtler gebildet haben, die sich für eine Demokratisierung nach westlichem Vorbild einsetzten, doch die stärkste Fraktion bildeten schon bald islamistische Gruppen wie die Muslimbrüder, denen nichts ferner lag, als eine Verwestlichung der islamischen Welt. Das Regime begann jedoch zu bröckeln, als Teile des Militärs unter General Riad al-Assad – nicht verwandt mit der Diktatorenfamilie – die Freie Syrische Armee gründeten. Die UN verhängte zudem Sanktionen gegen die syrische Regierung, sodass Baschar al-Assad ökonomisch, militärisch innen- und außenpolitisch immer stärker unter Druck geriet. Westliche Länder, allen voran die USA, unterstützten die Protestbewegungen politisch und teilweise durch verdeckte Waffenlieferungen. Aufgrund der Unpopularität des Irak- und Afghanistankrieges sowie der damit verbundenen militärischen Belastung der NATO-

Staaten zögerten die USA jedoch, jenseits von Luftangriffen militärisch in den eskalierenden Bürgerkrieg zu intervenieren. Dies galt für Syrien ebenso wie für Libyen und Ägypten und ist auch auf die Haltung Russlands und Chinas zurückzuführen, die sich mehr oder weniger an die Seite des Assad-Regimes stellten. In Syrien zeigte sich zudem, dass die Opposition stark zersplittert war, wobei die Bruchlinien entlang politischer, ethnischer und religiöser Grenzen verliefen. Im Windschatten dieses Konfliktes bildeten sich 2013 die Islamische Front sowie der Islamische Staat, letzterer als Neugründung bereits im Irak aktiver Terrorgruppen. Beide strebten die Bildung eines Islamischen Staates an, wobei sich die Islamische Front auf Syrien konzentrierte, der IS dagegen die Ausrufung eines neuen Kalifats unabhängig bestehender territorialer Grenzen anstrebte und dieses 2014 auch ausrief. Auch christliche und kurdische Gruppierungen spielten in dem Konflikt eine wichtige Rolle.

Zu einem der meist umkämpften Gebiete gehörte ab Sommer 2012 Aleppo, die nach Damaskus zweitgrößte Stadt des Landes, die von großer kultureller Bedeutung für die islamische Gemeinschaft ist und daher seit 2003 als Weltkulturerbe und 2006 auch Hauptstadt der Islamischen Kultur gilt.

Beteiligte Streitkräfte

Aleppo nimmt in den im Rahmen dieses Buches besprochenen Schlachten auch dahingehend eine Sonderrolle ein, da es keine Auseinandersetzung zwischen zwei klar getrennten Konfliktparteien darstellte. Was zunächst als Kampf heterogen zusammengesetzter Rebellengruppen mit dem Assad-Regime begann, zersplitterte auch in Aleppo schließlich zunehmend in einem Kampf innerhalb dieser Gruppen.

Eine der stärksten in Aleppo tätigen Rebellengruppen war die eigens hierfür aufgestellte Al-Tawhid-Brigade, die verschiedenen Berichten zufolge aus Qatar finanziert wurde und sich für die Errichtung des Shaaria-Rechtes einsetzte. Hierzu traten Teile der Freien Syrischen Armee. Später kamen noch die salafistische Al-Nusra Front, die oft als syrischer Ableger von Al-Qaida bezeichnet wird und die kurdische Salah al-Din-Gruppe hinzu. Gemeinsam war vielen dieser Gruppen, dass sie mehrheitlich, aber nicht ausschließlich aus Sunniten bestand. Dagegen wurde die syrische Regierung auch durch schiitische Hisbollah-Gruppen, iranische Truppen und schiitische Milizen aus dem Irak unterstützt. Russland lieferte Luftunterstützung. Wladimir Putin war an einer Stabilisierung des Assad-Regimes, einer Eindämmung sowohl radikalislamischer Bewegungen als auch prowestlicher Grupperingen interessiert und nutzte den Bürgerkrieg zudem zur Demonstration eigener militärischer Stärke. Die syrische Armee selbst war auf den

Bürgerkrieg und insbesondere Aspekte moderner urbaner Kriegsführung überhaupt nicht vorbereitet. Strukturell immer noch im Kalten Krieg verhaftet, war sie für konventionelle Konflikte, beispielsweise gegen Israel, aufgebaut worden. Ihr Rückgrat bildeten Panzerdivisionen. Ihre Stärke im Verlauf des Bürgerkrieges schwankte von 200.000 bis 280.000 Soldaten, allerdings litt sie unter hohen Desertionsraten. Türkische Medien meldeten 2012 die Flucht von angeblich 60.000 Soldaten. Viele wehrpflichtige Rekruten verweigerten sich angesichts der Brutalität des Regimes oder schlicht aus Angst vor der Einberufung und flohen ins Ausland, was einen wesentlichen Faktor für die entstehende Flüchtlingskrise bildete. Die Kämpfe in Aleppo zwangen die Armee zu einer völligen Neustrukturierung ihrer Truppen. Die taktische Grundeinheit bildeten nun kleine Gruppen von 40 Soldaten mit Maschinenwaffen, Panzerfäusten und Artillerieunterstützung. Zudem begann die Armee mit der Bildung neuer Spezialtruppen, wie der 25. Brigade, die auch in Aleppo zum Einsatz kam. Auch als „Tiger-Einheit" bekannt, setzt sich der Verband aus unterschiedlich starken, regimentsähnlichen Gruppen zusammen.

Die Schlacht

Zu Beginn des Bürgerkrieges blieb es in Aleppo weitgehend ruhig. Die Stadtregierung hielt zum Assad-Regime. Im Sommer 2012 begannen jedoch die ersten Angriffe von etwa 6.000 bis 7.000 Rebellen der Freien Armee und der Al-Tawhid-Brigade. Dabei kam es zu ersten Berichten, dass Rebellengruppen sich in bewohnten Häusern verschanzten. Das Ziel einiger Gruppen bestand wohl nicht ausschließlich in der Erlangung der Kontrolle über die Stadt, sondern auch der Plünderung von Wohnungen und Geschäften zwecks der eigenen Versorgung. Die FSA versuchte hingegen eine gezielte Offensive zum Stadtzentrum vorzutragen, wobei sie hohe Verluste hinnehmen musste. Bis Ende Juli konnten die Rebellen eine Verbindung zur türkischen Grenze herstellen, von wo aus sie mit Waffen, Munition und Versorgungsgütern beliefert wurden. Wichtige Widerstandsnester bildeten die über die ganze Stadt verteilten Polizei- und Sicherheitszentren, die von den Rebellen immer wieder angegriffen wurden. Es bildete sich ein Ring, der vom Nordosten der Stadt in westliche Richtung bis zu den südwestlichen Ausläufern reichte. 2013 rief die al-Nusra Front eine Flugverbotszone über Aleppo aus und drohte mit dem Abschuss auch ziviler Maschinen, da diese verdächtigt wurden, Regierungstruppen in die Stadt zu schmuggeln. Gleichzeitig intensivierten sich die Kämpfe um die städtischen Flughäfen. Im Juni und November trugen Regierungstruppen zwei großangelegte konventionelle Offensiven vor, die zu teilweisen Geländegewinnen führten. Dabei kam es zu einem massiven Artillerieeinsatz, aber auch dem Abwurf von Fassbomben aus Helikoptern, was große Aufmerksamkeit in westlichen Medien erregte und zu zusätzlichen Sanktionen gegen das Assad-Regime führte, das jedoch den Einsatz dieser – offiziell nicht verbotenen – Waffen bestritt.

2014 setzte die Armee ihre Offensive fort und verzeichnete weitere Geländegewinne im Norden der Stadt. Aufgrund der anhaltenden Bedrohung für die zivile Bevölkerung in der Millionenstadt versuchte die UNO, einen Waffenstillstand zu vermitteln, den das Assad-Regime prüfen wollte, der von der FSA jedoch abgelehnt wurde.

Das Jahr 2015 begann mit einer Reihe überraschender Erfolge der Rebellen im Süden der Stadt, ehe die Armee im Februar mit einer Offensive versuchte, die Versorgungslinien der Rebellen im Norden endgültig zu durchtrennen. Hierbei kam es zu heftigen Kämpfen um das Dorf Handarat. Dagegen führten die Rebellen im Frühjahr und Sommer neue Angriffe auf den Westen und das Zentrum von Aleppo aus. Tunnelbomben und Artilleriebeschuss führten zu hohen zivilen Opferzahlen, während auch die Versorgung der nach wie vor großen Bevölkerung durch den Zusammenbruch der Infrastruktur litt. Dennoch lehnten große Teile der Bevölkerung syrisch-russische Angebote zur systematischen Evakuierung bedrohter Wohnviertel ab.

Im Frühjahr 2016 gelang es der syrischen Armee schließlich, die Verbindungen der Rebellen zur Türkei zu kappen, woraufhin im Sommer die Offensive gegen die in Rebellenhand verbliebenen östlichen Stadtviertel erfolgte. In einer Gegenoffensive konnten die Rebellen zwar noch einmal die Versorgungslinien der Armee bedrohen. Dies führte jedoch nur zu einer kurzzeitigen Krise. Im Herbst drang die Armee im Osten Aleppos immer weiter vor. Erst in den letzten Tagen der Schlacht kam eine Evakuierung der unter Rebellenkontrolle befindlichen Bevölkerung zustande. Diese war am 22. Dezember abgeschlossen, woraufhin die syrische Armee die Rückeroberung der Stadt meldete.

Bedeutung

Die vierjährige Schlacht hinterließ beträchtliche Zerstörungen, sowohl am historischen Erbe der Stadt, etwa der Großen Moschee, deren 1090 gebautes Minarett zerstört wurde, oder der Zitadelle, als auch an der Wohnbebauung. Schätzungsweise 33.500 Häuser wurden in Trümmer gelegt, mehrheitlich im Osten der Stadt. Tausende Läden wurden vernichtet. Etwa 32.000 Zivilisten und Kombattanten kamen im Laufe der Schlacht ums Leben.

Die Schlacht um Aleppo scheint konventionelle zeitliche und selbst räumliche Vorstellungen einer Schlacht zu sprengen. Zwar lässt sich das eigene Kampfgebiet relativ klar eingrenzen, der Frontverlauf war im dicht bebauten Stadtgebiet jedoch teilweise schwer nachvollziehbar. Dies macht den Kampf im urbanen Raum unübersichtlich und bildet einen wesentlichen Grund für die Länge und Härte der Kämpfe. In einer sich immer weiter urbanisierenden Welt wird die Stadt als Schlachtfeld der Zukunft wahrscheinlich eine wachsende Rolle spielen und unbeteiligte Zivilisten als dritte Partei sprichwörtlich zwischen die Fronten geraten. Dies ließ sich auch in anderen Nahoststädten nach 2000 beobachten. In Mossul benutzte der IS bewusst Zivilisten als menschliche Schutzschilder in Nahkämpfen und versuchte auch, die Flucht der Bevölkerung durch Waffengewalt zu verhindern. Auch im 2022 ausgebrochenen Ukrainekrieg konzentrierten sich viele Kampfhandlungen auf ukrainische Großstädte wie Kiew und Mariupol. Auf internationalen Druck wurde versucht, die Bevölkerung besonders hart umkämpfter Städte zu evakuieren. Diese Bemühungen wurden lange Zeit von den russischen Streitkräften blockiert, was auch als Versuch gesehen werden kann, nach althergebrachter Weise über die drohende Wirkung von Gewalt gegenüber der Zivilbevölkerung Druck auf die Verteidiger aufzubauen.

Auch westlichen Gesellschaften droht ein „syrisches Szenario“, sollten sich innere Protest- und Widerstandsbewegungen weiter radikalisieren und militarisieren. Der Sturm auf das Kapitol in Washington am 21. Januar 2021 oder der versuchte Sturm auf den Reichstag in Berlin 2020 sowie immer wieder gewaltsam eskalierende Proteste, etwa gegen den G 20 Gipfel in Hamburg 2020, die Gelbwestenbewegung in Frankreich 2018, Straßenschlachten zwischen links- und rechtsradikalen Gruppen, wie sie beispielsweise regelmäßig in Leipzig stattfinden, aber auch Eskalationen durch gewaltbereite Hooligans aus der Fußballszene, wie sie sich beim Aufstieg (!) von Dynamo Dresden in die Zweite Bundesliga im Mai 2021 abspielten, verweisen alle auf die Stadt als Kampfgebiet und könnten – müssen jedoch nicht zwangsläufig – einen Vorgeschmack auf weitere Eskalationen liefern.

Beteiligte Streitkräfte

Syrien (Suheil al-Hasan)

Stärke: stark schwankend, etwa 20.000 syrische Soldaten, 1.500 Mann Miliz, etwa 8.000 prosyrische Freischärler

Rebellengruppen

Stärke: schwer zu schätzen bis zu 15.000

Gesamtverluste: bisher ebenfalls schwer zu ermitteln, etwa 32.000

Kiew, 24. Februar – 2. April 2022

„Auf den Straßen unserer Stadt laufen jetzt Kampfhandlungen. Wir bitten darum, Ruhe zu bewahren und maximal vorsichtig zu sein!"

Pressemeldung der Stadt Kiew, 26. Februar 2022

Das Ende des Kalten Krieges brachte nicht nur den Zerfall des Sowjetstaates, sondern auch der Roten Armee mit sich, einer Armee, die seit dem Zweiten Weltkrieg als eine der größten und besten der Welt gegolten hatte. Allerdings hatte die Rote Armee bereits in den achtziger Jahren zunehmend Probleme, im technologischen Wettrüsten mit den USA Schritt zu halten. Sowjetische Ingenieure entwickelten zwar weiterhin hochmoderne Waffensysteme, die Industrie war jedoch nur noch mit Mühe in der Lage, diese auch herzustellen.

Der Zusammenbruch der UdSSR führte zu einer drastischen Reduzierung des nun russischen Militärs. Neubauprojekte wurden auf Eis gelegt und selbst die Erhaltung bestehender Technologie – Schiffe, Panzer, Flugzeuge – bereitete Schwierigkeiten. Der Untergang des Atom-U-Boots „Kursk" im Jahr 2000 wird zum Teil darauf zurückgeführt. Neben Defiziten in der Schwerindustrie – einst ein Flaggschiff der sowjetischen Wirtschaft – machte sich auch die Rückständigkeit sowjetischer Elektronik zunehmend negativ bemerkbar. Die technologische Schere zwischen den USA und der UdSSR klappte gegen Ende des Kalten Krieges immer weiter auseinander.

Unter Wladimir Putin sollte sich Russland nicht nur wirtschaftlich stabilisieren, sondern auch militärisch erstarken. Putin lag und liegt viel daran, Russland als potente Militärmacht zu präsentieren, die auf Augenhöhe mit den USA und China agieren kann. Russische Interessen wurden während des Zweiten Tschetschenienkrieges (1999-2009) und des Georgien- oder Kaukasuskrieges (2008) – der in vielerlei Hinsicht als Blaupause für das russische Vorgehen in der Ukraine herhalten kann – mit militärischer Gewalt durchgesetzt. Seit 2015 greift Russland zudem mit Luftstreitkräften im Syrienkonflikt ein und trägt somit wesentlich zur Stabilisierung, ja überhaupt zum Überleben des Assad-Regimes bei.

Ein Jahr zuvor hatten russische Truppen zudem die Krim besetzt. Durch ein von Russland durchgeführtes Referendum spaltete sich die Halbinsel schließlich von der Ukraine ab. Gleichzeitig unterstützten russische Truppen verdeckt pro-russische Separatisten im Donbas. Nicht nur von Russland finanzierte Milizen, sondern vermutlich auch aktive Einheiten der russischen Armee kamen hier zum Einsatz. Der Überfall auf die Ukraine im Februar

2022 stellte somit bei weitem nicht die politische Zäsur dar, als die sie in deutschen Medien dargestellt wurde. Es war die durchaus nicht unvorhersehbare nächste Eskalationsstufe eines Krieges, den Russland schon seit acht Jahren offen oder verdeckt gegen die Ukraine führt.

Für die meisten Kommentatoren und Experten war es dennoch überraschend, dass der Ukraine-Krieg nicht innerhalb weniger Tage mit einem Sturz der Kiewer Regierung endete. Schon nach zwei Wochen wurden Vergleiche mit den russischen Kriegen gegen Finnland 1939-40 und in Afghanistan 1979-1989 bemüht. Beide Vergleiche hinken jedoch – angefangen bei dem Umstand, dass die UdSSR den Finnlandkrieg nach einigen einleitenden Rückschlägen gewann. Die drei Kriegsschauplätze lassen sich jedoch nur schwer miteinander vergleichen. Im Finnlandkrieg war Russland gezwungen, einen Gegner auf sehr schmaler Front frontal anzugreifen, wodurch es seine numerische Überlegenheit schlecht ausspielen konnte. Das bergige Terrain Afghanistans verhinderte dagegen den effizienten Einsatz von Bodentruppen.

Die Situation der Ukraine war – zumindest am Vorabend des Krieges – eher vergleichbar mit der Polens 1939. Das Land verfügte über eine in vielerlei Hinsicht schwächere Armee und wurde von einem überlegenen Gegner aus drei Himmelsrichtungen angegriffen, was die Bildung eines Verteidigungsschwerpunktes erheblich erschwerte. Zudem sind weite Teile des Landes offen und stellen eigentlich ein ideales Einsatzgebiet für Panzer und motorisierte Verbände dar. Bereits im Zweiten Weltkrieg fanden in diesem Raum die größten Schlachten statt, so etwa in den auch nun wieder umkämpften Städten Charkiw (Charkow) und Kiew. Vergleiche mit Finnland und Afghanistan sind vor diesem Hintergrund unangebracht und ein schneller Erfolg in einem – im Gegensatz zur sowjetischen Invasion Afghanistans – weitegehend konventionell geführten Krieg war trotz der geschilderten Defizite des russischen Militärs durchaus erwartbar.

Auch wenn es an dieser Stelle schwierig ist, qualifizierte Aussagen über Wladimir Putins strategisch-operative Pläne zu machen, so scheint es doch naheliegend, dass auch der russische Präsident mit einem schnellen militärischen und womöglich auch politischen Zusammenbruch der Ukraine gerechnet hat. Für eine vollständige Okkupation des Landes gegen den Widerstand eines substantiellen Teils der Bevölkerung ist die russische Armee zahlenmäßig nicht stark genug. Dies betrifft weniger die Menge und Qualität ihrer technischen Ausrüstung als vielmehr die eingesetzt Mannstärke, die nur in begrenztem Maß durch Technik ersetzt werden kann, eine Erfahrung, die die Amerikaner in den letzten zwei Jahrzehnten in Afghanistan und Irak machen mussten. Kurzum: Hubschrauber, Jagdbomber und Panzer sind kein Ersatz für Infanterie, wenn es um die Besetzung eines Landes und die Kontrolle einer nicht kooperationsbereiten Bevölkerung geht.

Der starke ukrainische Widerstand konnte den russischen Vormarsch bald weitgehend stoppen. Die Gründe hierfür sind – zumal der Krieg im Moment, als dieses Buch verfasst wird, noch andauert – schwer zu ermitteln. Moral spielt sicherlich eine wichtige Rolle, denn während sich ein Großteil der ukrainischen Bevölkerung hinter ihren Präsidenten Wolodymyr Oleksandrowytsch Selenskyj stellt, mehren sich rasch Berichte in westlichen Medien, wonach der Krieg sowohl in weiten Teilen der russischen Bevölkerung, als auch – und dies ist letztlich entscheidend – innerhalb des Militärs äußerst unpopulär ist.

Beteiligte Armeen

Die starken russischen Rüstungsmaßnahmen und die aggressive Umsetzung außenpolitischer Ziele, zu der sich Wladimir Putin auch offen bekannt hat, wurden insbesondere in Europa zunehmend mit Sorge betrachtet. Dennoch klafft eine Lücke zwischen der martialischen Rhetorik Putins und dem militärischen Potential seines Landes. Die Defizite hinsichtlich der russischen Leistungsfähigkeit wurden jedoch nicht erst in der Ukrainekrise sichtbar, sondern deuteten sich bereits durch die Probleme an, die ambitionierten eigenen Aufrüstungspläne umzusetzen. Im Laufe des neuen Jahrtausends proklamierte Russland nicht nur wiederholt vollmundig massive Aufrüstungsprogramme, sondern stellte der Öffentlichkeit auch stolz neu entwickelte Waffentechnologie vor. Das Heer präsentierte 2015 auf einer Militärparade die ersten Modelle des T-14 Kampfpanzers, von denen laut Aussage des Verteidigungsministeriums bis 2020 bereits 2.300 Stück hätten produziert werden sollen. Die proklamierten Spezifikationen des neuen Panzers erregten durchaus Aufsehen, schienen doch bestehende westliche Modelle dem T-14 nicht mehr gewachsen.

In der Praxis erwiesen sich diese russischen Projekte jedoch oftmals als Potemkin'sche Dörfer, was deutliche Rückschlüsse auf die Leistungsfähigkeit der russischen Wirtschaft und damit auf das militärische Potential des Landes gibt. Die Effizienz von Waffensystemen hängt von drei unterschiedlichen Entwicklungsstufen ab, zunächst dem bereits langen Prozess vom Entwurf bis zur Serienreife, dann der Produktion und schließlich dem Erhalt im Feld. Die zweite, aber insbesondere die dritte Stufe werden bei der Betrachtung militärischer Effizienz oft vernachlässigt.

Es zeigte sich relativ rasch, dass Putins ambitionierte Aufrüstungspläne von der russischen Wirtschaft nicht getragen werden konnten. So schraubte das russische Verteidigungsministerium bereits ein Jahr nach der öffentlichen

Vorstellung des T-14 Armata die anvisierte Produktion von 2.300 auf gerade einmal 100 Stück zurück. Russland hatte große Probleme, einzelne elektronische Bauteile zu produzieren. Der vorgestellte Panzer war noch überhaupt nicht serienreif. Erst 2021 wurde verkündet, dass der T-14 in die Serienproduktion gehen könne, doch in welchen Stückzahlen er nun gefertigt werden kann, ist bisher nicht klar. Auch der etwa zeitgleich angekündigte Schützenpanzer Kurganez-25 konnte bisher nicht in Serie gehen, wofür ebenfalls Probleme bei der Fertigung elektronischer Bauteile verantwortlich gemacht werden. Der Bau solcher Teile für Prototypen ist etwas anderes, als die Serienfertigung, wenn bei hohen Stückzahlen Qualität gewährleistet werden muss. Eine genaue Analyse der Diskrepanz der von Moskau vollmundig verkündeten Aufrüstungspläne und deren tatsächlicher Umsetzung wirft bereits ein bezeichnendes Licht auf die strategischen Kapazitäten der russischen Wirtschaft, die nicht annähernd in der Lage ist, diese Pläne umzusetzen. Ein Kernproblem betrifft vor allem die Herstellung leistungsfähiger Elektronik, die für Kampfjets, Panzer und Schiffe unverzichtbar sind.

Der Versuch einer Qualifizierung militärischen Potentials ist wichtig, sagt aber letztlich wenig aus, wenn es nicht ins Verhältnis zu dem des potentiellen Gegners gesetzt wird. Und hier schneidet Russland sicherlich im Vergleich zu fast allen Nationen gut ab, insbesondere gegenüber jenen europäischen Nachbarn, die sich durch Putin militärische bedroht fühlen: Finnland, die Baltenstaaten und eben die Ukraine. Gegenüber all diesen Staaten ist Russlands Militär zahlenmäßig und in vielen Belangen auch technisch überlegen. Während der nach dem Kalten Krieg entwickelte T-90 das Rückgrat der russischen Panzerstreitkräfte bildet, setzt die Ukraine noch auf dessen sowjetischen Vorgänger T-80 und die eigene weiterentwickelte Variante T-84. Die modernsten ukrainischen Flugzeuge sind die sowjetische MiG 29 und Su 27, während Russland bereits mehrere Nachfolgegenerationen dieser Modelle entwickelt und in großen Stückzahlen eingeführt hat. Im Verlauf des Konfliktes zeigte sich aber vor allem die Anfälligkeit militärischen Großgeräts wie beispielsweise von Flugzeugen und Panzern gegenüber „Anti-Waffen“, die wesentlich kostengünstiger in der Herstellung sind und der Ukraine durch westliche Staaten in großem Maße zugeführt wurden. Zuverlässige Zahlen sind während des Krieges schwer zu ermitteln, aber nach dreizehn Tagen meldete die Ukraine bereits die Zerstörung von 317 russischen Panzern und 1.070 gepanzerten Fahrzeugen. Neben technischen Aspekten spielt Mannschaftsstärke nach wie vor eine wichtige Rolle. Der ukrainische Präsident rief bereits am 25. Februar die allgemeine Mobilmachung aus und verbot die Ausreise von wehrfähigen Männern. Stattdessen wurden milizähnliche Verbände gebildet, die auch einen großen Zulauf an Freiwilligen erhielten

Die russische Armee nutzte den Konflikt, um ihre „Battalion Tactical Groups“ (BTG) zu testen. Diese ursprünglich im Tschetschenien- und Georgienkrieg improvisierten Verbände wurden im Zuge der russischen Heeresreform 2009 dauerhaft etabliert und sollten im Krisenfall sofort einsatzbereit sein. Die 600 bis 800 Mann starken Verbände besitzen eigene Infanterie, Panzer, Artillerie und gepanzerte Fahrzeuge.

Die Schlacht

Direkt am ersten Tag des russischen Überfalls auf die Ukraine versuchten Luftlandetruppen, den Flughafen von Kiew zu besetzen. Dies war eine bewährte Strategie, die bereits die UdSSR 1979 im Zuge der Intervention in Afghanistan eingesetzt hatte. Allerdings konnte der Flughafen noch am selben Tag von ukrainischen Kräften zurückerobert werden.

In der Folge versuchten russische Verbände, aus Weißrussland direkt nach Kiew vorzustoßen. Am 25. Februar besetzten sie das Sperrgebiet um Tschernobyl. Wider Erwarten stießen die russischen Truppen auch im Kiewer Raum auf heftigen Widerstand. Es gelang ihnen nicht, die Lufthoheit zu erlangen, wodurch die Bodentruppen nicht effizient genug unterstützt werden konnten. Dennoch führte die Furcht vor Bombenangriffen zu einer Massenflucht aus Kiew.

Die ukrainische Armee versuchte den Vormarsch der russischen Kräfte durch die gezielte Sprengung von Brücken auf dem Anmarschweg zu bremsen, dennoch sollen bereits am 25. Februar erste Verbände in das Stadtgebiet vorgedrungen sein. Die Ukrainer öffneten den Staudamm von Demydiw, um den Pegel von Flüssen im Norden der Stadt ansteigen zu lassen und die Uferauen zu versumpfen. Im Gegenzug griffen die Russen den Staudamm am Kiewer Meer im Süden der Stadt mit Raketen an. Es kam zu heftigen Kämpfen. Russische Truppen meldeten bereits am 26. Februar, sie seien bis ins Stadtzentrum vorgedrungen, wogegen der ukrainische Präsident und der Kiewer Oberbürgermeister Vitaly Klitschko mit Videobotschaften aus der Stadt protestierten.

Nach wie vor hielten sich Zivilisten in der Stadt auf, weswegen die ukrainische Regierung eine abendliche Ausgangssperre verhängte. In den umkämpften und von russischen Truppen besetzten Vororten kam es zu teils schweren Massakern an der zivilen Bevölkerung.

Dennoch hielt sich die Stadt. Russland verstärkte seine Truppen Anfang März. Ein aus dem Norden herangeführter Konvoi litt aber unter ukrainischen Luftangriffen. Wie so oft in der Militärgeschichte entschied sich die Schlacht um eine Stadt vor allem vor und weniger in ihr, denn es gelang der russischen Armee zu keinem Zeitpunkt, Kiew von seiner Versorgung abzuschneiden, auch wenn die Angriffe auf Infrastruktureinrichtungen intensiviert wurden und Klitschko Anfang März einen logistischen Kollaps befürchtete. Auch die eigenen Versorgungswege zum Kampfgebiet in der Stadt hatten die Russen zu keinem Zeitpunkt vollständig unter Kontrolle, auch wenn sie im Laufe des März einen Ring um die östliche Hälfte der Stadt zu ziehen versuchten, ohne dass sie von hier weiter ins Stadtgebiet vorstoßen konnten.

Am 19. März führte die ukrainische Armee begrenzte Gegenangriffe im Nordwesten und Norden der Stadt durch und konnte erste Geländegewinne erzielen. In westlichen Medien mehrten sich Berichte über hohe Verluste und eine schlechte Moral unter den russischen Truppen. Am 29. März verkündete Russland offiziell, seine Truppen aus der Gegend um Kiew abziehen zu wollen, um sich auf die Kämpfe in der eigentlich strittigen Donbasregion zu konzentrieren. Am 2. April verkündete die ukrainische Regierung, den Raum Kiew wieder vollständig unter Kontrolle zu haben.

Bedeutung

Zum Zeitpunkt, als dieses Buch geschrieben wird, dauert der Ukrainekrieg weiter an. Die Schlacht bei Kiew bildet somit einen gewissen Zirkelschlag zu den einleitend besprochenen Schlachten im Tollensetal und bei Kadesch, denn noch sind die Ereignisse frisch und es mangelt keinesfalls an Quellen in Form von Fotografien, Videos, Satellitenaufnahmen, Augenzeugenberichten, Zeitungsdarstellungen und offiziellen Pressemitteilungen. Insbesondere letztere versuchen bereits eine Deutungshoheit über die Ereignisse zu erlangen. So behauptete Russland am 29. März bei der Verkündung des Abzugs der eigenen Truppen in absurder Weise, nie eine Eroberung Kiews beabsichtigt zu haben. Versuche, die Ziele und den Verlauf von Schlachten nachträglich zu konstruieren finden – und fanden – also durchaus statt und es scheint wahrscheinlich, dass auch die Ukraine im patriotischen Überschwang ein nationalistisch verfärbtes Narrativ zeichnen wird. Die Aufgabe neutraler Historiker wird darin bestehen, aus dem Fundus dieser Quellen ein objektives Bild zu zeichnen, was dadurch verkompliziert werden wird, dass russische und vielleicht auch ukrainische Militärarchive auf lange Zeit verschlossen bleiben werden. Dies erschwert die Antwort auf vermeintlich einfache Fragen, wie Stärke der beteiligten Truppen und Verluste, weswegen diese auch in diesem Beitrag vorerst entfallen müssen. Doch ein Fakt bleibt: auch ohne (Re-)Konstruktionen der Nachwelt fand die Schlacht um Kiew statt.

Ihre tatsächliche Bedeutung wird sich erst nach dem Ende des Krieges messen lassen. Bis dato war es vor allem ein wichtiger moralischer Erfolg für die ukrainische Armee und Bevölkerung. Was die Zukunft bringen wird, ist Lesen in der Glaskugel. Es ist weiterhin fraglich, ob die Ukraine ohne internationale Unterstützung unbeschadet aus diesem Konflikt hervorgehen kann. Putin könnte innenpolitisch sein Gesicht wahren, wenn er Selenskyi einen Kompromissfrieden aufzwingt, der die pro-russischen Don-Republiken anerkennt. Das rhetorische Säbelrasseln um einen möglichen russischen Atomschlag lässt sich in dieser Hinsicht als diplomatisches Druckmittel deuten.

Die Zugehörigkeit der Separatistengebiete – einschließlich der Krim – könnte durch ein von der UN durchgeführtes Referendum geklärt werden, was im Falle der Krim für Russland ausfallen könnte (nach der letzten Volkszählung lag der russisch-stämmige Anteil der Bevölkerung bei 58,3%), in allen anderen Territorien jedoch für die Ukraine, da die russischstämmige Bevölkerung auch im Donbas eine – wenn auch zahlenmäßig starke – Minderheit darstellte. Es ist derzeit nicht absehbar, dass Russland einer solchen Befragung unter neutraler Aufsicht zustimmen würde, ohne durch militärische Gewalt dazu gezwungen zu werden. Dies wiederum führt zu der Frage, wer einen solchen Einsatz durchführen sollte – ob unter UN- oder NATO-Mandat sei dahingestellt. Selbst ein vereintes Europa erscheint im Moment zu schwach, um sich Russland ohne Unterstützung der USA entgegenzustellen. Die Amerikaner haben ihren militärischen Fokus in den vergangenen Jahren jedoch zunehmend in den Pazifik verlegt, wo China, und nicht Russland, als der neue Herausforderer Nummer 1 an Stärke gewinnt. Ein militärisches Engagement in der Ukraine, welches auch den Einsatz umfangreicher Bodentruppen erfordern würde, muss die amerikanische Stellung im Pazifik schwächen und es erscheint zweifelhaft, dass Washington dieses Risiko eingeht, um die territoriale Integrität der Ukraine zu bewahren.

Auf der anderen Seite sollten Europa und die NATO – bei allen nachvollziehbaren Bedenken über eine mögliche Ausweitung des Konflikts – keine allzu großen Bedenken haben, dass Putin jetzt in einem großen Zug auch noch die Baltenstaaten oder den neuen NATO-Mitgliedsstaat Finnland angreift. Die Probleme, die Russland trotz aller militärischen Kraftanstrengungen in der Ukraine hat, deuten stark darauf hin, dass das Potential des Landes für einen Mehrfrontenkrieg gegen die NATO nicht ausreicht, selbst wenn führende Mitgliedstaaten wie Deutschland nach Aussage eigener Militärs „blank" dastehen. Dennoch war der Überfall auf die Ukraine für viele europäische Staaten ein wichtiges Warnzeichen, das eigene Militär nicht zu stark zu vernachlässigen.

Literaturverzeichnis

Einleitung

Jeremy Black (Hrsg.): Great Battles of all Time, London 2022.

Stig Förster /Markus Pöhlmann / Dierk Walter Dierk (Hrsg.): Schlachten der Weltgeschichte. Von Salamis bis Sinai, München 2004.

Marian Füssel: Die Krise der Schlacht. Das Problem der militärischen Entscheidung im 17. und 18. Jahrhundert, in: Rudolf Schlögl / Philip R. Hoffmann-Rehnitz / Eva Wiebel (Hrsg.): Die Krise in der Frühen Neuzeit (=Historische Semantik 26), Göttingen 2016, S. 311-332.

John A. Lynn: Battle. A History of Combat and Culture. From Ancient Greece to Modern America. Revised Edition, New York: 2003.

Alexander Querengässer: A Crisis of Battle? On Decisiveness in the Wars of Frederick the Great, in: Alexander Burns (Hrsg.): The Changing Face of Old Regime Warfare. Essays in Honour of Christopher Duffy, Warwick 2022, S. 288–300.

Harry Summers: On Strategy. A Critical Analysis of the Vietnam War, Novato 1982.

Russel Weigley: The Age of Battle. The Quest for Decisive Warfare from Breitenfeld to Waterloo, Bloomington 1991.

Tollensetal, ca. 1250 v.Chr.

Gundula Lidke / Thomas Terberger / Detlef Jantzen: Das bronzezeitliche Schlachtfeld im Tollensetal – Fehde, Krieg oder Elitenkonflikt?, in: Harald Mehler / Michael Schefzik (Hrsg.): Krieg. Eine archäologische Spurensuche, Halle (Saale) 2015, S. 337–346.

Joachim Krüger / Gundula Lidke / Sebastian Lorenz / Thomas Terberger (Hrsg.): Tollensetal 1300 v. Chr. Das älteste Schlachtfeld Europas, Darmstadt 2020.

Kadesch 1274 v. Chr.

Jürgen Kenning: Der Feldzug nach Kadesch. Das Ägypten des Neuen Reiches auf der Suche nach seiner Strategie, Hildesheim 2014.

W. J. Murnane, The Road to Kadesh: A Historical Interpretation of the Battle Reliefs of King Sety I at Karnak. (Second Edition Revised), Chicago 1990.

Leuktra 371 v Chr.

Murray Dahm: Leuctra 371 BC. The Destruction of Spartan Dominance, Oxford 2021.

Victor David Hanson (Hrsg.): Hoplites. The Classical Greek Battle Experience, London 2002.

S. M. Rush: Sparta at War. Strategy, Tactics and Campaigns, 550-332 B.C., London 2011.

C. J. Tuplin: The Leuctra Campaign. Some outstanding problems, in: Klio 69 (1987), S. 72-107.

Changping 260 v. Chr.

John S. Major / Constance A. Cook: Ancient China. A History, Abingdon 2017.

Sima Qian: records of the Grand Historian, translated by Burton Watson, New York – Hong Kong 2011.

Kap Ecnomus, 256 v. Chr.

Nigel Banall: Rom und Karthago. Der Kampf ums Mittelmeer, Berlin 1996.

Manfred Beike: Kriegsflotten und Seekriege der Antike, Berlin 1987.

John Francis Lazenby: The First Punic War: A Military History, Stanford 1996.

G. K. Tipps: The Battle of Ecnomus, in: Historia: Zeitschrift für Alte Geschichte 34-4 (1985), S. 432–465.

Cannae 216 v. Chr.

Gregory Daly: Cannae. The Experience of Battle in the Second Punic War, London u.a. 2002.

Robert L. O´Connel: The Ghosts of Cannae. Hannibal and the Darkest Hour of the Roman Republic, New York 2010.

Jakob Seibert: Hannibal, Darmstadt 1993.

Carrhae, 53 v. Chr.

Gareth C. Sampson: The Defeat of Rome. Crassus, Carrhae, and the Invasion of the East, Barnsley 2008.

Francis Smith: Die Schlacht bei Carrhä, in: Historische Zeitschrift. Band 115, 1916, S. 237–262.

J. M. Tucci: The Battle of Carrhae: the effects of a military disaster on the Roman Empire, Columbia 1992.

Chibi 208

Rafe de Crespigny: Imperial Warlord. A Biography of Cao Cao 155–220 AD, Leiden – Boston 2010.

Karl W. Eikenberry: The campaigns of Cao Cao, in: Military Review 74-8 (1994), S. 56–64.

Ralph D. Sawyer: Fire and Water. The Art of Incendiary and Aquatic Warfare in China, Boulder 2004.

Ad Decimum 533

Roy Boss: Justinian's War: Belisarius, Narses and the Reconquest of the West, Stockport 1993.

Anthony Brogna: The Generalship of Belisarius, Fort Leavenworth 1995.

Ian Hughes: Belisarius: The Last Roman General, Yardley 2009.

Clemens Koehn: Justinian und die Armee des frühen Byzanz. De Gruyter, Berlin 2018.

Talas 751

D. M. Dunlop: A new source of information on the battle of Talas or Aṭlakh', in: Ural-Altaische Jahrbücher, 36 (1964), S. 326–330.

David Graff: Medieval Chinese Warfare 300-900, London 2002.

Riade 933

Charles Bowlus: Die Schlacht auf dem Lechfeld, Stuttgart 2012.

Otto R. Hoffmann: Riade – Die Suche nach dem Ort der Ungarn-Schlacht von König Heinrich I. im Jahr 933: Ein Bericht aus der Gründungszeit des deutschen Reichs vor 1100 Jahren, Langweißbach 2019.

Otto R. Hoffmann: Riade. 3. Teil. Der Anfang unseres Landes: Die Ungarnschlacht im Jahr 933 - Heinrichsburgen und Bauernkrieger, Langweißbach 2022.

Tarain 1192

Andre Wink: Al-Hind the Making of the Indo-Islamic World: The Slave Kings and the Islamic Conquest: 11Th-13th Centuries, Leiden – New York – London 1997

Kaushik Roy: India's Historic Battles: From Alexander the Great to Kargi, London 2004.

Satish Chandra: Medieval India: From Sultanat to the Mughals-Delhi Sultanat (1206-1526), Neu Delhi 1997.

Las Navas de Tolosa 1212

Francisco García Fitz: Was Las Navas a decisive battle?, in: Journal of Medieval Iberian Studies 4-1 (2012), S. 5–9.

Luis García-Guijarro: The Battle of Las Navas de Tolosa (1212) in the Context of the Ibero-Christian Conquests in al-Andalus: Myths and Models, in: Paul Srodecki / Norbert Kersken (Hrsg.): The expansion of the faith, crusading on the frontiers of Latin Christendom in the High Middle Ages. Turnhout (=Outremer. Studies in the Crusades and the Latin East 14), Brepols 2022, S. 209–228.

Nikolas Jaspert: Die Reconquista. Christen und Muslime auf der Iberischen Halbinsel 711–1492, München 2019.

Bagdad 1258

Thomas Allsen: The Circulation of Military Technology in the Mongolian Empire, in: Nicola di Cosimo (Hrsg.): Warfare in Inner Asian History (500-1800), Leiden – Boston – Köln 2002, S. 265–294.

Timothy May: The Mongol Art of War, Barnsley 2007.

Timothy May: The Mongol Conquests in World History, London 2012.

Meloria 1284

Charles D. Stanton: Medieval Maritime Warfare, Barnsley 2015.

Mühldorf 1322

Otto Dobenecker: Die Schlacht bei Mühldorf und über das Fragment einer österreichischen Chronik, Innsbruck 1883.

Wilhelm Erben: Die Schlacht bei Mühldorf 28. September 1322 historisch-geographisch und rechtsgeschichtlich untersucht, Graz/Wien/Leipzig 1923.

Bernhard Lübbers: Übersehene Quellen zur Schlacht von Mühldorf 1322, in: Das Mühlrad. Beiträge zur Geschichte des Landes an Isen, Rott und Inn. Band 61, 2019, S. 93–102.

Josef Steinbichler (Hrsg.): Die Schlacht bei Mühldorf 28. September 1322. Ursachen – Ablauf – Folgen, Mühldorf 1993.

Tannenberg 1410

Gerald Iselt: Tannenberg 1410. Die Belagerung der Marienburg 1410 (=Heere &Waffen 7)Berlin 2008.

Werner Paravicini/Rimvydas Petrauskas/Grischa Vercamer (Hrsg.): Tannenberg – Gunwald – Zalgiris. Krieg und Frieden im späten Mittelalter (Deutsches Historisches Institut Warschau Quellen und Studien 26), Wiesbaden 2012.

Lipan 1434

Alexander Querengässer: Die Heere der Hussiten Bd. 2. Kreuzzüge, Schlachten und Herrliche Heerfahrten Jahrhundert (=Heere & Waffen 26), Berlin 2015.

Volker Schmidtchen: Karrenbüchse und Wagenburg. Hussitische Innovationen zur Technik und Taktik des Kriegswesens im späten Mittelalter, in: Volker Schmidtchen/Eckhard Jäger (Hrsg.): Wirtschaft, Technik und Geschichte. Beiträge zur Erforschung der Kulturbeziehungen in Deutschland und Osteuropa. Berlin 1980, S. 83–108.

Tschaldiran 1514

Willem Floor: The Earliest Account of the Battle of Chaldiran?, in: Zeitschrift der Deutschen Morgenländischen Gesellschaft. 170-2 (2020), S. 371–395.

Rhoads Murphey: Ottoman Warfare, 1500-1700; London 1999.

Barry Wood: The Battle of Chālderān: Official History and Popular Memory, in: Iranian Studies 50-1 (2017), S. 79–105.

Mohács 1526

Kelly DeVries: The Lack of a Western European Military Response to the Ottoman Invasions of Eastern Europe from Nicopolis (1396) to Mohács (1526), in: The Journal of Military History 63/3 (1999), S. 539–559.

Tamás Pálosfalvi: From Nicopolis to Mohács: A History of Ottoman-Hungarian Warfare, 1389–1526, Brill 2018.

Panipat 1526

Stig Förster: Feuer gegen Elefanten. Panipat, 20. April 1526, in: Stig Förster/Markus Pöhlmann/Dierk Walter Dierk (Hrsg.): Schlachten der Weltgeschichte. Von Salamis bis Sinai, München 2004, S. 123–137.

Jos J. L. Gommans, Mughal Warfare. Indian Frontiers and high roads to Empire, 1500–1700, London 2002.

Nagashino 1575

Mathew Stavros: Military Revolution in Early modern Japan, in: Japanese Studies 33 (2013), S. 243-261.

Stephen Turnbull: Nagashino 1575. Slaughter at the Barricade, Oxford 2000.

Alcácer-Quibir 1578

Weston F. Cook Jr, The Hundred Years War for Morocco: Gunpowder and the Military Revolution in the Early Modern Muslim World, Boulder 1994.

David Trim: Early Modern Colonial Warfare and the Campaign of Alcácerquivir, 1578, in: Small Wars and Insurgencies 1 (1997), S. 1-34.

Tondibi 1591

Lansiné Kaba, (1981). Archers, Musketeers, and Mosquitoes: The Moroccan Invasion of the Sudan and the Songhay Resistance (1591–1612), in: The Journal of African History. 22-4 (1981), S. 457–475.

Commer Plummer III: Conquistadors of the Red City. The Moroccan Conquest of the Songhay Empire, Morrisville 2018.

John Kelly Thornton: Warfare in Atlantic Africa, 1500-1800, London 1999.

Hansan-Insel, 1592

Samuel Hawley: The Imjin War. Japan's Sixteenth-Century Invasion of Korea and Attempt to Conquer China, Berkeley 2005.

Eric Niderost: Turtleboat Destiny: The Imjin War and Yi Sun Shin, in: Military Heritage, 2-6 (2001), S. 50–59

Yune-hee Park: Admiral Yi Sun-shin and His Turtleboat Armada: A Comprehensive Account of the Resistance of Korea to the 16th Century Japanese Invasion, Seoul 1973.

Şelimbăr, 1599

Călin Hentea /Cristina Bordianu: Brief Romanian Military History, Lanham 2007.

Tudor Pop: Die Herrschaft Mihais des Tapferen in Siebenbürgen, in Ungarn Jahrbuch 12 (1984), S. 133-147.

Daniel Ursprung: Die Walachei vom 14. bis zum Beginn des 17. Jahrhunderts, in: Ulf Brunnbauer / Konrad Clewing / Oliver Jens Schmitt (Hrsg.): Handbuch zur Geschichte Südosteuropas. Bd. 2 Herrschaft und Politik in Südosteuropa von 1300 bis 1800, Berlin – Boston, S. 269–326.

Breitenfeld 1631

Gustav Droysen: Die ersten Berichte über die Schlacht bei Breitenfeld. In: Archiv für die Sächsische Geschichte 7 (1869), S. 337–405.

Roland Sennewald: Die Schlacht bei Breitenfeld am 7./17. September 1631, in: Maik Reichel (Hrsg.): Daran erkenn‘ ich meine Pappenheimer. Gottfried Heinrich zu Pappenheim. Des Reiches Erbmarschall und General, Wettin-Löbejün 2014, S. 79–89.

Downs 1639

Robert Stradling: Catastrophe and Recovery: The Defeat of Spain, 1639–43, in: History 64 (1979, S. 205-219.

Robert Stradling: The Armada of Flanders: Spanish Maritime Policy and European War, 1568-1668, New York 1992.

Shanhai Pass 1644

Mark C. Elliot: The Manchu Way: The Eight Banners and Ethnic Identity in Late Imperial China, Stanford 2001.

Frederick Wakeman: The Great Enterprise: The Manchu Reconstruction of Imperial Order in Seventeenth-Century China, Berkeley – Los Angeles – London 1985.

Maastricht 1673

Christopher Duffy: Siege Warfare: The fortress in the age of Vauban and Fréderick the Great, London 1985.

John A. Lynn: Giant of the Grand Siècle. The French Army 1610–1715, Cambridge 1997.

John A. Lynn: The Wars of Louis XIV, 1667–1714, London 1999.

Bafleur/La Hogue 1692

Philip Aubrey: The Defeat of James Stuart's Armada, 1692, London 1979.

Geoffrey Symcox: The Crisis of French Sea Power, 1688–1697: From the Guerre d'Escadre to the Guerre de Course, Den Haag 1974.

Almansa 1707

Nicholas Dorrel: Marlborough's Other Army: The British Army and the Campaigns of the First Peninsular War, 1702–1712, Warwick 2019.

Charles Petrie: The Marshal Duke of Berwick. The picture of an age, London 1953.

Wittow 1712

Joachim Krüger: Die Seeschlacht vor Wittow im Jahre 1712. Ein Beitrag zur Geschichte des Großen Nordischen Krieges, in: Skyllis. Zeitschrift für Unterwasserarchäologie 12/1 (2012), S. 64–71.

Joachim Krüger/ Kai Schaake: Wrecks of the Great Northern War near the island of Rügen, in: Ralf Bleile/ Joachim Krüger (Hrsg.): „Princess Hedvig Sofia" and the Great Northern War, Dresden 2015, S. 271-281.

Lars Ericson Wolke: The Swedish Navy in 1700, in: Ralf Bleile/ Joachim Krüger (Hrsg.): „Princess Hedvig Sofia" and the Great Northern War, Dresden 2015, S. 198-205

Gulnabad 1722

Michael Axworthy: The Sword of Persia: Nader Schah, from Tribal Warrior to Conquering Tyrant, London 2006.

Jonas Hanway: An Historical Account of the British Trade Over the Caspian Sea, London 1753.

Roger Savory: Iran under the Safavids, Cambridge 2007.

Lobositz 1756

Marian Füssel: Der Siebenjährige Krieg. Ein Weltkrieg im 18. Jahrhundert, München 2012.

Großer Generalstab (Hrsg.): Pirna und Lobositz. (= 1. Band von: Die Kriege Friedrichs des Großen. Dritter Theil: Der Siebenjährige Krieg. 1756–1763), Berlin 1901.

Marcus von Salisch: Treue Deserteure: Das kursächsische Militär und der Siebenjährige Krieg, München 2009.

Ayutthaya 1766/67

Chris Baker / Pasuk Phongpaichit: A History of Ayutthaya. Siam in the Early Modern World, Cambridge 2017.

Helen James: The Fall of Ayutthaya. A Reassessment, in: Journal of Burma Studies 5 (2000), S. 75–108.

Guilford Court House 1781

Lawrence E. Babits / Joshua B. Howard: Long, Obstinate and Bloody. The Battle of Guilford Court House, Chapel Hill 2009.

John MacLennan Buchanan: The Road to Guilford Court House. The American Revolution in the Carolinas, New York u. a. 1997.

Gregory D. Massey/Jim Piecuch (Hrsg.): General Nathanael Greene and the American Revolution in the South, Columbia 2012.

Matthew H. Spring: With Zeal and with Bayonets Only: The British Army on Campaign in North America, 1775–1783, Norman (Oklahoma) 2008.

Michael Stephenson: Patriot Battles. How the War of Independence was fought, New York 2007.

Chesapeake Bay 1781

Jeremy Black/Philip Woodfine (Hrsg): The British Navy and the use of Naval Power in the Eighteenth Century, Leicester 1988-

Jonathan R. Dull: The French Navy and American Independence: A Study of Arms and Diplomacy, 1774–1787, Princeton – London 1975.

John Grainger: The Battle of Yorktown, 1781: A Reassessment, Rochester 2005.

Harold A. Larrabee: Decision at the Chesapeake, New York 1964.

Kaiserslautern 1793

Großer Generalstab (Hrsg.): Pirmasens und Kaiserslautern. Eine Erinnerung an das Jahr 1793 (= Kriegsgeschichtliche Einzelschriften 16), Berlin 1893.

Olaf Jessen: "Preußens Napoleon?" Ernst von Rüchel. Krieg im Zeitalter der Vernunft 1754-1823, Paderborn u.a. 2007.

Jena 1806

Gerd Fesser: 1806 – Die Doppelschlacht bei Jena und Auerstedt, Jena – Quedlinburg 2006.

Konrad Breitenborn/Justus H. Ulbricht (Hrsg.): Jena und Auerstedt: Ereignis und Erinnerung in europäischer, nationaler und regionaler Perspektive, Wettin-Löbejün 2007.

San Jacinto 1836

William C. Davis: Lone Star Rising. The Revolutionary Birth of the Texas Republic, Texas Station 2004.

Albert A. Nofi: The Alamo and The Texas War for Independence, Cambridge 1992.

Stones River /Murfreesboro 1862/63

Peter Cozzens: No better Place to Die. The Battle of Stones River, Urbana/Chicago 1990.

Larry J. Daniel: Days of Glory: The Army of the Cumberland, 1861–1865. Baton Rouge 2004.

Earl J. Hess: Banners to the Breeze: The Kentucky Campaign, Corinth, and Stones River. Lincoln 2004.

Stanley F. Horn: The Army of Tennessee: A Military History. Indianapolis 1941.

Petersburg 1864

Joseph T. Glatthaar: General Lee´s Army. From Victory to Collapse, New York 2008

Earl J. Hess: In the Trenches at Petersburg. Field Fortifications and Confederate Defeat, Chapel Hill 2009.

John Horn: The Petersburg Campaign: June 1864 – April 1865. Conshohocken 1999.

Noah Andre Trudeau: The Last Citadel: Petersburg, Virginia, June 1864 – April 1865, Baton Rouge 1991.

Riachuelo 1865

Gabriele Esposito: The Paraguayan War 1864–70: The Triple Alliance at stake in La Plata, London 2019

Jürg Meier: Francisco Solano Lopez – Nationalheld oder Kriegsverbrecher? Der Krieg Paraguays gegen die Triple-Allianz 1864–1870, Osnabrück 1987.

Thomas L. Whigham: The Paraguayan War.: Causes and Early Conduct, Lincoln u.a. 2002.

Isandlwana 1872

Michael Barthop: The Zulu War: Isandhlwana to Ulundi, London 2002.

Ian Knight: Brave Men´s Blood. The Epic of the Zulu War 1879, London 2005.

Angamos 1879

William F. Sater: Andean Tragedy. Fighting the War of the Pacific, Lincoln (Nebraska) 2007.

Tsushima 1905

Richard Connaughton: Rising sun and tumbling bear. Russia's war with Japan, London 2003.

Konstantin Pleshakov: The Tsar's last Armada. The epic Journey to the Battle of Tsushima, New York 2002.

Lüleburgaz 1912

Richard. C. Hall: The Balkan Wars 1912–1913. Prelude to the First World War, Abingdon 2000.

Celaya 1915

Joe Lee Janssen: Strategy and Tactics of the Mexican Revolution, 1910-1915, Houston 2019.

Friedrich Katz: The Life and Times of Pancho Villa, Stanford (California) 1998.

Verdun 1916

Olaf Jessen: Verdun 1916. Urschlacht des Jahrhunderts, München 2014.

Olaf Jessen: Gescheiterter Durchbruch. Erich von Falkenhayn und die Schlacht bei Verdun 1916, in: Christian Stachelbeck (Hrsg.): Materialschlachten 1916. Ereignis, Bedeutung, Erinnerung (=Zeitalter der Weltkriege 17), Paderborn 2017, S. 45–66.

Shanghai 1937

Iris Chang: Die Vergewaltigung von Nanking. Das Massaker in der chinesischen Hauptstadt am Vorabend des Zweiten Weltkriegs, München 1999.

Edward J. Drea: Japan's Imperial Army. Its Rise and Fall, 1853–1945, Lawrence 2009.

Peter Harmsen: Shanghai 1937. Stalingrad on the Yangtse, Philadelphia – Oxford 2013.

Luftschlacht um England 1940

John Buckley: Air Power in the Age of Total War, London 1999.

James Holland: The Battle of Britain: Five Months that Changed History, London 2010.

Richard Overy: The Battle of Britain. Myth and Reality, New York 2000.

Richard Overy: The Bombing War. Europe 1939–1945, London – New York 2013.

Leningrad 1942-1944

Jörg Ganzenmüller: Das belagerte Leningrad 1941–1944. Die Stadt in den Strategien von Angreifern und Verteidigern, Paderborn u.a. 2005.

Johannes Hürter: Die Wehrmacht vor Leningrad. Krieg und Besatzungspolitik der 18. Armee im Herbst und Winter 1941/42, in: Vierteljahreshefte für Zeitgeschichte 49-3 (2001), S. 377–340

Midway 1942

Thomas C. Hone (Hrsg.): The Battle of Midway, Annapolis 2013.

Gordon W. Prange: Miracle at Midway, New York 1982.

Overlord 1944

Stephen Ambrose: D-Day June 6, 1944: The Climactic Battle of World War II, New York 1994.

James Holland: Normandy '44: D-Day and the Battle for France, London 2019.

Peter Lieb: Unternehmen Overlord. Die Invasion in der Normandie und die Befreiung Westeuropas, München 2014.

Dien Bien Puh

Bernard B. Fall: Hell in a Very Small Place – The Siege of Dien Bien Phu. New York 1967.

Jules Roy: Der Fall von Dien Bien Phu. Des weißen Mannes Stalingrad in Indochina, München 1964.

Martin Windrow: The Last Valley – Dien Bien Phu and the French Defeat in Vietnam, Cambridge 2004.

Poonglibrücke 1971

P.K. Chakravorty: Land Warfare in the Eastern Theatre. The 1971 Indo-Pak War, in: Journal of Defense Studies 15-4 (2021), S. 91–106.

Nikolaos Theotokis: Airborne Landing to Airborne Assault. A History of Military Parachuting, Yorkshire – Philadelphia 2020.

Mogadischu 1993

Mark Bowden: Black Hawk Down: A Story of Modern War, Berkeley 1999.

Lester H. Brune: The United States and Post-Cold War Interventions: Bush and Clinton in Somalia, Haiti and Bosnia, 1992–1998, Claremont 1999.

Matt Eversmann / Dan Schilling (Hrsg.): The Battle of Mogadishu. Firsthand Accounts from the Men of Task Force Ranger, New York 2004.

Jonathan Stevenson: Losing Mogadishu. Testing U.S. Policy in Somalia, Annapolis 1995.

Aleppo, 2012-2016

Nikolaos van Dam: Destroying a Nation: The Civil War in Syria, London 2017.

Kiew 2022

Rolf Hilmes: Armata und Kurganez nicht in Serie, in: Europäische Sicherheit und Technik, auf: Armata T-14 und Kurganetz 25 werden nicht in Serie gebaut (esut.de) (aufgerufen am 15.10.2022).

Alexander Querengässer: Wie stark ist Russland? Ein Versuch zur Einschätzung des russischen militärischen Potentials und des Krieges in der Ukraine, auf: Querengässer (h-und-g.info).

Bettina Renz: Russia´s Military Revival, Cambridge 2018.

Carola Hartmann Miles-Verlag

Militärgeschichte

Eberhard Kliem, Kathrin Orth, *"Wir wurden wie blödsinnig vom Feind beschossen". Menschen und Schiffe in der Skagerrakschlacht 1916,* Berlin 2016.

Hans Frank, Norbert Rath, *Kommodore Rudolf Petersen. Führer der Schnellboote 1942–1945. Ein Leben in Licht und Schatten unteilbarer Verantwortung,* Berlin 2016.

Eckhard Lisec, *Der Völkermord an den Armeniern im 1. Weltkrieg – Deutsche Offiziere beteiligt?,* Berlin 2017.

Ingo Pfeiffer, *Heinz Neukirchen. Marinekarriere an wechselnden Fronten,* Berlin 2017.

Joachim Welz, *Erfolgsstory oder Trauma – die Übernahme von Armeen. Lehren aus der Übernahme des österreichischen Bundesheeres in die Wehrmacht 1938 und der Reste der NVA in die Bundeswehr 1990,* Berlin 2018.

Joachim Hoppe, Manfred Wilde (Hrsg.), *Die Unteroffizierschule des Heeres, Die militärische Meisterschule,* Berlin 2016.

Georg Neuhaus, *Am Anfang war ein Speer. Eine Chronographie der Kriegs- und Militärtechnologien,* Berlin 2018.

Hans-Werner Ahrens, *Die Transportflieger der Luftwaffe 1956 bis 1971. Konzeption – Aufbau – Einsatz, (Reihe Schriften zur Geschichte der Deutschen Luftwaffe, Band 8),* Berlin 2019.

Jobst Reller, *Die Anfänge der evangelischen Militärseelsorge,* Berlin [2]2020.

Eberhard Frhr. v. Senden, Friedrich Frhr. v. Senden, *Der Erste Weltkrieg 1914–1918. Erlebnisse eines jungen Leutnants,* Berlin 2020.

Hans-Günter Behrendt, *Flugabwehr in Deutschland. Stationierungsorte und Systeme 1956-2012,* Berlin 2021.

Harald Fritz Potempa, *Balkan 1914-1945. Raum und Kleiner Krieg als militärhistorische Kategorien in der Wahrnehmung deutscher Streitkräfte,* Berlin 2021.

Stephan Horn, *Französische und wallonische Freiwilligenverbände im Zweiten Weltkrieg. Politische Implikationen militärischer Kollaboration,* Berlin 2021.

Jörg Beining, *Streng geheim! Elektronische Kampfführung im Kalten Krieg. Die EloKa der Bundeswehr und NATO aus östlicher Perspektive,* Berlin 2021.

Gerd Bolik, *NATO-Planungen für die Verteidigung der Bundesrepublik Deutschland im Kalten Krieg,* Berlin 2021.

Martin Kutz, *Die Schlacht als Männerballett oder Mythos und Militär,* Berlin 2022.

Olaf Rönnau, *Eine totale Institution als Zwischenspiel. Die Kadettenschule der NVA von ihrer Gründung 1956 bis zu ihrer Auflösung 1961,* Berlin 2022.

Stephan Maninger, *Für einige Morgen aus Eis und Schnee – Großbritanniens Kampf um Nordamerika 1754-1763,* Berlin 2022.

Olaf Rönnau, *Oberst Franz Weller (1901-1994) vom Kadettenkorps zur Bundeswehr. Soldat in drei Armeen. Erinnerungen an den ersten Kommandeur Infanterieschule Hammelburg (1956-1957),* Berlin 2023.

Erinnerungen

Blue Braun, *Erinnerungen an die Marine 1956–1996,* Berlin 2012.

Rainer Buske, *Eine Reise ins Innere der Bundeswehr. Wundersame Geschichten aus einer anderen Welt,* Berlin 2016.

Heinz Laube, *Duell am Himmel,* Berlin 2016.

Viktor Toyka, *Dienst in Zeiten des Wandels. Erinnerungen aus 40 Jahren Dienst als Marineoffizier 1966-2000,* Berlin 2017.

Hans-Eckhard Tribess (Hrsg.), *Im Leben unterwegs – für den Frieden. Festschrift für Wolfgang Altenburg zum 90. Geburtstag am 22. Juni 2018,* Berlin 2019.

Kurt Graf v. Schweinitz, *Notizen im Transit von Krieg und Frieden,* Berlin 2020.

Karl-Otto Behrendt, *Der kurze Bericht über eine lange Zeit. Kriegsgefangenschaft 1945–1953, herausgegeben und kommentiert von Hans-Günter Behrendt,* Berlin 2021.

Hans Peter von Kirchbach, *Herz an der Angel,* Berlin 2021.

Dieter Wolf, *Erlebnisse eines MAD-Offiziers und Leistungssportlers,* Berlin 2022.

Klaus Beckmann, *Dienstweg – kein Durchgang? Als Pfarrer und Staatsbürger in der Bundeswehr,* Berlin 2022.

Bernhard R. Kroener, *Lebensscherben – Hoffnungsspuren. Eine Familie aus Schlesien in den Stürmen des 20. Jahrhundert. In zwei Bänden. Eine dokumentarische Erzählung. Mit einer Familienstammfolge von Peter Bahl,* Berlin 2023.

Schriften zur Tradition

Eberhard Birk, Winfried Heinemann, Sven Lange (Hrsg.), *Tradition für die Bundeswehr. Neue Aspekte einer alten Debatte,* Berlin 2012.

Donald Abenheim, Uwe Hartmann (Hrsg.), *Tradition in der Bundeswehr. Zum Erbe des deutschen Soldaten und zur Umsetzung des neuen Traditionserlasses,* Berlin 2018.

Joachim Welz, *Vom Kontingentsheer zum Reichsheer: Militärkonventionen als Motor der Wehrverfassung,* Berlin 2018.

Donald Abenheim, Uwe Hartmann, *Einführung in die Tradition der Bundeswehr. Das soldatische Erbe in dem besten Deutschland, das es je gab,* Berlin 2019.

Eberhard Birk, Heiner Möllers (Hrsg.), *Die Luftwaffe und ihre Traditionen (aus der Reihe Schriften zur Geschichte der Deutschen Luftwaffe, Band 10),* Berlin 2019.

Hans-Günter Behrendt (Hrsg.): *Erinnerungsorte der Bundeswehr – Personen, Ereignisse und Institutionen der soldatischen Traditionspflege,* Berlin 2020.

Dirk Drews, Stefan Gruhl (Hrsg.): *Oberst Reinhard Hauschild 1921–2005. Traditionsstifter für die Bundeswehr? Gedenkschrift zum 100. Geburtstag,* Berlin 2021.

Dieter Krüger, *Verständigung mit Frankreich. Das vergebliche Plädoyer des Oberst Dr. Hans Speidel. Paris 1940–1942,* Berlin 2021.

Martin Kutz, *Besuch im Soldatenhimmel. Ein wissenschaftlicher Reisebericht aus einer anderen Welt,* Berlin 2022.

Einsatzerfahrungen

Artur Schwitalla, *Afghanistan, jetzt weiß ich erst...,* Berlin 2010.

Sascha Brinkmann, Joachim Hoppe (Hg.), *Generation Einsatz. Fallschirmjäger berichten ihre Erfahrungen aus Afghanistan,* Berlin 2010.

Ingo Werners, *Fahren, Funken, Feuern. Hinweise auf die Einsatzvorbereitung,* Berlin 2010.

Rainer Buske, *KUNDUZ. Ein Erlebnisbericht über einen militärischen Einsatz der Bundeswehr in Afghanistan im Jahre 2008,* Berlin 2015.

Marcel Bohnert, Andy Neumann, *German Mechanized Infantry on Combat Operations in Afghanistan,* Berlin 2016.

Alois Bach, Carola Hartmann (Hrsg.), *Unbekannte Helden des Alltags. Soldaten und Ehefrauen berichten über Verantwortung, Humanität und Belastung im Auslandseinsatz,* Berlin 2020.

Kurt Helmut Schiebold, *99 Tage in Afghanistan. Wie der deutsche Einsatz 2003 im Nordosten Afghanistans begann. Aus meinem Tagebuch,* Berlin 2022.

Christian Gerstner, *Unter dem Schwert. 15 Jahre im Kommando Spezialkräfte,* Berlin 2023.

Jahrbuch Innere Führung (seit 2009)

Uwe Hartmann, Claus von Rosen (Hrsg.), *Jahrbuch Innere Führung 2017. Die Wiederkehr der Verteidigung in Europa und die Zukunft der Bundeswehr,* Berlin 2017.

Uwe Hartmann, Claus von Rosen (Hrsg.), *Jahrbuch Innere Führung 2018. Innere Führung zwischen Aufbruch, Abbau und Abschaffung: Neues denken, Mitgestaltung fördern, Alternativen wagen,* Berlin 2018.

Uwe Hartmann, Claus von Rosen (Hrsg.), *Jahrbuch Innere Führung 2019. Bundeswehr im Aufbruch. Hindernisse von den verteidigungspolitischen Vorstellungen der AFD bis zu den sicherheitspolitischen Meinungen in der Zivilgesellschaft,* Berlin 2019.

Uwe Hartmann, Reinhold Janke, Claus von Rosen (Hrsg.), *Jahrbuch Innere Führung 2020. Zur Weiterentwicklung der Inneren Führung: Themen und Inhalte,* Berlin 2020.

Uwe Hartmann, Reinhold Janke, Claus von Rosen (Hrsg.), *Jahrbuch Innere Führung 2021/22. Ein neues Mindset Landes- und Bündnisverteidigung?,* Berlin 2022.

Sicherheitspolitik

Wolf Graf v. Baudissin, *Grundwert: Frieden in Politik – Strategie – Führung von Streitkräften, herausgegeben von Claus von Rosen,* Berlin 2014.

Dirk Freudenberg, *Theorie des Irregulären – Erscheinungen und Abgrenzungen von Partisanen, Guerillas und Terroristen im Modernen Kleinkrieg sowie Entwicklungstendenzen der Reaktion, (3 Bände),* Berlin 2017.

Markus Reisner, *Robotic Wars – Legitimatorische Grundlagen und Grenzen des Einsatzes von Military Unmanned Systems in modernen Konfliktszenarien,* Berlin 2018.

Helmut Fiedler, *Military Assistance – eine moderne Einsatzart zwischen Anspruch und Wirklichkeit,* Berlin 2019.

Joachim Weber (Hrsg.), *Konfliktraum Arktis. Die Großmächte und der Hohe Norden,* Berlin 2021.

Thomas Jäger, Ralph Thiele (Hrsg.), *Der Politische Islamismus als hybrider Akteur globaler Reichweite. Die liberale demokratische Ordnung muss ihre Resilienz stärken,* Berlin 2021.

Uwe Hartmann, *Die Nato. Mächte und Menschen in der transatlantischen Allianz,* Berlin 2021.

Carsten Rechtien, *Trumps Amerika – Eine geopolitische Revolution? Tradition und Neuausrichtung der US-Außenpolitik in der beginnenden Ära Trump, Berlin 2022.*

Hans-Peter Weinheimer, *Bevölkerungsschutz 2030 – Anleitung zur Überwindung eines "bewährten" Systems,* Berlin 2022.

André Uzulis, *Der vergebliche Krieg – 20 Jahre Bundeswehr in Afghanistan. Geschichte und Bilanz,* Berlin 2024.

Militär und Gesellschaft

Marcel Bohnert, Lukas J. Reitstetter (Hrsg.), *Armee im Aufbruch. Zur Gedankenwelt junger Offiziere in den Kampftruppen der Bundeswehr,* Berlin 2014.

Phil C. Langer, Gerhard Kümmel (Hrsg.), *„Wir sind Bundeswehr." Wie viel Vielfalt benötigen/vertragen die Streitkräfte?,* Berlin 2015.

Alois Bach, Walter Sauer (Hrsg.), *Schützen.Retten.Kämpfen. Dienen für Deutschland,* Berlin 2016.

Marcel Bohnert, Björn Schreiber (Hrsg.), *Die unsichtbaren Veteranen. Kriegsheimkehrer in der deutschen Gesellschaft,* Berlin 2016.

Angelika Dörfler-Dierken (Hrsg.), *Hinschauen! Geschlecht, Rechtspopulismus, Rituale: Systemische Probleme oder individuelles Fehlverhalten?,* Berlin 2019.

Standpunkte und Orientierungen

Uwe Hartmann (Hrsg.), *Lernen von Afghanistan. Innovative Mittel und Wege für Auslandseinsätze,* Berlin 2015.

Uwe Hartmann, *Hybrider Krieg als neue Bedrohung von Freiheit und Frieden. Zur Relevanz der Inneren Führung in Politik, Gesellschaft und Streitkräften,* Berlin 2015.

Hartwig von Schubert, *Integrative Militärethik. Ethische Urteilsbildung in der militärischen Führung,* Berlin 2015.

Martin Sebaldt, *Nicht abwehrbereit. Die Kardinalprobleme der deutschen Streitkräfte, der Offenbarungseid des Weißbuchs und die Wege aus der Gefahr,* Berlin 2017.

Uwe Hartmann, *Der gute Soldat. Politische Kultur und soldatisches Selbstverständnis heute,* Berlin 2018.

Helmut Jermer, *Innere Führung kompakt. Eine Zusammenschau als Lehr- und Lernhilfe,* Berlin 2019.

Martin Sebaldt, *Das Elend der Strategen. Warum die deutsche Militärpolitik versagt,* Berlin 2020.

Hannes Wendroth, *Gute Führung – (k)ein Selbstgänger. Kleine Führungshilfe mit praktischen Hinweisen und persönlichen Anmerkungen,* Berlin 2022.

Hans-Christian Witthauer, Thomas Saller, *Führung und das 3 Alpha Prinzip. Militärisches Handwerkszeug für den zivilen Führungsalltag,* Berlin 2023.

www.miles-verlag.jimdo.com